法学研究

CHINESE JOURNAL OF LAW

《法学研究》专题选辑

陈甦 / 总主编

法人与团体人格的发展

Juristic Person and the Development of Corporate Personality

冯珏 主编

总　序

回顾与反思是使思想成熟的酵母，系统化的回顾与专业性的反思则是促进思想理性化成熟的高效酵母。成熟的过程离不开经常而真诚的回顾与反思，一个人的成长过程是如此，一个学科、一个团体、一本期刊的发展过程也是如此。我们在《法学研究》正式创刊40年之际编写《〈法学研究〉专题选辑》，既是旨在引发对有关《法学研究》发展历程及其所反映的法学发展历程的回顾与反思，也是旨在凝聚充满学术真诚的回顾与反思的思想结晶。由是，《〈法学研究〉专题选辑》是使其所刊载的学术成果提炼升华、保值增值的载体，而非只是重述过往、感叹岁月、感叹曾经的学术纪念品。

对于曾经的法学过往，哪怕是很近的法学过往，我们能够记忆的并非像我们想象的那样周全、那样清晰、那样深刻，即使我们是其中许多学术事件的亲历者甚至是一些理论成就的创造者。这是一个时空变化迅捷的时代，我们在法学研究的路上走得很匆忙，几乎无暇暂停一下看看我们曾经走过的路，回顾一下那路上曾经的艰辛与快乐、曾经的迷茫与信念、曾经的犹疑与坚定、曾经的放弃与坚持、曾经的困窘与突破，特别是无暇再感悟一下那些“曾经”中的前因后果与内功外力。法学界同仁或许有同样的经验：每每一部著述刚结句付梓，紧接着又有多个学术选题等待开篇起笔，无参考引用目的而只以提升素养为旨去系列阅读既往的法学精品力作，几为夏日里对秋风的奢望。也许这是辉煌高远却又繁重绵续的学术使命造成的，也许这是相当必要却又不尽合理的学术机制造成的，也许这是个人偏好却又是集体相似的学术习惯造成的，无论如何，大量学术作品再阅读的价值还是被淡化乃至忽略了。我们对没有被更充分传播、体现、评价及转化的学术创造与理论贡献，仅仅表达学人的敬意应该是不够的，真正的学术尊重首先在于阅读并且一再阅读映现信念、智慧和勇气的学术作品。《〈法学研究〉专题选辑》试图以学术史研究的方法和再评价的方式，向学界同行表达我们的感悟：阅读甚至反复阅读既有成果本该是学术生活的重要部分。

我曾在另外一本中国当代法学史著作的导论中描述道：中国特色社会主义法治建设之路蜿蜒前行而终至康庄辉煌，中国法学研究之圃亦蔓延蓬勃而于今卓然大观。这种描述显然旨在鼓舞而非理解。我们真正需要的是理解。理解历史才能理解现在，理解现在才能理解未来，只有建立在对历史、现在和未来的理解基础上，在面对临近的未来时，才会有更多的从容和更稳妥的应对，才会有向真理再前进一步的勇气与智慧。要深刻理解中国法学的历史、现在以及未来，有两种关系需要深刻理解与精准把握：一是法学与法治的关系，二是法学成果与其发生机制的关系。法学与法治共存并互动于同一历史过程，法学史既是法律的知识发展史，也构成法治进步史的重要组成部分。关于法、法律、法治的学术研究，既受制于各个具体历史场景中的给定条件，又反映着各个历史场景中的法律实践和法治状况，并在一定程度上启发、拨动、预示着法治的目的、路径与节奏。认真对待中国法学史，尤其是改革开放以来的法学史，梳理各个法治领域法学理论的演进状态，重估各种制度形成时期的学术供给，反思当时制度设计中背景形塑和价值预设的理论解说，可以更真实地对法治演变轨迹及其未来动向作出学术判断，从中也更有把握地绘出中国法学未来的可能图景。对于既有法学成果，人们更多的是采取应用主义的态度，对观点内容的关注甚于对观点形成机制的关注。当然，能够把既有学术观点纳入当下的理论创新论证体系中，已然是对既往学术努力的尊重与发扬，但对于学术创新的生成效益而言，一个学术观点的生成过程与形成机制的启发力远大于那个学术观点内容的启发力，我们应当在学术生产过程中，至少将两者的重要性置于等量齐观的学术坐标体系中。唯其如此，中国法学的发展与创新才会是一个生生不息又一以贯之的理性发展过程，不因己悲而滞，不因物喜而涨，长此以往，信者无疆。

作为国内法学界的重要学术期刊之一，《法学研究》是改革开放以来中国法学在争鸣中发展、中国法治在跌宕中进步的一个历史见证者，也是一个具有主体性、使命感和倡导力的学术过程参与者。《法学研究》于1978年试刊，于1979年正式创刊。在其1979年的发刊词中，向初蒙独立学科意识的法学界和再识思想解放价值的社会各界昭示，在办刊工作中秉持“解放思想、独立思考、百家争鸣、端正学风”的信念，着重于探讨中国法治建设进程中的重大理论和实践问题，致力于反映国内法学研究的最新成果和最高学术水平，热心于发现和举荐从事法学研究工作的学术人才。创刊至今40年来，《法学研究》虽经岁月更替而初心不改，虽有队伍更新而使命不坠，前后八任主编、50名编辑均能恪守“严谨、务实、深入、学术”的办刊风格，把《法学研究》作为自己学术生命的存续载体和学术奉献的展示舞台。或许正因如此，《法学研究》常被誉为“法学界风格最稳健、质量最稳定的期刊”。质而言之，说的是刊，看的是物，而靠的是人。我们相信，《法学研究》及其所刊载的文章以及这些文章的采编过程，应该可以视为研究中国改革开放以来法学发展、法治进步的一个较佳样本。也正因如此，我们有信心通过《〈法学研究〉专题选辑》，概括反映改革开放以来中国法学发展的思想轨迹以及法学人的心路历程。

本套丛书旨在以《法学研究》为样本，梳理和归整改革开放以来中国法学在一个个重要历史节点上的思想火花与争鸣交织，反思和提炼法学理论在一个个法治建设变奏处启发、拨动及预示的经验效果。丛书将《法学研究》自创刊以来刊发的论文分专题遴选，将有代表性的论文结集出版，故命名为“《法学研究》专题选辑”。考虑到《法学研究》刊发论文数量有限，每个专题都由编者撰写一篇2万字左右的“导论”，结合其他期刊论文和专著对该专题上的研究进展予以归纳和提炼。

丛书第一批拟出版专题15个。这些专题的编者，除了《法学研究》编辑部现有人员外，多是当前活跃在各个法学领域的学术骨干。他们的加入使得我们对这套丛书的编选出版更有信心。

所有专题均由编者申报，每个专题上的论文遴选工作均由编者主要负责。为了尽可能呈现专题论文的代表性和丰富性，同一作者在同一专题中入选论文不超过两篇，在不同专题中均具代表性的论文只放入其中的一个专题。在丛书编选过程中，我们对发表时作者信息不完整的，尽可能予以查询补充；对论文中极个别受时代影响的语言表达，按照出版管理部门的要求进行了细微调整。

不知是谁说的，“原先策划的事情与实际完成的事情，最初打算写成的文章与最终实际写出的文章，就跟想象的自己与实际的自己一样，永远走在平行线上”。无论“平行线”的比喻是否夸张，极尽努力的细致准备终归能助力事前的谨慎、事中的勤勉和事后的坦然。

我思故我在。愿《法学研究》与中国法学、中国法治同在。

陈　甦

2019 年 10 月 8 日

于沙滩北街 15 号

目录

Contents

第三编 法人的意思与机关

第四编 民事主体制度的发展

导　论

冯　珏*

“对于一个法律时代的风格而言，重要的莫过于对人的看法，它决定着法律的方向。”① 我国民法学对于法律中的人的看法，也是因应 20 世纪 70 年代末开启的改革开放的需要而不断发展和变迁的，并决定了我国社会主义市场经济法律体系的基本架构。其中，法人理论的种种争论、民事主体和权利能力概念的变迁、第三类民事主体理论的兴起，都是这一历史发展在理论上的映射。本书收录了《法学研究》自创刊至今所刊发的关于这一主题的经典论述，是改革开放以来我国学者对于这一主题的发掘、探索、研讨、争鸣的一个缩影。按照“《法学研究》专题选辑”丛书的总体设想，每一本论文集之前要有一个提纲挈领的导论。笔者承担此项任务，只得不揣浅陋，本着“温故而知新”的目的，以《法学研究》所刊发的相关论文为主线，回顾和梳理改革开放以来我国法人及团体人格理论的发展历程，并希冀能揭示法人理论进一步发展的前景与方向。

一　改革需要

梁慧星于 1981 年发表《论企业法人与企业法人所有权》，② 开宗明义地指出：“我认为，体制改革应解决的关键问题，首先是确认企业作为社

---

* 冯珏，《法学研究》副编审。

① 〔德〕拉德布鲁赫：《法律上的人》，载拉德布鲁赫《法律智慧警句集》，舒国滢译，中国法制出版社，2001，第 141 页。

② 本导论所涉及的论文，凡不注明所载刊物者，均发表于《法学研究》。下同。

会生产力基本单位在国民经济中所应有的独立地位，并由法律承认企业的所有权主体资格，赋予企业以法人地位。”这充分揭示出，我国对于法人理论与制度的引进和探索，与我国自20世纪70年代末期开始的经济体制改革，有着密不可分的关系。其中的核心问题即在于，如何构造国家对于国有企业的所有权与企业的经营自主权之间的关系。

站在今天的视角来看，国有企业在当时面临的最主要的问题，是如何获得独立的市场主体地位，获得自主经营权。这就需要解决国有企业面临的两个核心问题：一是财产不独立；二是意思不独立（没有独立的意思机关）。

关于国有企业的财产独立，学者虽提出了多种思路，但可以基于其共性被概括为“两权分离说”。早在1980年，江平等的《国家和国营企业之间的财产关系应是所有者和占有者的关系》，可谓“两权分离说”的先声。而梁慧星在上述文章中提出，企业法人的所有权是“相对所有权”，“企业法人财产归根到底是国家所有权的客体，国家保留对企业财产进行最终直接支配的权力”。此外，囿于篇幅，本书未能收录的李开国的《国营企业财产权性质探讨》（1982）、黄卓著的《试论我国国营工业企业的“法人”资格》（1984）等，均对于企业法人财产权的性质展开了有益探索，为1986年民法通则关于企业法人的规定奠定了基础。

1986年民法通则确立了企业法人的民事主体地位。在计划经济体制实行多年之后，这部法律的通过，在当时的历史条件下无疑是领先于时代的。虽然“两权分离说”有助于企业独立财产权的确立，但也正是由于“企业财产权”这一概念并非源自传统的民法理论，不可避免地具有模糊性，关于国家与国有企业的关系，国家所有权与企业经营权、经营管理权、占有权等之间的关系的讨论，并没有因民法通则的通过而停止。除了本书收录的佟柔、周威的《论国营企业经营权》（1986），[①] 还有徐武生的《国有企业法人财产权利探讨》（1986），丁季民的《经营权与所有权》（1987），李由义、钱明星的《论国有企业的经营管理权》（1987），董安生、刘兆年的《论企业财产权的二重性质》（1988），均延续了对这一问题

① 该文认为，“经营权是国营企业作为民事主体，对国家交给它支配的财产进行占有、使用和处分的权利”。该文将处分权作为经营权的一项权能，这样的经营权就越来越向所有权靠拢。

的探讨。及至 1992 年，孙宪忠在《公有制的法律实现方式问题》一文中，对于“两权分离说”的缺陷进行了全面检讨，并指出全民所有制企业享有法人所有权应是实现全民所有制的普遍方式和现阶段的理想方式。

从理论上看，国有企业法人的核心问题在于，作为经济学意义上的企业所有者的国家，通过什么样的法权结构来实现对于国有企业的控制。彼时学者尚未从国家对于国有企业的“所有权”这一法权结构中跳出来。国家与国有企业关系的进一步调整，有待于按照股份制改革才得以分化确立出来的“股权”。

王保树于 1995 年发表的重要文章《国有企业走向公司的难点及其法理思考》，对于国有企业改建为公司的历史作了较好的梳理：1983 年，学界开始提出将国营（国有）企业改组为股份有限公司的主张，自 1984 年以来，城市国有企业改建为公司的工作逐步展开。其中虽然稍有反复，但十四届三中全会通过的《中共中央关于建立社会主义市场经济体制若干问题的决定》（1993）最终明确了以公司（包括股份有限公司）改建国有企业的思路。王保树也指出，“两权分离说”并没有解决国有企业的独立财产问题，“实践中国有企业也都依法定程序取得了企业法人营业执照，但是它们中的绝大多数仅有企业法人之名，而没有企业法人之实”，而这具体表现在两个方面：一是国有企业没有独立的财产；① 二是它不能独立承担民事责任。而国有企业改建为公司，就是要从根本上解决上述问题，使企业既有法人之名，又有法人之实。

就第一个方面而言，国有企业的公司制改革虽然将“两权分离”改为“股权 - 所有权”结构，为承认国有企业对其财产的所有权清除了理论上的障碍，但国有股的行权机制问题，日后又成为国有资产管理法和公司法的重要议题。换句话说，在国有企业的独立财产问题解决之后，国有企业的独立意思问题还有待理论的进一步突破。这一问题，在公司法理论中，就转变为公司的治理机制问题。

事实上，在国有股“一股独大”的情况下，即使采取公司制的形式，国有企业是否以及在何种程度上具有独立意思的问题，仍是有待回答的理

① 值得注意的是，在我国最早的一部关于法人制度的专著，即马俊驹的《法人制度通论》（武汉大学出版社，1988）中，作者仍然认为“国家企业法人是由国家投资设立的，它们的财产属于国家所有，其经营权受到国家的制约”（见该书第 310 页）。

论课题。[①] 即使2001年中国“入世”之后，我国国有企业在参与国际经济贸易中，其独立地位也不断受到西方国家的质疑。虽然这种质疑很大程度上带有歧视和不公平对待的色彩，但是理论上未能澄清，也是授人以柄的重要原因。而依据十八届三中全会通过的《中共中央关于全面深化改革若干重大问题的决定》（2013）积极或加快发展混合所有制经济，能否进一步增强国有企业的独立意思，尚待观察。

关于第二个方面，即法人独立承担民事责任的问题，则是在德国亦未有定论的问题。莱赛尔指出，在德国学理上，法人的标志是其作为独立主体享有权利承担义务的能力，没有争议。而法人责任仅限于法人财产而排除其成员的责任，是否为法人概念的一项要素，则至今未得到彻底的澄清。[②] 相较而言，对于法人的独立责任，我国学者倒是较为一致地予以了肯定。例如，梁慧星于其1981年的论文中曾指出，资产阶级法学家发明的“企业法人制度的全部意义仅仅在于，为了使资本家股东只负担有限责任而赋予资本家以一种法定的特权”。而1994年出版的江平主编的《法人制度论》，则对于法人独立承担民事责任之于我国经济体制改革的意义予以了充分的揭示。江平明确指出，研究法人的外部责任，就要分析法人这一制度在我国的成因和实质。不论我国民法通则对不同形式法人的财产责任的表述如何不同，但就其实质来看，都是强调以法人自己拥有的全部实际财产承担责任。就其成因来看，无非是从法律制度上肯定国有企业的债务只能由该企业的财产来偿还，国家再不承担任何责任。[③]

从法人（公司）主体地位的承认和变迁的过程来看，我国从20世纪70年代末开启的改革开放历程，见证了法律制度改革、承认有限责任与经济崛起之间的关联。我国国有企业改革的一项重要内容，就是对于有限责任的逐步承认。这项改革历程艰辛，因为有限责任以承认企业的独立财产权为基础，从而需要不断地厘清国有企业独立财产权与社会主义基本经济

① 柳经纬发表的《论国有独资公司》（《法学研究》1996年第5期）即指出，国有独资公司的组织架构易于出现两种不良局面：或者国家授权的机构或部门完全支配着公司，使公司丧失自主经营权；或者公司董事会或个别领导专权，为谋取小团体利益或个人私利侵吞公司资产，架空国家的股东地位。

② 参见〔德〕托马斯·莱赛尔《德国民法中的法人制度》，张双根译，《中外法学》2001年第1期。

③ 参见江平主编《法人制度论》，中国政法大学出版社，1994，第35页。

制度之间的关系，但是改革的结果确实筑就了社会主义国家的经济基础。这是因为，有限责任就意味着，国有企业的营利（由国有企业留存一部分之后）主要归其经济学意义上的所有者（主要是国家）所有，而国有企业的亏损乃至失败则由全社会来分担。并且，有限责任的确立，更是避免了一个企业需要为另一个企业的债务甚至失败承担责任，即使它们都有着共同的所有者——国家。但是，我国国有企业的独立市场主体地位至今未得到国际社会的广泛认同，一个国有企业的海外资产仍然有可能需要为其他国有企业的海外债务承担责任。我国国有企业之主体地位的这种国内承认与国外否认之间的不对称性，是需要今后在理论和实践层面加以研究和解决的。

除了国有企业的市场主体地位之外，对于集体企业、农户、合伙企业等的市场主体地位，学者也有所探讨。黄卓著等的《关于上海城市集体工业企业所有权和自主权问题的调查》（1980）、高宽众的《我国农户法律地位初探》（1984）分别探讨了集体企业和农户的法律地位。而魏振瀛于1989年发表的《关于合伙理论与实践的几个问题》，开篇即提出了“关于合伙的法律地位问题”，并探讨了合伙成为民事主体需要具备的条件。王利明于1991年发表的《论国家作为民事主体》，则指出“国家主权决定了国家只是特殊的民事主体而不是法人”，并提出需要建立专门管理国有资产的机构，代表国家广泛从事民事活动。

相对而言，在改革开放初期，社会团体法人、基金会、民办非企业法人等非商事领域的法人的社会功能未受到改革者的充分重视，学者对于其法律主体地位的研究也相对薄弱。

二 他山之石

20世纪90年代末至21世纪初，是我国民法学术史上的材料大繁荣时期。与以往我国学者只能通过各种途径购买我国台湾的民法学专著不同，在这一时期，国内的出版社不仅引进出版了我国台湾学者的一系列民法学专著和教科书，如中国政法大学出版社出版的王泽鉴之《民法学说与判例研究》八册及其著民法各编教科书，以及收录了史尚宽、胡长清等20世纪中华法学家著述的“二十世纪中华法学文丛”等；而且还组织了大规模的西方法学经典论著的翻译和出版工作，如中国大百科全书出版社的“外国法律文库”、商务印书馆的“汉译世界学术名著丛书”、法律出版社的“当代德国法学名著计划”、中国法制出版社的“西方法哲学文库”、中国社会科学出版社的“西方现代思想丛书”等。此外，梁慧星主编的《民商法论丛》，也收录了不少国外经典法学论文或者重要法律制度的译文；[①] 2006年刊发首卷的由留德归国青年学者主编的《中德私法研究》，则以每卷设专题的形式，对德国民法学理论、制度和实践展开纵深研究。[②]

这些文献的引入，极大地丰富了我国民法学人的阅读范围，开阔了学者的眼界，成为推动民法学发展的一股重要力量。与此同时，出国留学的机会和人数都大大增加。当时不少年轻学者奔赴德、日、意、英、美等国，学习外国的民法学理论与制度，对外国理论与制度的理解和把握越来越精准，不仅推动了比较法研究方法的兴盛和发展，而且这批较早的出国求学者回国后，正日益成为今天民法学界的中坚力量。[③]

例如，尹田2004年发表的《论法人人格权》，已经引用了梅迪库斯《德国民法总论》（法律出版社，2000）、拉伦茨《德国民法通论》（法律出版社，2003）、史尚宽《民法总论》（中国政法大学出版社，2000）等当时来看非常新的资料。又如，李永军2005年发表的《民法上的人及其理性基础》，已经将克尼佩尔的《法律与历史》（法律出版社，2003）、拉伦茨的《德国民法通论》、梅迪库斯的《德国民法总论》、黑尔格的《法哲学原理》（商务印书馆，1995）、雅科布斯的《规范·人格体·社会》（法律出版社，2001）、凯尔森的《法与国家的一般理论》（中国大百科全书出版社，1996）等专著作为研究的重要材料。可以说，这样的研究材料和研究方式，自21世纪初渐趋流行。此后，随着民法学者对于语言障碍的突破以及出国访学的人数增多，直接引用英文、德文、意大利文、法文、日文

① 该集刊1997年出版的第8卷收录了日本学者星野英一的名篇《私法中的人——以民法财产法为中心》。

② 该集刊2013年出版的第9卷的主题是“法人的权利能力”，主题文献包括萨维尼的《萨维尼论法人的概念》、基尔克的《人的社团之本质》；主题报告包括朱庆育的《重访法人权利能力的范围》、葛云松的《法人权利能力的规范方式》。

③ 当然，这种大规模的比较法研究，也带来了一定的负面影响，不仅导致了我国民法的混合继受问题，而且在研究方法上言必称外国，“以西方发达国家的法治作为判断优劣的标准，把外国的法律理论和法律制度当作定理来衡量中国的法律制度”。参见张广兴《中国法学研究之转型：以民法学研究为例》，《法学研究》2011年第6期。

等他国文献资料的研究成果越来越多。《法学研究》后来所刊发的民法学论文中，几乎很难再找到不引用外文文献的论文了。

然而，与上述材料大繁荣相比，关于法人的研究成果相对而言却显得萧索。在专著方面，除了1988年马俊驹著的《法人制度通论》和1994年江平主编的《法人制度论》之外，笔者所收集到的研究法人的专著仅有尹田著的《民事主体理论与立法研究》（法律出版社，2003）、蒋学跃著的《法人制度法理研究》（法律出版社，2007），以及虽然旨在研究非法人团体，但不可避免地涉及法人理论与制度的石碧波著的《非法人团体研究》（法律出版社，2009）。在论文方面，除上面提及的《法学研究》上刊发的尹田文与李永军文之外，在其他法学刊物上刊发的涉及法人的论文也多为上述专著作者所发表。但也有例外。龙卫球于2000年前后也对法人展开了专题研究，其研究成果不仅包括江平与龙卫球合著的《法人本质及其基本构造研究——为拟制说辩护》（《中国法学》1998年第3期），还包括其翻译的格雷的《法律主体》（《清华法学》2002年第1期）等。

这种现象的出现，或许是由于1986年民法通则已经对于法人制度作出了基本规定，在随后的社会主义法律体系构建过程中，立法的重点是合同法（1999）、物权法（2007）、侵权责任法（2009），故学术研究的重点也都转移到相应领域。① 其间，2002年的民法典草案出台之际，王利明已经提出了人格权独立成编的构想，② 而尹田发表的针锋相对的论文，③ 应该与其当时对于民事主体理论的研究密不可分。另外一个可能的原因是，在法人的基本制度已经得到确立之后，学者更为关注法人的内部结构，如法人治理的问题。而在民法学理论中，法人与自然人一样，是被抽象为一个“点”即民事主体来看待的，所以对于法人内部结构的研究，就成为公司法等组织法的重要议题，而淡出了民法学者的视野。对于此议题有兴趣的读者，可以参考“《法学研究》专题选辑”丛书中关于公司法改革的专题论文集。

---

① 所以，在1999年合同法确立了“其他组织”的合同主体地位时，并没有引起学界的关注和讨论，可谓波澜不惊。

② 参见王利明《人格权制度在中国民法典中的地位》，《法学研究》2003年第2期。

③ 参见尹田《论人格权的本质——兼评我国民法草案关于人格权的规定》，《法学研究》2003年第4期。

三　理论探索

我国法人制度因应经济体制改革的需要而确立和发展，我国学者关于法人和团体人格的理论探索，也是与经济体制改革同步进行的。学者研究法人的专著中，对于法人的本质、分类、能力、意思、机关、设立、变更和终止等问题，均有所涉及。其中，《法学研究》所刊发的论文，涉及合伙的主体地位、法人的独立责任、法人的意思与机关、法人的分类等方面。

早在20世纪80年代，学者就提出了合伙的第三民事主体地位（如方流芳1987年《关于合伙的几个问题》）或相对的独立地位（如戴錞隆、丁岩1986年《论合伙》）。后来，最高人民法院1988年《关于贯彻执行〈中华人民共和国民法通则〉若干问题的意见（试行）》第45条第1款确认了起字号的个人合伙的当事人能力，最高人民法院1992年《关于适用〈中华人民共和国民事诉讼法〉若干问题的意见》第40条确认了依法登记领取营业执照的合伙组织的当事人能力。至1999年合同法引入“其他组织”这一概念，“其他组织”与自然人、法人一样，能够成为合同的主体，已然奠定了民事主体三分的基本格局。而近几年才从德国引入的部分权利能力理论（刘召成2012年《部分权利能力制度的构建》），亦旨在解决合伙是否具有权利能力的问题。虽然在民法总则的制定过程中，仍有学者反对承认合伙的民事主体地位，但事实上大势已定。依民法总则的规定，合伙企业等作为“非法人组织”，能够以自己的名义参与民事活动。

关于法人的财产与责任，独立财产是独立责任的基础，而独立人格是独立责任的理想依据。这是因为，既然法人与其成员是各自独立的民事主体，成员就当然不应该为作为另一民事主体的法人的债务承担责任。反过来，若是想令法人成员为法人债务承担责任，就需要否认法人人格本身，这就是法人人格否认制度的逻辑。关于法人人格否认，学者们较早地予以了关注。《法学研究》1997年即刊发了南振兴、郭登科的《论法人人格否认制度》。该文指出，法人的两大特征即法人财产的独立性和法人成员责任的有限性。因此，若是法人成员不足额出资，或者滥用法人人格、无视法人人格，法人的人格即应被否认，法人成员就需要为法人债务承担责任。需要指出的是，由于法人人格否认仅是在个别具体情形下否认法人的人格，因此它不是与法人人格构成反对关系，而是与法人成员的有限责任构成反对关系。朱慈蕴的《公司法人格否认法理与公司的社会责任》（1998）亦明确，股东有限责任原则是公司法人格制度的一大基石，其理相同。从这个角度来看，“法人人格否认”这一提法具有一定的误导性。

法人成员的有限责任虽然由于改革的需要而得到学界和立法的普遍接受，但是当各种外国理论学说于20世纪末、21世纪初涌入我国，并且关于合伙企业的民事主体地位得到越来越普遍的接受时，学者也开始反思法人究竟是否必须以其成员的有限责任为要件。[①] 作为此项法理反思的成果，民法总则第58条废弃了民法通则第37条将独立责任作为法人设立条件的做法，并单列民法总则第60条将有限责任作为法人的法律效果。[②] 但是从民法总则采取自然人、法人与非法人组织的三分来看，法人成员的有限责任仍然是阻碍合伙企业等成为法人的主要障碍。在一定程度上可以说，关于法人责任仅限于法人财产而排除其成员的责任是否为法人概念的一项要素，我国学理已经与德国学理处于相同的处境，即并无定论。

关于法人的意思，我国学理上最早展开讨论的是法人的目的事业范围与法人行为能力、法人目的与意思机关等的关系（马俊驹1984年《试论法人的机关、意思和过错》）。马俊驹在该文中认为，法人创立人的意思与法人参与民事活动的具体意思是不同的，法人创立人的意思是指创立人创立法人时所确定的活动宗旨和方法。[③] 这样，就在一定程度上将法人的目的与法人意思区分开来。

我国早期的学理认为，法人的权利能力是具体的、特殊的，有范围问题，受到法人目的事业范围的限制。[④] 对于法人权利能力的这一认识，使

---

① 参见虞政平《法人独立责任质疑》，《中国法学》2001年第1期；薛军《法人人格权的基本理论问题探析》，《法律科学》2004年第1期；柳经纬《民法典编纂中的法人制度重构——以法人责任为核心》，《法学》2015年第5期等。

② 参见李适时主编《中华人民共和国民法总则释义》，法律出版社，2017，第165页。

③ “从形式上讲，法人创立人的意志，只能原则上为法人意思限定一定的范围或指明一定的方向，而法人每一个具体的意思表示，又要通过法人机关的意志加以实现。”这一论述具有相当的启发性。在社团法人，法人创立人通常是其法人意思机关的担当人，因此法人的目的与法人的意思无法完全区分；而在财团法人，法人创立人与法人意思机关相分离，所以尚须考虑法人的意思机关需要在多大程度上受到法人目的的制约。

④ 参见江平主编《法人制度论》，中国政法大学出版社，1994，第一章“法人总论”第一节“法人与人格”。

得后来“法人越权”问题成为理论与实践的纷争之源。1999年合同法第50条的规定是对所谓法人越权理论的致命一击。同年，《法学研究》刊发温世扬、何平的《法人目的事业范围限制与“表见代表”规则》，该文对法人超越经营范围的法律效果作了全面检讨，充分论证了法人的目的事业范围不应该影响法人的权利能力和行为能力。该文是对1999年合同法之前实践中法人的经营范围影响合同效力这一不恰当做法的理论上的彻底清算。

与法人目的事业范围相关的，还有法人犯罪的问题。在学理上，关于法人是否具有可归罪性，是否可以超越其法定业务范围而实施犯罪行为，是否具有受罚能力，刑法学界历来存在肯定说和否定说之争。随着我国刑法对于单位犯罪的明确规定，学者也试图论证单位（法人）犯罪的理论依据［何秉松1998年《单位（法人）犯罪的概念及其理论依据——兼评刑事连带责任论》］。①

虽然随着我国刑法对于单位犯罪的承认、合同法对于法人的法定代表人和工作人员的代表权限或代理权限的广泛承认，法人越权问题不再受到学者的重视，但是隐含于其中的学理问题，仍然没有得到澄清。主要问题在于，法人的越权（超越其设立目的的）行为，是否需要依据社团法人与财团法人而异其效果？社团法人是自律法人，无论营利还是非营利，成员通过法人的意思机关更有条件控制越权行为。财团法人是他律法人，越权行为不可归咎于设立人，能否归咎于法人自身，尚可讨论。从与自然人相对照的角度，法人强调其设立目的，而自然人仅涉及意思能力与意思表示的问题，其间的结构性差异，尚未引起学者的充分关注。

在更深层次上，法人能否像自然人一样具有“理性”，从而依此成为民事主体的问题，也得到了学者的关注。李永军2005年发表的《民法上的人及其理性基础》，在检讨了自然人的理性基础之后，就明确提出了法人意志的说明障碍问题，并梳理了旨在说明法人理性的各种学说。由于旨在说明法人理性的各种学说都无法自圆，该文认为无法以理性为基础作为法人的存在依据。晚近的学者开始探讨法人的意思机关究竟是如何形成法

① 另可参见本书没有收录的崔庆森《也论法人犯罪》，《法学研究》1990年第5期；熊选国、牛克乾《试论单位犯罪的主体结构——“新复合主体论”之提倡》，《法学研究》2003年第4期。

人的意思这一更为具体深入的问题。徐银波 2015 年发表的《决议行为效力规则之构造》，将法人意思机关的决议行为独立于法律行为尤其是多方法律行为加以讨论，明确决议行为系社团意思形成行为。

关于法人的分类，在民法通则制定过程中未见多少争议，却是本次重启民法典编纂以来极具争议的一个问题。争议的核心问题是，我们是回到德国民法学理论的基本立场，以社团法人与财团法人的划分作为法人的第一层次的分类，还是延续民法通则的既有做法并适当归并，以营利法人与非营利法人作为第一层次的分类。本来，法人的这两种分类方式在既有的著述中均有所涉及，但是以何者作为第一层次的分类，直接涉及民法典法人制度的体例编排，问题因此而得以凸显。罗昆于 2016 年发表的《我国民法典法人基本类型模式选择》，即是在此种背景下的研究成果。该文认为，为了解决民法典法人基本类型的争议，须先就民法典法人类型化的方法及其意义、法人基本类型模式选择的标准等基础性理论形成清晰认识。据此，该文认为民法典法人制度应采“解析性类型化”而非“叙述性类型化”方法。值得探讨的是，法典编纂与理论构造，毕竟是两个层面的问题。在理论构造中，作为法人的进一步划分结果的下位概念，彼此必须构成矛盾关系，它们的并集才能与法人的外延相重合。但是在法典编纂中，却未必需要遵循相同的标准，因为法典的表述还要考虑到其他方面的需要。[①] 事实上，德国民法典中关于法人的规定，采取的是列举的方法，列举了登记的社团和基金会这两类法人。而德国民法典汉译本中的“财团法人”，其德文原文即为“基金会”（Stiftung）。德国民法典甚至都没有给法人作一个清晰的界定，登记的社团与基金会两者，又怎么可能是一种“解析性的类型化”呢？当然，从法人理论的角度讨论法人的类型化，仍然具有相当的价值，学者在此方面也作出了有益的探索，值得赞同。

---

① 我国立法机关在《关于〈中华人民共和国民法总则（草案）〉的说明》中曾指出，民法总则传承了民法通则的基本思路，遵循我国立法习惯，适应我国改革社会组织管理制度、促进社会组织健康有序发展的要求，根据法人的设立目的与功能将法人分为营利法人与非营利法人。参见李适时《关于〈中华人民共和国民法总则（草案）〉的说明——2016 年 6 月 27 日在第十二届全国人民代表大会常务委员会第二十一次会议上》，载本书编写组编《民法总则立法背景与观点全集》，法律出版社，2017，第 16 页以下。

四 未竟之题

虽然学者们对于法人的理论和制度已经展开了全面而深入的研究，但是从民法学理论体系构建的角度出发，还是存在不少遗憾，有待学人继续努力。

首先，关于法人的本质，我国民法学界几乎没有经过什么讨论，就接受了法人实在说中的组织体说。[①] 但是，法人拟制说、否认说与实在说之间的差别究竟在哪里，我们取舍的标准是什么等问题，并没有得到充分的阐释。而且一个有趣的现象是，尽管多数民法总论教科书均采法人实在说，但是在学者们发表的期刊论文中，又对于法人拟制说多有青睐，[②] 这样的态度反差也没有得到合理的解释。

所谓法人的本质，就是法人的本质属性，也是法人区别于他者的本质特征，不可谓不重要。按现在通行的认识，法人与自然人都是民事主体。这就意味着，法人与自然人两者必定存在相似之处，这样才可能在其上进一步抽象出民事主体这一概念。在德国学理的构造中，这个能够统一法人与自然人的共同之处，只可能是权利能力。但是，权利能力作为一种能力，究竟是一种什么样的能力，谁才具有这样的能力，又为什么会具有这样的能力，这一系列的问题，我国学者尚没有自觉地加以思考并给出回答。及至 2017 年民法总则将“非法人组织”亦作为民事主体，从而形成自然人、法人与非法人组织“三分天下”的格局，但民法总则却没有同时

---

① 参见江平主编《法人制度论》，中国政法大学出版社，1994，第 28 页；张俊浩主编《民法学原理》上册，中国政法大学出版社，2000，第 175 页；尹田《民事主体理论与立法研究》，法律出版社，2003，第 161 页；梁慧星《民法总论》，法律出版社，2007，第 119 页。

② 参见江平、龙卫球《法人本质及其基本构造研究——为拟制说辩护》，《中国法学》1998 年第 3 期；李永军《民法上的人及其理论基础》，《法学研究》2005 年第 5 期。蒋学跃在其专著《法人制度法理研究》（法律出版社，2007）中，亦主张坚持拟制说（见该书第 237 页）。而谢鸿飞则在 2015 年撰文认为，我国民法典编纂应以法人实在说为基础，在法人人格否认等制度设计上吸纳拟制说。参见谢鸿飞《论民法典法人性质的定位——法律历史社会学与法教义学分析》，《中外法学》2015 年第 6 期。

承认“非法人组织”的权利能力，[①] 这鲜明地反映出，关于民事主体是否必定具有权利能力，立法者并没有十足的把握，而这又源于在此问题上的理论研究不足。

关于法人本质的另一个问题是，无论是 1986 年民法通则还是 2017 年民法总则，在对法人进行界定时，都将其上位概念确定为“组织”，而 2017 年民法总则中新增加的“非法人组织”，其上位概念亦是“组织”。但是，“组织”并不是民法学理论中既有的概念。如果我们都无法知道究竟什么是“组织”，那么我们又如何知道什么是法人，什么是非法人组织呢？事实上，与德国民法中的法人亦是“人”不同，我国民法中的法人不是“人”而是“组织”，但我们可能从没有想过，我国民法学中新添加的这个“组织”概念，究竟有没有必要，如果有，又如何纳入民法学的概念体系之中。[②]

其次，关于法人理论，还有一个值得研究的问题，涉及法人资格的获得与国家特许/许可/批准/登记（笔者简称为“国家承认”）之间的关系。莱塞尔指出，法人并不同于自然人而得当然地享有法律人格，其法律人格之享有只能基于国家的承认行为。那么，法人仅仅是由于国家承认就成其为法人，还是由于其内在的某种质的规定性而使其成为法人；国家承认对于法人而言，是形式要件还是实质要件？梅特兰说：“从道德角度来看，最应该具有人格者在法律上却没有被赋予人格。人们认为自己的俱乐部就是一个既正直又体面的生命体，却认为合股公司只是一种他投钱进去并从中取出红利的机器。”[③] 这是不是意味着，国家的承认仅是一种恣意？

从我国学者的著述来看，国家的承认是法人的必备要件，这一要件并延续至民法总则新增的非法人组织这一类民事主体之中。此中，国家对于各种社会组织的管理与控制当然是一个很重要的方面，但是仅就民法而

---

① 虽然没有收录于本书中，但是年轻的后起之秀已经关注到这个问题，并且极力论证非法人组织也有权利能力。参见张其鉴《民法总则中非法人组织权利能力之证成》，《法学研究》2018 年第 2 期。当然，非法人组织的权利能力是否得到了充分的证成，还有可以检讨的空间。

② 关于什么是组织，虽然汪青松的《主体制度民商合一的中国路径》（《法学研究》2016 年第 2 期）有初步的涉及，但并未引起学界的关注和进一步的讨论。笔者关于以组织作为法人和非法人组织的相邻属概念的初步思考，参见拙作《作为组织的法人》，《环球法律评论》2020 年第 2 期。

③ 〔英〕F. W. 梅特兰：《国家、信托与法人》，樊安译，北京大学出版社，2008，第 145 页。

言，问题就转变为，国家承认某一或者某类组织为民事主体，究竟是恣意的，还是有着制约条件；这样的制约条件与法人的本质，有什么样的关联。

在这个方面，德国的未登记社团的发展所内含的法理问题，值得深究。关于未登记的社团，德国民法典原来的规定是适用关于合伙的相关规定，但是德国的司法实践已经突破了这条规定，实际上未登记的社团是比照已登记社团来处理的。这样，原来所谓“不具有权利能力的社团”这个概念在德国已经不成立了，只能叫作“未登记的社团”。就此而言，登记对于社团的权利能力来说，仅是形式要件而非实质要件，即使某些情况下不具备该形式要件，其实质也能得到承认。从我国目前的理论和实践来看，对于未得到国家承认的团体，司法实践中尚不可能作出类似的认定。

那么，国家承认某些团体是法人，不承认另一些是法人，标准究竟是什么？笔者在此也只是提出一些非常初步的设想。至少在商业领域，商业实践的需要和主权者之间的竞争，导致各国竞相为特定营业提供资产分割技术，其中之一就是法人化处理。但另一方面，法人化处理也需要顾及这一技术给法人的债权人、法人出资人及其债权人带来的负面影响，需要将负面影响控制在可以接受的范围内。法经济学派认为，法人化的成本和收益比较，决定了合伙仍是弱的实体；而随着有限责任成为商业竞争的必备条件，我们看到越来越多的特定营业被立法或者司法承认为实体。

当然，这样的经济分析的思路，只能在一定程度上提示我们，国家的承认只能构成形式要件，而不是法人成为民事主体的决定性因素。这就破除了这样一种推理：既然民法总则已经规定了非法人组织是民事主体，那么它就当然具有权利能力。这在逻辑上是倒果为因。非法人组织必须首先符合民事主体的质的规定性、具备能够成为民事主体的各项条件，才能被国家承认为民事主体。而民事主体尤其是法人的质的规定性、法人的实质要件等问题，尚须在理论的层面、从理论构造的角度加以阐明。

最后，从价值层面来看，将法人与自然人并列作为民事主体，带来的一个基本问题就是对于民法平等原则的挑战。江平、龙卫球早在 1998 年就指出：“现代民法确立法人这个概念，确立的民事主体二元制，承认了在法人范围内个性的一定程度的隐没，在民法范围内导致了法人与个人的对立关系。因此，法人现象，在法学上，始终与个人主义思想发生冲突。”[①]李永军在其2005年的论文中也指出：“人们通过拟制或者其他法技术创造出一个法人，在‘民事主体一律平等’的旗帜下与自然人的同台演出，则更像是在上演一出与狼共舞的人兽大战。”而公司的社会责任问题，一定程度上也是因应法人（公司）在社会经济生活中越来越重要的地位与作用。[②]

事实上，我们可以深入思考一下，当我们说自己生活在“民法社会”中时，我们自然人究竟是如何生活的？是不是立即能够发现，我们好像只从事两种民事活动，一是为日常生活需要购买各种生活资料，二是在社会分工的基础上，寻找自己的一席之地，通过提供工作获得收入。在这样的具体场景下，自然人就从一个抽象平等的民法上的人，褪变为一个具体的人，这个具体的人，或者是消费者，或者是劳动者。而自然人与之交易以获得收入或者生活资料的相对方，在大多数场合，也不是自然人，而是法人。

这样，虽然每个自然人依然都生活在“民法社会”中，但是自然人在民法社会这个舞台上的角色却既不重要又单一乏味，相反，民法社会这个舞台之上，法人已经成为主角。我们是不是能够作这样一个统计，合同纠纷的当事人中，自然人占有多大的比例，法人又占有多大的比例？其实，在1999年合同法统一之前，我国法院民一庭和民二庭[③]就是依据合同纠纷的主体来分工的。是不是还可以再作一下统计，看看侵权纠纷案件的当事人中，自然人和法人又分别占有多大的比例。即使是道路交通事故这类通常在自然人之间发生的侵权纠纷案件，法律不也通过机动车强制责任保险或者驾驶人通过自愿的机动车商业保险，将保险公司这个金融领域的重要法人拉入自然人之间的关系中来了吗？

其实，面对法人这一民事主体，民法不是已经作出了很多方面的调整

---

① 与之相反，法国民法典的主体资格建立在绝对个人主义思想基础上，导致其在另一端对团体采取敌视态度，因为在个人主义思想中，团体的存在将可能侵害个人的意思自由及其直接存在范围。因此，个人与国家间存在的各种团体均被有意忽略，法国民法典没有赋予社团或财团以主体资格。参见龙卫球《法律主体概念的基础性分析（下）——兼论法律的主体预定理论》，《学术界》2000年第4期。

② 参见朱慈蕴《公司法人格否认法理与公司的社会责任》，《法学研究》1998年第5期。

③ 民二庭原来被称为“经济庭”。

吗？正是发源于商事领域中的经理权的授予，成为德国学者创设代理权授予的无因性理论的根源。侵权法中的无过错责任（风险责任），不正是针对法人所作的制度构建吗？因为很明显，只有法人才具有分散风险的能力。侵权法中的雇主责任以及为了证成雇主责任而提出来的组织过失等，不也是承认“自然人－法人”之间劳动关系的普遍存在吗？通过法人这个权利义务的集散器（尤其是保险公司），即使是自然人承担的过错责任，是不是也已经在一定程度上实现了责任在全社会范围的分散与分担？合同法领域也不能除外。正如波斯纳所言：“当交易是一家大公司与一个普通个人之间进行时，它会引起类似于胁迫的情形。”① 自然人参与签订的合同，绝大多数已经定型化、格式化，所以对于格式合同的规制，才成为合同法领域的一个重要议题。格式合同在现代社会中的广泛运用，除了对意思自治构成冲击外，还说明了交易的定型化、身份的显在化。越是买房买车这样的生活中的大事，合同的格式化、定型化就越明显，而且，多数情况下，对于这样的大额生活消费，自然人又不得不与银行签订贷款合同。即使是自然人的生活消费，也越来越需要借助于法人才能得到满足。与此相反，对于自然人之间的民间借贷关系，法律虽不反对，但亦不鼓励，一旦超越了法律的容忍度，不仅不受民法的保护，而且还可能受到行政法甚至是刑法的打击。

监护领域也不能置身事外。虽然未成年人一般由父母承担抚养照顾义务，但是对于老年人而言，机构监护已经在一定程度上取代了家庭监护，而且这种趋势越来越明显。即使对于未成年人而言，当德国用学校教育取代家庭私人教育的时候，就已经奠定了其在德法战争中的胜利。就知识产权领域而言，虽然早期采作者权体系的国家否认法人可以成为作者，② 但如今，法人事实上可以成为作者，已经是世界各国著作权法及其实践的共识了。

---

① 〔美〕理查德·A. 波斯纳：《法律的经济分析》，蒋兆康译，中国大百科全书出版社，1997，第145页。

② 参见梁慧星《谁是“神奇长江源探险录象”的作者》，《法学研究》1996年第2期。梁慧星认为，作者只能是自然人。法人或非法人单位本非作者，只是基于某种理由在法律上将其当作作者对待。按著作权法第11、13、15、16条的规定，“神奇长江源探险录象”（素材）的作者仅包括脚本创作者、导演和摄像。这一观点在今天看来，恐怕已经不合时宜了。

因此，发生从近代民法到现代民法的转变，[①] 法人制度的确立和发展，如果不是唯一的，也是其中的一个很重要的原因。从大的历史纵向来看，近代以来的各国民法都展现了一条从不承认团体人格到团体人格不断扩展的道路。这在一定程度上表明，发源于启蒙思想的、由康德道德哲学集其大成的、以自然人为基本参照所创设的法律主体理论，[②] 可能已经脱离社会实际需要了。但是，一旦放弃自然人的这一地位，自然人又会被团体克制和束缚，就像原来家庭对个人的束缚一样。[③] 人类社会发生的这些变化，要求法学理论有所表述，有所更新。但是，因应法人与自然人之间事实上的不平等所发展起来的消费者法、劳动法等，到目前为止，仍然是以民法特别法的面貌出现的，尚没有引起民法学理论的根本变革。[④] 当然，法人理论的重述是否以及如何引起民法学理论体系的更新甚至重构，是一个相当宏大和棘手的问题，首先需要学界同仁来判断这个问题真不真、可不可解。即使在得到肯定回答后，也需要学界携手共破难题。

仅以《法学研究》所刊发的文章为主线来梳理法人与团体人格理论的发展与变迁，在文献上当然是存在缺憾的。笔者虽尽量弥补并参考了涉及该主题的主要专著和论文，但遗漏在所难免，这也影响了本导言成为一个全面的学术综述的可能性。聊以自慰的是，导言本来就旨在提示全书的主要内容，激发读者的阅读兴趣，而本书最精彩的内容，当然是《法学研究》四十年来所展现的思想深邃、胸怀天下的学者为中国法学与法治所贡献的思想和智慧。

---

① 参见梁慧星《从近代民法到现代民法——二十世纪民法回顾》，《中外法学》1997 年第 2 期。

② 康德在《习惯的形而上学》之导论第 4 卷指出，“（法律上的）人是指那些能够以自己的意愿为某一行为的主体”。很清楚，在康德看来，这样的主体只能是自然人。

③ 参见〔美〕许烺光《宗族·种姓·俱乐部》，薛刚译，尚会鹏校，华夏出版社，1990。

④ 当然，德国于 21 世纪初修订其债法时，将消费者与经营者的概念引入民法典中，但是也没有引起其民法典体系的根本变动。甚至学者从既有的民法学体系出发，对此种做法多加诟病。

第一编　法人制度与国企改革

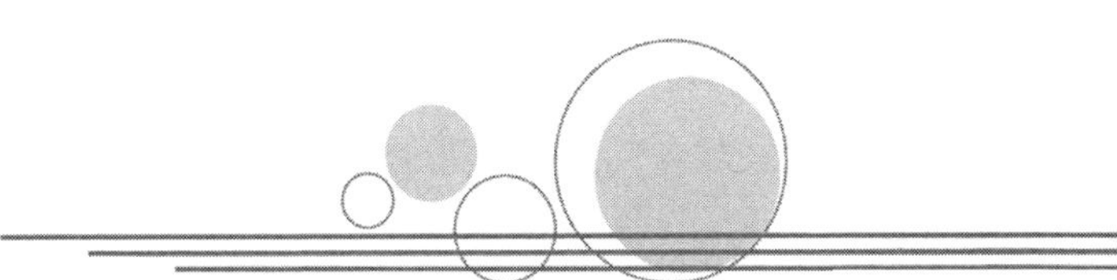

国家与国营企业之间的财产关系应是所有者和占有者的关系*

江　平　康德瑄　田建华**

摘　要： 关于国家与企业之间财产关系的代理权说、部分所有权说、租赁说、独立所有权说、经营管理权说都有缺陷。国家与企业之间存在双重财产权关系，即国家对生产资料的所有权和企业对生产资料的占有权。占有权是从所有权派生出来的、独立的物权。国家所有权是国家对生产资料能最终支配的物质基础，企业的占有权是企业能进行相对独立经营并享有自己独自利益的直接依据。国家所有制中国家所有权和企业占有权的双重存在，是社会主义这种新型商品生产关系决定的。

关键词： 所有权　占有权　国家所有制　新型商品生产关系

经济学界正在就经济体制改革问题展开热烈讨论。这场讨论不仅是经济学界的事，而且与法学尤其是民法和经济法也有密切关系。经济学界的讨论目前正集中在全民所有制的体制改革问题上。从法律角度来看，经济体制改革问题，实际上就是解决国家与企业、经济管理部门与企业以及企业相互之间的财产权利关系问题，其中国家与企业的财产权利关系是问题的关键。经济体制改革的实质就是对这种相互的财产权利关系进行重新调整，以适应新的形势要求。民法和经济法是研究商品关系中财产权利和义

* 本文原载于《法学研究》1980 年第 4 期。

** 江平，中国政法大学终身教授；康德瑄，中国政法大学教授（已故）；田建华，中国政法大学教授（现已退休）。

务的科学。它应当对经济学界的这场讨论，从法学角度给以回答，从而实现自己作为上层建筑的一个部门所应起的促进生产关系的改革、变化和巩固的作用，为加速实现四个现代化作出应有的贡献。

二

在我国目前条件下，国家与企业（本文所说的企业均指全民所有制企业）之间的财产关系究竟是或应该是一种什么样的关系，学术界存在不同的意见。

一种意见认为企业和国家之间的财产关系是建立在代理基础之上的，企业是代表国家行使财产权。这种意见我们称之为“代理权说”。但是，国家对企业具有主权者和所有者双重身份。国家作为主权者出现时，代表它行使权力的只能是各级政权机构和主管部门，而不是企业；国家作为所有者出现时，它和企业之间的关系并不是平等主体之间的代理与被代理的关系。

另一种意见认为国家将所有权中的占有、使用和收益权交给企业，而将处置权保留给自己，因此，企业对国家财产享有所有权的部分权利。这种意见我们称之为“部分所有权说”。但是，把所有权的内容截然分开，分属于国家和企业，并不符合实际情况。因为实际上国家也有收益权，企业也有处置权。特别是在企业财权不断扩大的今天，企业也有处置权这一点就表现得更明显了。

最近，经济学界有人主张，企业和国家的财产关系应建立在租赁关系上。国家将生产资料租给企业，企业为此支付租金。这种意见我们称之为“租赁说”。按照这种观点，企业和国家成了完全“平等”的两个主体。企业租得国家财产后就可以“完全”摆脱国家的行政干预而自行其是了。这是一种在保留国家所有权的躯壳下实行企业完全独立自主的主张。

在讨论中，还有一种意见认为国家所有制不是全民所有制的唯一形式，并且也不是最好的形式。因此，主张企业对生产资料享有完整、独立的所有权。这种意见我们称之为“独立所有权说”。与前一种意见相比，它更为彻底，连国家所有权这个躯壳都不要了。但是，我们觉得，在我国条件下，代表全民意志的必要的国家干预仍然是不可少的，国家所有权不仅在躯壳上，而且在实体上，都仍有保存的必要。

在相当长的一段时间内，经济学界和法学界最流行的一种意见是企业对国家财产享有管理权或经营管理权。这种意见我们称之为“经营管理权说”。但是，“经营管理权”作为一个概念是很值得商榷的。

第一，“管理”一词容易和作为国家职能的“管理”相混淆。在现实经济生活中，一方面，国家在“经营管理”企业；另一方面，企业又在“经营管理”国家财产。其实，这是性质不同的两种管理。企业的所谓“管理权”，应是民法、经济法中的“权”，它是一种以财产为基础的权利，而不是以国家经济管理职能为基础的行政管理权力。混淆这二者就会否认企业建立在财产权利基础上的经营管理权，从而最终会否定企业的财产权利。只看到企业对国家有行政从属关系的一面，而忽视了二者关系中还有平等的民事关系的一面，这会助长单纯用行政办法来管理企业的倾向。

第二，“经营管理权”不是独立的财产权，也没有体现出企业的独自利益。企业对于它所掌握的财产确实是有权经营管理的，但这还没有回答它对所掌握的财产享有的是一种什么财产权的问题。经营管理作为一种权利，必须以一种财产权利作为基础，它是从财产权中派生出来的。如果经营管理者完全没有财产权利，财产权利完全属于别人，进行管理就只是一种责任。只有具备财产权利时，经营管理才能成为权利。企业作为法人的特征之一就是要有自己独立支配的财产，因而也就有其独自的一些利益。这种物质利益必须有物质的依托才能存在和体现。“经营管理权”体现不出这种物质依托。

第三，“经营管理”更多的是经济学的概念，而不是法学的概念。作为经济学概念它既然体现不出企业的独自利益，那么，作为法学概念，它也就体现不出明确的权利义务。而法学概念要求权利义务内容确切。“经营管理权”的权利义务内容至今解说不一。有的认为，它的内容就是“对国家财产行使占有、使用、处分的权能”；有的则认为，它是和占有、使用、处分并列的一种权能。之所以发生这种权利义务内容上的含混不清，就是因为它并没有回答国家与企业的关系这个本质问题。

第四，“经营管理”不仅是企业的权利，而且也是它的义务。企业有责任进行经营管理，而且必须按照国家的要求来进行经营管理，任何经营管理上的疏忽和不当都违背它对国家应尽的义务。当权利和义务的内容是完全相同时，这种权利显然不是民事权利。所以，“经营管理”作为一种“权”，它难以构成一种民事权利。

二

我们是在肯定国家所有制的前提下来研究国家与企业的关系的。在国家所有制中，国家与企业是建立在这样一种特殊的关系基础上的，即国家是生产资料的所有者，但国家却不是法人，在一般情况下它也不直接参与民事流转；而企业是直接参与民事流转的法人，但不享有生产资料的所有权。简单地说，就是一方面，财产所有人不是法人，另一方面，法人也不是财产所有人。怎样来解释这种似乎矛盾而又奇特的现象呢？我们认为这应从国家和企业二者地位的两重性以及对财产这一客体的双重权利上来加以解释。

国家地位的两重性是：它既是主权者，又是所有者。作为财产的所有者，它应当平等地与其他民事关系主体发生财产关系；作为主权者，它应当“超脱”于一切民事关系主体之上，以行政权力同等地干预、调整所发生的财产关系。另外，国家作为全民财产的所有者，是全民利益的体现者，因而它不直接进行生产经营，生产经营是由各个企业进行的。国家所有制经济就是一种所有者在上、生产经营者在下的“两层楼式”的经济。正是这种所有者和生产经营者的分离，需要相应的财产权的分离，即需要国家与企业都具有对财产的权利，二者的权利当然是不同的。这就是国家与企业的双重财产权。

企业地位的两重性是：它既是权利的主体，又是权利的客体。作为权利主体，企业是独立的法人，应有独立的财产、独立的经营、独立的核算、独立的财产责任，因而它也有独自的利益。作为权利客体，国营企业本身就是国家的财产，国家是企业的所有者。国家可以对企业的财产以至企业自身的存在享有最终的任意支配权。企业受国家支配，对国家具有某种从属、依附的地位。这就决定它又不能是完全独立的主体。它的权利能力受到一定限制。它只能在一定的经济活动范围内，对一定的财产享有一定的权利。因而它不能有完全独立的利益，它必须首先服从“主人”的利益。因此企业只能有相对的独立性。它的财产权只能是一种相对的财产权，它的自负盈亏只能是相对的自负盈亏。这是它和集体所有制的企业根本不同之处。企业地位的这种两重性，也说明在国家与企业之间存在双重财产权关系。

这种双重财产权就是国家对生产资料的所有权和企业对生产资料的占有权。占有权虽然是从所有权派生出来的，但它又是一种独立的物权。它就是企业享有的财产权。国家所有权是国家对生产资料能最终支配的物质基础，企业的占有权是企业能进行相对独立经营并享有自己独自利益的直接依据。

国家所有制的法律内容应是国家的所有权和企业的占有权的有机统一。国家和企业之间的关系应表现为财产所有者和占有者之间的关系。这样，法律就必须明确规定所有者和占有者各自的权利和义务是什么，破坏了这种权利义务应负什么责任，企业的占有权遭到侵犯时，它有权取得类似于对所有权的保护。这一切既是为了保护和巩固国家的所有权，也是为了保护和扩大企业作为直接生产经营者的利益和财产权利。

三

占有权与所有权相分离，占有权作为所有权的衍化并从属于所有权又取得自身独立存在的一种财产权利，这在马克思的《资本论》中曾有过多次的论述。马克思在论述封建领主经济时说，“直接生产者不是所有者，而只是占有者，并且他的全部剩余劳动实际上依照法律都属于土地所有者”。[①] 他还说，“在这个场合，直接生产者以每周的一部分，用实际上或法律上属于他所有的劳动工具（犁、牲口等等）来耕种实际上属于他所有的土地，并以每周的其他几天，无代价地在地主的土地上为地主劳动”。[②]

马克思的上述论述告诉我们：在农奴的分地上发生了土地所有者和土地占有者的分离，或所有权与占有权的分离。在这种“两层楼式”的经济结构中，土地占有者对土地没有法律上的所有权，却拥有相当于“实际上

① 《资本论》第3卷，人民出版社，1975，第893页。

② 《资本论》第3卷，人民出版社，1975，第889—890页。

属于他所有”的占有权，即除最终处置权外的所有人的各种权利。这种占有权来自所有人的授予。由于占有人对所有人处于人身从属和依附地位，因此这种占有权的独立化并不是所有权的否定，而正是所有权的特定实现方式。

马克思对这种占有权，是把它当作一种生产关系来研究的。这种生产关系也反映在古代法中。罗马法永佃权制度中永佃人和土地所有人之间的权利义务关系，就是这种关系的法律表现的一个例子。19 世纪著名英国学者梅因在他的名著《古代法》中指出：“封建时代概念的主要特点，是它承认一个双重所有权，即封建地主所有的高级所有权以及同时存在的佃农（或译农奴——本文作者注）的低级财产权或地权。”[①] 梅因的法律分析与马克思的经济分析是基本一致的。他把马克思所说的“实际上属于他所有”的占有权，称为“低级财产权”或“地权”（即永佃权），有的地方称为“有限的所有权”。

当然，马克思论述的这种经济结构是指封建社会中两个私有者之间的土地关系。那么，在公有制社会中，在同一个国家所有制内部，对于不限于土地的生产资料，也能存在所有权和占有权分离现象的根据是什么呢？回答这个问题主要是经济学的任务，这里不拟多作论述。但必须指出，社会主义社会还是一个存在商品生产的社会。在社会主义社会的国家所有制中，国家不是直接生产者，作为直接生产者的企业是商品生产单位，它们之间仍然进行着商品交换。在这种商品交换中必然存在财产权的转移，没有财产权转移的商品交换是不可想象的。只不过这里所转移的不是所有权，而是占有权。

当商品生产消失以后，国家就作为全社会统一核算单位了。那时就不会产生双重财产权问题，在统一的国家所有权下面，企业之间的财产转移，无论在形式上或实质上，都将是调拨。既然企业现在还是商品生产单位，就必须承认它有相对独立核算的物质财产基础——对物的占有权。所以，国家所有制中国家所有权和企业占有权的双重存在，正是社会主义这种新型商品生产关系所决定和要求的。

不承认在国家所有制内部有双重财产权，就导致把民法中的“物权”

① 〔英〕梅因：《古代法》，沈景一译，商务印书馆，1959，第 167 页。

和“所有权”等同起来，不承认还有所有权以外的其他物权，并把所有权以外的其他物权都看作私有制下特有的现象。这种片面的、形而上学的观点，是到了该抛弃的时候了。丰富的社会主义经济建设的实践证明，仅仅承认所有权一种物权的观点，是无法解释国家所有制中的全部复杂财产关系的。

四

我国国家所有制中的财产权分离现象，具有以下特点。

第一，这种双重财产权反映的不是两个私有者之间具有“人身依附关系”的那种财产关系，而是在国家所有制这种公有制中国家与企业之间的财产关系。三十年来正反两方面的丰富经验证明，把国家所有制内部国家（以及所属的管理部门）与企业之间的财产权利义务关系以法律形式明确固定下来，建立在民事的物权关系（不是行政关系或民事的债权关系）基础上，是非常必要的。这样就可以保证企业在生产资料国有的前提下享有充分的财产权，以调动企业和劳动者的积极性，避免“吃大锅饭”的现象。这种体制的法律内容就是在国家所有权基础上的企业占有权。去掉这两种财产权中的任何一个，都不能构成完整的社会主义国家所有制的内容。

第二，这种占有权与从罗马法以来许多国家民法典中规定的“占有”不同。那种“占有”是指“对物的实际上的占据力”，即对所有权内容之一的“占有”。而这里所说的占有权是指：在所有人（国家）保留其最终处置权的条件下，占有人（企业）对所有人的财产所享有的充分支配权。因此，占有权实质上是一种相对的所有权，或间接的所有权。

第三，这种占有权作为一种物权，既是独立的，又是派生的。它以所有权的存在为其存在前提，以所有权的内容为其内容前提，而且所有人（国家）保留对这种物权最终收回的权利，以保证自己的最根本的财产利益和意志得以实现。从这个意义上说，它是间接的、相对的。但在企业之间进行商品交换时，占有权随着商品的转移而转移，在所有权仍保持不变的前提下，占有人也可按照自己的意志进行交换。从这个意义上说，它又是独立的。

第四，这种占有权的产生，不是基于双方民事法律行为，而是基于国家的“授予”。企业对所授予的财产的占有权受到任何其他人侵犯后，都应得到像对所有权那样的保护。两个企业之间就财产归属问题发生纠纷时，应首先以行政仲裁方式加以解决。国家作为该争议财产的主人，有权对它的最终归属作出决定。

国家作为所有者的主要权利如下。

第一，国家享有对企业经营收入的收益权。这里包括企业创造的一部分利润，也包括由于国家投资的生产资料的先进和国家允许开发的资源条件的优越所带来的级差收益。

第二，国家有权向企业下达指令性的计划任务，对企业使用生产资料作一定的规定；也可对产品的一部分进行调拨，对某些产品实行统购，但必须按民事渠道进行等价交换。

第三，国家有权按国民经济协调发展的需要，对企业实行关、停、并、转，收回企业的占有权。但国家在行使这种最终处置权时应符合规定的法律程序。

第四，国家有权对企业进行根本性的技术改造和扩大再生产的再投资，企业不得拒绝。

企业是属于国家所有的财产的合法占有者。占有权具体内容的大小，依占有权客体的不同而有所不同。

对于固定资产，企业有权占有和使用，有权按民事流转的方式，平等而有偿地处置它，但国家保留最终的处置权。企业在经主管部门（代表国家）同意后，可以有偿转让其多余部分。对报废的固定资产，企业有完全自由处置的权利。

对于所生产和经营的产品，企业有权在国家规定的范围内进行民事流转；对于完成计划后增产的产品，企业有权自行销售。

对于利润留成这一部分收益，企业享有充分的自由支配权。

企业作为国家财产的占有者，对所有者——国家，也负有一定的义务。它必须向所有者交付利润形式的收益；它必须保护所有者的财产完好无损并使之不断更新；它必须按照所有者规定的要求进行生产和经营；等等。

五

目前，扩大企业自主权的试点正在全国各地积极展开。各地经验都说明，扩大企业的财产权是扩大企业自主权的关键。扩大财产权的一个重要方面是实行利润留成。利润留成部分按国家规定分为生产发展基金、集体福利基金和职工奖励基金三项。三项中除职工奖励基金会直接转化为职工收入以外，其他两项都将转化为固定资产，或者表现为各种生产设备，或者表现为各种福利设施，如职工宿舍、食堂、托儿所、浴池等。这样就会产生一个新的问题，即这部分由企业自有资金而增加的固定资产，与由国家拨给的资金而形成的固定资产，在法律地位上究竟有没有不同之处，企业对这两部分财产所享有的权利的性质和内容是否相同。

我们的意见是：企业对这两部分财产所享有的权利的性质是相同的，但其内容却并不相同。因此，这两种财产的法律地位就既有相同之处，也有不同之处。

从权利的性质来说，企业对利润留成形成的固定资产所享有的仍然是占有权，这是因为：

第一，利润留成是企业用国家所有的生产资料进行生产所获得的，其所有权仍属国家，国家仍然是以利润形式享受其收益权。这也是全民所有制企业和集体所有制企业的不同之处。集体所有制企业的生产资料归集体所有，因而它的利润部分也归集体所有。

第二，利润留成的提取权以及提取的比例和用途，都是由生产资料的所有者国家决定的。这就意味着企业取得这部分利润留成本质上还是国家授予的结果。

第三，利润留成用于扩大再生产的那部分固定资产，实际上势必与国家原有投资的固定资产融汇在一起而难以分割，因而在企业关、停、并、转时，也势必一起由国家确定其归属。

从权利的内容来看，这两部分财产的法律地位又有所不同，这是因为占有权的内容是依权利客体的不同而不同的。

企业对利润留成形成的这部分固定资产的收益权扩大了。国家规定自筹资金扩大再生产获得的利润两年不上缴，今后还可能规定其他较优厚的收益权。

企业对这部分财产的使用权也扩大了。例如对于用企业集体福利基金兴建的职工宿舍，企业应当有权降低收费标准，有权自己定出管理和使用办法。对于生产发展基金，企业可以用于本企业的扩大再生产，也可以向别的企业投资，搞联合企业，用投资分红的办法使这些基金充分发挥作用。企业不仅可以同其他全民所有制企业搞联合企业，而且也可以同集体所有制企业搞联合经营。关于联合企业的性质及其财产的法律地位问题，需要作专门的研究，这里不再详述了。

企业对这部分财产的处置权也相应扩大了。只要是在规定的三项用途和相应的比例范围内，企业有完全自主的处置权，这应当包括出租、转让以至出卖等。但如果不是用于规定的用途，那就应当受到限制。

企业对利润留成部分的占有权内容的扩大，不仅不会影响国家所有制的巩固，相反，它会激发企业和职工的生产积极性，从而使国家所有制更健康而迅速地发展。这就同在农村中允许发展家庭副业和存在一定数量的自留地一样，不仅不会影响，反而有利于集体经济的巩固。

经济体制改革工作正在进行。实行企业利润留成的办法，还须通过试点进一步取得经验，以后可能变动，也可能有新的规定。因此，我们的这些粗浅看法很不成熟，需要在实践中接受检验，以便得到进一步充实、提高并趋于完善。

论企业法人与企业法人所有权*

梁慧星**

摘　要：企业是现代社会中人们进行生产活动的一种组织形式或经营方式。企业法人是商品生产高度发展的产物，即法律赋予企业独立的法律资格——法人，使其不再依赖于参加者而成为独立的民事主体，对企业全部财产享有所有权，并在此基础上享有权利和承担义务。企业的股东则由原来意义上的企业主转化为企业股票的持有人，只在所投入的股金范围内承担有限责任。在我国社会主义制度下，赋予企业以法人地位，并承认企业法人相对所有权，并不会损害社会主义公有制或导致生产无政府状态；相反，它有助于实现政企分离，符合经济体制改革和发展社会主义商品经济的需要。国家可以通过税收、信贷、计划和法律等有效手段保持与企业的联系，以保证企业经营的社会主义轨道，从而促进国民经济的健康高速发展。

关键词：企业　企业法人　企业法人所有权

法学著作往往把企业法人称为社团。但是，企业法人的概念比社团更为确切。这不仅因为当代所有大型企业、大部分中型和小型企业实际上都是法人，还因为企业的形式已经如此之普遍，以至成为现代社会的一个显著特征。在某种意义上可以说，社会已经企业化了。

---

* 本文原载于《法学研究》1981 年第 1 期。

** 梁慧星，中国社会科学院法学研究所研究员（现已退休）。

企业，是现代社会中人们进行生产活动的一种组织形式或经营方式。马克思和恩格斯在著名的《共产党宣言》中使用的是“经营方式”这个名称。综观人类历史，我们可以发现一个由不同的社会生产经营方式依次更迭的发展序列。人类最原始的经营方式的基本单位是氏族，氏族解体之后是以父亲为首长的血缘家庭。进入阶级社会后则是奴隶主家庭、封建制农民家庭、行会作坊、手工工场。最后出现了资本主义的经营方式——企业。在现代资本主义社会，不用说工业、农业、商业、交通运输业、建筑业和金融业早已企业化了，就是新闻、出版、电影、电视甚至科技情报、民意测验，亦已企业化了。所以，我们可以说现代化的经营方式统一于企业。垄断组织如托拉斯乃至跨国公司、国际公司等，不过是现代化的特大型企业或超大型企业。

撇开资本主义私人占有制所加于企业的资产阶级性质不论，我们看到现代企业具有两个特征。第一，企业按照专业化分工协作原则，把一定数量的劳动力、劳动工具、劳动对象和现代科学技术结合在一起，组成一个独立的生产体系。一个企业，就是社会生产力的一个基本单位。所有企业生产力的总和，就构成整个社会总生产力。第二，企业就像一个自然人一样独立地进行生产经营活动和参加商品交换活动，以一个独立的民事主体的资格享有权利和承担义务，与其他企业和消费者发生各种法律关系。企业之所以能像一个自然人一样具有权利能力和行为能力，只是因为法律赋予它一个独立的人格，称它为企业法人。

企业法人是商品生产高度发展的产物。商品生产不是资产阶级社会所独有的，早已存在了。由于欧洲经济和政治形势的发展，特别是美洲新大陆的发现，经过好望角绕过非洲而达印度的新航路的开辟，火药、印刷术和指南针的传入欧洲，各国王族的联姻以及由此而带来的欧洲大陆的相对和平，等等，刺激并引起对商品的无限需求，使商品生产冲破封建行会的束缚而加速发展起来。由于蒸汽机和电力的采用，引起工业生产的革命，现代企业终于取代手工业工场而成为主要生产经营方式。

早期资本主义的私人企业并不具有法律上的独立性，它是资本家的所有物，是资本家所有权的客体。资本家以商品生产者和所有者的资格从事一切活动。随着生产规模的扩大，产生了几个资本家联合经营的企业，产生了合伙关系，并逐渐产生了建立在这种合伙关系之上的无限公司和合资公司。虽然有的法学著作把无限公司这类组织也称为“法人”，但这还不是成熟的真正的法人。在这种合伙关系中，每一个合伙人亲自出面活动，被认为是一个商人，并对其他合伙人负责。这类企业的财产为合伙人所共有，称为共有财产或联合财产。每一个合伙人必须以其所有的全部财产作为企业债务的担保，这就使资本家常常要冒倾家荡产的极大风险。这种合伙关系对商品经济的进一步发展显然是不利的。

早在中世纪，商业家就曾设想借助于合伙契约，根据合伙人的共同意志创造出一个神秘体，这个神秘体能代表企业本身独自进行买卖活动，不需要任何自然人用自己的财产替它负责。这种没有买卖人的买卖，在当时还只能是一个极为模糊的臆想。这个臆想终于实现了，经济和法的发展产生了企业法人的概念。法律为了适应经济发展的需要，赋予以股份公司形式组成的企业以一个独立的法律资格——法人。这样一来，原来被当作资本家的所有物，处于被动状态的无生命的企业，一下子变成了具有无限生命力和主动性的企业法人。企业法人，作为一个完全不依赖于它的参加者而独立存在的民事主体，占有和支配企业全部财产，享有所有权和其他财产权利，承担民事义务，与其他企业和消费者发生各种联系。企业财产独立，即企业全部财产所有权属于企业法人，这是企业法人制度的根基。企业的股东，在法律上已不再被视为企业财产的所有权主体，它对企业财产的所有关系已被存在于股票上的社员权取而代之。资本家股东已由原来意义上的企业主转化为企业股票的持有人。

由于法律赋予企业以法人资格，企业就能脱离资本家而独立。它可以独立自主地进行经营活动，因而便于组织生产和销售，加速资金的周转，采用先进技术，不断更新设备，提高生产力。它在商品交易市场上可以有极大的灵活性和机动性，可以有较强的竞争能力。

企业法人似乎使资本家股东丧失了对企业财产的所有权，却因此使资本家获得了极大的利益。资本家再也不必如合伙关系那样用自己的全部财产为企业担保，它只在所投入的股金范围内承担风险。企业的债务和债权与企业股东截然分离。这就使得资本家有可能同时投资于若干个企业，而只担负有限的风险。资本家因所投资的某个企业破产而蒙受的损失，被限定在所投入的股金范围之内，同时可因其余企业的成功而得到弥补甚至大发其财。这种有限责任制度，给企业法人提供了把个别参加者的少量投资汇聚成大宗资本的可能性，使大资本家可以从社会居民秘藏的攒钱盒子里把零星积蓄统统搜刮出来，抓在自己手中，从而加速了社会资本的聚积和垄断。在帝国主义时期，企业法人制度所提供的这种从少数纳款汇集成大宗资本的可能性已经丧失了它的大部分经济意义。但是，现代资产阶级学者却正是以此为据，论证所谓“资本的民主化”，宣扬所有职员和工人都可以因取得本企业小额股票而成为“股东”。他们想用这种理论来掩饰资本主义的剥削。

对资本家来说，企业法人制度最宝贵之处还在于有限责任利益。企业法人制度就像具有神话中的分身法术一样，它使资本家作为自然人所具有的权利能力和行为能力扩充和膨胀了许多倍，因而能够通过许多吸管同时吮吸剩余价值。正是基于这种原因，大规模的资本主义企业才像雨后春笋般地产生出来，从而极大地促进了资本主义商品经济的发展。资产阶级在它兴起以后所创造的生产力，比过去一切世代所创造的全部生产力的总和还要多，还要大。难怪资产阶级经济学家和法学家把企业法人说成是新时代最伟大的发现，认为这一发现的重要性远远超过了蒸汽机和电力。他们一致认为，如果没有企业法人这个法律上的发现的话，就像缺少物理学方面的那些伟大发现一样，大规模的现代化生产乃是不可想象的。

企业法人竟然对经济的发展产生了如此巨大的反作用。我们应当如何解释企业法人所有权与资产阶级所有制的关系呢？我们知道，所有制属于经济范畴，它在一切社会里都存在，只是在不同的社会里表现为不同的形式罢了。而所有权则是法律上层建筑的范畴，是一种历史现象，在国家产生以前的原始社会里，是无所谓所有权的。国家通过法律固定和保护现存的物质资料所有关系，便形成了所有权法律制度。所有制与所有权之间是经济基础与上层建筑的关系。有什么样的所有制就要求有什么样的所有权，所有制形式归根结底决定着所有权的性质和内容，而所有权法律制度又反过来确认和保护对统治阶级有利的所有制形式。但是，法律设置所有权制度的目的，不仅在于保护对社会现存财富的占有关系，还在于保护和促进社会经济流转，即所谓追求交易的安全与迅速，最终有利于促进社会物质财富的再生产。这就不能不使所有权制度带有某种灵活性。在一定情况下，所有权可以与所有制发生某种脱离或不一致。马克思在 1861 年 7 月 22 日给拉萨尔的信中指出，“虽然一定所有制关系所特有的法的观念是从这种关系中产生出来的，但另一方面同这种关系又不完全符合，而且也不可能完全符合”。[①] 马克思强调说，理解这一点是“极其重要的”。由于商品经济发展的需要，在资本主义所有制关系中产生出资本主义的企业法人所有权，这种企业法人所有权“排斥”资本家所有权，因而在形态上与资本主义所有制关系不一致，这从马克思的上述观点来看是不难理解的。

为了解释企业法人这一法学上的奇特现象，资产阶级法学家发明了各种各样的学说。他们甚至把企业法人描写成“人们按照自己的形象创造出来的”一种“新生物”，一种“超人的生物”，一种“既看不见也捉摸不到的人为的存在物”。我们从前面的分析中看到，企业法人制度的全部意义仅仅在于，为了使资本家股东只负担有限责任而赋予资本家以一种法定的特权。实质上，企业法人不过是保障资产阶级牟取高额利润的一个法律工具罢了。

但是，如果我们仅仅限于这样来认识和理解企业法人制度还是不够的。企业法人制度对社会发展的极大进步意义表现在下面三个方面。

第一，企业法人加速了社会资本的集中过程。马克思把它喻为加速“社会积累的新的强有力的杠杆”。[②] 假如我们必须等待积累去使某些单个资本增长到能够修筑铁路的程度，那么恐怕直到今天世界上还没有铁路。但是按照企业法人制度所组成的股份公司转瞬之间就把这件事完成了。这种集中在加速资本积累的同时，又扩大和加速了资本技术构成的变革，促进了社会生产力的发展。“工业企业规模的扩大，对于更广泛地组织许多人的总体劳动，对于更广泛地发展这种劳动的物质动力，也就是说，对于使分散的、按习惯进行的生产过程不断地变成社会结合的、用科学处理的生产过程来说，到处都成为起点。”[③] 资本主义生产方式的目的，是要剥夺一切个人的生产资料；由于企业法人的出现，这种剥夺已经由剥夺直接生产者扩展到进一步剥夺中、小资本家自身。恩格斯对马克思的意思加以补充说，“只要生产发展的程度允许的话，就要把该工业部门的全部生产，集中成为一个大股份公司”，这是社会发展的要求。恩格斯举联合制碱托拉斯为例，指出这个托拉斯把英国全部碱的生产集中到唯一的一个大公司

① 《马克思恩格斯全集》第 30 卷，人民出版社，1975，第 608 页。

② 《资本论》第 1 卷，人民出版社，1975，第 689 页。

③ 《资本论》第 1 卷，人民出版社，1975，第 688 页。

手里，这就“最令人鼓舞地为将来由整个社会即全民族来实行剥夺做好了准备”。[①]

第二，企业法人使社会生产的管理职能同资本家分离，同时为新的生产方式提供了新的管理形式。马克思在《共产党宣言》、《资本论》等著作中，都曾科学地分析和肯定过资本家所担负的对社会生产的管理、监督和调节的职能，并把资本家比作工业生产的司令官、将军和统帅。认为资本家的这种职能已经发展为劳动过程本身进行时所必要的条件，在生产场所不能缺乏资本家的命令，就像战场上不能缺少将军的命令一样。但是，由于企业法人的出现，这种管理职能已与资本家分离而由企业经理或管理处来行使。一般情况下，经理或管理处根本不占有企业股票，他们是别人资本的管理人。企业由不是股东的人管理着，依自身的机制而正常运转。管理职能已经脱离资本而独立，成为一种特殊的社会职能。现代资本家已经与社会生产过程如此之疏远，以至于他们除了存在于证券上的一点联系之外，与社会生产简直毫不相关。他们甚至根本不必考虑自己所投资的是何种企业，从事的是何种经营，他们完全成了一群靠剪息票为生的寄生者。他们把证券锁在某个银行的保险柜里，自己却住在海滨或其他风景区的别墅里消闲，尽情享受着奢侈的生活。资本家对社会生产已经不起什么作用了。资本家与生产的脱离并不是资本主义的“福音”。它意味着只要夺取和打碎资产阶级国家机器，“我们就会有一个排除了‘寄生虫’而拥有高度技术设备的机构，这个机构完全可以由已经团结起来的工人亲自使用”。[②]

第三，企业法人财产已经具有了社会财产的性质。这种财产已经不再是各个互相分离的生产者的私有财产，而是联合起来的生产者的财产，即直接的社会财产。它已经不再是私人生产的资料，它只有在联合起来的生产者手里才能发挥生产资料的作用，它是资本再转化为生产者的财产的过渡点。正如马克思所说，“这是资本主义生产方式在资本主义生产方式本身范围内的扬弃，因而是一个自行扬弃的矛盾，这个矛盾明显地表现为通向一种新的生产形式的单纯过渡点”。[③] 企业法人财产的这种作为社会财产的性质与它所固有的作为私人财产的性质之间的尖锐矛盾，因企业法人中

---

① 《资本论》第 3 卷，人民出版社，1975，第 495 页。

② 《列宁全集》第 25 卷，人民出版社，1958，第 413 页。

③ 《资本论》第 3 卷，人民出版社，1975，第 495—496 页。

“一人公司”或“独资公司”的出现而达到顶峰。社会的进一步发展，除了剥夺剥夺者之外，别无选择余地。无产阶级运用夺得的社会权力废除了生产资料的资本家所有制，就能解脱私有制加在生产力身上的桎梏，而使它的社会性质得到完全的自由发展。

从以上的分析我们可以得出这样的结论：企业法人制度所具有的二重性在于，一方面，它是资本家借以享受有限责任利益的一种特权，是资产阶级榨取剩余价值的法律工具；另一方面，它又是社会生产转到新的生产方式的过渡形式。

企业法人制度发端于罗马法，但它的真正形成和发展是近二百年的事情。法国资产阶级在取得政权的初期，由于对封建行会的束缚记忆犹新，担心企业法人会限制资产阶级个人自由，担心企业具有独立的所有权会损害资产阶级私有制，因此对企业法人心怀疑惧。1794 年的一项法令规定：“……人寿保险公司以及一切以不记名股份或者是记名但可以自由转让的股份合资成立的团体，一概予以禁止。”① 股份公司一类企业被指责为破坏信用的团体，宣布一律解散。虽然两年后这个禁令实际被取消，但 1804 年的法国民法典却仍对企业法人不作规定，根本就不承认法人这个概念。企业法人是商品经济发展的产物，要想抹杀它总是徒然的。凡是在法国民法典之后编纂的各国民法典，均对企业法人详加规定，如德、日、瑞、意等国民法都为此设有专章。仅此一点，即足以证明企业法人是人类社会发展带规律性的现象，是不以人们的意志为转移的。

取得政权的无产阶级也担心企业法人享有独立的所有权会损害社会主义的公有制。基于这种担心，社会主义国家民法不承认企业法人享有独立的所有权，因而在实际上剥夺了企业特别是国营企业的独立的经济地位和法律地位。传统的民法理论认为，国家财产只有一个唯一的所有权主体——国家。除了国家以外的组织都不能享有国家所有权主体资格。一切国营企业，无论它们属于中央或地方，都只是受国家的委托，按照国家的意图，对国家财产进行管理。企业绝对不能成为企业财产的所有权主体，甚至对自己所生产的产品也不能享有所有权。据说这是为了保证国家行使

① 〔苏联〕E. A. 弗莱西茨：《为垄断资本服务的资产阶级民法》，郭寿康等译，中国人民大学出版社，1956，第 4 页。

其组织经济的职能，保证无产阶级对社会主义生产实行领导。国家所有权主体的这种统一性、唯一性和不可分享性，被说成是基于社会主义国家所有制而得出的绝对的法律结论。这种理论正是与我国经济体制相适应的。我国现行经济体制的主要特征就在于，国家直接管理和指挥整个国民经济和所有企业的经济活动。严重的“政企合一”现象，应该说是我国经济发展缓慢的重要原因之一。

三十年经济建设的实践暴露了现行经济体制的缺陷。现在各地都在进行扩大企业自主权的试点，学术界也正在开展关于经济体制改革的讨论，分别从实践方面和理论方面来探求调动企业生产积极性的办法。各地的试点都不同程度地调动了企业的积极性，取得了比较明显的经济效果。但我们不能不思考这样的问题：扩权虽然触动了现行经济体制，但它是否就是开启大门的锁钥呢？用扩权的办法能把企业身上的绳索完全解除吗？三十年来捆在企业身上的是一根什么样的绳索呢？我赞成经济学界一些同志所正确指出的，体制改革所应解决的绝不是中央、地方和企业如何分权的问题。我认为，体制改革应解决的关键问题，首先是确认企业作为社会生产力基本单位在国民经济中所应有的独立地位，并由法律承认企业的所有权主体资格，赋予企业以法人地位。也就是说，在全民所有财产属于国家所有的前提下，让企业享有相对所有权，以独立的企业法人资格从事生产和参加流通，这是社会主义经济发展规律的要求。既然我们已经从理论上承认了社会主义商品经济，既然我们已经确认了计划调节与市场调节相结合的方针，既然我们已经让生产资料进入了商品市场，那么，通过企业法人制度以保证企业的商品生产者和商品所有者资格，其意义和必要性也就不言而喻了。

我国经济发展的现实已经走到了理论的前头，企业不能享有相对所有权的传统理论已为实践所打破。中外合资经营的企业出现了，这种合营企业的所有权归属问题使传统的所有权理论陷于无法解脱的困境。中外合资经营企业法规定，“合营企业的形式为有限责任公司”，赋予了合营企业以独立的法人所有权。国家与集体合资经营的企业也出现了，这类企业财产中既包含国家财产也包含集体财产，两种不同所有制的财产掺合在一起无法区分，除了赋予企业以独立的所有权之外别无他法。各地试点中规定国营企业留成的利润可以用于向其他企业（包括集体企业）投资，可以同其他企业（包括集体企业）合资举办新的企业，也可以独资创办子公司或女儿企业。这里也有一个是否承认新办企业的法人所有权问题。无论从实践还是从理论上看，我们都无法回避也不应回避承认企业法人所有权这个迫切问题。

确认企业法人所有权，国营企业成为全民所有制财产的相对所有权主体，这将使我国现在的所有权法律制度发生重大变革。这种变革，能使属于上层建筑中的所有权制度适应我国经济基础的实际情况，符合经济体制改革和发展社会主义商品经济的要求。我们知道，任何权利都不可能不使权利主体同时承担某种义务。国营企业作为财产所有权主体，负有下列义务：第一，企业负有维持并不断扩大企业财产的义务；第二，企业负有按照社会需要使用企业财产的义务；第三，企业负有向国家提供利润的义务；第四，企业负有接受国家监督的义务。

承认企业法人所有权会不会损害生产资料的全民所有制性质呢？我认为，这种担心是毫无根据的。相反，只有确认国营企业法人所有权，才能够真正确立生产资料的全民所有制。历史唯物论告诉我们，社会的发展必然要求在实现生产社会化的同时也实现财富的社会化。我们在前面分析资本主义的企业法人财产时，已经谈到这种法人财产的两重性质，即同时具有社会财产的性质和私人财产的性质。社会主义革命废除了资本家占有制，就有可能消除企业法人财产的私人性质，而使它的社会性得到充分的发展，按照马克思在《资本论》中的说法，使它真正成为“联合起来的生产者的财产，即直接的社会财产”。[①] 社会主义的企业法人所有权，使生产的社会化与生产资料的社会化达到统一。生产资料的社会化正是通过许许多多企业法人对生产资料的相对所有权来实现的。从一个具体的企业看，社会全体成员对这部分生产资料的占有与该企业全体成员对这部分生产资料的占有，以及反映在这部分生产资料上的社会全体成员的物质利益与该企业全体成员的物质利益，通过企业法人所有权这一法律形式而达到统一。一方面，企业按社会的要求，为满足整个社会全体成员的物质和文化生活需要而进行经济活动。企业所创造的利润之一部分以税金等形式上缴国家，由国家再分配于社会全体成员。另一方面，企业又直接按照企业全

① 《资本论》第3卷，人民出版社，1975，第494页。

体成员的意志组织生产和销售，在上缴国家税金、偿付银行贷款和利息之后，一部分用于维持企业生产和扩大再生产，用于设备更新和技术改造，一部分则直接以工资、奖金及其他企业福利形式分配给本企业全体成员。可见，企业法人所有权并没有使全民所有的财产变成企业集体所有。马克思指出，社会主义革命是要把资本“再转化为生产者的财产”，不过这种财产不再是各个互相分离的生产者的私有财产。国营企业的财产正是这样，它既不同于国家所有权客体的国库财产，也不是生产者的私有财产或集体共有财产，而是联合起来的生产者的财产，按照马克思的说法，即直接的社会财产。在法律上，就叫作企业法人财产。社会主义的企业法人所有权，正是社会主义全民所有制的一种法律形式。企业法人财产归根结底是国家所有权的客体，国家保留对企业财产进行最终直接支配的权利。企业法人在法律和国家指令性计划规定的范围行使占有、使用和处分权。国家则担负着更加重要的职能，即对企业财产实行监督的职能。这个监督职能是通过计划、银行和簿记机关以及法律等中介而行使的。

有的同志担心承认企业法人所有权可能导致生产的无政府状态。其实，资本主义社会生产的无政府状态是资本主义私人占有制的必然结果，而与企业法人制度没有因果关系。相反，企业法人制度所造成的生产的集中和垄断，对竞争和无政府状态起到了一定的抑制作用，并使资产阶级国家有可能在某些生产部门实行国有化和对整个经济实行一定程度的国家干预。以社会主义公有制为基础的企业法人，由于其经济上和法律上的独立性，由于其自身的经济利益，在经济活动中具有较大的机动性和竞争性。社会主义商品经济必然要有竞争。但是，企业法人财产的公有制性质，可以使竞争限制在对社会主义经济有利的范围之内，并保证国家对社会生产实行计划指导。

承认企业法人相对所有权，实现政企分离之后，国家仍然通过以下四个主要渠道保持同企业的联系：（1）国家向企业征收固定资产税和营业税；（2）国家通过银行信贷向企业提供流动资金和其他资金；（3）国家根据计划调节与市场调节相结合的方针，制订国民经济计划，对企业加以管理和指导；（4）国家通过经济立法和司法对企业经营活动加以控制。国家掌握并运用税收、信贷、计划和法律等有效手段，足以保证企业经营活动不脱离社会主义轨道，从而达到使整个国民经济有计划地按比例而又高速度发展的目的。

企业法人是商品经济发展的产物，只要社会还没有完全取消商品生产，它就有存在的历史依据。以资本主义私人占有制为基础的企业法人制度，曾经促进资本主义商品生产的极大发展，为社会主义社会准备了物质基础。今天，建立在公有制基础之上的社会主义企业法人制度，必然能够促进社会主义商品生产更加高速地发展，为最终过渡到共产主义社会创造强大的物质基础，这是没有疑问的。

论国营企业经营权*

佟　柔　周　威**

摘　要：我国最近颁布的民法通则中规定，全民所有制企业对国家授予它经营管理的财产依法享有经营权，并受法律保护。经营权是国营企业作为民事主体，对国家交给它支配的财产进行占有、使用和处分的权利。它既是社会主义国家代表全体人民行使所有权的方式，又构成国营企业独立从事商品生产经营的财产权基础。经营权作为一个民法概念，能够比较准确地概括国营企业财产支配权的法律属性，并能够充分反映它所由产生和存在的经济关系的根本性质。

关键词：国营企业　经营权　所有权

我国最近颁布的民法通则第 82 条规定："全民所有制企业对国家授予它经营管理的财产依法享有经营权，受法律保护。"经营权是国营企业作为民事主体，对国家交给它支配的财产进行占有、使用和处分的权利。它既是社会主义国家代表全体人民行使所有权的方式，又构成国营企业独立从事商品生产经营的财产权基础。经营权作为一个民法概念，能够比较准确地概括国营企业财产支配权的法律属性，并能够充分地反映它所由产生和存在的经济关系的根本性质。以下结合一些存在争议的问题谈谈我们的认识。

---

* 本文原载于《法学研究》1986 年第 3 期。

** 佟柔，中国人民大学教授（已故）；周威，原文发表时为中国人民大学硕士研究生。

一 经营权与所有权

一种流行的观点认为，所有权与经营权的适当分离不足以确立全民所有制企业的独立主体地位，不足以形成企业的独立财产权。他们侧重于通过改变所有权的概念或赋予其新的含义来建立自己的理论，于是相对所有权、形式上的所有权、有限所有权、商品所有权等概念相继出现。给国营企业财产权冠以“所有权”的名义是否能够正确反映全民所有制经济关系和企业的法律地位？只有经营权没有所有权能否使企业成为独立的商品生产经营者？这是经营权理论面临的关键问题。

所有权的定义在民法原理和规范中可以有多种表述方式，但无论何种表述方式都不能不包括以下内容，即所有权是确定物的最终归属、表明主体对物独占和垄断的财产权利，是同一物上不依存于其他权利而独立存在的财产权利，是最充分、全面的财产权利，这也就是所有权的排他性、本源性和全面性。

所有权是所有制关系的法律表现。所有制表现为社会经济生活中一定的个人或社会组织对生产资料的独占或垄断。所有制上的独占或垄断必然在法律上表现为财产归属的确定性，同时也必然表现为否定该主体以外的任何人对同一财产的独占。因而所有权必然是具有排他性的独占权。马克思曾鲜明地指出，“垄断就是财产所有权”。[①]

垄断和独占不是为了单纯地、静止地控制物质资料，而是为了发生人和自然之间的结合以及物质变换。法律上明确物的归属，确认一定主体的独占权，其意义就在于使主体能够在商品生产和交换中根据自己的意志和利益支配物质资料。在商品经济发达的条件下，主体不必再像在自然经济中那样以自己的行为去完成生产资料与人的结合，他可以通过创设另一个财产权利的方法来实现自己的意志和利益。这样就产生了所有权与它所派生的财产权利之间的关系。两种财产权利的主体各有自己的独立意志和利益，但是派生权利的权利范围、意志和利益实现的范围都必须受所有权的制约。因为两种权利并存于同一物之上的状况，并没有改变所有权作为独

① 《马克思恩格斯全集》第1卷，人民出版社，1955，第613页。

占权的根本属性，相反，派生的财产权利恰恰是以所有者对物质资料的独占为前提。正因为如此，所有权与它们派生的财产权利不可能属于同一性质，任何派生的权利都不可能成为“所有权”。

商品生产和交换的一般条件，要求明确物的归属，要求划分所有人和非所有人之间的界限，在社会主义条件下也不例外。全民所有制意味着全体人民对生产资料的独占，意味着全民所有的生产资料首先只能是作为全社会共同的生产条件而存在，反过来说，它是对任何个人或社会集团分割和独占全民财产的否定。因此，体现着全民所有制的国家所有权也同样具有排他性、本源性和全面性，从而国营企业的经营权也就必然表现为非所有人的权利，而与所有权判然有别。

有一种观点认为，既然所有权和经营权的内容都同样包括占有、使用、收益和处分四项权能，那么两者就是内涵一致的等同概念，企业财产权的性质就应当是所有权。这种把所有权与所有权能相等同，或者说把所有权理解为几个权能简单相加的认识是不正确的。因为依此就不能解释现实经济生活中权能的部分甚至全部与所有权相分离，而所有权依然得以存在这种法律现象。

所有权是一种总括的权利，或者说是一种一般的支配力。它是法律确认所有人根据自己的意志和利益支配财产的一种可能性。而各项权能则是法律语言对实现这种可能性的方式、手段所作的具体描述。所以无论权能的部分或权能的总和都不是所有权的实质所在。正因为如此，各国法律对所有权权能的列举常常很不一致。例如，法国民法典列举了使用和处分权，苏俄民法典列举了占有、使用和处分权，德国民法典和奥地利民法典则只规定了处分权。学者在给所有权下定义时往往可以不包括任何一项权能，如把所有权定义为“以全面的物之支配权能为内容之权利”,[①] “支配物质东西的、完全的或最高的法律力量”,[②] 或者“个人或集合体以自己的权利和为自己的利益，支配生产资料和产品的权利”。[③] 可见，所有权并不

① 史尚宽：《物权法论》，荣泰印书馆股份有限公司，1957，第 54 页。

② 〔捷〕奥达·锡克：《经济 - 利益 - 政治》，王福民等译，中国社会科学出版社，1984，第 209 页。

③ FH Lawson（ed.），*Structure Variations in Property Law*（International Encyclopedia of Comparative Law，Vol. Ⅵ，Property and Trusts，Chapter 2），Tübingen：Mohr Siebeck，1975，p. 36.

等于各项权能的总和。换言之，具有与所有权相似的同名权能的财产权不等于就是所有权。认为企业对其财产拥有占有、使用和处分权，其财产权的性质就变成了所有权，是没有根据的。

所有制关系决定了经营权和所有权的不同性质。两者的区别从经济关系总体的角度，亦即从宏观的角度反映了国营企业财产权与国家所有权、集体所有权和个人所有权在社会主义经济关系中的不同地位和作用，也反映了企业财产与国库财产既相统一又相区别的特殊关系。在纵向经济关系中，法律对不同的财产权利采取有区别的管理调节方式，但是由不同所有制而形成的财产权利的差别一进入横向的商品经济领域就消失了。因为在微观层次上所有的生产经营主体都是以商品交换为相互联系的纽带。在这里，商品交换的平等等价原则支配着一切主体之间的权利义务关系，一切生产经营者，无论其所有制性质有何差异，也无论他拥有的是经营权还是所有权，都必须以平等的主体相互对待，都必须拥有自由支配和使用财产的权利，都有根据自己的意志订立合同、参加交换和协作的权利，也都必须平等公平地承担财产责任。

有人提出，既然经营权是国家所有权派生的，它的权限及权利的行使受到国家的制约，那么企业就会失去独立性，在民事法律关系中与享有所有权的集体和个人处于不对等的地位。事实上，所有权从来就是一个由税收、财政、工商行政等多方面法律法规调整的领域。正如一位学者所说："所有权之真正内容，应与其他法域之研究相合，始可决定。"[①] 但是所有权并不因此而失去独立性。在我国，任何生产经营主体都必须在国家的指导、监督和管理下活动，任何一种权利都必须受法律的约束，在这一点上经营权与所有权没有根本区别。财产权是否独立并不决定于它是否受到限制和制约，也不决定于它是否叫作所有权或相对所有权，而在于这种制约的方式、程度和权利本身的内容。经济体制改革前，我国集体经济组织名义上享有所有权，而其独立性却几乎丧失殆尽，就是一个明证。

在横向经济关系中，经营权与国家所有权的关系主要体现为国家作为特殊的民事主体与企业法人之间的平等关系，以及由国家所有权直接支配的国库财产与固定由企业经营的财产之间相分离的关系。国家除了通过税

① 史尚宽：《物权法论》，荣泰印书馆股份有限公司，1957，第55页。

收从企业提取社会再分配资金和积累资金外，它与企业之间的经济流转一般只能以平等和等价有偿的方式进行。国家不再为企业承担财产责任，企业也不为国家承担财产责任。这就表明，在商品经济关系中，经营权不是相对独立的，而是完全独立的财产权利。

有人以马克思关于商品交换的一般原理为依据，认为商品交换只能在不同的所有者之间进行，必须转移所有权，企业没有所有权就不能进行商品交换。这一问题的回答要涉及较多的政治经济学理论问题，在此不作深论。我们只强调几点。第一，全民所有制内部各企业之间，以及它们与其他所有制企业之间的物质和活动交换，不是产品交换而是商品交换，不是形式上的商品交换而是实质上的商品交换。经过几十年的讨论，人们对此的认识已基本一致。至于作为非所有者的国营企业成为交换关系主体的原因，经济学界也从社会分工、物质利益和按劳分配等许多方面进行了论证。这是马克思的商品学说在社会主义新型商品关系条件下的运用和发展。第二，从方法论上看，是从商品交换的抽象公式出发还是从交换关系的实际状况出发，是正确认识这一问题的关键。马克思关于交换是不同私有者之间的交换，交换是所有权的让渡的经典论述揭示了私有制条件下商品交换的一般规律，但他同时指出，“交换的深度、广度和方式都是由生产的发展和结构决定的”，[①] “每当工业和商业的发展创造出新的交往形式……法便不得不承认它们是获得财产的新方式”。[②] 这就是说，法律上的权利以现实的交换关系为基础，而不是相反。我们没有理由也没有必要让现实的商品经济关系去适应一个固定的公式。第三，在民法中，所有者之间转移所有权的合同，从来就只是合同的一般形式而不是唯一形式。原则上，出让人只要保证对标的依法享有转让的权利，合同就能有效成立。合同关系的双方或一方不是所有者，或者交换中不转移所有权的情况，是屡见不鲜的。例如在各种物权合同中，不仅出让人往往不是所有人，而且转让的标的也不是所有权而是占有、使用权，商品交换从来就不是只有简单、纯粹的法律形式，在发展社会主义新型商品经济关系的今天更是如此。

我们认为，经营权已足以使国营企业成为独立的商品生产经营者，成

① 《马克思恩格斯选集》第2卷，人民出版社，1972，第102页。

② 《马克思恩格斯全集》第3卷，人民出版社，1960，第72页。

为合格的商品监护人。经营权意味着企业在广泛的范围内拥有自由地支配其财产的权利；经营权具有与所有权相类似的全部权能，使企业可以运用一切必要的手段去实现自己的利益和目的；经营权还意味着企业独立地承担财产责任，以其经营管理的全部财产作为履行债务的担保；任何单位和个人侵犯经营权而导致财产的减损都必须以等量财产给予补偿；任何妨碍经营权行使的行为都为法律所禁止。这些条件使企业获得了独立从事商品生产经营的充分物质基础，在商品交换关系中它与其他所有权主体也就处于完全对等的地位了。

二 经营权与国家所有权

学术界对于国家管理与企业经营应当相对分离，企业应当享有生产经营自主权已没有异议。现在问题的焦点集中在以下几个方面。

1. 要不要保留国家所有权

在僵化的经济体制下产生的那些弊端使一些人把国家所有权看作一切弊端的根源，似乎取消国家所有权，一切问题就迎刃而解了。这种观点未免失之简单、片面。

在实现了生产资料全民所有制之后，多数社会主义国家实行了国家所有权制度，而南斯拉夫、民主德国、罗马尼亚则先后实行了社会所有权或人民所有权制度。然而无论采取何种制度，它们都始终坚持了两个共同点。第一，它们都坚决否认任何个人或集团（企业）对全民财产的所有权。例如，南斯拉夫宪法原则明确规定，任何个人或组织都不是社会财产的所有人，因为任何经济主体都不能为了个人或集团的利益利用社会资金，不能以占有社会资金作为获取经济价值的来源。① 第二，它们都一致肯定国家要继续保留经济管理的职能，包括生产资料的利用条件、计划、企业的收入分配制度、国家的收入占有权、限制市场自由等。这就表明国家所有权制度与社会所有权制度、人民所有权制度没有实质性区别。因为我们坚持国家所有权正是为了排除任何个人或社会集团对全民财产的独占

① 〔南斯拉夫〕伊万·马克西莫维奇：《公有制的理论基础》，陈长源译，中国社会科学出版社，1982，第 80 页。

权，也正是为了使国家行使经济管理职能不仅有政权的根据，而且有财产权利的根据，从而使国家能更好地行使这一职能。

事实上，取消国家所有权的实践效果也不一定理想。一位南斯拉夫法学家指出：由于社会财产在法律上没有主体和主观权利，所以要在法律中准确地规定社会所有制的经济性质，规定社会资金使用的条件，就成了复杂的问题。并且在经济生活中有不断否定资金的社会性质的危险，这些资金可能在集团所有制和私有制的基础上被滥加使用和占有。[①]

从我国实际情况出发，坚持国家所有权有利于保证国营企业的生产经营目的，首先是为整个国民经济的发展，为满足全民的物质文化需要，而且也不妨碍企业经营权的独立地位。把社会主义国家所有权不看作全民利益的体现，而看作对劳动者和企业的一种异己力量，这种认识是不正确的。

2. 国家所有权是不是虚有权

国家所有权与企业经营权的分离，意味着国家对交给企业的那一部分全民财产不再直接占有、使用和处分，有人因此认为国家所有权成了空虚所有权或单纯所有权。

空虚所有权的概念不能正确反映国家所有权的本质和职能。两权分离并不意味着国家将无所作为。相反，国家通过两种途径仍然有效地行使着所有权：在微观层次上，国家通过创设成千上万个独立的经营权，使原先集于一身的权利变为各个国营企业各自独立的并与国家自身相分离的占有、使用、处分权。国家所有权的权能转化为企业经营权的权能不仅不是国家所有权权能的减损，而且正是国家适应发展商品经济的需要，充分行使这些权能的必要手段。在宏观层次上，国家对企业活动进行管理、调节和控制，为企业正确、充分地行使经营权创造良好的内、外部条件。而由国家直接支配的国库财产则是对分散的企业实行宏观控制的经济保障。可见，国家所有权绝不是虚有权。

3. 双重所有权结构是否成立

目前，理论界不少人尝试在全民所有制基础上建立某种所谓双重所有权结构，主张全民财产既属于国家又属于企业，两者各在不同层次上享有

---

① 〔南斯拉夫〕伊万·马克西莫维奇：《公有制的理论基础》，陈长源译，中国社会科学出版社，1982，第192—193页。

所有权。他们还常常从古代法或英美法中寻找依据。

那么，双重所有权是不是古已有之？

罗马法时代，在市民法上的所有权之外确实还存在过裁判官法上的所有权。裁判官法上的所有权又有两种情况：一是居住于罗马领土之内的非罗马市民根据裁判官法所享有的所有权，二是最高裁判官在审判实践中允许转让财产的当事人可以不履行市民法上的烦琐程式，而使受让人成为财产的实际享有人，如果以后发生争议，受让人可以得到裁判官法的保护。在前一种情况下，市民法上的所有权与裁判官法上的所有权是并存的两种所有权形式，相互并不重合。而在后一种情况下，法律通过确认转让为有效的方式肯定受让人的所有权，同时否定转让人的所有权。两个所有权之间是非此即彼、相互排斥的。很明显，这与双重所有权毫不相干。

双重所有权论者还常常引用英国法学家梅因的著名论断，“封建时代概念的主要特点，是它承认一个双重所有权”。[①] 但是根据梅因自己的说法，所谓双重所有权不过是封建地主的土地所有权和农民因租佃土地而享有的地面权。梅因所举的“显著例子”不过是永佃权。[②] 在这里，他只是从英美法的观念上来使用所有权的概念。

在英美法中也没有所谓双重所有权。

英国法律文件中，“所有人包括财产继承人、终身租赁人及因各项信托而应得土地及遗产之租金或孳息者”。[③] 不列颠百科全书（第 15 版）“财产权”词条的作者指出，在美国，“所有权一词常被用作财产的同义词”，作者本人把所有权“广义地用来指对财物享有排他性的权利”。可见，英美法中的所有权概念是表示某项利益的归属，而不是指物体本身的归属。英美法对物的归属问题同样是毫不含糊的。例如，美国的宅地法曾用绝对产权一词来明确土地的归属。而在英美诉讼制度中，一个人对一项动产或不动产是否享有比他人“更古老”、“更有效”的权利，是判定其能否胜诉的根据。[④] 由此可知，英美法上的所有权与我们所说的所有权相去

---

① 〔英〕梅因：《古代法》，沈景一译，商务印书馆，1959，第 167 页。

② 〔英〕梅因：《古代法》，沈景一译，商务印书馆，1959，第 170 页。

③ 英国国民参政法第 7 条丁。

④ 〔澳〕瑞安：《财产法中的占有和所有权》，载中国人民大学法律系民法教研室编印《外国民法论文选》（校内用书），1984，第 162 页以下。

甚远。如果说英美法上存在双重所有权的话，其含义也只是指双重财产权，大致相当于我们通常所说的所有权与其所派生的他物权这种双重权利结构。如果我们不详察其中脉络，简单地因袭他人的结论，就会陷入无谓的概念之争。

4. 股份制是不是解决国家与企业相互关系的根本途径

有人在怀疑经营权制度能否解决国家与企业相互关系的同时，提出了国营企业普遍实行股份制的主张，认为国家应当以多数股份持有者的身份控制企业，企业和职工也分别持有一定股份，以激发他们的生产经营积极性。这种主张与它想要达到的目的是背道而驰的。国家以大股东身份控制企业，同过去用行政命令和计划指令干预企业没有根本区别，甚至有强化政企不分的可能。如果要加强企业自主权，势必要减少国家所占股份，增加企业及职工的股份，这就会导致企业变为以集团所有制为主，全民所有制就会名存实亡，并且会削弱国家对企业的宏观控制能力。

股份制的优越性主要在于广泛地筹集资金和经营管理的高质量化。在社会主义全民所有制基础上，国家集中资金的能力已远远超过资本主义股份公司所能达到的程度。建立了独立的经营权制度，企业也有可能通过各种不同途径选拔优秀的管理人才和实现企业管理的专门化、科学化。因此我们无须把推行股份制作为基本方向。

我们并不否认建立股份企业的一定积极作用。股份制不失为集中资金和发展多种经营形式的一条补充途径。但是应当看到，各种所有权和国营企业的财产经营权是民事财产权利的基础层次，国营企业参股或合股的前提是要有对企业资金的充分支配权。因此，建立和完善经营权法律制度，正是股份企业产生和发展的前提条件。

三 经营权与物权

物权是主体直接管领和支配有形物并享有利益的排他性权利。它反映人们在经济生活中因占有、使用和处分物质资料而发生的相互关系。在简单商品经济时期，除所有权外，地役权、地上权、永佃权、质权等是物权的主要内容。现代工业的发展又导致出现了矿业权、渔业权、租赁物权等新的物权形式。随着我国经济体制改革和商品经济的发展，经济生活中出现了大量的物权关系，其中一些如抵押权、质权、矿业权、草原及林地的使用权、因承包而产生的财产支配权等，都已得到立法的肯定。随着商品经济的发展，新的物权形式还会不断出现。但现有的物权理论并不能概括经营权的全部特征，经营权也不同于历史上出现过的任何一种物权。在这个意义上，我们说经营权是一种新型物权。

传统民法理论分析物权特征的目的是明确物权与债权，亦即支配权与请求权的相互区别，以便从中引申出对立法和司法有实际意义的若干原理。本文从物权角度分析经营权，则是为了把经营权与管理权、经营权与传统物权相区别，以深化我们对经营权的认识。

经营权的物权特征主要表现在两个方面。第一，经营权是对物的支配权。经营权的客体主要是固定资金和流动资金，包括建筑物、机器设备、原材料及货币资金等，由这些财产组成的能够执行一定经济功能的复合客体，构成了企业从事生产经营的物质基础。企业享有经营权，意味着它依法把一定量的全民财产置于自己的实际控制之下，运用物的使用价值去增值价值，并可以对物进行消费和转让。第二，经营权是排他性的财产权。经营权的排他性表现在，首先，国家一旦把财产交给企业，就不再直接支配该项财产，不直接参与企业经营；除非依照法定程序，国家不能抽回该项财产，也不能把一个企业的财产无偿调拨给另一个企业。其次，国家不允许在同一企业财产之上存在平行的或重叠的经营权，无论是企业的上级主管部门还是地区、行业的领导机关都不享有经营权。排他性特征表明经营权是每一个国营企业享有的专属权利。

经营权的上述物权特征使它与行政管理权有显著区别。经济上的行政管理权首先是指国家作为所有者和政权的承担者组织、管理和调节社会经济活动的权利；其次是指企业内部因组织和协调劳动力、生产资料的结合过程而产生的权利。两者分别反映社会范围内的协作和企业内部的协作关系。它与反映人们对物质资料的占有和支配关系的经营权有原则上的区别，因为，既然对物的支配只是人们从事生产经营的前提和要素，而不是生产经营过程本身，那么反映商品经济中财产支配关系的经营权就不可能等同于反映协作劳动中指挥、监督关系的行政管理权。它们之间的区别具体表现在以下几方面。

第一，管理权以协调和控制个人（法人）活动为内容，即所谓对人权，其对象是人的活动。而经营权是以支配物质资料为内容，即所谓对物权，其对象是物。只是由于对物的支配才发生主体与其他人之间的相互关系。

第二，管理权主体是负有不同管理职责的上下级单位和个人，彼此间是隶属关系、命令与服从的关系，以强制性为特征。而经营权主体则是横向经济关系中独立的商品生产经营者，他们之间的关系以平等等价为特征。

第三，管理权是多层次、相互交叉的一个多维体系，例如，国营企业作为一个社会经济组织，不仅其内部存在各级管理权，而且它还须接受外部的工商、税务部门，政府，行业主管部门多方面、多层次的行政管理。而企业经营权则是单一的，互不重叠的。

经营权和行政管理权虽然有着密切的联系，却是两种不同法律类型的权利。两种权利不分，就必然把企业混同于行政管理的一个层次，使企业成为行政机关的附属物。在实行经济体制改革的今天，一些国营企业仍然无权，或者企业权利被层层截留，一个重要原因就是在理论上和法律规定上没有划清这两种权利之间的界线。

经营权与传统的各种物权形式也有着显著的区别。传统的有限物权依其产生的根据划分，大致有三种类型。一是基于身份关系而产生的物权，如罗马法中家属经家长授予特有产而享有的物权，西方法律中死者遗孀对遗产的用益权等。二是因空间上的相邻关系而产生的物权，主要是地役权。三是基于商品交换关系而产生的非所有人对他人的不动产的占有、使用权，主要指以交付租金为对价而利用他人土地、建筑物的“地上权”，以及与此相类似的永佃权。以上第三种类型是传统物权的最普遍形式。在这种物权关系中，主体双方是不同的所有者，商品交换关系是他们相互联系的纽带，而订立契约则是物权成立的法定形式。社会主义国营企业的经营权与传统物权根本不同，国营企业是国家为了实现组织国民经济再生产的职能而通过行政管理机构设立的，国家与国营企业不是处于不同所有者的地位，它们之间也不需要以商品交换为纽带。此外，经营权的主体、客体和权能等方面也与传统物权有重大区别，兹不一一述及。

总之，经营权是一个特定的法律范畴。认识它的特定性质有助于我们摒弃那些认为经营权古已有之的观点和那些把经营权与其他权利混为一谈的混乱认识。

公有制的法律实现方式问题*

孙宪忠**

摘　要：公有制的法律实现方式问题，不仅是法律理论的一个基础问题，还是我国当前的改革实践迫切需要解决的问题，但对此问题的旧有理论却严重束缚了当前的改革实践。首先，坚持只有保留国家所有权才能保持全民所有制是对马克思所有制学说的一个退步；其次，"两权分离"及经营权理论有难以弥补的缺陷，不能作为实现全民所有制的最佳模式，更不能作为唯一方式；最后，全民所有制企业享有法人所有权应是实现全民所有制的普遍方式和现阶段的理想方式。

关键词：国家所有权　全民所有制　两权分离　法人所有权

公有制的法律实现方式，即赋予在某种生产关系中居支配和主导地位的人或集团以一定的财产权利，以保证和表现这些人或集团的支配和主导作用的方式。这一问题不仅是法学理论中的一个基础问题，而且还是我国当前的改革实践迫切需要解决的问题。因为改革的核心任务是搞活全民所有制企业，而赋予企业以充足的财产权利才能满足企业参加社会主义商品经济的需求。但正是在这一点上，目前的改革实践却受到了旧有理论的严重束缚。

---

* 本文原载于《法学研究》1992 年第 5 期。

** 孙宪忠，中国社会科学院法学研究所研究员。

一　坚持只有保留国家所有权才能保持全民所有制是对马克思所有制学说的一个退步

马克思以前的思想家的著述里没有所有制的科学概念。所有制的科学概念，是马克思从对人类历史的生产关系分析中抽象出来的。马克思指出，财产问题绝不仅仅是人与物的关系，而是人与人的关系，法律意义上的所有权只是一个表象，资产阶级法律实质上“只是为了私有制才存在的”，由于国家在制定法律中所发挥的中介作用，才使人们“产生了一种错觉，好像法律是以意志为基础的，而且是以脱离现实基础的自由意志为基础的”。[①]在此，马克思明确地指出了财产背后起决定作用的所有制关系。在以后的论述中，马克思和恩格斯便把作为客观经济关系的所有制与作为意志关系的所有权清楚地区别开来，而且说明了一定社会生产力发展水平上的所有制决定法律意志的所有权这一基本的马克思主义法学原理。马克思认为所有制是一定社会的生产关系的总和，要说明所有制，就必须把社会的全部生产关系描述一番。[②] 按马克思的本意，所有制就是指渗透在社会的生产、分配、交换和消费诸领域里起主导作用的经济基础。马克思在创立所有制这一概念时，仍使用了 Eigentums system 及 Ownership system 这样的词语，这是由于语言文字的差异所限定的。但是，我们应当清楚的是，虽然马克思、恩格斯也用这些词语表达过“所有权法律制度”这一种含义，但在用这些词语表达“所有制”这一层含义时，马克思的作为生产关系的所有制概念与财产所有权的概念是有明显区别的，这不但可以从有关论述的上下文中推论而知，而且可以从有关论述中一望可知。[③] 马克思对所有制的探讨和论述具有非常重大的开拓性意义，因为正是他的所有制理论才揭示了经济基础与上层建筑之间的矛盾运动，从而也揭示了人类社会发展变化的基本

① 《马克思恩格斯全集》第 3 卷，人民出版社，1960，第 70、71 页。

② 《马克思恩格斯全集》第 13 卷，人民出版社，1962，第 8 页。

③ 但遗憾的是，包括许多权威的翻译本在内的许多马克思恩格斯的著作译本，均未能准确地使用、表达马克思恩格斯的原意，从而出现了将所有权与所有制混用的情况，经济学界也有学者对此有同感。参见林岗《社会主义全民所有制研究》，求实出版社，1987，第 22—23 页。

规律。

但是，在20世纪30年代的苏联，有人却改变了马克思关于所有制即生产关系的提法，并把生产关系分析方式归纳为“三段论”，即生产资料的所有制形式（即所有权）、分配关系及生产中人与人的关系。这种后来被称为发展了马克思主义的论断，实际上与马克思的论断差异很大。主要表现在：首先，马克思认为所有制表现为生产关系的全过程，是社会生产过程中起主导作用和支配作用的一种客观的力量，而“三段论”的观点，则只认为所有制是生产关系中的一部分内容；其次，马克思认为分析所有制必须把社会的全部生产关系描述一番，即必须从经济基础的全方位考察所有制，而“三段论”的观点，则认为只有从生产资料所有权的法律形态入手才能考察所有制，而且还认为这种考察抓住了所有制的本质。因此，从那时起，苏联的人们得出了有什么样的所有制就必须有什么样的所有权，有什么样的所有权就必然有什么样的所有制的结论（就阶级社会而论）。①

对苏联人创立的生产关系“三段论”学说，我国从一开始就毫不怀疑地全盘接受了，而且至今仍旧毫不怀疑地作为分析、确定所有制性质的理论基础，广泛地应用于社会的政治、经济、法律及其他领域的决策及研究之中。在有关公有制的理论研究及政策决策中，坚持只有保留国家所有权才能保持全民所有制的理论，似乎是经典的、不容置疑的正确理论。经济体制改革以来，为适应全民所有制企业作为社会主义经济商品生产经营者的需要而妥善解决国家与企业之间的财产权利分割问题，我国理论界就企业所享有的财产权提出了数十种理论学说，② 但绝大多数理论都坚守着保持国家所有权这个大前提。由于这个大前提本身的科学性、严密性是有疑问的，故而在企业财产权问题上的许多理论难以自圆其说，非但在理论上引起混乱，而且还导致实践决策失误。

实质上，只有保留国家所有权才能保持全民所有制的理论是对马克思的所有制学说的一个显而易见的倒退，理由如下。

第一，以所有制界定所有权还是以所有权界定所有制，是马克思的所

---

① 参见〔苏联〕库德利雅夫采夫主编《苏联法律辞典》第一分册，法律出版社，1957，第110—112页。

② 参见《法学研究》编辑部编著《新中国民法学研究综述》，中国社会科学出版社，1990，第339—354页。

有制学说与所谓“三段论”的根本区别。生产力与生产关系、经济基础与上层建筑之间的关系，是决定与被决定、支配与被支配关系，虽然后者对前者有一定的反作用，但根本的、起主导作用的力量是前者。这是马克思主义的一个基本原理。因此，要说明所有制的性质，只能主要地考察社会生产力的状况，并在此基础上将社会的生产关系“描述一番”——作全面而深入的探讨。而“三段论”的观点，却要我们只从上层建筑的一个层次（尽管这一层次也是非常重要的）——财产所有权来界定所有制的性质。这是真正的本末倒置。马克思主义诞生之前的洛克、卢梭、亚当·斯密、大卫·李嘉图、黑格尔等人就是依照财产所有权来界定人与人之间的关系的。苏联人创立的“三段论”所遵循的，正是马克思之前的资产阶级学者的一贯做法，而这些理论是马克思早已批判和否定过的。①

第二，在所有制的法律实现形式问题上，“三段论”学说限制了马克思的所有制理论的发展。按马克思关于所有制即生产关系中起支配作用的论断，所有制的法律实现方式即可以认为是表现这些支配作用的财产权利。马克思曾多次以生产资料的所有权这种典型的财产权利入手分析财产所有权背后起支配作用的所有制，但是通观马克思、恩格斯的著作，至今尚未看到只有特定主体的生产资料的所有权才能实现特定所有制，而其他财产所有权或其他的财产权利不能实现这种所有制的论断。上文已经分析过，马克思是把所有制当成客观的经济基础范畴的支配力量来研究的，所以从马克思的所有制学说中也得不出上述绝对性断语。只有保持国家对生产资料的所有权才能保持全民所有制这一断语，是苏联人创造的“三段论”的衍生物。对改变国家的所有权而由国家享有其他财产权利还能否保持全民公有制这一问题，根据马克思的所有制学说是可以得出肯定性结论的，但根据苏联人创造的“三段论”则只能得出否定性结论。这就是我国在试图以企业法人所有权实现公有制问题上迟迟难以取得进展、股份制至今难以在全民所有制企业中得以推行的主要的、最根本的原因。

第三，公有制的法律实现方式只能是财产权利而不是行政权力。但按所谓“三段论”学说，公有制只能以国家高度集中的行政权力来实现。按

---

① 参见林岗《社会主义全民所有制研究》，求实出版社，1987，第14—17页（参见该书作者在第14—17页中所引用的马克思的一些观点及该作者的分析）。

照只有国家所有权才能实现全民所有制的学说，只能由国家作为全民财产的统一的和唯一的主体。但国家的中央权力机构却无法统一地、唯一地行使这个财产所有权，而只能按照“统一领导，分级管理”的模式，划分各级政府部门的权限，各级地方政府以至最后到企业都享有经营管理权，以此来作为实现全民所有制的唯一方式。换言之，在这种体制下面，经济的运行只能最终决定于行政手段而不是财产手段。这种体制就是我国改革以来一直否定的产品经济体制，但其根源却在于只有保留国家所有权才能保持全民所有制这一带有先天性失误的断语。

第四，“三段论”学说对社会主义中国的革命和建设产生了一系列的消极影响。中华人民共和国成立后的一个很长的时期内，我们简单地认为只要改变了生产资料的所有权就是改变了所有制，从而停止了在生产关系的全方位进行的社会主义革命，因此至今我们的管理体制中还留有许多自然经济的东西。在近几年的立法中，我们颁布了不少以“所有制”为标准而划分体系的企业立法，但在立法中所使用的“所有制”概念与马克思的所有制学说并不一致，因为立法中的“所有制”只是所有权的代名词。

二 “两权分离”及经营权理论有难以弥补的缺陷，不能作为实现全民所有制的最佳模式，更不能作为唯一方式

既然所有制是一种客观的社会经济关系即生产关系，那么公有制经济也就是在社会的生产、分配、交换和消费过程中由社会或集体而不是由私人起主导支配作用的生产关系。公有制的法律实现方式，也就是把客观生产关系中社会或集体的主导作用、支配作用合法化并规范化。因法律上的财产关系是客观经济关系的法律用语，所以所有制的实现方式无非是依法赋予并保护某种特定主体的财产权利而已。公有制的法律实现方式也是一样。

经济体制改革之前，我国所实行的实现全民所有制的唯一方式是依法赋予国家代表全体人民的资格，并赋予其对全体人民的财产享有所有权。为了保证国家的所有权能够落到实处，我国还模仿苏联的政治、经济体制，以高度集中并层层相依的行政权力来表现国家所有权。在这种体制

下，企业与政府的下属行政机关已无本质差别，企业所享有的名为民事权利的经营管理权，实质上是行政权限。经济体制改革的核心任务就是要把企业从这种与其本质不相符合的桎梏中解放出来，使其成为能够适应社会主义商品经济需求的商品生产者和商品经营者。为达此目的，我们采取了赋予企业法人地位及经营权的法律措施。全民所有制企业所享有的经营权，是在保留国家对企业财产的所有权的前提下由企业所享有的独立民事权利。保留国家对企业财产的所有权，而由企业享有经营权的“两权分离”的方式，是目前我国法律所承认的实现全民所有制的唯一合法方式，也是我国理论界认为唯一可行的方式。①

应该说，“两权分离”的提出是具有非常积极的意义的，因为它的出发点是改变企业的地位及财产权利，以满足企业作为独立自主的商品生产经营者的需要。同时，“两权分离”遵从了马克思主义的以财产关系实现所有制关系的基本原则。但是，是否应当把“两权分离”作为最佳的甚至是唯一的实现全民所有制的方式，却是一个非常值得思考的问题。

首先，我们应对经营权是不是全民所有制企业所享有的最佳财产权有一个较为全面的分析。尽管学术界对经营权的特征、属性等问题有很大的争议，但大多数法学著述中皆认为“经营权是指全民所有制企业在国家法律授权范围内对国家交由它经营管理的财产占有、使用、收益、处分的权利”。② 不论是立法还是学者的观点对经营权的下述特征一般是公认的：(1) 经营权是他物权，经营权的客体——企业财产属国家所有；(2) 经营权包括受财产所有权主体（国家）意志限制的占有、使用和处分权能，虽然其权能与所有权近似，但永远不是所有权，因为国家所有权并未虚化；(3) 企业依经营权独立承担法律责任。经营权的上述特征，基本上也是我国立法的本意。

坚持“两权分离”是我国全民所有制条件下唯一可行的方式的学者认为，赋予企业以经营权完全可以满足企业成为独立的商品生产经营者的需

① 佟柔、周威：《论国营企业经营权》，《法学研究》1986 年第 3 期；佟柔、史际春：《从所有权概念的动态考察看我国的全民所有制“两权分离”的财产权结构》，载《中国法学会民法学经济法学研究会 1989 年年会论文选辑》，第 12 页。

② 《法学研究》编辑部编著《新中国民法学研究综述》，中国社会科学出版社，1990，第 345 页。

要，因为经营权意味着企业在广泛的范围内拥有自由地支配其财产的权利，它有类似于所有权的权能，而且还包括企业的独立财产责任，这些条件使企业获得了从事商品生产经营的法律基础，保证了企业在商品交换中与所有权主体处于对等的地位。

但是，这些学者没有看到问题的另一面，即经营权在理论上有着极为明显的缺陷。第一，因经营权派生于国家所有权而且其内容永远达不到所有权的充分物权的程度，国家总是保留着行使其所有权的权利和手段。但国家行使所有权的手段在“两权分离”的条件下只能是行政手段，所以企业所享有的经营权还很难说是独立的民事权利，它还很难摆脱从属于国家所有权——其实是政府部门行政权的地位。因此，企业所享有的经营权在实践中可伸可缩，企业的独立自主的法人资格因此受到极大的消极影响。这一点在 1989 年以来的经济实践中非常明显。第二，经营权不是所有权，但全民所有制企业如行使经营权中的处分权能，把财产转让给非全民所有制单位或个人时，非全民所有制单位或个人却获得了该财产的所有权。那么，该财产上的经营权在何时、因何种法律根据而变成所有权的问题，以及非全民所有制单位或个人把自己的财产转让给全民所有制企业，财产上的所有权又变成经营权的法律根据问题，确实像斯芬克斯之谜一样难解。第三，依我国法律规定，经营权的客体只是国家授予企业的财产，但企业是不断发展壮大的，国家授予企业的财产之外的，由企业自己发展得到的财产的归属问题，依经营权理论实难圆其说。第四，经营权理论也难以解释企业以投资方式创建的子企业的财产权利问题。因企业自己创建的企业，或企业与其他人创建的企业的所有制应为社会控制性质的公有制，但如认为该企业的财产仍属国有而不属企业所有，则违背了只有国家投资的财产才属国家所有的原则，如认为这些企业财产由创办者的企业或个人所有，则又违背了创办者的全民所有制企业只能享有经营权而不能享有所有权的法律规定和学者的论断。

经营权在理论上和实践上的缺陷是由“两权分离”的理论所固有的缺陷造成的。“两权分离”除容许国家对企业进行公开的行政干涉这一明显的缺陷之外，还有着其他法理上的缺陷，其中最为要紧的是“两权”在法律上如何划分的问题，即在企业已经享有对财产的实际占有、使用、收益、处分权利之后，国家的所有权又依照什么样的方式展现的问题。我国立法及学者们的一致看法是在“两权分离”之后国家所有权并不消灭，也不转化为“虚有权”，而是实有权。但是，此时如何保障国家所有权的存在，即国家以何种权利展现其所有权的问题，立法没有解释，学者们的看法尚难令人满意。在此试对几种有代表性的主要观点略作分析。

第一种观点，认为国家通过两种途径仍然有效地行使着所有权：在微观层次上，国家通过创设企业并依法赋予其独立的经营权的方式行使所有权；在宏观层次上，国家以对企业进行管理、调节和控制，以为企业创造良好的内外部条件的方式行使所有权。[①] 但这种观点似是而非。因为，所谓微观层次上国家行使所有权的方式，是说明“两权分离”之前国家对其所有的财产行使的权利，即利用现有财产投资的权利，而没有说明“两权分离”之后国家如何对企业占有财产行使所有权的方式。而所谓宏观层次上国家行使所有权的方式，其实是国家依照其主权行使行政管理权的方式，换句话说，国家即使没有所有权也能行使管理、调节、控制企业的权利。当代西方国家就是如此。我国国家对非全民所有制企业进行的管理、调节、控制也是不依其所有权而是依其主权所为的。

第二种观点，认为所有权的核心和灵魂是支配权，所有权的诸种权能从所有权中分离出去，从而对所有权作出限制，但不会导致支配权同所有权的分离，因而也不导致所有权的丧失。在“两权分离”的情况下，国家就是因保留支配权而保留所有权的。[②] 这种观点看起来好像解决了“两权分离”后保留国家所有权的方式问题，但其实该问题仍未解决。因为，包括所有权在内的全部物权都是支配权，支配权是对一系列物权的本质属性的抽象概括。对此，中外法学家的论述都是一致的。支配在物权定义中是一个抽象的概念，它是一些具体的支配行为的总称；而支配也必须依靠一些具体行为的实施来表现。中外法学家经过长期的摸索，把物权人可以行使的支配行为归纳为四种，即占有、使用、收益和处分。所有权正是因为包括了这全部四项权能，所以才被称为完全物权或充分物权。我国民法通则对所有权也是这样规定的。因此，我们要解答“两权分离”后国家仍然享有的所有权是以什么方式来展现的问题，就是要回答国家还依照什么具

---

① 佟柔、周威：《论国营企业经营权》，《法学研究》1986 年第 3 期。

② 王利明、郭明瑞、方流芳：《民法新论》下册，中国政法大学出版社，1988，第 35—37 页。

体的行为来行使其所有权的支配权的问题。没有具体的行使国家所有权的方式，抽象的支配权是无法实现的。

第三种观点，认为我国国家所有权具有五项权能，即占有、使用、收益、处分、委托经营。国家把占有、使用、收益、处分四项权能从所有权中分离出去后以经营权的方式交给企业，国家保留委托经营的权能来展现其所有权。[①] 以发掘所有权的权能来发展所有权理论应该是有积极意义的。但是，依委托的一般原则，代理人是以被代理人的名义活动而且代理的结果由被代理人承受。这一点与企业所享有的经营权完全不同，因企业是以自己的独立名义进行各种法律行为的，而且企业是以自己占有的财产承担有限责任的。若依委托经营说的观点，国家就必然要对企业的行为负无限责任，这一结果又导致了企业法人资格的丧失和两权的不能分离。

除以上显而易见的不足之外，不论是立法还是学者们的著述都未对如下问题作出解答：依企业作为商品生产经营者的需要，企业必须享有对自己占有财产的处分权，而且经营权中也包括处分权，但企业如行使了处分权，国家对该财产的所有权又会怎样？如果承认国家对该产品的所有权因客体丧失而消灭（这是基本的法学原理），那么企业处分该财产的行为是否违背了“两权分离”所必须遵守的不消灭国家所有权的原则？按“两权分离”的原则，国家不但应在企业占有的财产上保留具体的支配的手段，而且还应享有能够保持自己的所有权，不让企业消灭自己的所有权的权利。但不论依据我国现行法律还是在事实上，企业所享有的经营权都是包括处分国家财产的权利，而企业行使这一权利的结果必然会导致特定财产之上的国家所有权的消灭。这种情况说明，“两权分离”理论确实是有缺陷的。

从既不妨碍企业作为独立自主的法人所需要的财产权利，又保障国家所有权这种“两权分离”所包括的基本原则来看，能满足“两权分离”的条件而又不造成以上分析中出现的两难选择的企业必然是不普遍的。第一，这种企业必须是能够容留国家直接行政干预的企业，即企业享有的经营权必须借助于国家行政权的企业，比如铁路、邮政企业。第二，企业的

---

① 金平、赵勇山：《国家财产权与委托经营权》，《中国法学》1985 年第 4 期；赵万一：《论委托经营权》，载佟柔主编《论国家所有权》，中国政法大学出版社，1987，第 157—182 页。

经营财产必须是可以长久使用而不消损的财产，而且企业对这些财产不必行使或很少行使处分权；对该财产的处分权留待国家行使，以保证国家所有权不因企业行使经营权而被消灭。这些财产在实际生活中只能是土地、房屋、铁道等这些不动产。能满足这些条件的企业在我国不是广泛存在的，因此，“两权分离”不能作为实现全民所有制的最普遍的方式，更不能作为唯一方式，而只能是一种有限的方式；又因为“两权分离”对经营权内容的限制对搞活企业多有不便，因此它也不是实现全民所有制的最佳方式。

三 全民所有制企业享有法人所有权应是实现全民所有制的普遍方式和现阶段的理想方式

赋予全民所有制企业法人以法人所有权，并以此作为全民所有制的法律实现方式之一，我国法学界早就有人提出，[①] 但由于受到理论界的广泛反对而没有被我国立法采纳。今天，我们在认真总结改革十多年来在企业财产权利问题上的经验教训之后，应该认为依法赋予企业法人所有权是比“两权分离”更为普遍的实现全民所有制的法律形式，而且还应该是现阶段的理想方式。

依法赋予企业法人所有权，就是要把全民所有制企业的创办者国家从原来的所有权人的身份变为股东身份，国家只享有股东权而不再享有对企业财产的所有权。企业享有法人所有权，是国家财产权与行政权明确分开，国家与企业之间在财产关系上建立投资法律关系的必然结果。这种企业的典型形态就是有限公司和股份有限公司。依投资法律关系处理国家与企业之间的财产关系，企业是否必然获得法人所有权、国家的股东权是否不再是所有权的问题，在学术界是有争论的。第一种观点认为，在股份公司中，股份公司成为公司财产的唯一所有权主体，而股东的股权已演变为债权。[②] 第二种观点认为，股份制公司的法人所有权纯粹是一种观念上的虚构，股份公司的财产仍然由股东所有（或共有），公司作为法人对公司

① 梁慧星：《论企业法人与企业法人所有权》，《法学研究》1981 年第 1 期。

② 郭锋：《股份制企业所有权问题的探讨》，《中国法学》1988 年第 3 期。

财产有具体的支配权，因此股东权与公司作为法人所享有的财产权都是所有权。[①] 第三种观点认为，在股份制公司的财产关系中，公司的财产由公司法人享有所有权；而公司则由全体股东享有所有权，因此股份制公司的财产是“双重所有”形式。[②] 第四种观点认为，利用投资关系创立的公司，只享有法人经营权，而公司财产仍由股东所有，因此股份制公司中的财产关系，仍然是“两权分离”式的。[③] 对股份制公司财产的所有权到底应界定为股东所有还是应界定为公司法人所有，或者界定为双重所有的问题，在我国目前尚无公司法典的情况下，应根据世界上较普遍的立法规范及公认的所有权的一般原理作出解答。回答这一问题的关键是股东对公司究竟享有什么样的权利。有公司成文法的国家或地区，一般在法律中规定股东享有的权利主要有：（1）红利分配请求权；（2）公司清算时剩余财产分配请求权；（3）将自己的无记名股票改为记名股票的请求权；（4）参加股东大会，选举董事，监督董事及董事会的权利；（5）持有或转让自己股份的权利等。[④] 从股东所享有的这些权利中，可以看出股东对公司财产并不享有所有权，因为在上列五项权利中，前三项是请求权，属债权性质；第四项为身份权，是一项法律资格，而不是财产权；股东的第五项权利虽为典型的所有权，但该所有权的客体却仅限于自己持有的股份，而不是指公司的整体财产。从股东所享有的这些权利来看，股权是既包括财产权又包括人身权的复合型权利，但无论如何股东对公司财产不享有所有权。各国法律一般均承认并保护公司以法人身份对其财产享有充分的支配权，这种权利依所有权的一般原理只能认定为财产所有权。所以，我们可以认为在投资关系中，股东不享有对企业财产的所有权，而由企业法人享有所有权。国家投资兴办企业而产生的财产权利界定问题，也应遵守这一基本前提。

坚决否定企业法人所有权观点者大多都以企业法人所有权导致国家所有权丧失，从而导致全民所有制变为法人所有制或企业所有制为由，而且这些学者都认为坚持国家所有权是保留全民所有制的基本条件，并将这一

---

① 孙志萍：《对股份及股份公司财产关系的再认识》，《中国法学》1988 年第 3 期。

② 王利明：《论股份制企业所有权的二重结构》，《中国法学》1989 年第 1 期。

③ 佟柔、史际春：《从所有权概念的动态考察看我国的全民所有制“两权分离”的财产权结构》，载《中国法学会民法学经济法学研究会 1989 年年会论文选辑》，第 8 页。

④ 张龙文：《股份有限公司法实务研究》，汉林出版社，1977，第 55 页。

论点作为马克思的一个基本观点。但是，认为保留某种所有权才能保持某种所有制的观点，是苏联人为建立其产品经济体制而对马克思的所有制学说的歪曲。在此我们还应再次说明，马克思所说的所有制是客观经济关系即生产关系，所谓所有制的本质就是这种生产关系中的经济支配力量。所有权可以是这种经济支配力量的法律表现形式。但依马克思的观点，所有制也应有其他的法律实现方式，只要这种方式——即财产权利能够表现生产关系中的支配力量即可。因此，国家成为全民所有制企业的股东之后，它所享有的股东权照样可以实现公有制，表现社会对企业生产的操纵与控制，完成国家的产业方针。由于国家对企业的这种支配是代表着社会及人民大众的利益的，所以它也是实现全民所有制的法律形式。

国家以控股方式操纵企业与国家以行使“所有权”方式操纵企业之间有着极大的差别。首先，国家以控股方式操纵企业，是行使财产权利式的操纵，而不包括任何行政权力的成分。因为，董事是依据股份的拥有而产生的，这一点在国家也是一样。由投资部门派遣董事与由干部管理部门任命企业干部不同。董事在企业中并不直接代表政府，这一点有助于企业成为独立自主的法人。但是，在国家以所谓行使“所有权”的方式来操纵企业时，则只能按照“国家统一所有、各级政府分级管理”的方式来操纵企业，企业的厂长、经理来源于政府行政部门的任命，企业难以成为独立自主的法人。其次，国家以控股方式操纵企业，保证了在企业中真正实现有限责任制，而在国家仍对企业财产享有所有权并以这种方式操纵企业运营时，企业的有限责任毕竟与理不足，难以贯彻。这一点在近几年的治理整顿中非常明显。最后，即使是国家单独控股的条件下，国家以控股方式操纵企业也与以行使所有权方式操纵企业有很大的不同，这些差别可以表现在很多方面，主要有：（1）国家对企业不再有支配权，其财产权利只限于请求权；（2）企业的董事并非全部由国家派遣，而还应包括职员董事等，他们也享有同等的决策能力，因此使国家的股份权利受到限制等。

说依法赋予全民所有制企业以财产所有权而国家只享有股权是现阶段实现全民所有制的普遍方式和理想方式，其理由是非常明确的。

第一，依法赋予企业以法人所有权，国家只享有股东权，是商品经济条件下国家兴办企业应该采取的投资方式的必然结果。在过去的产品经济体制下，国家兴办企业完全是行政方式，即行政批文、行政拨款、行政授权。但这种方式不符合社会主义商品经济的需要。在社会主义商品经济条件下，国家兴办企业也必须和其他法律关系主体兴办企业一样采取投资方式，由市场来选择企业、引导企业。在这种条件下，国家只能享有控股权，而不必享有所有权。同时，国家对企业的控股是财产关系而不是行政关系，这也更有利于国家的行政权与财产权分开。

第二，企业享有法人所有权后，理顺了企业生产经营中的法律关系，消除了企业只享有经营权时的理论障碍。因为企业享有所有权后，它和国家发生的投资关系只会依财产法律关系解决，从而使企业摆脱了行政操纵，成为真正的法人；在企业与其他企业、单位或个人发生财产交易时，都是财产所有权的交换，不再发生理论上的混乱，企业对股东投资形成的企业整体财产与企业产品、企业留利同样享有所有权，在法律上可保证企业对这些财产有同样的支配能力；因企业投资而生的子企业亦享有所有权，母企业以控股方式操纵之，其法律关系也是清晰的、合理的。

第三，以控股关系理顺国家投资关系为必不可少的改革措施。在以国家名义投资兴办的企业中，有中央投资的，也有地方投资的，有单一部门投资的，也有多个部门联合投资的。这些资金虽然都以国家为名义上的所有者，但事实上的控制权及企业创立后的利益分配问题却一直比较尖锐。依过去的国家所有权理论，这些问题难以解决。其实，如果依投资控股关系来处理，这些问题就会比较容易解决。我们可以把企业资产折合成股份，而由各投资部门依据其投资的份额享受权利。对政府的投资若依此方式来处理，就会大大减少矛盾，还有利于打破地区封锁，加速资金的流通。这些都是“两权分离”不可比拟的。

国有企业走向公司的难点及其法理思考*

王保树**

摘　要：国有企业改建为公司的本质是把企业塑造成真正的市场经营主体，这是国有企业改建为公司的根本动机。国有股规范化操作应坚持股权平等和有利于公司依法运营的原则，公司股份的持有人为当然股东。国有股股东的确认应坚持“谁投资、谁所有、谁受益”的原则。国家对国有资产的管理权和经营权应分别授予国有资产管理局和国有投资公司或国有资产经营公司行使。国有股份应进入市场流通。董事长、经理应由董事会选举和聘任。另外，还须注意亏损企业、非经营性资产和职工持股等问题。

关键词：国有企业　公司　国有股　职工持股

一　引言

股份有限公司制度的发明，被西方人称为同瓦特发明蒸汽机一样具有划时代意义。实践中，也确实为西方人带来了巨大的生产力。20 世纪 50 年代初，我国经济生活中也曾存在过包括股份有限公司在内的多种商事公司形态。① 它为国民经济恢复和第一个五年计划顺利开始作出了重要贡献。

---

* 本文原载于《法学研究》1995 年第 1 期。

** 王保树，原文发表时为中国社会科学院法学研究所研究员（已故）。

① 见私营企业暂行条例（1950 年 12 月 29 日）。

但随着生产资料的社会主义改造的完成，尤其是伴随着高度集中的计划经济体制的建立，企业形态从多元化走向单一化，商事公司被挤出了我国经济生活。

1983 年，学术界开始提出将国营（国有）企业改组为股份有限公司的主张。次年 7 月，北京天桥百货股份有限公司成立，它开创了我国国有企业改建为股份有限公司的先河。11 月，上海飞乐音响公司成立，它是中华人民共和国成立以来第一家比较规范的向社会发行股票的股份有限公司。自 1984 年始，城市国有企业改建为公司[①]的工作逐步展开。1986 年，国务院在《关于深化企业改革增强企业活力的若干规定》中首次提出允许各地选择少数有条件的全民所有制大中型企业进行股份制试点，并开始了公司立法工作。但是，国有企业改建为公司的大规模试验是在 1987 年 10 月党的第十三次全国代表大会之后。该次代表大会的报告指出："改革中出现的股份制形式，包括国家控股和部门、地区、企业间参股以及个人入股，是社会主义财产的一种组织形式，可以继续试行。"在此前后，理论界和经济界曾开展了一场股份制[②]的大讨论。其中，赞成股份制者有之，反对股份制者也有之。1992 年初，邓小平南方谈话再次肯定了股份制。党的十四届三中全会通过的《中共中央关于建立社会主义市场经济体制若干问题的决定》（1993 年 11 月 14 日）中进一步明确指出："国有企业实行公司制，是建立现代企业制度的有益探索。"从此，以公司（包括股份有限公司）改建国有企业的改革思路被最终肯定下来了。

但是，我国国有企业改建为公司的路子是在特殊的环境下走出来的。一方面，我国已在从高度集中的计划经济体制向社会主义市场经济体制过渡。旧的经济体制正在被改革，但其痕迹还远未消除；新的体制已在扎扎实实地建设中，但还未最终建立起来。而商事公司是同市场经济极为适应的企业形态，它必然因某些改革措施不配套而同旧经济体制的痕迹相碰撞。同时，尚未健全的新体制还不可能为它的发展带来充分的条件。另一方面，由于商事公司远离我国经济生活近四十年，我国缺乏商事公司的传

---

① 如无特别说明，"改建为公司"仅指改建为股份有限公司。实际上，有限责任公司也是国有企业改建中采用的重要公司形态。

② "股份制"的概念含糊，应界定为有限责任公司和股份有限公司。本文使用"股份制"概念，只是约定俗成而已。

统，对商事公司的本质及其对内对外关系缺少足够的了解，严重影响人们对公司的规范操作。可以这样说，学习关于商事公司的知识，能够在较短时间完成；而商事公司的传统则非短期可以建立起来。再者，既有的国有企业改建为公司同国外新设公司有许多不同。它在理顺产权关系和资产评估等方面，都会遇到后者很少遇到的问题。因此，国有企业走向公司，必然要遇到许多难点。本文仅从法理上对如何解决这些难点作些探讨。

二 国有企业改建为公司动机的反思

国有企业改建为公司的动机是什么？这一问题的正确回答对于解决国有企业改建为公司的难点有全局性的意义。

无疑，“动机”是主观的东西，但人们可从国有企业改建为公司的种种行为作出判断。国有企业改建为公司的动机主要有如下几点。

其一，转换经营机制。即通过改建为公司，“转换企业经营机制，促进政企职责分开，实现企业的自主经营、自负盈亏、自我发展和自我约束”,[①] 解决原国有企业在转换经营机制中遇到的困难，实现转换经营机制的目标。据中国企业家调查系统于 1993 年 12 月至 1994 年 5 月的问卷调查，对国有企业改建为公司的诸多目的中，人们作出最多选择的莫过于转换企业经营机制，其选择频率高达 47.8%。[②]

其二，筹措资金。即通过改建为公司，“开辟新的融资渠道，筹集建设资金”,[③] 解决单纯依靠国家投资难以维持扩大再生产的困难。所以，人们十分注意马克思关于公司的一句名言，即“假如必须等待积累去使某些单个资本增长到能够修建铁路的程度，那末恐怕直到今天世界上还没有铁路。但是，集中通过股份公司转瞬之间就把这件事完成了”。[④] 同时，人们在选择公司形态时，一直把股份有限公司放在首位，并热衷于一步改建为上市公司。

其三，界定产权，理顺产权关系。认为股份制是明确企业产权、实现

---

① 股份制企业试点办法（1992 年 5 月 15 日）。

② 《股份制：中国企业制度改革之路——股份制企业调整》，《体制改革》1994 年第 7 期。

③ 股份制企业试点办法（1992 年 5 月 15 日）。

④ 《马克思恩格斯全集》第 23 卷，人民出版社，1972，第 688 页。

所有权和经营权分离，使企业彻底摆脱政府的行政控制的一种好的形式。[①]

其四，调动职工积极性，增强企业凝聚力。认为通过向本公司职工发行股票，使职工利益同公司的利益联系得更紧密，从而实现增强公司凝聚力的目的。

其五，实现企业管理现代化。认为公司在发展和完善过程中建立了一套较为科学的管理机制，使公司的各项经营管理活动能够有序地进行。这种管理机制不仅基本适应了现代社会化商品生产对企业组织的要求，更重要的是从很大程度上提高了公司资产的运营效率，对我国企业改革具有现实借鉴意义。[②]

上述国有企业改建为公司的种种动机，从公司的功能而言，都有其合理性。确实，将国有企业改建为公司，在一定程度上可实现上述目的。因此，以上述任何一个动机改建国有企业为公司，都是无可非议的。然而，仅仅以上述任何一个动机甚或全部动机改建国有企业，都是很不够的。并且，这种目的即使在短期内实现，也很难持久。因为这些动机都没有抓住将国有企业改建为公司的本质。而这一本质就是把企业塑造成真正的市场经营主体，它应该成为改建国有企业为公司的根本动机。

1979年以来，城市经济体制改革一直以国有企业改革为中心，并着眼于增强企业活力，或者如以后所说的转换企业经营机制。为此，国家先后采取了诸如“放权让利”、“利改税”、“承包经营责任制”和实施“转换经营机制条例”等多项措施，使一批企业真正活起来了。但是，就国有企业整体而言，仍然没有根本性变化，甚至2/3的企业还处在明亏或暗亏的状态。问题的关键在哪里？虽然全民所有制工业企业法第2条规定，“企业依法取得法人资格”，实践中国有企业也都依法定程序取得了企业法人营业执照，但是它们中的绝大多数仅有企业法人之名，而没有企业法人之实。一是国有企业没有独立的财产。依全民所有制工业企业法第2条第2款的规定，“企业的财产属于全民所有，国家依照所有权和经营权分离的原则授予企业经营管理。企业对国家授予其经营管理的财产享有占有、使用和依法处分的权利”。依全民所有制工业企业转换经营机制条例第15条

---

① 韩志国：《论法人所有制》，《光明日报》1987年11月6日。

② 周友苏：《公司法律制度研究》，四川人民出版社，1991，第140—158页。

规定，所谓“企业享有的资产处置权”仅是“对一般固定资产，可以自主决定出租、抵押或者有偿转让；对关键设备、成套设备或者重要建筑物可以出租，经政府主管部门批准也可以抵押、有偿转让”。这表明，国有企业没有完整的财产权利。它对其经营管理的财产既不享有受益权，在行使处分权上也受到严格限制。二是它不能独立承担民事责任。依全民所有制工业企业法第 2 条第 3 款的规定，企业“以国家授予其经营管理的财产承担民事责任”。而全民所有制工业企业转换经营机制条例第 37 条第 1 款却又规定，“企业所欠债务，应当以留用资金清偿。留用资金不足以偿还债务的，可以依法用抵押企业财产的方式，保证债务的履行”。实践中，政府对于长期亏损而偿还债务有困难的企业则不得不直接采取措施，譬如决定由经营状况好的同类企业将其兼并或承包。这实际上告诉人们，相当多数的国有企业没有民事责任能力。或者说，国家实际上还对企业债务负有某种责任。这一切表明：相当一部分国有企业并不具有真正的企业法人地位，还未达到市场经营主体的条件。在这种情况下，即使推它进入市场，它也很难进入市场。

而国有企业改建为公司，就是要从根本上解决上述问题，使企业既有法人之名，又有法人之实。首先，依照公司法第 4 条的规定，“公司享有由股东投资形成的全部法人财产权”。而“公司股东作为出资者按投入公司的资本额享有所有者的资产受益、重大决策和选择管理者等权利”，公司和股东的财产是相分离的。其次，依公司法第 3 条的规定，公司以其全部资产对公司的债务承担责任，而股东仅以其所持有的股份对公司承担责任。这样，公司才真正以其全部财产，依法自主经营，自负盈亏。也只有这样，公司才真正以其经营主体资格立于市场，使其转换经营机制、筹措资金、管理现代化的目标彻底实现。由此看出，在国有企业改建为公司的过程中，重新塑造市场经营主体的目标和其他目标不处于同一层次。前者是最根本的，后者则是前者派生的。只有企业真正具有法人地位，它才能有效地转换经营机制，合理地筹措和运用资金，实现既有分工又有约束的科学管理。至于界定产权和增强凝聚力，则需要进一步研究。首先，将界定产权作为国有企业改建的目的，使人有本末倒置之感。实际上，没有明确的产权关系，不弄清那些资产属于谁，是不具备组建公司的基础的。相反，只有产权关系明晰，才能为国有企业改建为公司创造最基本的条件。

当然，公司建立后，可以使明晰的产权关系更加明晰，但这同组建公司的动机不是一回事。其次，将增强企业凝聚力作为国有企业改建为公司的动机，即期望通过职工持股增强企业凝聚力，也是缺乏现实性和可行性的。职工持有公司股票即为公司的股东，而他们一旦转让其所持股票，则不再是公司股东，从而也不可能以股东的身份关心公司。所以，企业家在选择国有企业改建为公司的目的时，其“增强企业凝聚力”的首选频率从31.3%降至1.9%，其中上市公司竟然为零。

三　国有股操作的规范化

（一）国有股规范化操作的原则

在国有企业改建为公司的过程中，将其股份区分为国有股、法人股（非指企业持有自己的股份）和自然人股（含职工持股），这是社会经济生活现实的反映。只要不人为地制造它们之间的差别，其区分本身不会产生什么弊病。问题是，国有股的操作应规范化。其原则和标准是，第一，坚持股权平等。（1）股份有普通股和特别股之别，而按照公司法对普通股的规定，各股东享有的权利内容和范围应该一致。法人股和自然人股享有的权利，国有股也应该享有，法人股和自然人股没有的权利，国有股也不应该享有。无疑，在已改建的公司中，既有无视国有企业增值的事实，以账面低估国有资产价值，造成国有资产流失的问题，也有忽视国有企业实有资产水平，以账面高估国有资产价值的现象。这些都是应该予以纠正的。（2）国有股和其他股一样，行使权利的基准是股份，即每一股份所拥有的权利平等，而不是每一股东的权利平等。（3）行使权利的机会相同，包括各种不同股份都有行使共益权的机会，而没有共益权以外的其他干预公司的权利；都有通过行使自益权，包括利益分配和公司解散时剩余财产分配的机会，而没有其他从公司受益的机会；国有股和其他股份持有者一样，也都有通过市场交易换取增值的机会。相应的，它们承担风险的机会也是一样的。第二，有利于公司依法运营。现代股份有限公司的运营无不依靠公司机关的合理分工、相互制约和依职权活动。其中，股东大会作为权力机关，只负责依职权对所议事项作出决议，无权利也无义务负责公司的日常经营；董事会负责公司的经营决策和业务执行，但需聘任经理执行具体业务；董事长代表公司；监事会依法对董事会和经理进行监察。这种由公司法确定的公司机关构造和权利结构是相对稳定的，非公司法修改或公司章程在不违反公司法的情况下变更，这种构造和结构不得变更。而这种构造和结构的一个核心是股东必须通过股东大会行使决议权利，除此之外没有第二个场合，尤其是不能以股东的名义干预公司日常经营。第三，公司股份的持有人为当然股东。股份的取得有原始取得和继受取得之别。前者如发起人认购股份，认股人在公司募股（包括公司设立时募股和公司存续中发行新股）时认购股份；后者如因股份转让和继承而取得。不论是前者还是后者，他们都无例外地因持有公司股份而成为公司股东，并行使股东权。以上原则，适用于自然人股、法人股，也适用于国有股。

（二）国有股股东的确认

在国有企业改建为公司的过程中，国有股的股东确认是不容回避的问题。现有的国有企业，有的是中央投资建立，有的则是地方政府投资建立。后者则又区别为省（直辖市、自治区）、县（市）、乡（镇）投资。对此，只能实行“谁投资、谁所有、谁受益的原则”。[①] 于是，在国有企业改建为公司时，则因投资的来源不同而使国有股呈多级状态，即中央国有股、省级国有股、县级国有股和乡级国有股。这里不存在有无必要的问题，而是国有企业财产状态的反映。如果不承认这种现实，不论哪一级政府投资形成的财产都仅称作一个国家股，则许多公司不可能建立起来，并且对国有财产、国有股无人负责的状态和因此造成的大量财产流失，还将扩大和继续发展下去。

如上确认国有股的股东，很有可能在同一个公司中存在“多级”的国有股股东。在这种情况下，它们之间是服从关系还是平等关系？根据前述的原则，当然是平等关系。因为下级服从上级的原则只适用于行政隶属关系，而“多级”的国有股的股东不存在这种关系。同一公司的不同股东，不论是中央国有股还是地方国有股，都仅适用一股一权的原则。

---

① 《中共中央、国务院关于加快发展第三产业的决定》，《国务院公报》1992 年第 18 号，第 684 页。

（三）国有股应授权谁持有

不论哪一级政府的国有股，都有一个授权谁持有的问题。对此人们设计方案各异。其一，授权国有资产管理局持有国有股份。由于国有股的“多级”化，实际上是授权各级国有资产管理局持有。[①] 其二，授权企业原行政主管部门持有国有股份。[②] 其三，授权国家财政部门持有国有股份。[③] 其四，授权国有资产投资公司或国有资产经营公司持有国有股份。[④] 其五，授权企业持有国有股份。[⑤] 其六，主张建立国有资产管理委员会，置于各级人民代表大会及常委会的法律监督之下，作为国有资产所有权代表。[⑥]

根据中国企业家调查系统股份制企业调查报告，现有企业家对上述方案选择表明如下。第一，无论从总体情况看，还是分别从上市公司、非上市公司、新设公司和改建公司看，仅有不及20%的企业赞成由企业原行政主管部门和国家财政部门持有国有股，而80%以上的企业都反对由企业原行政主管部门和国家财政部门持有国有股。第二，赞成由企业自己受国家委托持有国有股的仅有27.3%。第三，赞成国有资产管理局和国有资产投资公司两者持有国有股份的有大致相近的认同，分别为30.3%和31.9%。其中，上市公司倾向于国有资产投资公司持有国有股份，占43.5%；非上市公司则倾向于国有资产管理局，为33.1%。[⑦]

以上告诉我们，授权企业原行政主管部门和国家财政部门持有国有股份的设计已为实践所抛弃，无须再作讨论。而其余四种设计，则需从行使股权的方便和行使股权的性质、我国现有行政机关构造的特点等方面加以判断。首先，国有资产管理局作为国有资产的管理机构是毋庸置疑的。但资产的管理和经营是不同层次的问题，前者属于政府行使经济管理权的范畴，后者属于行使所有权的范畴。基于国家行政权和所有权两种职能分别

---

① 《股份制：中国企业制度改革之路——股份制企业调查报告》，《体制改革》1994年第3期。

② 《股份制：中国企业制度改革之路——股份制企业调查报告》，《体制改革》1994年第3期。

③ 《股份制：中国企业制度改革之路——股份制企业调查报告》，《体制改革》1994年第3期。

④ 蒋一苇、唐丰义：《论国有资产的价值化管理》，《经济研究》1991年第2期；唐宗焜：《所有制结构改革目标选择的几点思考》，《经济学动态》1986年第1期。

⑤ 《股份制：中国企业制度改革之路——股份制企业调查报告》，《体制改革》1994年第3期。

⑥ 刘则渊：《国有企业推行现代化企业制度的难点与对策》，《财经论坛》（大连）1994年第2期。

⑦ 《股份制：中国企业制度改革之路——股份制企业调查报告》，《体制改革》1994年第3期。

行使的改革思路，不宜再把二者混为一体，因而也不应由国有资产管理局行使国有股份的股东权。其次，授权股份有限公司自己持有国有股份也是不适当的。我国公司法在起草中不仅早已否定了所谓“企业股”的思路，而且也对公司持有本公司股份作出了严格的规定。该法第 149 条规定，“公司不得收购本公司的股票，但为减少公司资本而注销股份或者与持有本公司股票的其他公司合并时除外”。又规定，“公司依照前款规定收购本公司的股票后，必须在 10 日内注销该部分股份，依照法律、行政法规办理变更登记、公告”。虽然授权公司自己持有国有股份同公司收购本公司股份不完全一样，但无疑是极为类似的。它不仅极易造成股份持有虚假，也极易因最了解本公司财务、经营状况而操纵股票市场，损害其他股东的合法权益。因此，不宜授权公司持有本公司的国有股份。再次，在各级人民代表大会及其常委会中设置国有资产管理委员会，企图将对国有财产行使所有权的职能完全从行政机关分化出来，其动机无疑是好的。但是，这一方案并非具有可行性。因为各级人民代表大会及其常委会是国家各级权力机关，它负有监督行政机关、司法机关和军事机关的最高职责。如在各级人民代表大会及其常委会中设置国有资产管理委员会，则使权力机关行政化，很难对其行使所有权及行使股权进行监督。同时由于它本身行政化，它也很难再对其他机关实施监督。因此，这种违背我国国家机关体制的做法是不可取的。最后，国家将对国有资产的管理权和经营权分开，并分别授权国有资产管理局和国有投资公司或国有资产经营公司行使，是一条较为可行的思路。它不仅可有效地实现国家分别行使行政权和所有权的要求，从根源上解决政企不分的问题，也符合经营主体（包括企业法人和自然人）行使股东权的惯例，容易理顺各方面的关系。国有投资公司或国有资产经营公司被授权持有国有股份，其本身也应规范化。首先，这类公司应为国有独资公司，并严格依公司法设立和运作，不能成为行政公司或准行政公司，不具有任何行政管理职能；其次，它对股权的行使应严格依照公司法的规定，包括遵守该法实体性条文和程序性条文的规定。必要时应仅针对这类公司行使股东权制定一个单行法，但不得同公司法的规定相抵触；再次，这类公司应不受行业限制，可以向不同行业的公司投资、持股。最后，它们必须注重国有资产的经营，包括审时度势，作出出售国有股份和收购其他股份的决定，不宜使国有股份冻结，尤其不能仅成为国有资产的“看家人”。

（四）国有股份应进入市场流通

无疑，所有股份都有三种功能：一是控制功能，即通过控股和持股实现对公司的控制；二是受益功能，即依持有股份取得股息和在公司解散时分配剩余财产；三是投机功能，即通过在证券市场上的投机活动，取得公司以外的收益。这三种功能是相互联系的，不是完全孤立地发挥作用的。固然，控制功能和受益功能是最基本的功能，但它们需靠证券市场投机而充分实现。投机功能也不能离开控制功能和受益功能而单独实现，并往往要表现在控制和受益上。而所有这些功能的有效实现，都有赖于公司依公司法运作和公平的证券市场。否则，上述功能都很难充分发挥作用。由于国有股份基本上不在市场上流通，它应有的功能结构被扭曲了，即仅有控制功能和受益功能，而没有投机功能。正因为如此，控制功能和受益功能也难彻底发挥作用。其集中表现是，它丢掉了通过证券市场增值的机会，扩大了它所承担的不应承担的风险。基于此，应放开证券市场，让国有股份像其他股份一样流通。当然，现有的股份有限公司中，许多是国有股份居控股地位。在这种情况下，国有股份无限制地进入证券市场，也会导致证券市场结构不均衡，甚至操纵市场，从而损害小股东合法权益。然而，限制不应出自公司法，国有股份的股东可以主张其股份转让权，也可以放弃股份转让权。但是出于维护证券市场的公开、公正和公平，以及保护社会公共利益之需要，证券法和相关法律、法规可以作出规制。然而，这种规制中的“限制”不是仅针对国有股份的，而是面向所有股份，譬如，可以规定控股股东一次转让股份的比例和时间，以保护小股东的利益。

（五）董事长和总经理的产生与原企业主管部门的关系

依前述的股份制企业调查报告，现有公司60%的董事长和总经理是依照法定程序产生的，即董事长由董事会选举产生、总经理由董事会任命（依现行公司法，应为聘任）。但企业原主管部门的不适当干预仍相当严重，30%以上的公司未真正按照规范的方式产生其董事长和总经理。或者先选举（任命），后由主管部门批准；或者先由主管部门确定，后由董事会选举（任命）；或者上级直接任命，董事会通过。其中，国有企业改建为公司者，受所谓上级主管部门的干预程度最大，40% 以上的公司仍受制于主管部门。[①] 无疑，这种状况是旧经济体制遗迹的结果。为了改变这种状况，应特别强调股份有限公司必须实行“企业所有与企业经营相分离”的原则，即股东大会代表所有者，董事会代表经营层。显然，选择董事长和总经理属于经营层次上的问题，所有者不宜再进行干预。无论是原主管部门先决定董事长、总经理，还是原主管部门批准董事长、总经理的选举结果，都意味着所有者越权直接介入公司经营，混淆了所有者和经营者的界限，是与现代股份有限公司制度格格不入的。我国公司法充分反映了公司有关分层运作的机制，将股东议决权仅限于在股东大会上行使。为了充分发挥董事会的作用，特别是董事会选举董事长、聘任经理的作用，必须认真执行公司法的有关规定，以使董事会对董事长和经理的产生真正负起责任，也使经营层的权益得以充分保护。

四 亏损企业改建为公司的途径及其注意点

如前所述，将国有企业改建为公司的根本目的是塑造市场经营主体，使其既有企业法人之名又有企业法人之实。只有这样，它们才有可能进入市场。就这一意义而言，亏损企业较盈利企业更需要改建为公司。但是，亏损企业大多有沉重的债务负担。这些债务既不能豁免，也不能暂时挂起来，这就是亏损企业改建为公司的一大难点。近一两年，一些地方探索出一条变债权为股权的思路，即在改建为公司的过程中，将国有企业借贷形成的资产和其他资产一样划成等额股份，使债权人变为股东并拥有同债权相应的股份。无疑，这种办法是亏损企业摆脱困境获得新生的一种途径。但是，必须解决好以下几个问题。

（1）亏损企业改建为公司不得采用募集设立方式，因为巨额债务虽经由债权变股权的办法得以解决，但保护投资者的财产基础仍是很薄弱的。

（2）采用债权变股权的思路，必须使债权人成为改建公司时的发起人，并同企业的其他国有资产的授权投资部门或机构一起制定公司章程。

---

① 以上所引用关于董事长、总经理与原企业主管部门关系的材料均出自《股份制：中国企业制度改革之路——股份制企业调查报告》，《体制改革》1994 年第 7 期。

如果债权人不同意章程条文的规定，则不能作为公司的发起人，该企业改建为公司的目标就不能实现。

（3）现有国有企业的最大债权人，主要是即将成为商业银行的工商银行、建设银行和农业银行等。亏损企业依债权变股权的思路改建为公司后，商业银行就有可能成为某些公司的控股股东，甚至成为某一行业若干有竞争关系的公司的控股股东，或者成为某些有产销关系的公司的控股股东。如此，极易导致“限制竞争”，并成为反垄断法的规制对象。这是现在就必须引起注意的。

五 非经营性资产在改建公司中的出路

所谓国有企业“非经营性资产”，指国家投资形成但非直接用于生产经营的资产。其范围包括企业办公设施、卫生设施（医院、疗养院）、教育设施（幼儿园、小学、中学、职工学校）、住宅和食堂等。这些资产，之所以成为企业的一部分，是高度集中的经济体制下企业办社会的结果。而国有企业要改建为公司，则需妥当地处理好这部分资产。实践中，对非经营性资产有如下处理方式。其一，折价入股。即将非经营性资产评估后折价计入公司总股份额。其二，进入社会，归独立于公司之外的单位管理。其三，由公司专项管理有偿使用。①

第一种方式比较容易操作，但由于这部分资产未独立经营，必然降低整个公司的资本利润率，减少对投资者的吸引力。

第二种方式容易还其社会面目，并且从企业与政府的关系而言，本来就应由政府管理。但是，“企业办社会”是多年形成的，在众多国有企业改建为公司时，非经营性资产同时都转归政府管理，政府是否有如此大的承受力？这是值得研究的。

第三种方式无须引起企业资产的大变动，但凡专管或代管者，多由改建后的公司或国有股的股息填补其部分亏损。此种办法，极易使原来的“大锅饭”延续下去，也极易导致国有资产的不必要流失。

① 《股份制：中国企业制度改革之路——股份制企业调查报告》，《体制改革》1994 年第 7 期。

基于上述分析，第一种、第三种方式是不可取的。第二种方式可在政府承受力允许的情况下采用。同时，可考虑对非经营性资产加以再分析，将其部分非经营性资产变为经营性资产，设立一个由改建后公司控股的子公司。应该指出的是，国有企业的非经营性资产相当复杂。其中，有一部分资产应毫无争议地划归政府管理，彻底划清它同企业的关系，如属于普及教育的教育设施等。把这些应该也必须由政府管理的资产分解出去之后，其余非经营性资产则有可能组建一个由公司控股的子公司，独立自主地进行经营。不仅对本公司及其职工服务，也对社会提供服务，改变其单纯的福利性质。至于由此而增加的职工负担，该由公司法定公益金支付的，应依法支付在明处。

六 职工持股的操作

所谓职工持股，指职工持有所在公司的股份。这种股份类似于国外股份有限公司的员工股。在已有的国有企业改建为公司的过程中，曾出现过一些不规范的做法，如强行摊派职工入股，将股份无偿平均分配给职工，对职工采取保息分红制度，等等。这些做法，有的违背了认股自愿原则，有的造成了国有资产流失，有的则违反了股份承担风险的原则。因此，国务院有关部门已多次发布规范性文件，明令予以纠正。

对待职工持股，首先应将其视为自然人股，不宜过分夸大它与自然人股的差别。依照公司法，社会上自然人股应有的权利、义务，职工个人股也应该有；社会上自然人股所没有的权利、义务，职工个人股也不应该有。所不同的是，公司设立时划出一定比例（该比例也应该由法律、法规规定）的股份由职工优先认购，公司发行新股时也划出一定比例股份由职工优先认购。基于上述分析，不应限制职工个人股在市场上流通。在对职工个人股加以规范后，应允许职工股上市交易。考虑到职工个人股较社会自然人股购买股份的成本低，可规定它在一定期限之后方可转让，但不宜禁止其转让。同时，为了便于对职工个人股进行管理，可以在一个公司范围内成立“职工持股会”，允许职工自愿参加。但是除受职工个人股股东委托外，“职工持股会”无权代理职工个人股股东行使股东权。

第二编　法人的人格

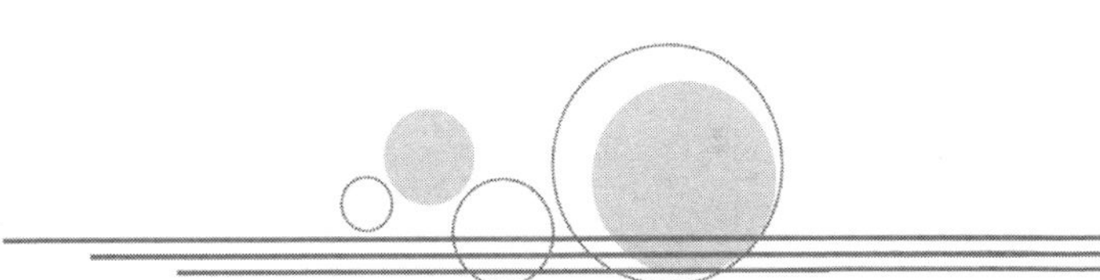

论法人人格否认制度[*]

南振兴　郭登科[**]

摘　要： 法人人格否认是对已经丧失独立人格特性的法人状态的揭示和确认。法人人格否认制度是法人制度的必要、有益的补充，已发展成为世界各国所共同认可的法律原则。法人人格否认是通过在特定法律关系中否认法人的特性，追究滥用人的法律责任，以维护法律的公平和正义。我国建立的法人人格否认制度应重点规范虚假出资、滥设公司、主管行政部门操纵干预、母公司对子公司的无度操纵、企业的“脱壳”经营、自然人、合伙企业等非法人以挂靠方式以法人名义对外经营等行为。

关键词： 法人人格否认　揭开法人的面纱　直索权　财产混同　人格混同

一　法人人格否认的法理及其意义

法人人格是指法人具有的类似于自然人的独立法律主体资格。赋予特定的社会组织体以独立的权利义务主体资格始于罗马法，至中世纪时产生了法人的独立财产制和有限责任制。① 而今赋予法人以独立人格已成为世

* 本文原载于《法学研究》1997 年第 2 期。

** 南振兴，原文发表时为河北经贸大学教授，现为河北地质大学党委副书记；郭登科，《河北法学》杂志社编审（现已退休）。

① 参见王利明等《民法新论》，中国政法大学出版社，1988，第 226 页。

界各国法律普遍确认的一项原则。法人独立人格的基本内涵应当包括：法人与其成员的财产彼此独立；出资人的有限责任与法人独立承担责任的统一；出资人对出资财产经营管理权的放弃与法人经营自主权的确立。

法人为有团体名义之多数人的集合法律主体，而自然人则是以个人为本位的法律主体。[①] 法律之所以拟制一个与自然人相对应的集合性权利义务主体并赋予独立人格，乃是法人主体资格的确认适应了人类社会发展对法律之所需；法人制度之所以得以建立乃是因为法人与其成员的双重分离实现了以法人为中心的法人出资者群体与法人债权人群体的两极利益的平衡，体现了法律的公平与正义价值；法人制度之所以在世界各国推行和发展，乃是因为法人制度建立的公平权益体系赢得了社会不同利益的法律主体群体对法人独立人格的承认与赞誉。法人制度建立的公平权益体系如下。(1) 法人的出资者通过将其出资的财产移交给法人组织体并承认法人对这些财产的所有权，换取了法人的债权人群体对出资人仅对法人债务负有限责任的容忍。这是法人与其成员财产权层次上的分离。(2) 法人出资者在获得对法人债务仅负有限责任的超然优势法律地位的同时，将其对法人出资财产的经营权让渡给了一个法人债权人相对信任的专业部门——法人机关，从而获得了债权人群体对与法人的交易安全的信任。这是法人与其成员经营权层次上的分离。由此可见，法人与其成员的双重分离是法人人格确立的基础与前提，而法人的独立人格一旦确立即在法人成员与法人的债权人之间筑起一道法律屏障，使得债权人不能越过法人直接向法人成员追究债务责任，法人成员也不能取代法人的地位直接与法人的债权人发生法律关系。

法人制度是人类立法技术的智慧结晶，法人人格的确认不仅实现了法律公平、正义的根本价值目标，形成了法人出资者群体与法人债权人群体之间平衡的权益体系，而且极大地推动了商品经济的发展：一方面，法人作为加速“社会积累的新的强有力的杠杆”，作为资本集中、资本控制的有效手段，它使生产规模实现了“惊人的扩大”和对商品经济的发展产生了“神奇的魔力”；[②] 另一方面，法人的有限责任制又大大减轻了投资者在

---

① 参见江平编著《西方国家民商法概要》，法律出版社，1984，第 42 页。
② 参见王利明等《民法新论》，中国政法大学出版社，1988，第 225 页。

激烈的市场竞争中进行商业投资的经营风险；同时，法人作为有其独立意志和利益的民事主体，又简化了自然人之间的法律关系，适应了瞬息万变的市场需求。数百年来，法人制度在资本集中、减少风险、保障利润等方面发挥着其他法律主体所不能替代的巨大作用。

但是，随着商品经济的发展和法人形式运用的深入与广泛，法人人格特性在实际社会生活运行中出现了种种变异，因为法人的运作毕竟依赖于其背后的自然人，法人人格的确立虽然在法人成员与法人的债权人之间筑起了一道法律屏障，但并未割断法人成员与法人之间的“脐带”。相反，法人成员总是对法人享有出资所派生的各种权利，出于追求利益最大化的目的，法人成员于是利用出资权滥用法人人格从事各种不正当行为，诸如虚假出资、滥设法人、背后操纵等，行为人借此一方面坐享法人制度赋予的“超然”优势法律地位，逃避法律规定或契约约定的义务，另一方面其不法行为一旦受到司法机关追究时，出资人往往又以法人外壳为挡箭牌，主张仅承担出资范围内的有限责任。实际经济生活中异化法人人格的种种行为，使得法人人格得以确立与运行的法律支点发生位移，使得法人作为独立人格的内在因素受到毁损或泯灭，从而使得法人制度框架下的出资人群体与债权人群体之间的权益平衡格局发生倾斜，这就必然导致法人人格否认制度的建立。正如日本学者大隅健一郎先生所言：如果法人之设立出于不法目的，或有违建立法人制度的维护社会公共利益之根本价值，法律自然有权剥夺法人的人格而否认法人之存在。[①] 美国法官桑伯恩（Sanborn）在一判决书中所言更为经典：“以目前的权力状态下，如果可以建立一个一般规则的话，那么这个规则就是：一般而言，公司应该被看作法人而具有独立的人格，除非有足够的相反的理由出现；然而公司为法人的特性如被作为损害公共利益、使非法行为合法化、保护欺诈或为犯罪抗辩的工具，那么，法律上则应将公司视为无权利能力的数人组合体。”[②]

法人人格的否认实际上是对丧失独立人格特性的法人状态的一种揭示和确认，因此，丧失法人人格特性的社会组织即使从程序上获得了形式上的主体资格，该社会组织实际上也不过只是一个欺骗交易相对人的伪装的

---

① 参见〔日〕森本滋《法人格的否认》，李凌燕译，《外国法译评》1994 年第 3 期。

② U. S. v. Milwaukee Refrigerator Transit Co. , 124 F. 247 at 255 (c. c. wls. 1905) .

法人“外壳”，由此，自然不可能换取社会对该社会组织法人人格的认可。这就是说，如果出资人一方面享有法人给予的投资有限责任的交易安全保证，另一方面却不足额出资或无视法人独立人格而滥用法人人格，那么，债权人就应当享有请求司法机关否认法人人格，责令出资人对法人债务负无限连带责任的权利。因为既然出资人不愿足额出资或放弃对法人出资财产的所有权或经营管理权，那么出资人也就不应享有法人制度给他提供的仅负有限责任的优势法律地位，即法人一旦丧失独立人格特性，法律就应否认已丧失独立人格的法人的独立民事主体资格，将原来法律赋予法人人格而给予出资人的诸如有限责任等优越法律地位重新归还给债权人，使法人外壳背后的出资者以个人财产直接对债权人承担清偿债务责任。因为“法人制度的适用只有在和整个法律制度的目标不相矛盾时才是值得考虑的”。[①] 这就是法人人格否认制度的基本法理。

笔者认为，确立法人人格否认这一重要法律制度至少具有下面两方面的意义。

第一，法人人格否认制度是法人制度的必要、有益的补充。法人人格否认的本质，是当法人运用背离法律赋予法人人格的原始初衷即公平、平等、正义而为他人控制或操纵，已不再具有独立性时，法律将无视法人的独立人格而追究法人背后的操纵者的法律责任。因此，这种法人人格否认所引起的从法人人格确认向法人人格否认的复归并非是对整个法人制度的否定，而恰恰是对法人人格本质的严格恪守。因为运用法人人格否认制度所否认的法人实际上已是个被控制了的失去独立性的法人空壳。法人人格否认制度作为在特定条件下对社会公共利益特别是债权人利益的合理与必要的保护手段，有效地维护了法人制度的健康发展，防止了法人制度的价值目标不致偏向和被异化。从这个意义上讲，法人人格否认制度不仅不是法人制度的否认，反而是法人制度的必要补充与升华，正是法人人格否认制度证明并捍卫了法人制度的公平性、合理性与正义性。

第二，法人人格否认制度是法人制度的完善与发展。诚如自然人的独立人格除有自然死亡尚有宣告死亡制度予以取消一样，法人之独立人格除有消灭制度之外也应有否认制度，法人人格之确认与法人人格之否认构成

① 《德国联邦最高法院民事判例集》第20卷，第4页以下。

了法人制度的辩证统一、不可分离的两个方面。倘若没有法人人格否认制度，法人制度必会成为某些出资人规避法律义务的保护伞。如果说在法人制度发展的初期建立法人人格否认之制度尚不迫切，那么，在现代企业制度下母子公司、关联企业的出现和发展，则使得法人人格否认制度成为法人制度得以健康发展、不至于走向自我否定的关键的一环。法人人格否认制度弥补了单纯法人人格确认制度的固有缺陷，有效地防范了不法分子利用法人的合法形式和有限责任的特性逃避承担法定或约定的义务，保护了社会公共利益和债权人的利益，使法律从形式上的公平合理走向了实质上的公平合理，极大地丰富了法人理论，使法人制度更加丰富完善。

二 法人人格否认的历史发展及学说

法人人格否认最初为美国判例所首创，之后因其适应了社会经济的发展，遂为德、法、英等国家和地区所仿效。日本自 20 世纪 60 年代中期以来也借法院之判例而推行法人人格否认制度。可以说，法人人格否认制度发展至今实际上已成为英美法系和大陆法系国家所共同认可的法律原则。尽管两大法系国家在适用法人人格否认上大都以规避法律规定或合同约定义务者见多，但由有关判例却形成了不尽完全相同的理论学说。

法人人格之否认在英美法系国家形象地称为“揭开法人团体的面纱”。这里所谓“法人团体的面纱”是英美法系国家关于法人团体理论学说的代名词。按照英美法系的法人团体理论，法人对其债务独立承担民事责任，债权人不能穿越法人“面纱”追索法人背后的出资人的债务责任。而“揭开法人的面纱”，即是在特定的情况下，法院可不顾法人的有限责任特性，否认法人独立法律主体资格，直接责令法人背后的出资人承担法人的债务或义务。[①] 但需要说明的是，英美法系国家至今一般仍承认法人的独立人格，固守传统的法人有限责任原则，法人人格否认仅是作为例外由法院在审理具体案例时来“揭开法人团体的面纱”。总的来看，英国法院在适用法人人格否认上较为谨慎和保守，而美国法院对此则较大胆和激进。英美

① 如英国公司法（1976 年修改）第 31、108、322 条及习惯法规定的例外情况。详见张汉槎《香港公司法原理与实务》，科学普及出版社，1994，第 6 页以下。

法系“揭开法人团体的面纱”适用的学说主要有如下几个。

（1）一体说。这一学说认为，一个公司是否为一个法人，应视公司事实上是否符合一独立法人的条件，若一公司经营一个事业即为一个法人，若股东成立数个公司却经营同一事业，则数个公司应为一个法人。[①] 有关这一学说的典型判例有美国得克萨斯州政府诉达拉斯市第4号酒仓库一案。[②] 依照案发当时美国各州颁行的失业救济法规，一般雇主雇佣员工达到八人以上时，须为所雇员工提供失业救济基金，而本案被告为了逃避失业救济法规规定的义务，虽经营同一事业，但为此同时设立了四个股份均为其所有、业务均由其操纵但形式上彼此独立的公司，从而使每一公司所雇佣的劳工低于失业救济法规规定的人数。州政府于是起诉被告违反了该州的失业救济法规。审理此案的法院认为被告所组织的四个公司实为一个整体、一个人格，其之所以在形式上设为四个，完全是为了逃避法定的提供失业救济基金的义务，既然被告所设的四个公司实际上为一个独立人格，且四个公司所雇佣的劳工总数已超过八人，被告自应为其四个公司所雇佣的劳工提供失业救济基金，遂判决被告败诉，否认了四个公司的独立法人资格。

（2）代理说。此说为美国学者鲍威尔（Powell）首先提出，此说主张当法人人格的存在实际上仅仅是背后操纵者的代理工具时，法院即应运用代理法则否认作为“代理人”的法人人格，判令背后的“被代理人”承担被否认法人人格的“代理人”所应承担的法律后果。[③] 例如英国里电影公司案［Re. F. G.（Films）Ltd.］,[④] 依照当时英国的法律规定，本国影片在英国放映可享有较外国影片更为优厚的待遇，而判定影片属于何国的标准是制作者的国籍。美国公司为了享受英国法律这一优厚待遇，遂依英国法在英国设立了一家资本为100英镑而其中90英镑由美国公司总经理持有的影片公司。该公司没有工作人员和所拍影片的必要资金，其唯一和英国有联系的是其主营业所在英国，后该公司将一部在美国公司财力支援下拍摄

---

① 参见许剑英《浅论公司法关系企业章之立法》，《法令月刊》第44卷第1期（1993年）。

② Texas v. Dallas Liquor Warehous No. 4, 147 Tex. 495, 217 S. W. 2d 654 (1949). 转引自刘兴善《商法专论集》，三民书局，1982，第275页。

③ Frederick J. Powell, "Parent and Subsidiary Corporation-Liability of A Parent Corporation for the Obligations of Its Subsidiary", *Columbia Law Review* 7 (1931): 1234.

④ 刘兴善：《商法专论集》，三民书局，1982，第276页以下。

的影片以英国公司为制作人而要求英国政府注册为英国影片，但英国政府否认该影片为英国公司拍摄，并拒绝登记为英国影片。在诉讼中，美国公司主张该影片公司依英国法设立，自应属英国公司，英国公司所拍摄影片自应为英国影片，而美国公司之所以提供财政支援只是因为其是英国公司的代理人，然审理此案的英国法院却认为，如果要用代理观念来说明母公司与子公司的关系，则英国影片公司只是美国公司拍摄影片的代理人而已，英国影片公司的法人人格应被否认，该影片在法律上应视为美国公司制片，从而使美国公司借以英国公司的形式（法人人格）来规避英国法的计划归于破产。

（3）化身说。如果一个法人的独立仅仅是另一个法律主体的“空壳”，后者对前者的操纵与控制如同“另一个自我”，则前者的法人人格应被否认。[①] 如英国吉尔福特汽车公司诉霍恩（Gilfordmotor Co. v. Horne）一案。[②]被告霍恩原为原告吉尔福特汽车公司的雇员，霍恩辞职之前曾与吉尔福特汽车公司订有一合同，在合同中原告霍恩承诺在双方约定的期间不从事与吉尔福特汽车公司竞争的营业而抢拉吉尔福特汽车公司的顾客。然被告霍恩辞职后以其妻和另一名雇员为股东和名义上的董事成立了一家公司，该公司以独立法人资格从事与原告吉尔福特汽车公司竞争的营业，于是吉尔福特汽车公司向法院请求发布以霍恩个人及其所控制的公司为对象的禁止执行业务的禁令。英国法院认为霍恩所设立的公司只是其逃避合同义务的外衣和假体，从而将公司视为霍恩的“另一个自我”（alterego）或称“化身”。由此法院将公司人格予以否认，视公司的行为即为霍恩的个人行为，从而判令被告霍恩设立的公司禁止执行与原告相竞争的营业。

大陆法系的德国将否认法人人格称为“直索”，即在特定的情况下，法院可令债权人穿越作为债务人的法人的独立人格，径直向公司法人背后的股东追索。法院赋予债权人的这一权利，人们通常称为“直索权”。[③] 关于“直索”，我国台湾学者黄立说：“直索（Durchgriff）指将法人在法律上之独立性排除，假使其独立人格并不存在之情形，法律政策上，采纳直索理

① 参见王利明《公司有限责任制度的若干问题》（下），《政法论坛》1994 年第 3 期。

② 刘兴善：《商法专论集》，三民书局，1982，第 280 页。

③ 参见德国有限责任公司法第 320 条。

论乃是为了排除法人作为独立权利主体之不良后果。”[①] 另一大陆法系国家日本通称“否认法人格”。德国的“直索”理论发展至今主要存在以下学说。

（1）滥用说。这一学说以德国法学家西内克（Relf Serick）为代表，按照这一学说，如果法人的法律特性被故意滥用，从而完全背离了法人制度的目的，将会导致“直索”。[②] 德国法院 1939 年 12 月 16 日曾有这样一个判决，该案的被告是原告的代理人，其意图将第三人赠与原告的物品占为己有，但这明显违反了德国法关于代理人不得隐藏占有第三人赠与本人物品的法律规定。被告为了实现其意图便设立了一家公司，然后要求他代理进行法律行为的对方将赠给原告的物品交给他所控制的公司。但被告实现上述意图后不久被原告发现，于是原告起诉请求法院判令作为代理人的被告返还赠品，但被告却以赠品为公司所收并非自己所收为由进行抗辩。法院认为被告滥用公司，其所设公司纯粹是进行欺诈巧取赠品的工具，公司之法人人格应当被否认，否则有失法律的公正、正义，遂判令被告返还原告赠品。[③]

（2）规范适用说。这一学说由德国法学家穆勒·沸赖恩费尔斯（Mueller Freienfels）首先提出，后为 E. 雷宾德（E. Rehbinder）等人发展和完善。这一学说认为规范（指法人独立人格的规范）的适用只有证明自己的正义性时，才为人所尊重。[④] 德国法院也认为“资合公司的法人性质只有在其使用和整个法律制度的目的不违背的情况下才是值得维护和尊重的”。[⑤]

（3）分离说。这种学说从公司经营管理权与股东出资财产所有权分离的原理出发，认为非董事股东若违反谨慎义务干预或操纵公司经营时，股东即应对公司的经营后果承担法律责任。[⑥]

日本关于法人人格否认原则源于下述一案的判决：X 于 1961 年 2 月与 Y 公司签订店铺租赁契约，将自己所有的某店铺出租给 Y 公司，期限为 5

---

① 黄立：《剖析法人之能力》，《政大法学评论》总第 40 期（1989 年 12 月）。

② 见《法人的法律形成和现实》一书（Rechtsform und Realität Juristischer Personen），1980 年第 2 版。

③ Cohn & Simitis, “‘Lifting the Veil’ in the Company Laws of the European Continent”, *International and Comparative Law Quarterly* 12 (1963): 189.

④ 见德国《民事法律实践档案》(Archiv für die Civilistische Praxis)。

⑤ 《德国联邦最高法院民事判例集》第 20 卷，第 4 页以下。

⑥ Eckard Rehbinder, Konzernaussenrecht und allgemeines Privatrecht, Gehlen, 1969.

年。Y 公司是 A 为避税而设立的从事电机产品销售的股份公司，但 Y 公司实质上为董事长 A 的个人企业。1966 年初，X 向 A 提出收回店铺的请求，A 随即向 X 书面承诺将于当年 8 月 19 日前交还店铺，然届期并没有兑现承诺。于是 X 以 A 为被告提起返还店铺之诉讼，后经法院调解 A 同意将店铺交付 X。但和解达成后，A 又主张 Y 公司正使用部分不予让出，于是 X 再度以 Y 公司为被告提起返还店铺的诉讼。在诉讼中 Y 公司主张返还店铺和解协议系 A 与 X 达成，因而 Y 公司自然不应受其约束。地方法院以 A 与 X 达成和解协议时身份为 Y 公司的代表，因而 Y 公司应受和解协议约束为由，判决 Y 公司败诉。在上诉审中，高等法院驳回了 Y 公司的上诉，维持原判，最后这一案件诉到最高法院。日本最高法院对本案作出了对法人人格否认制度具有历史意义的判决："在社团法人中，法人与其组成成员在法律上的人格当然是不一样的。即使在职员只有一人的情况下，也同样如此。不过，一般而言，法人人格的赋予是基于对社会中存在的团体价值进行评价的立法政策，当它作为权利主体而表现时，必须基于法的技术。因此，在法人格已变得徒具形式，或者为回避法律的适用，而被滥用时，对法人格的认可，并不符合赋予法人人格的本来目的，于是就产生了否定法人人格的必要性。""当公司的形态只不过是幌子而已，公司就是个人，个人就是公司"的情况下，"作为做生意的对方通常并不清楚交易的实现是由公司来履行还是由个人来履行。所以有必要保护对方的利益……"这样，"即使有以公司名义成立的交易，对方也可以否定该公司的法人格，就像没有法人人格一样，只认定该交易中的个人行为，并追究其个人的责任"。①

从各国有关法人人格否认的学说与判例来看，法人人格否认的原则虽然已发展成为世界各国所共同认可的法律原则，但是由此并未动摇法人制度在整个法律主体中的地位，赋予法人组织以独立的民事主体资格，这是社会经济充满生机与活力的动力所在。与盛行的法人人格否认的理论学说形成鲜明对比的是，各国法院在司法实践中对法人人格的否认却一贯采取相对谨慎的态度，在尊重法人独立人格的基础上仅把其适用视为一种例外。德国联邦最高法院在一系列有关公司人格否认案件的判决中反复强调维持法人人格的重要性，认为法人人格否认制度的产生，"不应该使我们

① 参见〔日〕森本滋《法人格的否认》，李凌燕译，《外国法译评》1994 年第 3 期。

轻率地和毫不限制地忽略有限责任公司是一个独立的法人”。[①] 与已经有数百年历史的法人人格确认制度相比，法人人格否认制度还十分稚嫩和年轻，但这也同时意味着法人人格否认制度的发展充满生机与活力。

三 法人人格否认的本质及其适用条件

自法人制度问世以来，法人的两大特性即法人财产的独立性和法人成员责任的有限性对整个社会的进步发挥了巨大的推动作用。因此，法人的独立人格及法人出资者的有限责任始终为各国司法机关所尊重，而作为法人制度必要补充的法人人格否认制度则进一步丰富和完善了法人制度，这一点根植于法人人格否认的本质。

何为法人人格否认的本质？日本学者鸿常夫在对前述日本著名的法人人格否认一案的判决进行评说时所言，也许揭示了法人人格否认的本质：“所谓法人格否认的法理，是指按照法人制度的目的，当认为某公司所保持的形式上的独立性违反了正义、平衡的理念时，或者公司所具有的法的形式超越了法人格的目的，非法地加以利用时，并不全面否定公司的存在，而是在认为它作为法人存在的同时，针对特定事例，否定其法人格的机能，以保障公司与股东在法律上一视同仁的地位。”[②] 由此，笔者认为法人人格否认有三大内涵本质特征。

第一，法人人格否认的本质是否认特定法律关系中的法人特性。法人人格否认不是从根本上彻底、永久地取消法人的主体资格，“而是在认定它作为法人存在的同时，针对特定事例”，对其法人特性在特定的法律关系中加以否认。因此，这种意义上的法人人格否认不同于法人被解散或被撤销。法人被解散或被撤销是法人资格的绝对消灭，它是在法人违反国家有关法律和社会公共利益时被相应政府主管部门以命令撤销或被法院裁定予以解散，其法律后果是导致法人人格全面、永久、彻底地消灭。法人人格的绝对否认属于传统民法和公司法必然规定的内容，各国民法和公司法

---

① 参见《德国联邦最高法院民事判例集》第 20 卷，第 4 页以下；第 26 卷，第 31 页以下；第 54 卷，第 222 页以下。

② 参见〔日〕森本滋《法人格的否认》，李凌燕译，《外国法译评》1994 年第 3 期。

均早已确认。我国有关法律也作了明文规定，如全民所有制工业企业法第19条规定："企业由于下列原因之一终止：（一）违反法律、法规被责令撤销。（二）政府有关主管部门依照法律、法规的规定决定解散……"与上述法人人格绝对消灭不同，法人人格否认是相对否认法人人格，即在法人的人格被人为地不当滥用以至于背离法人制度的根本价值目标——公平、正义时，否认实际上已被滥用者架空的法人形式上的独立人格，使法人背后的控制、操纵者承担法人的法律责任。而一旦被否认的法人"空壳"恢复法律要求的实在性，法人的独立人格依然会获得法律的承认。可见，法人人格否认理论所否认的是在特定法律关系中的法人机能，即法人的财产独立、责任独立、股东责任有限和经营自主的特性，使法人行为的责任直接及于法人滥用者自身，以制止法人形式的滥用和维护法人制度追求的不同利益群体之间的公平与正义。

第二，法人人格否认的本质是维护法律的正义与公平。如前所述，法人制度维持着以法人为中心的法人出资人和法人债权人两大群体的利益平衡，这种法人制度追求的公平、正义则是通过法人与其出资人财产独立、法人责任独立、法人出资人责任有限和法人经营自主等法人特性来实现的。而法人人格滥用行为的出现却使法人制度维持的正义和公平严重失衡，于是，法人人格否认制度应运而生。法人人格否认制度通过对已失去独立人格的法人特性的否认，重新恢复被扭曲的法人制度维持的正义与公平。法人人格否认制度是法律最高价值——公平、正义在法人制度上的体现和反映。

第三，法人人格否认的本质是通过否认法人的特性追究法人人格滥用人的法律责任。法人人格否认的适用揭开了罩在法人人格滥用人头上的法人"面纱"，使得法人的债权人可以穿越法人人格筑起的有限责任屏障，直接追究法人背后的滥用人的法律责任。从这种意义上讲，法人人格否认实质上是对法人成员对法人债务负有限责任的否认，使法人成员对法人的法律行为直接承担无限责任。也正因为如此，国内外一些学者也将法人人格的否认称为法人的"严格责任"① 或"直索责任"②。

---

① 参见范健、赵敏《论公司法中的严格责任制度》，《中国法学》1995年第4期。

② 参见王利明《公司有限责任制度的若干问题》（下），《政法论坛》1994年第3期。

本文前述的法人人格否认的重大意义决定着我国应当移植这一法律制度。而在构架我国市场经济法律体系的市场经济体制建立初期，建立法人人格否认制度，对于规范新旧体制交替中的企业运行秩序，防止和惩治各种滥用法人人格进行欺诈、逃避法定或约定义务的行为，无疑又十分急需。对此，笔者自信同仁不会有太大的异议。问题的关键是在国外“严格责任（此处指法人的否认）还只是一种法律政策，而不能将其理解为已经十分精确并可以简单予以适用的法律原则”,[①] 我国怎样移植法人人格否认这一法律制度。笔者以为，虽然将这一“洋人发明物”植入我国国土存在如何符合本国“水土”等诸多问题，但明确并能运用法人人格否认的适用条件实乃这一移植“手术”成败的关键。

法人人格否认制度的本质表明，法人人格的否认实际上是民法中法人的特殊有限责任（指法人成员对法人债务所负的有限责任）向最初自然人的无限责任的复归，因为在法人被法律拟制成独立人格之前，自然人法律主体对外原始即负无限责任。所以，民法中一般民事责任的构成要件应当同样适用于法人人格的否认。据此，笔者认为法人人格否认制度的适用条件有以下四个。

第一，滥用法人人格行为的存在。滥用法人人格行为的内容是法人作为独立法律主体的人格特性丧失。而否认法人人格则是对已无独立人格状态的法人的一种揭示和确认。由于法人人格否认制度源于英美法系的判例，所以，到目前为止，法律中对法人人格滥用行为予以专门规定的只有英国公司法第 31 条和德国有限责任公司法第 32 条，而其他各国关于滥用法人人格行为，则由各国法院根据正义、公平的理念去作个案评判。日本判定是否构成法人人格滥用行为的实体法根据是其民法典第 3 条“不许可滥用权利”。德国判定是否构成法人人格滥用的依据是法人的行为是否违反其民法典第 242 条和第 826 条确立的诚实信用原则和善良风俗。笔者认为，鉴于法人人格滥用行为复杂多样，很难穷尽列举，我国立法应对其作概括性定义，在法人人格滥用行为表现尚不充分的目前，暂不作列举性规定，以使滥用法人人格行为在立法上呈开放性体系，包罗各种花样翻新的滥用法人人格的行为。

---

① Vgl. Thomas Raiser, Recht der Kapitalgesellschaften, Vahlen, 1983, S. 203.

第二，法人人格滥用行为造成了实际民事损害。法人人格滥用行为造成的损害既可能是现实的，也可能是潜在的；损害的既可能是国家利益和社会公共利益，也可能是法人的债权人的利益；而受害人既可能是法人之外的第三人，也可能是法人内部的其他成员，如母公司滥用子公司的法人人格即损害了子公司的小股东的合法权益，为此，西方许多国家还建立了“股东代表公司诉讼制度”，规定小股东在公司人格被大股东操纵从而损害了其合法权益的情况下，可以不经董事会或股东大会的同意，直接代表公司对背后操纵公司的大股东提起诉讼。[①] 一般而言，如果仅有法人人格滥用行为而没有法定义务或约定义务的规避和给他人造成实际损害，法院并不主动将法人人格予以否认。

第三，法人人格滥用行为与实际民事损害之间存在因果关系。因果关系的存在是追究滥用法人人格行为法律责任的基础，如果受害人不能证明滥用法人人格的不当行为与其损害之间存在的因果关系，那么，受害人也就不能向法院提起诉讼请求。[②]

第四，法人人格滥用行为人必须存在规避法定或约定义务的主观恶意。过失不会导致法人人格否认制度的适用，这是由法人人格滥用行为的性质所决定的。法人人格滥用就其性质而言是一种法律规避行为，行为人故意利用其控制的一个法人实体去达到自然人无法获得的优惠权利，或规避本应承担的法律义务。由于法律规避行为的特点是行为人精心处虑，手段花样繁多，形式十分隐蔽，所以，受害人要举证证明滥用法人人格行为人主观上存在故意十分困难。对此，西方国家学者力主法院应放弃对法人人格滥用行为的主观要件的审查，只要原告能证明被告实施了法人人格滥用行为就视为行为人主观上存在故意。德国联邦最高法院最近在有关延期破产损害的典型一案中接受了这一观点。[③]

四　我国法人人格否认的适用范围及其例外

法人人格否认制度的适用范围即是法人人格滥用行为。法人人格滥用

---

① L. C. B. Gower, *Gower's Principles of Modern Company Law*, 4th ed., Stevens, 1979, pp. 571 - 613.

② Lowendahl v. Baltimore & Ohio Railroad Co., 247 App. Div. 144, 287 N. Y. S. 62, 76 (1936).

③ 参见范健、赵敏《论公司法中的严格责任制度》，《中国法学》1995 年第 4 期。

行为是指故意滥用法人人格规避法定义务或约定义务而给他人造成损害的行为。英国公司法规定可以适用法人人格否认制度的法人人格滥用行为有三：(1) 股东故意混淆公司财产与其个人财产的；(2) 公司的高级职员以公司名义从事公司业务活动，或者以公司财产进行个人活动的（第108条）；(3) 公司股东降至法定最低限制以下持续达6个月以上的（第31条）。日本学者鸿常夫等人认为，法人人格否认“仅限于两种情况：(1) 公司人格被滥用；(2) 法人人格徒具形式”。滥用法人人格行为包括故意滥用法人人格行为和客观滥用法人人格行为。“它分为两类：(1) 利用法人人格而隐蔽地逃避法律的规定或者规避契约规定的义务；(2) 利用法人人格对债权人实施欺诈并造成损害。前者又分为回避法律上契约上的义务，不正当的劳动行为以及由于公司支配者的形态而形成的公司的法律关系等；后者则分为为了回避债务而成立新的公司和资本过少。”“徒具形式事例是指公司实质上被认为是个人企业，具体来说：(1) 广义上是一人公司；(2) 公司与职工的业务、财产，全部、持续地混在一起；(3) 完全无视股东大会等强制法的组织规定的行为。”① 笔者认为，上述法人人格滥用行为的分类具有借鉴意义，但法人人格徒具形式从广义上来看仍是法人人格滥用行为，因此没有必要单独出来自成一类。参考国外有关法人人格否认的立法、判例与学说，法人人格滥用行为在理论上可以归纳为下列几类。

第一，虚设公司滥用法人行为。这种法人人格滥用行为主要有两种：一种是虚假出资，致使公司法人资本不实而对债权人构成欺诈；另一种是虚拟股东，使集合性公司法人蜕化成“一人公司”，然后操纵虚假公司规避法律义务。

第二，法人与其成员财产混同行为。法人与其成员财产彼此独立是法人的人格特性之一，也是法人成员对法人债务以出资为限负有限责任的基础。如果法人与其成员发生财产混同，法人也就不再具有独立性，不法行为人也极易滥用法人人格转移财产逃避债务和责任，这就需要否认法人人格，追究法人成员的法律责任。

第三，法人与其成员人格混同行为。法人虽然是由其成员出资集合组成的，但法人一旦被法律赋予独立人格，二者在法律上即是两个各具独立

① 参见〔日〕森本滋《法人格的否认》，李凌燕译，《外国法译评》1994年第3期。

人格的民事主体，倘若法人与其成员合二为一，法人的独立人格即应剥离，而由其成员直接对外承担法律责任。法人与其成员人格混同的主要表现是数个公司的董事、股东相同，在我国即所谓“一套人马，两个牌子”，名为两个法人，实为一个实体。

第四，不当操纵规避法律行为。这种法人人格滥用行为主要表现在母子公司领域，不当操纵规避法律主要是通过资本控制和职能控制来实现的。不当操纵是否构成滥用法人人格，主要应视此种行为是否规避了法律义务、责任。各国解决不当操纵行为的办法主要有规定公司董事的诚信义务和确立母公司对子公司的债务责任。①

鉴于我国正在进行以公司为主要形式的现代企业制度建设，结合我国法人制度立法与司法实践现实，我们认为我国建立的法人人格否认制度应重点规范下列法人人格滥用行为。

其一，虚假出资、滥设公司行为。公司是现代企业制度下法人的主要载体，而公司法人的股东有限责任特性使得公司资本成为债权人的债权得以实现的唯一保证。既然股东不再以自身直接对公司债权人负责而以出资对公司债务承担有限责任，那么股东就必须向公司法人提供足够的资本，以换取法律对公司独立人格的承认。倘若公司法人注册资本“水分”太大以致达不到国家公司登记法规规定的最低资本限额，那么，这种名为法人的公司组织将因不具备必要的财产而无独立人格，因此法律应当否认这种虚假法人的法人人格，直接责令公司背后的股东承担相应的法律责任。

笔者认为，由公司注册资本不实而导致的法人人格否认适用，首先，应当“揭开”公司法人“外壳”，追究公司背后的虚假出资股东的法律责任；其次，将出资不足股东对公司的贷款视为公司法人的注册资本；最后，在否认公司人格并清偿了对债权人的债务之后，若公司经过整顿具备了公司法人最低资本，公司的人格可以继续存续，否则应依法取消公司法人的主体资格。

其二，国有独资行政性公司行为。国有独资公司属“一人公司”范畴。“一人公司”自英国上议院在1897年萨洛蒙诉萨洛蒙有限公司案中确

① 参见南振兴《母子公司的法律问题研究》，《河北法学》1995年第4期。

认为具有独立法人人格之后，其法人人格逐渐为一些国家所承认。[①] 我国现行的公司法第二章第三节也规定有限责任公司的特殊形式——国有独资公司具有独立法人资格。我国法律承认国有独资公司为公司法人，其本意是依照所有权与经营管理权“两权分离原则”，把国有资产交给公司独立经营，从而充分利用公司法人的活力与机能以最大限度地实现国有资产的保值增值。但独资公司的一个明显弊端就是它极易被出资股东控制与操纵从而丧失独立人格特性，倘若我国国有独资公司没有真正实现“两权分离”而独立运营，而是由其主管行政部门操纵干预，那么，这种行政附属物性质的国有独资公司无疑就是对法人人格的滥用。因此，对这种已经丧失独立人格的行政性公司，自应动用法人人格的否认，追究干预、操纵的行政部门的法律责任。对此，国务院 1990 年 12 月 12 日《关于在清理整顿公司中被撤并公司债务清理问题的通知》和最高人民法院《关于在经济审判中适用国务院国发〔1990〕68 号文件有关问题的通知》作了规定。最高人民法院在 1987 年也明文规定，倘若该公司财产不足以清偿对外债务，直接批准开办企业的业务主管部门或开办公司的呈报单位应负补充清偿责任。[②]

其三，母公司对子公司的无度操纵行为。母子公司是指彼此具有独立人格而又相互存在控制与被控制关系的一种集团公司。我国公司法第 13 条也确认了这种公司。母子公司虽然在法律上是两个独立的法律主体，但在经济上却是在母公司的统一控制下的一个经营整体，所以母公司往往为了整个公司集团的利益而滥用其控制权、支配权，人为安排操纵母子公司内部之间的各种活动，如逃税、逃债、破产等，从而损害债权人利益。可以说，母公司对子公司的操纵是世界各国滥用法人人格行为的焦点与重心，联邦德国 60% 以上的否认法人人格案例均来自母子公司。[③] 因此，对于母公司无度操纵子公司规避法律义务或欺诈债权人的行为，应当揭开法人的面纱，并在规定的情况里使母公司至少对子公司的某些债务和义务负责。

---

① 参见〔英〕R. E. G. 佩林斯、A. 杰弗里斯《英国公司法》,《公司法》翻译小组译，上海翻译出版公司，1984，第 2 页。

② 参见《最高人民法院关于行政单位或企业单位开办的企业倒闭后债务由谁承担的批复》(已于 1994 年 3 月 30 日失效),《最高人民法院公报》1987 年第 4 期。

③ Vgl. Quittnat/Schauwecker/Streckel, Handels-und Gesellschaftsrecht, Hanser, 1988, S. 253.

笔者认为，时机成熟时可在有关法条中规定如下内容：母公司若直接或间接操纵子公司有违正常营业而损害子公司利益时，或滥用公司法人形式逃避法律义务而有损债权人利益时，应对子公司由此遭受的损害负赔偿责任。若子公司财产不足以清偿债权人债务，债权人可越过子公司直接请求母公司赔偿。母公司负责人和子公司的董事违反法律或公司章程为上述行为时，同母公司负连带赔偿责任。

其四，自然人、合伙企业等非法人以挂靠方式以法人名义的对外经营行为。这种挂靠实质上是“拉大旗作虎皮”，一方面以法人形式取信债权人进行欺诈交易，另一方面又享有国家赋予法人的税收、贷款等方面的优惠。因此应当否认这种企业法人的法人资格，使挂靠人与被挂靠企业对外负无限连带责任，以保护债权人利益。

其五，企业“脱壳”经营行为。所谓企业“脱壳”经营，是指企业经营陷入困境后，原企业主要人、财、物与原亏损企业脱钩，另行组成新的企业法人进行独立经营，新企业不承担原企业债务，也即新设企业脱掉亏损法人这个“壳”而独立经营的一种企业运行方式。[①] 我们认为，企业脱壳经营是一种典型的滥用法人人格以逃避原企业法人债务清偿责任的行为，因此，应当将新设立的企业法人资格予以否认，视新设企业法人与原亏损企业为一个法律主体，二者共同对债权人负连带赔偿责任。

如同一般民事责任的承担有免责条款一样，对于法人人格滥用行为适用法人人格否认制度也有例外，这种例外主要有以下三种。

第一，股东出于维护自己利益而主张公司法人人格的否认。从法人人格否认是一种“严格责任”意义上讲，它是对滥用法人人格行为人的制裁和对受害人的救济。因此，应当只有受害人有权诉请司法机关对于特定法律关系中已丧失独立人格的法人人格予以否认。而公司股东作为出资人，在实施滥用法人人格行为获得了法人人格确认所带来的利益或规避了法律义务之后，为维护本身利益或回避法人人格存续给自己带来的不利又主张否定法人人格，这显然有失法人制度的公平、正义目的。既然股东通过自己的出资行为设立了公司法人，股东则必须承受所设立的公司法人的法律后果，而不得为维护个人私利而于特定法律关系中主张公司人格的否认，

① 参见崔正军、樊小娟《企业脱壳经营的若干法律问题》，《人民司法》1994 年第 6 期。

否则，法人人格的否认将会反过来成为对滥用法人人格行为的奖励。因此，于此情形公司股东不得主张公司人格的否认。例如，法人人格否认制度发源地美国之法院对金伯格诉弗里德曼（Goldberg v. Friedman）一案的判决即如此。[①] 依照案发时美国租赁控制法（Rent Control Regulation）的规定，不动产的出租或受让人在租赁合同期限届满时，若承租人要求续约，出租人除非为了自己利益自己占有不动产，否则不得拒绝。本案原告金伯格买了一栋房产，但出于某种目的却将该房产登记在自己握有全部股份的子公司名下，被告弗里德曼承租该房期满时，要求续租，原告予以拒绝。在诉讼中，原告主张自己是该房产的真正所有人，因此有权收回自用。但法院判决认为，依照法律规定只有房产的所有权人有权收回己用，而本案争议的房产并非原告所有，而是属于独立于原告的、具有独立法人人格的原告子公司所有。虽然原告与其子公司实质为一体，但原告既然选择了其子公司为买受人，就应承受由此所带来的法律后果，原告既然已经利用其子公司的独立人格谋取了某种利益，法人制度的公平、正义价值即不允许原告为收回房产谋取另一种利益而主张公司法人人格之否认。

第二，为避免他方先行违约给自己造成损失而规避合同义务的行为不适用法人人格的否认。利用法人人格规避合同约定的义务本是滥用法人人格行为，但由于这种规避约定义务行为是合同守约方合法的自我救济，因此，一般不能援用法人人格否认制度。如在美国的伯利诉老南方制版公司（Berry v. Old South Engraving Co.）一案中，[②] 被告老南方制版公司与原告工会订立劳工合同，规定了有关雇佣工人的工作条件及劳动报酬问题，合同约定原告工会与其他公司签订的劳工合同条款不得优于被告，但事后不久工会即与其他公司签订了优于被告公司的劳工合同，于是被告要求原告变更合同条款以取得和其他公司同等的条件，但遭到原告的拒绝。于是被告利用原公司的股东、财产和职员成立了一家新公司，而使原公司停业，以逃避原定的劳工合同的义务。对此，原告工会以被告原公司违反合同而请求否认新公司人格并赔偿。但美国法院并没有适用法人人格否认理论否认新公司的人格。因为被告的行为是自我救济，此时适用法人人格否认将

① 186 Misc. 983, 61 N. Y. S. 2d 222 (N. V. C. Mun. Ct. 1946).

② 283 Mass. 441, 186 N. E. 601 (1933).

会导致对被告的不公平。

第三，利用法人人格避税的行为。避税行为手法很多，利用法人人格避税是其中之一。利用法人人格避税性质上虽属滥用法人人格行为，但这种行为由税法专门调整，且形成了一系列理论，例如我国对母子公司通过内部交易转移定价逃避纳税义务行为就采取了一种“独立实体论”方式加以调整。[①]

① 参见税收征收管理法第 24 条和税收征收管理实施细则第 36、37、38 条。

公司法人格否认法理与公司的社会责任*

朱慈蕴**

摘　要： 公司经济实力的不断壮大，使强化公司社会责任具有重要性和迫切性。公司法人格否认法理在约束公司社会责任方面具有重要意义。公司股东滥用公司独立人格和有限责任，损害公司债权人及其他利害关系群体时，需要适用公司法人格否认法理。我国应积极引入公司法人格否认法理规制公司法人格滥用行为。应注重把握诚实信用、公序良俗和权利滥用禁止原则，采用判例制度，最后以制定法加以确认。

关键词： 公司法人格否认法理　公司社会责任　诈欺

一　公司法人格否认法理与公司社会责任的实现

公司的社会责任从广义角度讲，是指公司应对股东这一利益群体以外的与公司发生各种联系的其他相关利益群体和政府代表的公共利益负有的一定责任，即维护公司债权人、雇员、供应商、用户、消费者、当地住民的利益以及政府代表的税收利益、环保利益等。传统的公司法理念一直将公司视为股东获取利益之工具，而且公司之营利性特征，也决定了公司似乎只能为追求股东利益最大化服务。当论及公司行为的具体执行者董事的

---

* 本文原载于《法学研究》1998 年第 5 期。

** 朱慈蕴，原文发表时为天津财经学院副教授，现为清华大学法学院教授。

义务时，所强调者虽为增进公司的利益，实现公司利益的最大化，但股东作为公司所有人，当然是公司利益的最大受益者，公司利益的增加就等于股东利益的增加。在公司发展的初期，由于公司规模较小，大量的公司都为闭锁公司，公司主要为这一种目的而存在是可行的。公司法律制度也将维护股东利益作为主要目标。即使在司法环节中，法院也将维护公司股东利益作为己任，这在美国早期的“道奇诉福特汽车公司”（Dodge v. Ford Motor Co.）[①] 一案中得到了充分的体现。福特汽车公司的董事们为降低汽车成本、提高汽车质量和增加就业机会，打算缩减对股东红利和股息的派发，引起公司小股东的诉讼。虽然被告辩称，公司需要资金扩大生产规模，以便降低汽车成本是有利于社会的，但受理的法院却认为，如果公司董事要追求社会目标，就只能用自己的钱，而不能用别人的钱，所以裁定原告胜诉。

然而，随着社会经济的发展、公司规模的扩大，公司在社会经济生活中所起的作用越来越大，以至于影响到与公司直接或间接相关的各个利益群体，影响到社会经济生活和政治生活的方方面面。因而，就不能再简单地将公司的责任仅归结为只为股东的利益服务。有学者用公司的社会责任（corporate social responsibility）一词来说明，公司在实现股东利益的同时，对社会的其他群体同样负有一定的责任。但是，公司特别是一些规模较大的开放型公司，是否应承担社会责任，始终是一个有争论的问题。有人提倡公司应对社会负有责任，有人则认为公司的责任就是对股东负责；有人强调国家立法也应该注重公司的社会责任，有人又唯恐国家强化公司社会责任的立法，会动摇自由市场经济的根基。[②] 对何谓公司的社会责任，公司的社会责任包含哪些内容，更是其说不一，甚至意见相反。[③] 尽管如此，无论是学术界、司法界还是公司实务界，又都意识到强化公司社会责任之

---

① 204 Mich. 459, 170 N. W. 668, 3 A. L. R. 413 (1919).

② 例如，自由经济学派的代表人物弗里德曼就曾指出，在自由市场经济中从事商事活动的唯一社会责任，就是在无欺诈的条件下，依照游戏规则进行公开竞争，充分利用资源去实现增加利润的目标。另一代表人物哈耶克则忧虑到，公司的管理人员如果在其经营决策中考虑社会公众利益或支持社会福利，就会改变他们只作为股东的受托人并为其利益而运用资源、同时受其监督而避免滥用公司权力的状况，从而发生公司权力无法控制的局面。

③ 关于公司的社会责任的概念以及西方各国对这一问题的讨论，可参见刘俊海《强化公司的社会责任》，载王保树主编《商事法论集》第2卷，法律出版社，1997，第55页以下。

重要性与迫切性。这里可借助美国曼恩教授之言来证明："时下非常时髦的公司的社会责任的概念，仍未获得一个清楚的界说。直到最近，尚无人作出努力把这一提法融入公司行为的系统理论之中。但坚实的逻辑基础的缺乏并未阻碍学者们断言，资本主义的生存大计完全取决于公司对社会责任态度的接受。"[①] 其实，早在美国1929年经济危机过后，美国哈佛法学院的多德（E. M. Dodd）教授就指出，公众舆论如今已对商事公司的看法发生了变化，商事公司应具有社会服务和追求利润两方面的功能。公司从事商事活动不仅要对社区负责，而且应自动地承担这种社会责任，即把对公司的雇员、主顾、消费者、地区居民乃至一般公众的社会责任，作为从事商事经营活动的公司应采取的适当的态度，而不能等待法律的强制。[②] 虽然多德教授的观点遭到另一位著名学者伯乐（Berle）教授的激烈反对，但关于公司应承担社会责任的观点还是逐渐得到了社会的广泛承认，就连伯乐教授自己在20年后也承认多德教授的观点是正确的。

日本的经济界在1956年也提出了企业的社会责任问题，并把承担社会责任视为现代企业的基本特征。甚至进一步指明，如果一个企业仍像过去那样，只追求企业的个别利益而无视企业个别利益与社会利益的协调发展，则会影响国民经济的繁荣稳定。"说来，今天的企业，本已摆脱了单纯朴素的私有领域，而作为社会制度有力的一环，其经营不仅受到资本提供者的委托，而且也受到包括提供者在内的全社会的委托……换言之，即无论在理论上或实际上，已再不允许片面地追求企业一己的利益，而必须在与经济和社会的协调中，最大效率地与各种生产要素相结合，并须立足于生产'物美价廉'的商品而提供服务的立场。因此，只有这种形态的企业经营才能堪称之为现代化的企业，而所谓经营者的社会性责任也就不外是要完成这个任务"。[③]

实际上，公司在现代社会中担负一定的社会责任，是公司经济实力不断壮大的必然结果。美国经济开发委员会（Committee for Economic Development）1946年在《企业的社会性责任》一文中就提到，这类大型企业在

---

① Henry G. Manne, *The Social Responsibility of Regulated Utilities*，转引自刘俊海《强化公司的社会责任》，载王保树主编《商事法论集》第2卷，法律出版社，1997，第58页。

② 张开平：《英美公司董事法律制度研究》，法律出版社，1998，第166页。

③ 〔日〕金泽良雄：《经济法概论》，满达人译，甘肃人民出版社，1985，第149页。

全美各地和社会所有各阶层中，都拥有着数以万计的雇员、股东、主顾和地区居民。美国的企业对这些依附集团担负着广泛多样的责任，其重大性并不亚于其他的一些机关，在许多方面，亦颇类似于政府所负的责任。而企业的这种经济力量的增长，迟早都会产生出相应的社会性责任的。[①] 美国学者汉密尔顿（R. W. Hamilton）也指出，“这些大型的公司拥有极为广泛的经济权力，它所作出的任何决定，诸如工厂在何处选址、安装何种环境设备、制造何种产品、对谁负有责任等，都既是经济的决定，又是社会的决定，都将影响到个人、社团和整个地区”。[②] 的确，从正面讲，公司的大量存在，不仅对资源的合理配置、环境的积极保护、劳动力的充分就业、市场的繁荣昌盛、税收的源源不断以及经济的高速增长等发挥着难以估量的积极作用，而且还可以影响乃至左右一个国家的政治结构和社会的安定。从反面看，如果公司只把满足股东利益作为其存在的唯一目标，那么，它浪费国家资源、污染破坏环境、制售假冒伪劣商品、无视劳动力的保护、对契约债权人背信弃义、以卑鄙手段进行不正当竞争、破坏市场秩序、偷税漏税等利欲熏心之行为都将无可厚非。如此看来，仅承认公司只为股东利益而存在，确实不符合公司以及社会发展之现状。

对公司的社会责任问题发生异议，主要是源于公司是投资者的意思自治实体的观念。反对强调公司社会责任的学者担心，一旦规定公司除对股东利益最大化的实现负有义务外，还要对股东以外的利害关系群体负责，一方面会使股东不能再以公司的唯一获益者的身份去有效地实施监督，另一方面公司经营者同时服务于两个目标、两个主人，就有可能对谁都不负责任。“面对两者中的任何一方的要求，他都可以另一方的利益为托辞”，[③] 由此可能导致公司经营者滥用权力。其实，在这两者中，公司股东除通过股东大会进行监督外，还可通过自由转让股份行使“用脚投票”的权利，来维护自己的利益，由此来约束公司实现股东利益最大化的目标。而公司的社会责任，却必须依靠法律来进行规制。因为现代公司已与社会的、经

---

① 〔日〕金泽良雄：《经济法概论》，满达人译，甘肃人民出版社，1985，第 152 页。

② Robert W. Hamilton, *The Law of Corporation: In a Nutshell*, 3rd ed., West Publishing Co., 1991, p. 9.

③ F. H. Esterbrook & D. R. Fischel, *The Economic Structure of Corporate Law*, Harvard University Press, 1991, p. 38.

济的乃至政治的等各种因素相连，即使不强调公司的社会责任，公司权力的触角也会伸向社会的各个方面，滥用权力现象难以避免。

承认公司具有社会责任，还应将公司的社会责任之目标摆在一个恰当的位置上。如果认为，公司的存在就是为了追求公司利益最大化之单一目标，公司承担社会责任，只不过是从长远利益角度促进公司获取最大利益，或者相反，失之偏颇地将公司实现社会责任摆在公司目标之首位，都是错误的。例如，美国法院在20世纪80年代以前，就从实用主义的角度出发，要求公司的社会责任不得与公司股东利益相冲突。在弗吉尔诉弗吉尔公司（Virgil v. Virgil Practice Clavier Co.）[①] 一案中，法院就强调，公司作出对非股东有利的决定时，只要该决定有可能给公司及股东带来利益，这种决定就是正当的。这一判断原则几乎成了法院决定公司有利于股东利害关系人的行为是否有效的基本原则。在最为著名的史密斯制造公司诉巴劳（A. P. Smith Manufacturing Co. v. Barlow）[②] 一案中，法院在肯定了公司所作的、与股东利益（近期利益）不一致的但对社会公共利益有利的为普林斯顿大学捐款行为的同时强调，“现代形势要求公司作为其经营所在地的一员，承认并履行所应承担的私人责任和社会责任”，股东们的长远利益将会因这些捐助行为而得到促进。这似乎给人一种感觉，公司承担社会责任乃权宜之计，最终还是为公司及股东获取更多利益而服务。实际上，公司承担社会责任，虽然有助于公司树立良好形象，为公司获利创造更好的条件，但绝不能将其视为公司获利的工具。同样，公司作为经济实体，营利目标应该是永恒的，无论如何强调公司社会责任之重要性，也不能舍本求末。正像汉密尔顿所强调的，当公司作出重要决定时，既应考虑社会政策的需要，也应明确可为投资者带来效益的“底线”，而不应将这两者对立起来。[③] 要言之，公司的这两大目标应该是比肩同高、相得益彰的。

对公司社会责任作出明确的法律规定，始见于1937年德国股份公司法。该法强调，公司之董事“必须追求股东的利益、公司雇员的利益和公共利

---

① 68 N. Y. S. 2d 335, 337 (N. Y. Sup. Ct., 1900).

② 13 N. J. 145, 98 A. 2d 581 (1953).

③ Robert W. Hamilton, *The Law of Corporation: In a Nutshell*, 3rd ed., West Publishing Co., 1991, p. 9.

益”。英国也在1980年修改公司法时，规定董事必须考虑雇员的利益。[①]还有英国的城市法典（City Code）第9条规定，“在董事向股东提供建议时，董事应当考虑股东的整体利益和公司雇员及债权人的利益”。最为引人注目的是美国法律研究所在1984年4月提供的一份关于《公司治理原则：分析与劝告》的建议，其中第2.01条关于“公司的目的与行动”的规定，显然扩大了公司的目的，使公司不仅具有追逐公司利润和股东利益的经济目的，而且还要对社会负担一定的责任。[②]那么，依照此条的基本命题，公司既是一种经济组织，又是一种社会组织。所以，它在追求营利目标的同时，必须受社会责任或社会需要的制约。值得称道的是，美国的宾夕法尼亚州率先在该州1989年商事公司法中，将美国法律研究所关于公司社会责任的建议，赋予了法律效力。随后，美国29个州都在公司法中加入公司管理者应当对公司的利害关系人负责的条款。规范公司社会责任的法律绝不仅局限于公司法，其他相应的法律都将考虑公司社会责任的需要而不断进行修改。当然，除公司法外，契约法、劳动法、侵权法、产品责任法、环境保护法、竞争法等，都对公司的社会责任进行规制。然而，在某些特定的场合，当公司股东滥用公司独立人格和股东有限责任，损害了公司债权人及其他利害关系群体时，单靠这些实定法的规制，是很难制裁股东的滥用权利行为的，因而需要适用公司法人格否认法理。

公司法人格否认法理，作为一种对股东滥用公司法人格和股东有限责任行为导致的不公平事实进行事后规制的手段，应是在实定法已无法完全救济受损害的当事人利益时，为着公平、正义之永恒价值目标的实现，配合各种实定法而运用于不同的具体场合，从而发挥着任何单一法律的调整都难以达到的最佳效果。例如，一些公司在利润目标的驱使下，以污染环境为代价攫取高额利润，致使当地住民遭受严重损害。像日本的“水俣病事件”和印度的“博帕尔毒气泄漏事件”等，受害者成千上万，损失金额

---

① 1980年英国公司法第46条、1985年英国公司法第309条。

② 该草案第2.01条规定，事业公司从事事业活动，应该以增加公司利润和股东利益为目的。但是，不论公司利润与股东利益增加与否，公司在其营业活动中，都必须（a）与自然人一样，负有在法定范围内行动的义务；（b）可以考虑与其所行事业的责任相应的合理的伦理因素；以及（c）可以为公共福利、人道主义、教育事业及慈善事业使用适当金额的资源。转引自〔日〕川内克忠《股份公司的目的与社会的行动》，载《公开公司与闭锁公司的法理》，酒卷俊雄先生还历纪念，商事法务研究会，1992，第198页。

数以亿计。如果根据环境法或侵权行为法追究肇事者的责任，一般场合下即使将该肇事公司的全部财产都用于赔偿，也难以弥补受害者的损失。那么，根据公司法人格否认法理，就可以追究肇事公司背后的控制股东的责任，以更好地救济受害的当事人。所以，当控制股东之干涉，造成公司合同不能履行而导致合同债权人受损害时，该法理可配合合同法的规定追究该股东的责任；当控制股东之操纵，使公司发生产品质量责任或其他侵权行为时，该法理可配合产品责任法或侵权行为法令该股东承担必要的责任；当控制股东之故意或过失，使公司在追求自身利益的同时而污染了环境，依该法理控制股东则有不可推卸的责任，等等。

应当明确，公司法人格否认法理一定是在相关实定法难以救济受损害的当事人时，才发生作用。换言之，如果相关的实定法可以制裁股东滥用公司法人格和股东有限责任的行为，特别是足以弥补受损害的当事人，则没有必要适用公司法人格否认法理。还应当明确，即使公司法和其他相关的实体法不足以矫正失衡的利益体系，需要运用公司法人格否认法理时，仍必须严格把握适用该法理的基本要件。即必须存在公司背后的支配股东；该支配股东的行为属于滥用公司法人格的行为，而且具备适用该法理的基本理由，如财产混同、业务混同、人事混同、账簿混同等，以及这种行为给公司债权人或其他相关利益群体带来了损失，而且该损失必须通过法人格否认法理的适用才能得以弥补。如果不存在适用该法理的要件，即使相关实体法难以弥补受害人的损失，也不得适用该法理。

二　公司法人格否认法理与公司债权人的保护

在公司的经济活动中，与公司关系最为密切的两类利益群体就是公司股东和公司债权人。公司是股东用来投资的一种基本形式。股东享受有限责任的优惠，将自己的投资风险限定在一定范围内，实际上是将投资风险外化在公司的外部，由公司债权人承担，由此构成他们之间明显的利益消长关系。公司法人格否认法理作为一种制裁公司股东滥用公司独立人格和股东有限责任的规制手段，受益最大者莫过于公司债权人。

（一）股东有限责任与公司债权人风险

股东有限责任原则作为公司法人格制度的一大基石，实际上是一种风险分配机制。它并没有消除公司股东的投资风险，而只是对这种投资风险进行分配和再分配。所以，当股东有限责任制度一经确立，其具有的分散并大大降低股东投资风险的功能，就促使社会公众迸发出极大的投资热情，对公司规模的扩大和数量的激增起了推波助澜的作用。但同时公司仅以公司财产对外独立承担责任，一旦公司发生资不抵债的情况，公司股东由于有了有限责任的保护屏障，公司债权人就不能穿过公司的面纱，直接向公司股东行使追偿权，以期获得充分补偿，从而使公司债权人承担了本应由公司股东承担的投资风险损失。在这种情况下，如果不加节制地或滥用股东有限责任原则，就使公司债权人面临更为严峻的风险挑战，最终必然会危及市场交易的安全和交易秩序。难怪有些学者危言耸听，认为对整个社会而言，股东有限责任原则并无任何积极意义，因为它并没有化解投资风险，相反它却对传统的民事责任应与民事行为相对应的经典理论形成了挑战，而且还使公司就其投资的失败风险外在化，[①] 对公司债权人极不公平。但另一些学者反驳说，在承担投资风险责任方面，公司债权人似乎比公司股东具有更强的能力，他们可以通过各种方式将风险分散，因而不存在不公平问题。当然，这里的公司债权人主要是指自愿债权人。那么，公司自愿债权人是否比公司股东更具承担风险的能力，我们可以从著名法律经济学家理查德·A. 波斯纳（Richard Allen Posner）的分析中窥见一斑。[②]

首先，波斯纳从一般情况下公司股东比公司自愿债权人更厌恶风险的前提出发，认为公司债权人具有较强的承担风险的能力。这表现如下。（1）公司债权人有估计风险的较高能力和较低成本。在与公司进行经济活动的自愿债权人中，有相当一部分是商业银行、投资公司等金融机构。这些金融机构债权人不仅资本实力雄厚，而且拥有一批专业人员和丰富的信息资料。当它们向商事公司提供流动资金时，一般都会充分发挥自己的专业技能和综合判断能力，对贷款投资进行全面的、谨慎的分析、判断和抉择。

① Landers, "A Unified Approach to Parent, Subsidiary, and Affiliate Questions in Bankruptcy", *University of Chicago Law Review* 42 (1975): 589, 619 -620.

② R. A. Posner, *Economic Analysis of Law*, 4th ed., Little Brown and Company, 1992, p. 391.

因而，其判断、抉择的失误率较低。由于金融机构的这些优势，使它们往往比一般股东更容易了解公司的实际经营能力和资产、财务状况，并能及早采取必要的防范措施以避免投资风险。即使是那些非金融机构的自愿债权人，也会尽力去了解对方公司的实际资信、财务状况，以避免承担与资信度低且财务状况恶化者发生债权债务关系可能带来的风险。相比之下，由于公司股本的分散化吸引了大量的投资小股东，这些小股东反而缺乏估价投资风险的实力和能力，并且面临较高的发现公司真实情况的信息成本。所以，他们可能较少或者全然不知其所要投资的公司的真实情况。(2) 自愿债权人在与商事公司进行交易时，通常处于谈判的优势地位。当自愿债权人预见到该公司的风险很大时，他们将要求获得更多的补偿。诸如获得较高的利息支付，或者由公司股东以个人名义为公司债务担保，或者采取其他限制债权人风险的措施。同时，自愿债权人还会坚持约束公司在其债务存续期间，必须限制其负债总量、应付股息总量以及任何其他不当处分财产的行为，如以低于市场价值的方式转移公司财产，以防止自己遭受更大的风险。此外，公司法中还以标准契约的方式作出一些规定，如股息的支付必须在公司财务账簿上明确表明盈利时才能进行，而且还要先行提留法定公积金和法定公益金等。① 这无疑可使公司债权人免受公司债务人于契约订立后增加违约风险之累。相反，普通股东在进行投资时，一般不具有如此优势，他们既不能要求公司退还投资本金，也不能在确定股息红利分配时拥有决定性的作用，更不能决定投资的限制风险和回报的条件。(3) 公司的自愿债权人往往比公司股东在承担风险和获得补偿时具有时间差上的优势。一方面，当公司既有股份资本又有借入资本时，如果公司经营不善而亏损，在股东投资全部消耗完毕之前，债权人的投资不会受损。即使公司的负债比率很高，公司债权人仍然比公司股东在时间差上具有较少的投资风险。当然有担保的债权人抵御这种投资风险的能力则更强，他们只要关心担保物的价值不致降到其债权额之下就可以了。如果公司经营不善以致倒闭，公司债权人也会在公司股东之前先行获得清偿。就这一点而言，显然公司债权人比公司股东具有更强的“抗

---

① 如德国 1965 年股份公司法就规定，一般情况下，董事会要把公司收入的一半作为法定公积金，另一半收入由股东在股东大会上决定是作为公益金还是作为红利分配（股份公司法第 58 条、第 174 条）。我国公司法也有相应的规定。

拒风险的能力”。

然而，波斯纳的分析中并未将公司自愿债权人能够承担被外化的公司经营风险和责任的能力绝对化，理由如下。(1) 虽然自愿债权人可以于事先充分估计可能遇到的风险，并通过合同采取各种必要的、有效的措施，如贷款人要求获得较高的利息回报，或者提供担保等。但无论何种措施，都会增加公司的经营成本，因而必定会有极限限制。水涨船高，当公司经营成本过高时，无疑又会加大公司违约甚至破产的可能性，使自愿债权人承担的经营风险比预期的还要高。特别是当公司增加借入资本而加大了股东的预期风险时，股东们就会采取“杠杆投资”的方式来降低自己的投资风险，而如此之行为无疑是雪上加霜，使公司债权人处于更为不利的境地。(2) 尽管自愿债权人具有较强的对经营风险进行综合评价的能力，但是，对债务人试图故意增加其债务风险的概率不仅很难预测，而且很难量化。因而，自愿债权人于事先谈判中，就不能毫无根据地要求公司债务人提供特殊防范措施，施加其他的制约，规定直接或间接的保护手段。(3) 即使在自愿交易的情况下，事先确定公司债务人应承担的、用于补偿公司债权人可能遭受的经营风险之责任范围实际上很困难，而且对责任范围进行明确谈判的成本之高也是难以估价的。

以上分析表明，作为公司的自愿债权人虽然可以通过一定方式来分散自己的交易风险，但这种能力是有限的。如果公司股东利用公司独立人格及股东有限责任于合法目的，并且不存在任何诈欺行为，那么作为自愿与公司进行交易活动的债权人，应当具有或者在采取必要措施的基础上具有承担交易风险的预期和能力。但是如果公司独立人格及股东有限责任被用于非法目的，特别是被用于欺骗债权人，或者误导债权人对交易风险作出不恰当的判断，法律上则必须采取一定的措施对公司债权人给予救济，以体现公司法人格制度公平、正义这一永恒目标，公司法人格否认法理之作用即在于此。

(二) 契约之债与侵权之债对适用公司法人格否认法理的影响

从理论上讲，由于公共政策目标的倾向，法院似乎应该在侵权判例中比在契约判例中更愿意“揭开公司面纱”，让公司股东直接对公司侵权行为之受害人负责。许多法律评论家也认为应该如此。因为作为契约之债的债权人，通常是“自愿地”选择是否与公司发生关系。这样，当他们与公司进行交易时，就应当知悉公司资本是否充足及其他情况，或者有机会、有能力去调查公司的财务状况，从而就要自愿承担公司在资本不足下交易不能如约履行的风险。相对于契约判例而言，侵权判例中不存在第三人与公司事先交易的自愿状态。被侵权的债权人在与公司交往时，无法履行自己应有的谨慎注意义务，也无法事先采取有效的防范措施，故而资本不足通常就成为股东对公司侵权之债负责的一个决定性因素。① 因而，法院在适用公司法人格否认法理时，就可能较为关注受损害的债权人是否存在“自愿”因素及“自愿”程度的大小。对非自愿债权人的申请，法院就可能乐于接受。因为公司在资本不足的情况下从事高风险事业而又把风险损失转嫁给无辜大众，明显违背社会公正的伦理道德目标。

然而，这种理论上的预测却与司法实践的结果大相径庭。据美国华盛顿大学法律教授罗伯特·汤普森（Robert B. Thompson）先生主持的一项关于“揭开公司面纱”的实证分析资料表明，② 法院判决揭开公司面纱的比例在契约判例中高于侵权判例，前者为42%，而后者只有31%。导致这种理论预测与司法实践的反差，笔者认为，关键之点在于对欺诈因素与公司资本不足的因素在揭开公司面纱判例中的地位应如何看待。特别是公司资本显著不足的因素，评论家们倒是很乐于对此因素进行详细的分析，为什么？因为他们认为这在理论上很重要。而在司法审判中，几乎不存在只依靠公司资本不足这一唯一因素揭开公司面纱的情况。换言之，“资本不足”这一因素直接导致公司面纱的揭开，而让股东对公司债务承担个人责任的场合非常少，但许多法院都将其视为相关的因素。详言之，有以下几点值得注意。

首先，理论分析和法院实际操作的出发点是不同的。法学评论家们认为，股东有限责任制度中隐含着一种“道德危险因素”，它会导致有限责任公司千方百计地将投资风险和意外风险转移到公司外部，由公司外部的

① Robert W. Hamilton, *The Law of Corporation*: *In a Nutshell*, 3rd ed., West Publishing Co., 1991, p. 988; Brian T. Leftwich, “Piercing the Corporate Veil in Louisiana”, *Loy. L. Rev.* 22 (1976): 1013.

② Robert B. Thompson, “Piercing the Corporate Veil: An Empirical Study”, *Cornell Law Review* 76 (1991): 1058.

债权人承担。[①] 而公司资本显著不足，就是“道德危险因素”的一种重要表征，可以作为股东将投资风险不正当地外化的基本标志。但法院并不把公司资本显著不足作为“揭开公司面纱”的唯一因素或重要因素，而是将其作为一种相关因素综合考虑。相反还要考虑自愿债权人有事先知晓公司资本不足的可能和有事先防范的机会，并不倾向于鼓励合同债权人寻求揭开公司面纱。而非自愿债权人没有事先防范的能力，故而法院更愿意适用揭开公司面纱的法理来保护非自愿债权人。[②] 这样，法院在审理合同案件时，通常都要比在侵权案例中适用更严格的标准揭开公司面纱。例如，在拉雅诉艾林之家公司（Laya v. Erin Homes，Inc.）的判例中，法院就声称，必须对与公司签订合同的特定第三方债权人进行调查，特别是像银行或其他贷款机构这样的有能力保护自己的第三方，调查该第三方在与公司签订合同之前，是否了解公司的资本状况，或者说公司是否公开了自己的资本状况、负债比率等。如果第三方对公司资本不足的情况了如指掌，该第三方则被视为已预见公司资本严重不足的风险，因而不允许事后请求揭开公司面纱。[③] 但如果公司支配者隐瞒公司资本的事实真相，欺诈或者诱导第三方与之签订合同，情况就大不一样。实际上，法院特别关注是否涉及对债权人的“虚伪陈述”或类似于诈欺的因素，“除非公司对债权人虚伪陈述其真实的财务状况，使债权人在被误导下决定与公司进行交易，否则，债权人不能在以后指责公司是不完备或不健全的”。[④] 或者说，只要法院发现有虚伪陈述的事实存在，法院几乎百分之百地判决“揭开公司面纱”。[⑤] 要言之，如果自愿债权人是因股东的虚伪陈述，致使其错误地估计公司资本之实力，或因受欺骗而与之交易，或因公司的诈欺性资产转移，而致公司无法履行义务时，则“自愿”承担风险之事实不复存在，法院即可适用“揭开面纱”的原则而要求公司背后的股东承担责任。

---

① Robert B. Thompson, “Piercing the Corporate Veil: An Empirical Study”, *Cornell Law Review* 76 (1991): 1068.

② F. H. Easterbrook & D. R. Fischel, *The Economic Structure of Corporate Law*, Harvard University Press, 1991, p. 58.

③ Jesse H. Choper, John C. Coffee Jr., Ronald J. Gilson, *Cases & Materials on Corporations*, Little, Brown & Company, 1995, p. 267.

④ United States v. Jon-T Chemicals, Inc., 768 F. 2d 686, 693 (5th Cir. 1985).

⑤ *Cases and Materials on Japanese and U. S. Business Corporation Law*, Volume 1, Temporary Edition, 1993, pp. 3 - 21.

其次，在契约判例中，“揭开公司面纱”要求必须有债务人的欺骗等不诚实的行为要件，是比较容易满足的。我们应该注意到这样的事实，与公司进行交易而签约的双方当事人应该是契约债权人与公司。但公司作为法律组织体与自然人是不同的，它不能自己作出任何意思表示，而必须借助于公司的代表机关实施具体行为。这样，虽然自愿债权人有了解公司真实情况的机会和条件，但代表公司作出具体意思表示的董事，有可能真实反映公司的财务状况，也有可能为了控制股东（也许他自己就是控制股东）的利益，隐瞒事实真相，提供虚假事实，以便诱惑自愿债权人与之进行交易。这意味着契约债权人与公司进行交易是自愿的，但由于有“第三人”（即公司机关的代表者）的参与，这种间接性就使该契约所预见的风险和利益，呈现出不确定性。如果再加上隐含的虚伪陈述的可能性，这种不确定性就更大。法院一旦发现有虚伪陈述或其他诈欺行为，就将力主揭开公司面纱。而在侵权判例中，由于非自愿债权人的不确定性，公司经营者没有可能事先选择非自愿债权人去作虚伪陈述，虚伪陈述等诈欺性行为就比契约判例中少。根据前述的实证分析材料，法院是非常重视虚伪陈述这一因素的。在当事人提起揭开公司面纱之诉的判例中，申诉理由中提到存在虚伪陈述事实的，法院判定揭开公司面纱的比例高达 94%，而提到公司资本显著不足理由的，公司面纱最终被揭开的比例只有 73%。当然，除了虚伪陈述外，公司是否被当成股东的另一个自我或工具，往往都是法院重点考虑的因素。如果原告提出公司为控制股东的另一个自我的证据，法院揭开公司面纱的比例为 95.6%。而如果公司被证明只不过是控制股东的工具，则揭开公司面纱的比例可高达 97.3%。①

再次，从有些公司法对股东有限责任排除的规定来看，立法机关也倾向于惩戒欺诈行为。如 1993 年美国得克萨斯州商事公司法第 2.21 条规定：认购人或股东对公司和公司的债权人承担直接责任的场合，一是债权人能证明股东或认股人使公司被用于非法目的，并对债权人实施了实际诈欺，二是认购人或股东不遵守公司形式，如没有遵守本法或公司法规或公司章程的任何要件，或没有遵守本法或公司法规或公司章程规定的公司必须采

① Robert B. Thompson, “Piercing the Corporate Veil: An Empirical Study”, *Cornell Law Review* 76 (1991): 1063.

取的其他要件，如股东会、董事会等。从上述规定可以看出，立法机关对公司契约场合下的责任扩张，仍以股东实施诈欺的事实和不遵守公司形式的事实这两点为主。

最后，关于侵权保险。为了更好地补偿因公司各种侵权行为致使非自愿债权人所受到的损害，公司法及一些相关的法律都要求公司提供必要的保险基金。虽然公司相应地增大了保险费用的开支，但公司可以将其摊销在成本当中，然后通过公司产品和服务的价格，最终由消费者承担。故而，一般情况下，公司都乐于通过保险来分担自己投资或经营的风险。那么，侵权之债的债权人往往可以通过保险金获得补偿，无须依靠揭开公司面纱来弥补自己的损失。

如是观之，虽然法院非常重视契约之债和侵权之债中债权人之“自愿”程度的不同，也很关注公司资本是否充足，但更为注重诈欺因素，而这一因素在需要揭开公司面纱的契约之债中又普遍存在。所以，尽管法院对契约之债中的公司适用更为严格的条件去揭开公司面纱，但比例仍高于侵权之债的场合。

（三）契约债权人的保护与公司法人格否认法理的适用

1. 一般契约债权人的保护

在契约场合下，一些投资者利用公司的独立人格和股东有限责任，规避契约责任的情况非常普遍。如当一公司因债务不履行而被诉诸法院，该公司控制股东为逃避强制执行的债务，设立一新公司，并将原公司财产转移至新公司。又如，一公司资本不足，或超过自有资产能力大量对外签约、举债，最终再通过破产、清算等逃避债务。

在相关的安全措施中，法院强调，“个人希望获得公司之伞保护下的有限责任恩惠，就必须创建并保持公司的基本形式，这是与有限责任有关的小小的‘对价’。此外，如果公司资本显著不足并伴随公司形式要件的忽略，导致不公平发生，足以使法院揭开公司面纱，令积极参与公司经营活动的股东，对与公司签订合同的对方当事人承担个人责任”。[①] 也就是说，依案件实际情况，法院完全可以揭开公司面纱。实际上，金妮鞋业公

① Lava v. Erin Homes, Inc., 352 S. E. 2d 93, at 100, 101 - 102.

司诉珀兰（Kinney Shoe Corp. v. Polan）案[①]的被告之所以设立两个公司而又不能保持公司的基本形式，是企图通过在实业公司和珀兰实业公司之间设置障碍，来保护其投入珀兰实业公司的资产，也可以阻止原告对被告的公司资产提出要求，这对公司债权人是不公平的。并且，股东珀兰之行为实际上也是对债权人的一种诈欺。

2. 特殊自愿债权人——劳动者的保护

劳动者虽然属于自愿与公司签订劳动契约的债权人，但在劳动者与公司雇主之间，显然劳动者处于相对弱势地位。所以，各国都非常重视对劳动者的特殊保护，并颁行大量专门的法律、法规予以调整。甚至在公司破产、清算时，绝大多数国家的破产法都将劳动者列为公司之首位受偿人。即使如此，仍难免发生劳动者权利被侵犯之现象。因而，公司法人格否认法理在一些特定场合，就可以发挥保护公司劳动者的作用。

（四）侵权债权人的保护与公司法人格否认法理的适用

侵权行为是一种侵犯他人合法权益，依照相关侵权行为法应承担民事责任的行为。由于现代经济中，侵权救济主要采取损害赔偿的方式，故而侵权行为法也被视为损害与赔偿的法律。一般情况下，民事损害赔偿以补偿性为基本特征，因而无惩罚性。但其补偿性的特征将要求加害方必须对受损害一方的直接损失和间接损失全部予以补偿，否则将有失公平。

然而，随着科学技术的进步和生产力水平的提高，侵权行为所致损害具有了范围广、情况复杂、危及生命健康的损害不可逆转等特点，由此导致巨额损害赔偿的发生。即使可以通过现代越来越完善的保险制度分散这种风险，仍可能发生加害人之全部财产都用于赔偿，也难以弥补受损害之当事人损失的情形。如果该公司事先有意识地转移财产，企图规避侵权责任，则更使补偿问题难以落实。在这种场合下，公司法人格否认法理不失为一种可行的方法。依据该法理，如果存在公司背后控制股东滥用公司控制权，致使公司形骸化，那么就可以揭开公司面纱，由公司背后的控制股东对公司的加害行为负赔偿责任。这可以视为公司法人格否认法理与侵权

① 939 F. 2d 209 (4th Cir. 1991).

行为法对侵权行为之共同调整。

三　公司法人格否认法理与其他相关利益群体的保护

（一）税收法领域中公司法人格否认法理的运用

利用公司独立实体，实现公司股东规避法定税收义务的目的，在现实经济生活中绝非少见之事。虽然从某种意义上讲，避税是当事人利用了税法中的漏洞或各国税法间的差别，设法将自身的税收负担最小化，是一种合法行为，但其带来的社会负效应却很大。如减少了政府税收收入，形成纳税人之间税负的不平等，导致资本或利润在国际无效率地转移，滋生不必要的纷争等。所以，各国政府都采取积极措施，防止投资者利用公司形式而又不履行一个独立实体的纳税义务。特别是针对一些跨国企业集团，利用大量避税地的存在，在避税地设立各种名目的基地公司，使公司独立人格被用于减少税负之目的，公司法人格否认法理在这一领域里就可以大显身手，揭开只为避税目的而存在的公司面纱，令纳税人履行必要的纳税义务。例如，加拿大一钢铁制造商在巴哈马设立一附属子公司，然后将母公司以前直接进口的钢材改由子公司去购买，再卖给母公司。这样，母公司将它的部分利润留在避税地巴哈马的子公司中，以获得妥善保管。而且，根据其税法的规定，母公司可随时将这些利润调回加拿大。法院即根据公司法人格否认法理，裁决对母公司的这些利润征收所得税。又如，某英国公司拥有三个在肯尼亚注册的公司，尽管公司章程确认各个公司的董事会均应在肯尼亚召开，但事实上三个公司均由其英国公司控制、管理。法院认为，在肯尼亚注册实为一个骗局，三个公司的住所地均应为英国，并应在英国纳税。

然而，公司法人格否认法理在税收领域里的运用，有其明显的特殊性，表现如下。

第一，在决定被控制公司纳税人身份时，法院通常拒绝适用揭开公司面纱法理。

对公司集团适用税法，首先就要确定谁是纳税人，是子公司或被控制公司，还是母公司或控制公司。美国联邦法院遇到的第一个涉及此问题的判例，是1918年南太平洋公司诉罗威一案（Southern Pacific Co. v. Lowe）[①]。该判例主要解决子公司付出的税前收入利息是否为应纳税额的问题。法院认为，由于母公司对子公司的完全所有和控制，母公司和子公司实际上是完全同一的。虽然两个公司各为独立法律实体，但为了所有的实际目标，两个公司实质上“合并”了。子公司只是作为母公司的一个部分而存在，以代理机构的身份行动，一切事务均服从母公司的指示和控制。所以，应由公司集团统一纳税。本案似乎利用了企业法或揭开公司面纱法理，来决定被控制纳税人的纳税责任。在此后的几个判例中，法院很快改变了这种做法，拒绝适用公司法人格否认法理来决定纳税人是否应负有纳税责任。

在莫林财产公司诉美国税务署署长（Moline Properties，Inc. v. Commissioner of Internal Revenue）[②] 一案中，一个被唯一股东全部拥有的公司，只用于为股东的利益买卖不动产这一目标，所以它仅仅是一个法律拟制物。纳税人依赖于此，声称该公司只是股东的代理人。但法院拒绝了这种论点，坚持认为该公司是有纳税能力的实体。法院指出，公司实体法则对公司的业务生涯提供了有益的目标，如可以获得经营的便利，可以避免债权人的直索，可以享受股东有限责任特权等。那么同样，公司作为独立纳税人的实体身份必须保留。所以，实体法则是一个原则，只要被控制公司实施了一些业务活动，公司就必须作为一个主体发挥作用，而不是一个代理人。

在国家碳化物公司诉美国税务署署长（National Carbide Corporation v. Commissioner of Internal Revenue）[③] 一案中，法院的上述观点得到了进一步的发展。母公司拥有四个全资子公司，它们分别在四种主要化学领域内，由公司集团安排，从事制造和销售化学产品的活动。四个子公司主张，根据母公司实施控制的程度，以及与母公司的控制合同，它们只是代理人，它们的经营收入属于母公司，应对母公司征税。法院也注意到母子公司之间的合同证明，子公司是被当作代理人从事管理和经营生产、制造、销售活动，母公司为此要提供运营资本、执行经理和其他管理设施等。虽然母公司提供的一些资本是以无息贷款的方式进行的，但母公司获得的股息却大大超过正常的6%的比例。而且，母子公司之间在组织机构、

① 247 U. S. 330（1918）.

② 319 U. S. 436（1943）.

③ 336 U. S. 422（1949）.

人事管理上混同，也证明子公司只是母公司的一个部分而已。即使如此，法院还是拒绝了子公司的争辩，确定每一子公司为独立纳税主体。法院声明，为了营业目的而组建公司就必须承担税收负担，而不管其与所有者之间的真实身份。公司的完全所有和完全控制，这一构成南太平洋案重要组成部分的因素，将不再对决定纳税能力有重要性。[①] 由此表明，法院已将母公司的控制程度视为与决定子公司纳税能力不相干的因素。这意味着在税收领域，不能适用揭开公司面纱法理，相反，必须保持公司的独立实体状态，以便其担负独立纳税人的责任。

第二，在对公司之间纳税责任进行分配时，法院又需要运用揭开公司面纱法理。

如前所述，在决定子公司或被控制公司的纳税人身份方面，这里是唯一一块固守实体法则而使揭开公司面纱法理无法发挥作用的领域。税法允许实体法则控制着确认子公司或被控制公司纳税人独立法律人格和决定其纳税责任的目标，只要该公司实施了经营活动，而不管其是否被完全所有和完全控制。换言之，实体法则是绝对的，揭开公司面纱的法理被完全排除。

然而，这只是第一阶段的问题。在确定子公司或被控制公司的纳税人身份及其纳税责任后，税法为了大量的其他目标，又转而承认揭开公司面纱的作用。特别在处理母子公司之间或控制股东和被控制公司之间交易的纳税结果时，揭开公司面纱法理继续发挥着其传统的作用，诸如收入的确认、扣除的拒绝、税收责任的明确等。实际上，子公司和被控制公司的纳税责任一旦确定，政府就像债权人一样，试图从子公司或被控制公司那里收回“债权”，为此有可能在揭开公司面纱法理下寻求到母公司或控制股东处。美国上诉法院第七巡回法庭在审理加拿大三角洲阿夫卡公司诉美国（Avco Delta Corp. Canada Ltd. v. United States）[②] 一案时，虽然判决中拒绝无视公司主体身份以宣称其纳税责任，但又并不阻止公司主体被无视，以期获得征税职权的满意实现。通过这种途径，揭开公司面纱法理执行着税法为实现税收职责而扩展责任范围的功能。该法理的适用，就意味着为税收责任而“践踏”有限责任原则。

---

① Phillip I. Blumberg, Kurt A. Strasser, *The Law of Corporate Groups*, *Statutory Law-Specific*, Little, Brown and Company, 1992, p. 278.

② 540 F. 2d 258, 264 (7th Cir. 1976), cert. Denied, 429 U. S. 1040 (1977).

大量税收判例表明，适用揭开面纱的法理，就要将公司集团中一公司的纳税责任强加于公司集团的其他公司上。因为揭开面纱原理的适用不具有单向性，这种纳税责任的追加，既可能是由母公司承担子公司的纳税责任，也可能相反，由子公司承担母公司的纳税责任，还可能发生在姐妹公司之间。至于如何在公司集团中或控制股东与被控制公司之间运用公司法人格否认法理，要视合理分配纳税责任的需要而定。

（二）竞争法领域中公司法人格否认法理的运用

欧盟各国十分重视母公司对子公司的控制是否属于反竞争行为，如果属于竞争法规制的行为，则要求母公司对子公司承担责任。欧洲的判例法也表明，对母公司追究集团内部责任绝不局限于该公司集团是否属于集中控制型，在一些非集中控制的公司集团中，只要母公司对子公司具体的自主决策权施加了影响，就要对子公司之不法行为负责。[①]

在帝国化学工业有限公司诉欧盟委员会（Imperial Chemical Industries Ltd. v. Commission EC）[②] 一案中，一份价格协议在母公司领导下的公司集团的各个子公司之间达成。委员会调查发现，1964 年 1 月至 1967 年 10 月之间，三种一直稳定不变的染料价格提高了。这就是说，所有属于这一集团的经营中的子公司，都在这一时期提高了他们的产品价格。根据欧盟条约第 85 条第 1 款之规定，[③] 欧洲法院在调查之后，提出三方面问题：第一，虽然公司法中强调公司独立人格和股东有限责任是不言自明的公理，

---

① José Engrácia Antunes, *Liability of Corporate Groups: Autonomy & Control in Parent-Subsidiary Relationship in US, German & EU Law*, Kluwer Law & Taxation Publisher, 1994, p. 435.

② José Engrácia Antunes, *Liability of Corporate Groups: Autonomy & Control in Parent-Subsidiary Relationship in US, German & EU Law*, Kluwer Law & Taxation Publisher, 1994, p. 415.

③ 欧盟条约第 85 条第 1 款的内容为：事业间之协定或公会所为之决定或其他事业共同之行为，对会员国间贸易有妨害之虞，且其目的或效果对共同市场之自由竞争产生阻碍、限制或扭曲之情形者，因其与设立共同市场之意旨不相符合，应予禁止。下列行为尤应予禁止：（1）直接或间接设定买入价格、卖出价格或其他交易条件者；（2）对生产、市场、技术发展或投资有所限制或控制者；（3）瓜分市场或供给之来源者；（4）就同等的交易，对其他交易之另外一方，给予差别的条件，致该他方受有竞争上之不利者；（5）缔结契约另附以他方当事人应接受其他附带之义务，而该义务依其性质或商业上习惯，与该契约之标的无任何牵连者；（6）任何协议或决定违反本条之禁止规定者。转引自刘连煜《论关系企业是否适应我国公平法联合行为管制规范》，《台大法学论丛》第 23 卷第 1 期（1993 年）。

但在这一领域，法院不仅拒绝适用传统的“实体”原则，去承认公司集团中各公司的独立法律实体地位，而且明确地将竞争规则作为首要原则来适用；第二，欧盟委员会和欧洲法院主要测试子公司是否为享有经济自主权的经营者，如果不是，则无视子公司的独立法律人格，而将母子公司视为单一经济决策体；第三，母公司对子公司的控制程度较深，如本案中子公司日常产品价格的制定及销售条件的确定都由母公司决定，就很有可能导致公司面纱的揭开。所以，法院支持了欧盟委员会的决定，将众多子公司反竞争行为的责任归咎于母公司，并根据欧盟条约第 85 条之规定，对该公司集团科以罚款 50000 元欧洲货币。

在强生（Johnson & Johnson）公司一案中,① 该公司在欧洲 14 个国家里拥有 38 家子公司，其中 28 家子公司在欧盟成员国内。在一次调查中，欧盟委员会认为，该公司的多家子公司具有反竞争行为，其中有三家全资子公司在其与当地的药品经销商签订的合同中，订有目的在于禁止或阻碍类似商品输出到其他成员国的特别条款，通过防止这些产品在其他国家的转卖而保护分割的国内市场，因而严重触犯了欧盟反竞争法的规定，应追究母公司责任。欧盟委员会在决定母公司是否承担集团内部责任时，并不一定以母公司是否拥有子公司的全部股份或大部分股份为标准。相反，在一些母公司只有少数股份甚至根本没有投资关系的子公司中，却判定母公司要对子公司之不法行为负责。其根据就是母公司是否控制了子公司的具体决策过程，如销售政策、价格政策、分配体系、商业政策的决定等。②

（三）环境法领域中公司法人格否认法理的运用

环境保护是人类社会的共同责任，也是公司的社会责任。由于环境保护涉及的范围很广，尤其是有关的环境法律、法规及政策，通常要纳入某一具体社会背景中去理解。本文仅从公司社会责任的角度，讨论环境法领域中的损害赔偿责任问题。

由于环境的污染与许多实体所经营的带有污染性的事业有关，比如，一些企业制造、加工或运输、储存化学物品或带有放射性物质的物品，造

---

① Johnson & Johnson, 23 OJ. EUR. CoMM. (No. L377) 16 (1980).

② José Engrácia Antunes, *Liability of Corporate Groups*: *Autonomy & Control in Parent-Subsidiary Relationship in US*, *German & EU Law*, Kluwer Law & Taxation Publisher, 1994, p. 438.

成当地的水源、土地等自然资源的污染，这种污染一旦发生，治理起来则需要投入巨额费用。根据谁受益谁承担责任的公平原则，当然那些加害企业应当负有治理环境污染的义务。但有时，由于加害企业是受控于他人而为此种行为，且它们的财力有限，为实现环境治理和环境保护的最终目的，就需要追究加害人背后支配者的责任，特别是母公司的责任。在一些判例中，法院通常要坚持对母公司进行相关的测试，以确定母公司是否积极参与了子公司的危险废料的管理，或者是否通过对子公司的控制而实际上作出管理人的决策行为。在美国诉东北药物化学公司（United States v. Northeastern Pharmaceutical and Chemical Co.，Inc.）[①] 一案中，由于母公司拥有对子公司职员行动的直接控制权力，而这些职员掌管着引起污染的设施及他们有防止和减少损害的能力，于是法院以此为由，追究母公司的责任。在爱达荷州诉邦克山公司（State of Idaho v. Bunker Hill Co.）[②] 案中，法院采用了与前案相同的标准，而且特别强调母公司对子公司实施控制的具体事实。如母公司控制着子公司对废料的处理和释放，掌握着子公司的决策权和履行防止损害发生的职责，特别是子公司所有关系到污染事项的超过5000美元限度的开支决定，都必须经集团总部批准等。法院所适用的“控制”理由，也被采纳适用于个人控制股东与其被控制公司之间的类似判例中。

美国的综合性环境反应、赔偿与责任法案（Comprehensive Environmental Response，Compensation and Liability Act，简称CERCLA），应该说是涉及环境治理赔偿方面最著名的一部法律。根据这部法律，美国许多法院确定母公司应承担环境责任，这种责任导源于母公司作为其子公司的危险废料设备的所有者或经营者的身份。在美国诉开塞罗斯有限公司（United States v. Kayser-Roth Co.）[③] 一案中，开塞罗斯公司被地方初审法庭判决，要对美国环境保护代理机构为清理其全资子公司——一纺织材料厂（Stamina Mill Inc.）引起的三氯乙烯泄漏的污染而开支的费用，承担相应的责任。而此判决就是依据CERCLA关于“所有者”和“经营者”的含义，认定开塞罗斯母公司对其子公司的污染行为负有“所有者”的间接责任和“经

---

① 810 F. 2d 726 (8th Cir. 1986).

② 635 F. Supp. 665 (D. Id. 1986).

③ 910 F. 2d 24 (1st Cir. 1990).

营者”直接责任。但开塞罗斯公司辩称，依据法律，自己不应对子公司的行为负有“经营者”的直接责任。法院拒绝了该公司的辩解。地方法院的观点认为，开塞罗斯公司对其子公司的经营施加了实际的影响和控制，具体证据概括如下：（1）开塞罗斯公司控制了子公司的金融事务，甚至包括托收应付款；（2）开塞罗斯公司对子公司的财政预算进行限制；（3）开塞罗斯公司与子公司之间存在直接的管理联系；（4）子公司需要租赁、买卖不动产须经开塞罗斯公司批准；（5）子公司关于资本转移或5000美元以上的开支须经开塞罗斯公司同意；（6）几乎子公司的所有董事和经理都由开塞罗斯公司任命。以上种种迹象表明，子公司是准确地实施和贯彻开塞罗斯公司政策的工具。开塞罗斯公司对其子公司的控制当然包括了环境事务的控制，如子公司清理环境设施的安装要经过其允许。或者说，开塞罗斯公司拥有直接控制引起有害物质释放过程，以及阻止或减少损害发生的权力。这种控制足以确定开塞罗斯公司属于CERCLA所规定的经营者的责任。①

美国CERCLA的一大特色就是它以制定法的形式，直接规定了母公司对子公司或者控制股东对被控制公司应承担的环境保护责任，其实际上达到的法律效果与揭开公司面纱的法律效果是相同的。依据CERCLA的规定，母公司（或控制股东）将以其子公司（或被控制公司）所有人的身份，特别是经营者身份，为子公司（或被控制公司）导致的污染承担责任。这种为更好地保护环境而追究加害公司背后者责任的结果，与公司法人格否认法理的适用结果如出一辙，但毕竟两者有一定区别。

其一，依据CERCLA追究对环境造成污染的公司背后的股东的责任，属于实定法的适用。虽然也存在对这一法律具体内容的不同解释，但适用标准明确恐怕是实定法的基本特征。揭开公司面纱主要是衡平法上的判例规则，主要由司法机关依照一些基本原则，对滥用公司法人格及股东有限责任的行为进行规制，所以它的适用标准并不统一。当然，从广义讲，前者的实定法也可以被看成是揭开公司面纱法理在环境污染治理的场合下对赔偿责任进行分配的具体应用。

① Lawrence E. Mitchell, Lawrence A. Cunningham Lewis D. Solomon, *Corporate Finance and Governance: Cases, Materials, and Problems for an Advanced Course in Corporations*, Carolina Academic Press, 1992, p. 80.

其二，运用 CERCLA 的有关规定，主要问题是如何确定母公司或控制股东“经营者”的身份，所强调的是母公司对子公司的经营活动是否实施了控制，如果存在控制因素，就可依据 CERCLA，追究母公司或控制股东“经营者”的责任。就这一点而言，与揭开公司面纱要求存在母公司对子公司的控制事实是一致的。但是，CERCLA 在判断是否存在控制因素时，其标准远比揭开公司面纱通常适用的要宽松，而且随着环境污染问题越来越受到社会的重视，判断这种控制行为的标准还有放宽的趋势。如前面提到的开塞罗斯公司一案中确定的原则，已被一些法院接受，即“母公司的经营者责任，在甚至没有母公司对子公司的环境决策施加控制的证据之下，只要能表明母公司存在对子公司的渗透性控制就足够了”。[①] 有些法院对母公司的经营者身份进行的测试为，“对子公司实施了实际的渗透性的控制，并使这种控制达到了实际上陷入子公司的日常经营中的程度，判决中的‘实际陷入’有害物质处理的条件，虽不必要，但足以对母公司施加经营者的责任”。[②] 还有的法院主张母公司作为经营者的直接责任时，适用的标准不在于母公司是否实际控制了子公司，而在于母公司是否对子公司引起的污染有权去控制。[③] 显然，这与公司法人格否认法理适用时，不仅必须确定控制股东对公司存在控制之事实，而且通常都要证明子公司或被控制公司的形式被用于不法目的，或存在利用公司进行诈欺的行为等，是不同的。

四 强化公司社会责任与借鉴公司法人格否认法理

（一）公司法人格在中国的滥用与公司社会责任的忽视

我国自 1978 年经济体制改革以来，基于发展市场经济的需要，开始大规模地设立公司。与此前我国普遍不承认企业为一种营利性法人组织相比，改革开放后迅速发展起来的公司，其营利性首先得到了广泛的认可，这无疑是一个巨大的历史进步。强调公司的营利性，符合公司法人制度经

---

① Lansford-Coaldale Joint Water Authority v. Tonolli Corp. , 4 F. 3d 1209 (3d Cir. 1993).

② Jacksonville Electric Authority v. Bernuth Corp. , 996 F. 2d 1107 (11th Cir. 1993).

③ Kaiser Aluminum & Chem. Catellus Dev. Corp. , 976 F. 2d 1338, 1341 (9th Cir. 1992).

济价值目标的客观要求。特别是公司独立人格和股东有限责任的制度安排，将股东的责任限定于其投资范围之内，使股东责任与公司债务隔离，公司利益最大化地实现，就意味着股东利益最大化地实现，投资者设立公司之主要意图即在于此。所以，公司制度在我国一经确立，就极大地刺激了投资者的积极性，使其发挥着前所未有的推动经济发展的作用。

但是在实践中，一方面，单纯强调公司的营利性特征，容易产生注重保护股东的利益而忽视公司社会责任的问题。西方国家公司制度历经百余年的发展，直到 20 世纪中叶，随着公司规模的扩大和经济实力的增强，公司的社会责任问题才引起立法界、司法界以及社会各方的普遍关注。我国公司制度仅有 20 年的历史，但它是建立在 20 世纪 80 年代世界经济高度发达的高起点上和我国改革开放的有利之时，公司的发展速度极快，公司资产超过亿元者为数不少，其中上市公司已达 800 多家。因而，公司的存在对公司债权人、公司雇员、公司主顾、公司当地的居民利益以及社会公共利益影响很大，忽略公司社会责任是不能容忍的。另一方面，单纯追求公司法人制度的经济价值目标，可能因公司人格制度中潜藏的“道德危险因素”,[①] 即公司股东将投资风险与经营风险过度地转移到公司外部的诱因迅速膨胀，而导致公司独立人格和股东有限责任制度的滥用。这不仅使公司法人制度中原本应当平衡的价值目标体系背离公平、正义的价值目标而向另一极的经济价值目标倾斜，造成个案中的不公平，而且直接损害公司股东以外的相关利害关系群体的利益，使公司之社会责任落空。并且，上述两方面具有合流倾向，现实中滥用公司法人格及股东有限责任之行为极为普遍。如注册资本显著不足、抽逃资本空壳经营者有之；名为公司实为个人企业、子公司完全丧失经济独立性、公司与股东财产混同、人格混同者有之；同一笔资金、同一个组织机构挂数个牌子经营、逃避债务狡兔三窟式经营者也有之。而玩弄合同毁约弃信、制售假冒伪劣商品致人损害、追求产值利润而污染环境、利用公司集团转移财产、

---

① 道德危险因素是经济学家使用的一个术语，通常用于讨论在个体可以采取私人行动来影响分配结果的情况下，风险分担的问题。原文是：“Moral Hazard” is a term that is used by economists to refer to risk-sharing under conditions in which individuals can take private actions that affect the probability of the distribution of the outcome. 参见 L. E. Mitchell & L. D. Solomon, *Corporate and Governance Cases*, Carolina Academic Press, 1992, p. 61。

不当竞争、逃避税负等无视公司社会责任之现象，更非鲜见。这表明，如果公司股东滥用公司法人格而将投资风险和经营风险转移至公司外部，基于公司的社会地位，必将损害公司债权人及其他利害关系人。所以，在中国，通过借鉴公司法人格否认法理规制股东滥用公司法人格的行为，保护公司债权人及其他相关利害关系人的利益，强化公司社会责任已是十分紧迫之事。

（二）借鉴公司法人格否认法理强化公司社会责任之探索

强化公司社会责任，当然需要在相关法律中作出明确规定。我国公司法在第 1 条中虽已开宗明义地将保护公司债权人的合法权益作为公司法之基本宗旨，但就公司社会责任而言，该范围显然过窄。这就要求公司法应与其他法律如劳动法、侵权行为法、产品质量法等配合，共同规制公司的社会责任。即使如此，还需要通过适用股东有限责任之“例外”——公司法人格否认法理，来制裁股东滥用公司法人格之行为，维护公司债权人及其他相关利害关系群体的利益，实现公司社会责任的目标。

应该说，到目前为止，我国法律中既无股东有限责任例外之条款，也无公司法人格否认法理之规定。但值得注意的是，在我国调整公司法人制度的个别清理公司债权债务的规范性文件中，如《国务院关于清理整顿公司中被撤并公司债权债务清理问题的通知》（1990 年 12 月 12 日）和《最高人民法院关于企业开办的其他企业被撤销或者歇业后民事责任承担的批复》（1994 年 3 月 30 日），有针对特定情形作出的类似公司法人格否认法理的规定。这两个规范性文件与公司法人格否认法理的共同之处为：都以公司法人的合法有效成立为前提；出资人的欺诈行为均为责任承担的构成要件之一；都是由出资人（或与组建公司有关的其他责任人）直接承担企业的债务，但本质上不能等同于公司法人格否认法理。因为两者运用的法律后果迥异，前者的适用将导致企业法人的永久消灭，而后者仅在特定法律关系中否认法人格的机能，并不最终消灭公司的法人资格。被适用的主体有差别，前者不仅仅适用于出资人，还适用于直接批准开办公司的主管部门或者开办公司的申报单位；而后者被适用的主体只能是实施滥用行为的股东（出资人）。责任人承担责任的范围不同，前者采用多元原则所确认的承担责任的范围是不同的，有的坚持以出资额为限，如在注册资金范围或自有资金与注册资金差额范围内承担责任。有的则突破了出资额的界限，如在受益的范围内或抽逃、转移资金，隐匿财产的范围内承担责任。并且首先由公司、企业以其财产清偿债务，责任人所承担的责任具有连带补充清偿责任的性质，因而还不能简单地称之为“无限责任”。后者则强调实施滥用公司法人格行为的股东当然应承担无限责任，换言之，该股东承担责任的财产范围不限于持有公司的股份（出资额）。可见，两者在保证债权人实现债权上有共同的功能，但两者所依赖的理念和所实现的价值目标不同。前者所依赖的是债法中的代位履行债务的理念，并不要求责任人对债权人负无限责任，它所追求的目标是债权人债权的实现，尤其不要造成累债；而后者则依赖于完善法人制度和企业维持的理念，它所追求的是矫正偏离法人制度本质的不公平。因此，无论是理论上还是实务上，将上述两个文件规定的措施视同为公司法人格否认法理，是不正确的。①

在我国法未明文规定“公司法人格否认”制度的情况下，可否运用司法手段制止滥用公司法人格行为，保护债权人利益和社会公共利益，已成为人民法院进行积极探索的一个重要领域。实际上，我国司法实践中已经出现对公司与股东或不同公司之间人格或财产混同场合下，适用揭开公司面纱法理的尝试。虽然这些判例不够典型，且适用该法理的法律依据不够准确，但毕竟是将该法理引入我国司法判例的良好开端，值得称道。

（三）完善我国公司法人格否认法理以强化公司社会责任的建议

如前所述，强化公司社会责任是现代经济对公司的客观要求，而滥用公司法人格和股东有限责任，直接影响公司社会责任的履行。所以，应当积极引入公司法人格否认法理规制公司法人格滥用行为，以保障公司社会责任的实现。在我国，借鉴公司法人格否认法理的经验同样是广义的，既包括在司法审判中运用判例，也包括从立法上作出规定。而且，就经验积累而言，可以先在司法审判中采用公司法人格否认法理。待总结经验后，再从立法上加以完善。

首先，要注重把握民、商法（包括公司法）中诚实信用原则、公序良俗原则和权利滥用禁止原则等基本原则的功能特性，解决该法理的法律适

① 南振兴、郭登科：《论法人格否认制度》，《法学研究》1997 年第 2 期。

用问题。无疑，这三项基本原则都具有强行法的功能，但具备强行法功能并非这三项原则独有的特性，其功能特性在于它们还具有解释的功能和补充法律漏洞的功能，以及这三项功能的统一。只有把握住这样的功能特性，公司法人格否认法理在我国的适用才有可能。因为，根据诚实信用等原则的功能特性，可以判断支配股东滥用公司法人格或使公司形骸化是滥权行为，且违反诚信原则，构成对公司债权人、其他相关利害关系群体或社会公共利益的损害。由此，即可依据这三项原则，对具体案件作出适当解释，确定支配股东的责任。

其次，采用判例制度，解决公司法人格否认法理的适用手段问题。判例即为“判决先例”，是指“就目下须重为判断之同一法律问题，法院针对另一事件已为决定之判决”,[①] 或依据本院或上级、同级法院已成的判例，于法律上及事实上受其拘束者。[②] 判例具有约束力和说服力，并具有解释和补充法律的作用。判例制度在公司法人格否认法理的适用中意义重大。其一是可补充诚信原则等内涵、外延不确定性之缺陷。判例是具有先例的既往的个案的判决，确定性是它的显著特征。因此，判例的确定性可以矫正成文法中的诚实信用原则的模糊性，亦即使诚实信用原则的不确定性通过判例在个案中的作用而变得确定，从而使确认支配股东滥用公司法人格或致使公司法人形骸化的违法性和责任承担变得容易。其二是类推适用。所谓类推适用，是指“相类似者，应为相同的处理”。它既是认定法律漏洞的手段，也是填补法律漏洞的方法。依判例进行的类推适用，有利于维持“揭开公司面纱”的司法裁决的一致性及持续性，同时亦有助于法安定性的达成。[③] 其三是判例的衡平性与注重个案的特性，是适用公司法人格否认法理所必需的。采用判例，最适宜重建因滥用法人资格或法人资格形骸化破坏的法人制度原本具有的个别正义。因此，判例为适用公司法人格否认法理所不可缺少。

最后，应以制定法确认公司法人格否认法理的制度。显然，适用公司法人格否认法理可以促进法律制度的完善。就其稳妥性考虑，应在充分适用公司法人格否认法理并总结经验之后完善制定法。其一，强化违反出资

---

① 〔德〕卡尔·拉伦茨:《法学方法论》，陈爱娥译，五南图书出版社，1996，第336页。

② 林纪东:《法学通论》，远东图书公司，1954，第29页。

③ 〔德〕卡尔·拉伦茨:《法学方法论》，陈爱娥译，五南图书出版社，1996，第336页。

义务的民事责任，如控股股东或支配股东因虚报注册资本、虚假出资或抽逃出资造成公司不能清偿债权人的债务的，承担连带清偿责任。其二，规定滥用公司法人格的情形和公司法人形骸化的情形，前者包括利用公司法人格规避法律义务的，利用公司法人格回避合同义务的，利用公司法人格回避和分散侵权责任的，利用公司法人格诈欺债权人的等；后者包括名为公司实为自然人独资企业，虽为子公司但利润全部上缴母公司，自行承担全部债务，公司的董事长、业务、财产全部地、持续地混同，无视公司法关于召开股东大会或董事会的规定，连年不召开股东大会或董事会。其三，规定支配股东的责任和其他相关责任人的责任，如控股股东或支配股东滥用公司法人格，应对公司债权人承担无限责任；企业主应对名为公司实为自然人独资企业的债务承担无限责任；子公司利润全部上缴母公司而自行承担全部债务的，应视为分公司。母公司承担其全部债务无视公司法规定不召开股东大会或董事会的，控股股东、支配股东对其公司债务负无限责任等。

总之，现代公司负有一定的社会责任，这应是无可争辩的事实。公司法及其他相关法律对公司之社会责任进行规制，也是各项法律制度进一步完善的必然。然而，公司法人格否认法理在约束公司社会责任方面，仍然有着各项制定法所无法替代的作用。因此，应注重研究公司法人格否认法理与各项制定法之如何配合，以便更好地规范公司行为，发挥公司这一现代市场经济工具的重要作用。

论法人人格权[*]

尹　田[**]

摘　要：团体人格是用作区分团体有无民法上独立财产主体地位的纯法律技术工具，既无社会政治性，亦无伦理性。人格权是一个历史性概念，其保护的是专属自然人人格所具有的那些伦理性要素，不能以同等含义适用于团体人格。法人的名称权、名誉权等权利无精神利益，实质上是一种财产权，且不具有专属性，非为任何团体人格存在之必需，故法人无人格权。

关键词：法人　人格　人格权

既有关于团体人格的各种理论，多建立于法人人格与自然人人格所表现的法律地位毫无差别的“同一性”基础之上，即此“人格”等同于彼“人格”。以此为出发点，法人人格权与自然人人格权也被视为完全同质的权利，得被置于同一权利体系，适用相同的法律规则。这种从观念上把法人等同于真正的“人”的理论，错误地扩张了团体人格应有的法律功能，夸大了其法律价值和社会意义，严重偏离了法人制度的本来目的。为此，有必要深入分析法人人格权的特征，揭示其基本性质与作用，以求理论的通透和立法的科学。

---

* 本文原载于《法学研究》2004 年第 4 期。

** 尹田，北京大学法学院教授（现已退休）。

一 团体人格的法律属性

众多史料证明，民法上的人格理论，是一种“死而复生”的理论。

人格理论产生于古代罗马法，其基本价值在于区分自然人不同的社会地位，是“组织社会身份制度的工具”。[①] 很显然，如果古罗马时代不存在人与人的不平等，不存在将人群分成三六九等的必要性，也就不存在将“人格”这一溅满奴隶鲜血的“面具”分配给同时具备自由人、家长及罗马市民三种身份的某些人的必要性，也就不会出现“人格”的概念和人格理论本身。故从其原本意义上讲，“人格”是一种一些人压迫另一些人的法律技术工具。当欧洲进入中世纪以后，另具特色的封建身份等级制度得以建立，罗马法的人格理论和制度寿终正寝。

自中世纪后半期以来，尽管“人格”被作为一个哲学或者伦理学上解释“人”的本质属性时常用的重要概念，[②] 但其并未被引入法学领域而成为一个法律术语。而经过资产阶级革命建立起来的欧洲资本主义国家，倡导天赋人权、人人平等，根本不需要制作任何表示某种身份或者地位的面具配发给每一个生而自由的人。因此，在法国民法典以及早期各国民法理论中，不存在人格的概念。在法国《人权宣言》上，人权的主体是人（homme）和市民（citoyen），而非具有人格（personnalité）的人。事实就是，当近代各国以其宪法、法律宣称人人平等之后，毫无必要运用一种徒增烦琐的法律技术再将“人格”赋予每一个人。质言之，作为身份区分工具的“法律人格”在人人平等的社会中，应当毫无使用价值。这正是迄今为止，没有一个近代或者现代国家的宪法或者民法曾将所谓“人格”明文赋予其国民的根本原因。但这并不妨碍近代或者现代的哲学家或者法学家继续沿用传统的人格概念来表达自然人所具有的一般社会地位或者法律地

---

① 徐国栋：《“人身关系”流变考》，载《中外法学》编辑部、北京大学第22届研究生会编《中国民法百年回顾与前瞻学术研讨会文集》，法律出版社，2003。

② 在康德创立的“伦理人格主义”哲学（ethischer Personalismus）中，人是理性的，不仅有认识和感知世界的事物及其规律性的能力，而且有识别道德要求并根据道德要求处世行事的能力。人依其本质即为目的本身，而非其他人达到目的的手段。参见〔德〕卡尔·拉伦茨《德国民法通论》上册，王晓晔等译，法律出版社，2003，第46页。

位，也不妨碍20世纪以后个别国家的民法典在对自然人人格的概括保护之规定中使用“人格”一词。[①]

从古罗马的故纸堆里发掘其人格理论，并将之作为法技术手段有条件地重新利用的工作，是由德国人来完成的。德国人让古老的人格理论死灰复燃，当然不是为了给相互平等的自然人重新带上身份区分的面具，而是为了将这一经过改造的面具戴到某些“适于成为交易主体”的团体的脸上，使之与其他团体相区别，而这些拥有人格面具的团体，就是被称为法人的那些社会组织。在此，“人格”或者“法律人格”被赋予了一种新的特定含义，即其仅具有“形式上的‘人’的内涵”，[②] 人格的身份区分功能由此在另一种意义上得以复活。然而十分重要的是，德国民法对于团体人格的塑造，纯粹是为了满足经济生活的需求，其欲达到的目的，是使构成财产集合体的资本与投资人的其他财产相分离，通过一种抽象的拟制方法，赋予具备特定条件（包括拥有界限分明的独立财产、能够产生其成员的共同意志亦即独立意志）的团体以一种与投资人相区分的法律地位，使之成为财产权利、义务和责任的独立承担者，借以限制投资人风险，鼓励投资积极性。“正是这种通过使财产独立化而产生的限制责任效果，构成了设立法人的本质动机。”[③] 故在其本质上，法人不过是人格化的资本，而法人之所谓“人格”，不过是被用作区分或者辨认团体有无民法上独立财产主体地位的纯法律技术工具而已。

由此，团体人格不能不表现出与自然人人格在其本质属性方面的重大区别。

（1）团体之“人格”是人为拟制的、无社会政治性的法律人格，故其仅为团体在私法上的主体资格。

当代人权理论指出：“人权强调‘人之作为人所应有’，强调维护人的尊严和价值。在这种意义上，我们可以说，人权是一个以人道作为社会进步目标的目的性概念。”[④] 而自然人人格是使自然人“成其为人”的法律表

---

① 瑞士民法典第28条第1项规定：“任何人在其人格受到不法侵害时，可诉请排除侵害。”

② 参见〔德〕卡尔·拉伦茨《德国民法通论》上册，王晓晔等译，法律出版社，2003，第57页。

③ 〔德〕迪特尔·梅迪库斯：《德国民法总论》，邵建东译，法律出版社，2000，第815页。

④ 夏勇：《人权与人类和谐》，中国政法大学出版社，1992，第170页。

达，故其本质上与“人权”具有相同含义。“人之成其为人”不仅必须享有私生活领域中的财产权利和身份权利（婚姻、家庭、亲属关系中的权利），而且必须享有政治生活领域中的各种基本权利，为此，自然人人格不仅包括自然人在私法上的地位即享有民事权利的资格，而且包括其在公法上的地位即享有政治权利和其他公法权利的资格。对一切自然人人格的当然承认，全面、直接反映了近代政治社会对人的基本态度和人权观念，奠定了社会民主政治制度最重要的思想基础。故自然人人格是一个极具社会政治性质的概念。而团体人格即“法人”的概念，是将政治学、哲学和伦理学上的“人”的概念移植或者借用到私法领域的技术抽象成果，目的仅在于使某些社会组织（人或者财产的结合体）能够成为私法上权利义务的载体，故团体人格仅为团体的民事主体资格，仅在私法领域具有意义，在此领域之外，其人格不复存在。在社会政治生活的各种关系中，不存在任何被称为“法人”的主体。各种团体在公法领域依公法的规定所进行的各种活动，其法律适用并不因团体是否具备法人人格而有所区分，例如，在确定团体是否为纳税主体，是否为工商、金融、城管、文化教育、治安、交通或其他行政管理活动的对象时，完全不会考虑该团体是否具备所谓“法律人格”。因此，与民法创制团体人格的目的相符，团体人格纯粹是团体的一种私法地位，一种享有私权利的资格，并不包含享有任何政治权利或其他公法权利的资格。团体人格在本质上不同于自然人人格，其不具有社会政治性。

（2）尤为重要的是，团体之人格是一种无伦理性的法律人格，故其仅为团体的财产权主体资格。

近代法对自然人人格普遍承认的哲学基础是人道主义和自然法思想。自然人人格表现了人类尊严、人类对个人自由和安全的向往，同时也表现了对人的生命、身体和人类情感的尊重。一切被称为人性的要素，构成了自然人人格的伦理基础。而作为一种法技术拟制的产物，团体人格与人道主义、人性无关，其表现的价值元素与人的尊严、自由、安全以及伦理道德无关。因此，与自然人人格不同，团体人格不具有伦理性。

就团体人格不具伦理性问题，存在许多经典论述。人格的词源之一为拉丁语 persona，在斯多葛哲学中，是为显示具备理性的独立实体即人而被使用的，故其本身同时具有哲学和神学上的意义。[①] 至康德及其以后的哲学，才在继承传统的同时，赋予其因作为伦理上自由的主体而具有人之尊严的意义，因此人们认为："persona 的思想是人文主义的表现。"[②] 以受到康德影响的蔡勒（Zeiller）为起草人之一的奥地利民法典将这一思想进行了清楚的表达。该法典第 18 条规定："任何人生来就因理性而获有明确的天赋的权利，故得作为（法的）人格（persona）而被看待。"此处的所谓"与生俱来的天赋权利"，是指自然法上的权利，故此处承认的法律人格是建立在个人依自然法与生俱来的权利基础之上的。对此，萨维尼指出："所有的权利，皆因伦理性的内在与个人的自由而存在。因此，人格、法主体这种根源性概念必须与人的概念相契合。"[③] 而就法人本质问题，萨维尼提出了著名的"法人拟制说"，即法人的法律人格并非源于人的本质，而是为法律所拟制，与此同时，萨维尼在其《法人论》中对法国人至今仍在使用的法人（personne morale）一词的安排进行了尖锐批评，认为 moral（精神的、伦理的）与作为同伦理无关之存在的法人的本质无缘，故以之表达反伦理或者无伦理的法人人格，荒谬至极。[④]

事实就是，德国民法在创制团体人格的同时，小心翼翼地避开了"人格"这一古老而又常新的概念中所包含的伦理属性，以"权利能力"这一仅具"私法上的主体资格"之含义的概念替换了"人格"的表达，使"法律人格即权利能力明确地'从伦理的人格中解放出来'"，[⑤] 可以同时

① 在基督教神学上，它是被作为显示"三位一体"的圣父、圣子、圣灵中的每一位（称此为"位格"）的共通词语而使用的。对此，布尔其乌斯认为，所谓"persona 是具有理性之本性的个别实体"，这样，persona 一词既被用于天使也被用于人。这种观点通用于中世纪。转引自〔日〕星野英一《私法中的人——以民法财产法为中心》，王闯译，载梁慧星主编《民商法论丛》第 8 卷，法律出版社，1997，第 162 页。

② René Savatier, *Métamorphoses économiques et sociales du droit privé d'aujourd'hui*, Ⅲ série, 1959, n°336. 见〔日〕星野英一《私法中的人——以民法财产法为中心》，王闯译，载梁慧星主编《民商法论丛》第 8 卷，法律出版社，1997，第 163 页。

③ Friedrich Carl von Savigny, *System des Heutigen Romischen Rechts*, Bd. Ⅱ, §85，转引自〔日〕星野英一《私法中的人——以民法财产法为中心》，王闯译，载梁慧星主编《民商法论丛》第 8 卷，法律出版社，1997，第 162 页。

④ Friedrich Carl von Savigny, *System des Heutigen Romischen Rechts*, Bd. Ⅱ, §85，转引自〔日〕星野英一《私法中的人——以民法财产法为中心》，王闯译，载梁慧星主编《民商法论丛》第 8 卷，法律出版社，1997，第 162 页。

⑤ 〔日〕星野英一：《私法中的人——以民法财产法为中心》，王闯译，载梁慧星主编《民商法论丛》第 8 卷，法律出版社，1997，第 164 页注释。

适用于自然人和法人。虽然此举受到一些学者的尖锐批评，认为“使用一个简化成这样的、纯粹法律技术上的人的概念是解决不了什么问题的”，因为“法律上的人是依据根本的、即法律本体论和法律伦理学方面的基础产生的，无论是立法者还是法律科学都不能任意处分这些基础”，[①] 但其毕竟从技术上解决了自然人和法人在同一民事主体制度（即所谓“人法”）的框架下的共存，满足了德国民法典形式结构的需要。

由此可见，从其产生的第一天起，团体人格就是一种无伦理性的法律人格，它既不包含自然人在伦理生活（婚姻、家庭、亲属）中的法律资格，更不包含自然人基于人的自由、安全和人类尊严而具有的法律地位。与法人制度创制目的相符，团体人格只是一种单纯的财产权主体资格。

需要指出的是，虽然如德国学者所言“德国民法典中使用的‘人’，是一个形式上的人的概念”，其内涵“没有它的基础——伦理学上的‘人’那样丰富。在伦理学上的‘人’所具有的所有特性中，它只具有唯一的一个：权利能力”。[②] 但该法典对“法人”（团体人格）概念的使用，使根本属性相异的自然人“人格”与法人“人格”在用语上无法区分。同时，该法典为使自然人和法人能够被置于“人法”的同一体系，以“权利能力”替换了“人格”的概念，使“法律上的人被缩成了权利主体”。[③] 而日本民法在混杂移植法、德民法的复杂过程中，由于对罗马法、德国法以及法国法之法律概念翻译、理解及表达上的局限和误差，“权利能力”和“人格”二词被交替使用，由此对我国清末及民国时期的民法理论和立法产生深刻影响，以至在同时期的某些理论中，“权利能力”被错误地解释为“人格”的同义语。[④] 此种谬误延续至今并被我国现时某些理论予以扩大，使自然人人格与法人人格被进一步混同。

---

① 〔德〕里特纳：《法律上的人和法人》，载《法律中的自由与责任：迈耶尔—哈约兹诞辰庆贺文集》，1982，第 335 页。转引自〔德〕卡尔·拉伦茨《德国民法通论》上册，王晓晔等译，法律出版社，2003，第 57 页注释。

② 〔德〕卡尔·拉伦茨：《德国民法通论》上册，王晓晔等译，法律出版社，2003，第 57 页，着重号为原文所加。

③ 〔德〕里特纳：《法律上的人和法人》，载《法律中的自由与责任：迈耶尔——哈约兹诞辰庆贺文集》，1982，第 335 页。转引自〔德〕卡尔·拉伦茨《德国民法通论》上册，王晓晔等译，法律出版社，2003，第 57 页。

④ 有关历史资料参见俞江《近代中国民法学中的私权理论》，北京大学出版社，2003，第 133 页以下。

自然人人格与团体人格在本质上混同的结果是，必然地产生了两个作用刚好相反的理论误区。

一是以法人人格的属性去解读自然人人格，使自然人人格所赖以建立的社会政治基础、伦理基础及其表达自然人一般法律地位的重要属性被忽略乃至被抹煞，即“由于对所有的人的法律人格即权利能力的承认成为民法典的规定从而成为实定法上的原理，得到从法律实证主义的立场上的承认，故而其自然法的基础却逐渐被忘却”。[①] 二是反过来以自然人人格的属性去解读法人人格，于仅表达团体在私法上之财产主体资格的法人人格中强行注入伦理因素，从而断定团体和自然人一样，也可在伦理生活（所谓“人身关系”）中充当权利主体。

就前述第一个误区的澄清，可以借助于20世纪以来法哲学中出现的“重新恢复法律人格的观念与人的人格之结合的努力”来完成;[②] 第二个误区的澄清，则可以通过对“法人人格权”理论的分析来完成。

二 法人无人格权

在一些学者看来，“从对所有的人的完全平等的法律人格的承认到承认人格权”，是近代民法到现代民法的主要变迁之一。[③] 时至今日，伴随人权保护的浪潮，有关人格权的理论研究、立法及司法实践蓬勃发展，方兴未艾，各国民法大量增设保护人格权的条文，而德国司法实务根据其基本法创制的所谓“一般人格权”，则无疑将人格保护推向了高峰。但仔细观察这一发展中的法律现象，可以发现，现代各国有关强化人格权保护的立法和司法活动，针对的均仅是自然人的人格权。同样具有法律人格的团体，在人格权保护运动中则备受冷落。其根本原因在于，基于本质的不同，团体人格注定不可能产生只能与自然人人格相生相伴的人格权。

---

① 有关历史资料参见俞江《近代中国民法学中的私权理论》，北京大学出版社，2003，第133页以下。

② 参见 Helmut Coing, Der Rechtsbegriff der menschlichen Person und die Theorien der Menschenrechte, 1950，转引自〔日〕星野英一《私法中的人——以民法财产法为中心》，王闯译，载梁慧星主编《民商法论丛》第8卷，法律出版社，1997，第164页。

③ 参见〔日〕星野英一《私法中的人——以民法财产法为中心》，王闯译，载梁慧星主编《民商法论丛》第8卷，法律出版社，1997，第174页。

人格权之人格，由“被认识的人之为人的那些属性或性质，例如生命、健康、身体、名誉等”构成。[①] 而从人格权发展的历史轨迹来看，其首先出现的是“个别人格权”（einzelne Persönlichkeitsrechte），然后再出现“一般人格权”（dasallgemeine Persönlichkeitsrecht）。因此，人格权的产生，明显地与对构成自然人人格各要素的价值判断和技术分解之间存有因果关系。而在这里，人格权所保护或者表现的并非自然人人格的全部要素，其中，自然人对财产权利的享有，即被明确地排除在外，但须知依照一种严格的深层分析，财产权利的享有是人格最基本、最重要的构成因素，“广义上的财产为人格的表现，体现了人格与外部事物的联系”，故“无财产即无自由”、“无财产即无人格”。[②] 无论如何，依据一种历史性的选择，人格权所保护或者表现的，仅仅是那些与财产无直接关系的体现人类尊严和自由并决定人成其为人的人格要素。这些人格要素因其伦理性仅能为个人（自然人）人格所具有。而经法律拟制方成的无伦理性的团体人格，完全不包含人的自由、安全及人类尊严等属性，故其不可能被专为保障自然人人格中具有伦理性的人格要素而设的人格权所保护或者表现。

然而，“法人人格权”的概念和相应理论的提出却由来已久。虽然迄今为止，并无任何一个有代表性国家的民法典对法人的名称等保护设有明文规定，但欧洲一些民商分立的国家以及日本商法对“商号”的保护性规定，已足以成为“法人亦享有人格权”的理论依据。诚然，德、日学者在其论著的法人部分提及法人人格权时，一般仅为寥寥数语，且特别谨慎地指出法人非为伦理意义上的主体，自身没有人的尊严，也没有应受保护的私生活，故其不享有一般人格权，[③] 但法人人格权被普遍认同，却是不争

---

① René Savatier, *Métamorphoses économiques et sociales du droit privé d'aujourd'hui*, Ⅲ série, 1959, 参见〔日〕星野英一《私法中的人——以民法财产法为中心》，王闯译，载梁慧星主编《民商法论丛》第 8 卷，法律出版社，1997，第 163 页。

② François Terré et Philippe Simler, *Droit Civil*, *Les biens*, 4e éd, DALLOZ, Paris, 1992, p. 5.

③ 拉伦茨认为，“法人的权利能力充其量不过是部分权利能力，即具有财产法上的能力”，但又承认法人有某些人格权，例如姓名权以及名誉权，只不过法人不是伦理意义上的主体，没有一般人格权。〔德〕卡尔·拉伦茨：《德国民法通论》上册，王晓晔等译，法律出版社，2003，第 182 页。梅迪库斯认为：“法人具有一个受法律保护的名称。在其他方面，虽然法人不享有与自然人同样广泛的一般人格权，但是法人的人格也受到法律保护。”〔德〕迪特尔·梅迪库斯：《德国民法总论》，邵建东译，法律出版社，2000，第 822 页。四宫和夫认为：“既然法人具有独立的社会性实体，就不得不承认其具有名（转下页注）

的事实。我国台湾地区的一些学者首先将法人人格权的范围予以扩张，而随之将法人人格权公然提升至与自然人人格权相等地位的，则是我国大陆的一些学者。我国台湾地区的学者认为，团体既然具有法律人格，则对其人格利益的保护当然产生人格权，因此，凡不以自然人之身体存在为前提者，如名称权、名誉权、秘密权、肖像权乃至于精神的自由权等，法人均得享有，亦即就法人而言，除其性质所限范围之外，可以享有以权利主体的尊严及价值为保护内容的人格权。[①]而我国大陆一些学者则进一步推论：既然法人有其具体的人格权，当然也应有其一般人格权，即"法人作为民事权利主体所享有的人格不受侵犯的权利，是以与法人财产利益相对应的法人人格利益为基础，与法人人格密不可分的权利"，其标的为"法人人格独立"以及"法人人格平等"。法人人格独立，表现为法人之财产独立、意志自由（经营自由、对外交往自由等），干涉法人的意志自由，即侵害了法人的一般人格权。[②]而我国民法通则除规定了对法人的名称权、名誉权的保护之外（第99条、第101条），还规定了对法人"人格尊严"的保护（第101条）。在2002年的民法典起草过程中，全国人大法工委提交审议的《中华人民共和国民法（草案）》则将自然人与法人的人格权合并规定于第四编，并明文规定了"法人的人格尊严和人身自由不受侵害"（一般人格权）以及包括名称权、名誉权、荣誉权、信用权、通信秘密权在内的各种具体人格权。

法人真的有人格权吗？对这一问题的论证，除采用历史的分析方法之外，更重要的是必须采用实证的方法：如果法人有人格权，则此种权利不应当表现或者主要表现为财产利益，且此种权利必须与法人人格相生相随，亦即有法人人格者，必有法人人格权，无法人人格者，必无法人人格权。据此，前述法人人格权理论及立法存在如下根本性谬误。

（1）人格权是一个历史性概念，具有特定内涵和价值，不能以同等含义适用于团体人格。

（接上页注③）称权、名誉权等人格权。"〔日〕四宫和夫：《日本民法总论》，五南图书出版公司，1995，第100页。

① 胡长清：《中国民法总论》上册，商务印书馆，1933，第117页；施启扬：《民法总则》，三民书局，2000，第130页；史尚宽：《民法总论》，中国政法大学出版社，2000，第153页。

② 王利明等编著《人格权法》，法律出版社，1997，第40页。

如前所述，在人格权发展史上，自然人法律人格与人格权理论“是通过人格尊严思想的介入而联系起来的”,① 而人的尊严亦即人类绝对价值，是以人类的理性（包括道德要求）作为基础的,② 因而人格权的产生过程与团体人格的创制毫无关系。由此，建立在自然人人格与法人人格“同一性”基础上的逻辑推论——法人有人格即有人格权中的“人格”，与产生自然人人格权的“人格”非属同类，故其推论的前提是错误的。人格权表现的是专属自然人人格所具有的那些伦理性要素，故除非改变人格权的固有含义，否则，即使法人人格以及构成其人格要素的名称、名誉等受法律保护，其产生的权利亦非自然人人格权意义上的“人格权”。

（2）法人人格权无精神利益，实质上是一种财产权。

自然人的人格为自然人存在于社会生活之一切领域的基本生存条件，其基本作用在于使人成其为人，故其受人格权保护的人格利益表现为人的生存价值、伦理价值或精神利益（生命、身体、自由、尊严、隐私等），此种人格利益有时可能与财产利益相牵连，但绝对不会直接表现为财产利益，亦不得转让。而法人的人格为团体存在于经济生活领域的主体资格，故其所谓人格利益必然只能表现为一种财产利益，是某种财产价值的载体，多具有使用价值和交换价值，具有可转让性，如名称、商业秘密等。对自然人姓名、名誉、隐私的侵犯，其直接损害的是人的尊严——精神损害，而对法人名称、名誉、信用、商业秘密的侵害，其损害的只能是其商业上的利益,③ 故法人不得主张任何精神损害赔偿。由此，法人的所谓人格权实为一种财产性质的权利。对此，无论有关工业产权保护之国际公约将法人名称权规定为无形财产权的事实,④ 或学界有关法人名称（商号）、名誉（商业信誉）、商业信用及商业秘密为财产权或者无形财产权的各种理论分析等,⑤ 均揭示了问题的实质。至于将法人之人格利益奋力扩张至肖

---

① 参见〔日〕星野英一《私法中的人——以民法财产法为中心》，王闯译，载梁慧星主编《民商法论丛》第 8 卷，法律出版社，1997，第 177 页。

② 〔德〕卡尔·拉伦茨：《德国民法通论》上册，王晓晔等译，法律出版社，2003，第 46 页。

③ 对企业法人名称、名誉、信用、商业秘密等的侵害，只能产生财产损失，毋庸置疑。而社会团体法人无商业信用、商业秘密，其名称、名誉可否在私生活领域受侵害及产生民事损害赔偿责任，殊值疑问。

④ 见《保护工业产权巴黎公约》第 8 条。

⑤ 参见龙显铭《私法上人格权之保护》，中华书局，1948，第 89 页；吴汉东《论信用权》，《法学》2001 年第 1 期。

像、精神（人身）自由以及人格尊严者，则令人不知其所云而无从批评。

特别应当指出的是，如果将法人的人格利益果真扩张至自由、安全、人格尊严的领域并予以法律保护，则无异于赋予法人人格以社会政治属性，而具备强大经济实力的企业将有可能借此跨越经济活动的边界，堂而皇之地进入社会政治生活领域，使企业从单纯的经济实体演变成为社会政治实体。其后果之严重，足令人不寒而栗！

（3）法人人格权绝非一切法人均得享有，故其非为任何团体人格存在之必需。

人格权与人格，为同一事物的两面。有人格者，必有其人格权；有同等之人格者，则必有其同等之人格权。而“法人有其人格，即有其人格权”的想当然论断忽略了一个重要的事实，即法人的信用权、商业秘密权等，仅只企业法人享有，其名称权、名誉权等，仅得为企业法人和其他私法人享有。但国家机关及公共团体法人，虽有团体人格，却不得享有前述权利。设立公法人的目的在于实现政府职能或者提供公共服务，故其既无所谓商业信用，亦无所谓商业秘密，而其名称或者名誉成为私的生活领域或者经济生活领域中的侵权对象并导致财产损害，殊无可能。再者，倘若允许国家机关以其名称权或者名誉权受侵害为由，对立法机关、政府机关以及司法机关的批评者提起民事赔偿诉讼，则民众的言论自由必将岌岌可危！

（4）法人人格权亦得为营利性非法人组织乃至个人所享有，故其非为团体人格之专属权利。

撇开人格权的历史渊源和伦理属性不谈，仅就权利的语词表达形式而言，人格权之被谓之“人格权”，全在于其人格属性，故其具有专属性，不得为无人格者所享有。在此，法人人格权论者忽略了另一个更为重要的事实，即被称为法人人格权的那些权利，并非为法人所独享。根据我国民法通则第 99 条第 2 款之明文规定，对于名称权，不仅法人得享有，个体工商户、个人合伙亦同样得享有。而依中外合作经营企业法等规定，名称权亦得为不具备法人资格的中外合作经营企业、合伙企业以及私营企业等组织享有。至于名誉权、信用权及商业秘密权等，虽法无明文，但前述非法人组织得享有及主张，应无争议。这就表明，被称作法人人格权的那些权利，并非基于法人人格产生，其实质为财产权利，其与法人人格之间并无密不可分的依存关系。而当构成所谓法人人格权的那些权利均得脱离法人人格而由其他无法人资格的组织甚至个人所享有时，法人的此种人格权还能叫作人格权吗?！一言以蔽之：凡可为不具有法人资格的其他组织享有的权利，即非由法人人格所生，不可谓之法人人格权。由此，法人人格权理论，可以休矣！

（5）一般人格权的基础为人类尊严之保护，故法人无一般人格权。

德国司法实务创制一般人格权的意义，在于弥补德国民法典保护自然人自由与人格尊严规定之不足，依据的是其基本法第 1 条“人类尊严不得侵犯。尊重及保护人类尊严，系所有国家权力（机关）的义务”及第 2 条“在不侵害他人权利及违反宪法秩序或公共秩序范围内，任何人均有自由发展其人格的权利”之规定，与法人人格保护风马牛不相及。

人类尊严源于人类理性，如康德所说，“一样有价格的东西，可以用另外一种等价物来替代它；而超越所有价格，亦即不可能有等价物的东西，才有它的尊严”，因此，“没有理性的东西只具有一种相对的价值，只能作为手段，因此叫做物；而有理性的生灵叫做‘人’，因为人依其本质即为目的本身，而不能仅仅作为手段来使用”。[①] 团体的法律人格化，不能改变团体的本质，法人人格权亦不能表现和保护法人不具有的存在价值。企业不过是投资人获取利润的一种工具，其自身是一种手段而非目的，因此，企业本质上不过是一种财产（一种“物”），有其价格，可以被人转让、消灭，其自身毫无尊严可言。为此，法人既不存在具体人格权，更不存在一般人格权。而就法人人格独立（财产独立、经营自由等）以及法人人格平等这些所谓一般人格利益所生之侵害行为，如非法干涉企业自主经营、无偿划拨其财产、非法限制其经营范围等，其侵害客体实为企业或其投资人的财产利益，且客观上只能由国家权力实施，并不能发生民法上侵权损害赔偿责任的后果，其侵害对象亦非仅限于具备法人资格的企业，合伙、个体工商户、私营企业亦享有经营自由，故亦不能作为存在法人一般人格权的理由。

综上所述，对于团体人格及其人格利益的理解，只能严格局限于财产支配与财产交换领域。对于法人人格的保护，即对其财产利益的保护。故

---

① 〔德〕卡尔·拉伦茨：《德国民法通论》上册，王晓晔等译，法律出版社，2003，第 46 页。

在理论上，应当取消“法人人格权”的用语，将法人的名称、名誉等，明定为无形财产；在立法模式上，应将对法人名称、名誉等利益的保护，规定于侵权法之中。将团体人格混同于自然人人格，进而推导出法人人格权，并试图将法人人格权与自然人人格权并合于我国民法典中独立成编予以规定，于法理无凭，于实践则有百害而无一利。

民法上的人及其理性基础*

李永军**

摘　要：受康德、黑格尔哲学思想的影响，法律主体被定格为“意志－主体－理性”的抽象图式。但是，理性人是为了完成民法典体系的构筑而通过法技术的抽象方法塑造出来的一个客观化的人像。因而，个人从本质上不同于民事主体。法人只能从经济的合理性而不能从哲学上寻找到，法人纯粹是实证法上的规范结果，有必要对人与人之外的存在加以区别而给予符合人的处理。

关键词：自然人　法人　人格　理性　人文主义

一　民法上的人的形式结构

（一）民法上的人的表现形式

我们常常将民法上的人称为民事主体。而民事主体则是那些在民法上能够享有民事权利并承担义务的人，并将权利能力的拥有作为民事主体地位的标志与象征。[①] 作为民事主体地位之标志的权利能力与民事主体的形

---

* 本文原载于《法学研究》2005年第5期。

** 李永军，中国政法大学教授。

① 主体地位与权利能力是否为同一意义，学者之间存在争议。有人认为此二者不同：权利能力仅仅是能够作为权利义务主体之资格的一种可能性，同权利主体显然有别。参见〔日〕几代通《民法总论》，青林书院，1969，第22页。有人认为权利能力是主体地位在民法上的肯认，即为同义。参见〔日〕星野英一《私法中的人——以民法（转下页注）

式结构具有极大的关联，并因此而产生了民事主体结构形式的“二元论”与“三元论”之争。

二元论者认为：民法上仅有两类主体，要么是自然人，要么是法人，不存在第三类主体。像合伙这样的团体不能成为一类独立的民事主体，仅仅可称为“无权利能力的社团”。[①]因为合伙等团体本身不能独立享有权利或承担义务，以合伙的名义取得的财产归属各个合伙人共同共有，而合伙的债务由合伙人负担连带责任，并且，在我国及其他国家，合伙均不是一类独立的纳税主体，这就与法人这种团体有本质的区别：以法人的名义取得的财产直接归属于法人而不是其成员，法人的债务归属于法人而不直接归属于其成员。因此，合伙这种团体不是一种独立的民事主体。

三元论者认为，民法上的形式主体有三类：一为自然人，二为法人，三为合伙等团体组织。其理由是：以合伙为代表的第三类主体，虽然不能独立享有权利承担义务，但这与其主体地位无关，法律地位与责任是毫不相关的事情。

德国学者多主张二元论，[②]而我国学者多主张三元论。我个人认为，合伙等团体无权利能力，且合伙既没有独立于合伙人的意思机关、代表机关、执行机关，也没有自己独立的财产与独立的责任，[③]因此不能作为一种独立的民事主体。

（二）民法上的人的差异

如果我们用非抽象的生活世界的视角看待自然人与法人，会觉得二者

（接上页注①）财产法为中心》，王闯译，载梁慧星主编《民商法论丛》第8卷，法律出版社，1997，第156页。我国学者尹田认为：德国人为了满足德国民法典在形式结构方面的需要，创立了“权利能力”一词，从技术上解决了自然人与法人在同一民事主体制度下共存的问题，从而避开了主体的伦理性。但主体地位（人格）同权利能力是不一样的。摘自尹田2004年5月20日在中国政法大学的讲座“论法人人格权”。笔者十分同意尹田的分析，但笔者认为权利能力是主体地位在民法上的标志，至少从规范角度上看，大概不会错。

① 德国民法典第54条。

② 〔德〕卡尔·拉伦茨：《德国民法通论》，王晓晔等译，法律出版社，2003，第56页。

③ 对此，我国合伙企业法充满矛盾。根据此法，合伙企业有自己独立的财产，但无独立的责任。但是，如果不能独立承担责任，独立的财产在法律上就没有任何意义。应当特别指出的是，德国判例与学理有承认无权利能力的社团是主体的倾向。参见〔德〕迪特尔·梅迪库斯《德国民法总论》，邵建东译，法律出版社，2000，第38页。这强烈反映出民法向经济合理性妥协的趋势。

差异太大：自然人是一个活生生的人，而法人根本就不是“人”，而是由活人创造的“特殊物”。物何以在民法上被赋予权利能力而具有法律地位？为什么一个自然人作为民事主体负担债务时，承担无限责任，而作为公司的股东对公司债务承担有限责任？一个有限责任股东在公司赢利而分配利润时，为什么不是有限利润？风险有限而利润无限是否合理？

另外，自然人与自然人之间、法人与法人之间存在如此大的差别，而民法却坚定地声称“民事主体一律平等”。那么，这些如此不同的民事主体是如何以及以什么样的原则被统一到民法典中的？对此，我们不得不到理性的世界中寻找答案。

二　民法上的人的理性基础

（一）民法上的人的理性标准

有的学者这样表达民法上的主体结构：只有人格人是法律主体，人并非必然是法律主体。[①] 人只有具备了相应的条件才能被法律认可为人格人而具有民事主体的地位。德国学者拉伦茨指出：对我们整个法律制度来说，伦理学上的人的概念须臾不可或缺。这一概念的内涵是：人依其本质属性，有能力在给定的各种可能性的范围内，自主地和负责任地决定他的存在和关系，为自己设定目标并对自己的行为加以限制。这一思想既源于基督教，也源于哲学。[②] 而康德与黑格尔的理性与意志学说，对整个民法的法典化构造产生了巨大的影响。

康德认为，没有理性的东西只具有一种相对的价值，只能作为手段，因此叫作物。而有理性的生灵叫作“人”，因为人依其本质即为目的本身，而不能仅仅作为手段来使用。无论是你自己，还是任何其他一个人，你都应将人类看作是目的，而永远不要看作是手段。那么，何为理性呢？在康德看来，理性不仅是指人类认识可感知世界的事物及其规律性的能力，而且也包括人类识别道德要求并根据道德要求处世行事的能力。道德要求的本质就是理性本身。人类的这种绝对价值，即人的尊严，就是以人所有的

① 〔德〕罗尔夫·克尼佩尔：《法律与历史》，朱岩译，法律出版社，2003，第59页。

② 〔德〕卡尔·拉伦茨：《德国民法通论》，王晓晔等译，法律出版社，2003，第46页。

这种能力为基础的。[①]

黑格尔认为，人格的要义在于：我作为这个人[②]，在一切方面都完全是被规定了的和有限的。当主体用任何一种方法具体被规定了而对自身具有纯粹一般自我意识的时候，人格尚未开始，毋宁说，它只开始于对自身——作为完全抽象的自我——具有自我意识的时候，在这种完全抽象的自我中一切具体限制性和价值都被否定了而成为无效。所以在人格中认识是以它本身为对象的认识，这种对象通过思维被提升为简单无限性，因而是与自己纯粹同一的对象。个人和民族如果没有达到这种对自己的纯思维和纯认识，就未具有人格。自在自为的存在的精神与现象中的精神所不同者在于：在同一个规定中，当后者仅仅是自我意识，即对自身的意识，仅按照自然意志及其仍然是外在的各种对立的自我意识，前者则是以自身即抽象的而且自由的自我为其对象和目的，从而它是人。按照黑格尔的观点，法律上的人即人格人是一种被规定了内在特质的人，即理性意志的抽象的人。现实世界生活中的人，只有认识到并达到这种纯粹抽象的人的标准时，才是法律上的人，并且才具有意志的自由。因此黑格尔总结说：人实际上不同于主体，因为主体仅仅是人格的可能性，人是意识到这种主体性的主体。[③] 那么，接下来的问题自然就是探讨自然界中的人与康德及黑格尔学说中的人格人（法律上的人）的差别，从而探求人是如何被规定的。

（二）现实中的人与理性的并具有主体性的人的区别

从康德及黑格尔的论述中，我们看到，我们每个人并非必然为法律上的人，[④] 要达到这一主体性标准，就必须按照“被规定了的标准”“克己复礼”。诚如学者所言：就如同人格人的自由与人的自由不重叠一样，人格人的概念同人的概念也不重叠。人的本质是吝啬、贪婪、残忍、背信弃

---

① 康德语，转引自〔德〕卡尔·拉伦茨《德国民法通论》，王晓晔等译，法律出版社，2003，第46页。

② 包括法律上的人或者人格人。

③ 〔德〕黑格尔：《法哲学原理》，范扬等译，商务印书馆，1995，第45页以下。

④ 这一点在奴隶社会中表达得最为充分：奴隶是自然世界的动物意义上的人，但不是法律世界的人。而在今天，由于出生这一简单的事实就可以使人进入法律世界，使一个自然世界的人无障碍地成为法律主体，因此，自然世界的人与法律世界的人的原则区分被忽视了。但是，作为自然意义上的有各种爱好的人，与民法上被规定了“爱好”的人，还是有本质区别的。

义、脆弱、轻率、狡诈等，并且人自身利益不能胜任社会交往。关于人的特征的判断总是那么悲观或者乐观，这引人注目。没有人认为，法典应描述这里的人的“天生的自由”……经验的人存在偏好、欲望和所有的“主观原因”，具体的我想要这个那个，有需要、兴趣和念头。正因为如此，我们人性中愚昧的、无法接近的部分遵循兴趣原则并追求对欲望的满足，其无法开启“共同的意志”，该黑暗的、无法接近的部分致使“逻辑的思想法则”无法生效，从而必须在耗尽心血的文化劳动中对其加以遏止、限制，为了一个新的目标而使该部分可以利用，并且部分地加以抑制，以帮助达到锲入“现实原则”。[①] 因此，教育家、法学家和哲学家的一个重要任务，就是要把经验世界的人变为法律与道德上的人格人。

（三）人通过“手术”被改造为法律上的人——法律主体（人格人）

现实生活中的具体的个人私欲膨胀，无理性意志，因而需要通过手术对之进行改造，方能变为构建民法所需要的具有主体性的人格人。对此，有两种“手术”方法可达致此目的。

第一，通过切断情感并纯化意志而使人符合理性标准。

法律上的人格人（民事法律主体）的所谓意志涤净了个性、偏好、欲望和性欲，其是作为理性、作为道德……只有通过非感性的决定基础强迫而行为的人才是自由的，并且这只能是人，只要他通过理性的内在立法约束住情感并基于此种方式成为道德律令之下的一个理性的物，即作为人格人除了受制于（自己单独或至少同时和他人）所给出的律令外，不受制于其他任何律令。因此，其行为是可以归责的。人格人通过其理性认识并认同作为自然法的私法的约束，并且能够依据一条可以被视为普遍法则的最优化而加以行为……为了形成秩序，主体将相互施加的强制理解为自由的共同法则。真实的人类自由既不等同于毫无条件，也不等同于纯粹的意愿，而是等同于经由理性的人的决断对内在于或外在于我们的本性的控制。根据黑格尔的观点，当人约束住他的情感时，他就达到了最高境界，即具有人格人的内质，这就是成熟年龄的、思想健全的睁开眼的传统的民

① 〔德〕罗尔夫·克尼佩尔：《法律与历史》，朱岩译，法律出版社，2003，第 81 页。

法上的人。[①]

通过以上手术，人的灵魂已经被升华到一个被预先规定了的理性人的标准，其作为活生生的人的所有的个性、爱好等已经被切除。但是，其意志脱离躯体，则必须经过第二次手术。

第二，通过"经验的"与"思维的"区分，使人灵魂出壳，成为真正的理性人。

根据康德的观点，道德的人格就是道德律令之下的理性本质的自由。这些必须以完全先验的依据人的本质即独立于具体条件的人格加以想象，并区别于个人。而在道德的或法律的人那里这点得到了实现：道德的或法律上的人是唯一的、独立于具体规定的、纯思想建构的、思辨想象中的人。[②]

这种将"经验的"与"思维的"相区分的做法对民法上的主体与客体的认识具有十分重要的意义。它使得财产脱离其具体形态而通过价值等值化，并使得无体财产权的概念得以产生。对于主体而言，人通过这种区分，将一个抽象的思辨中的人树立于民法之中，从而使理性贯彻变得容易，并用"理性人"的标准将人在法律上统一起来。因此，现实世界中的人，无论男女老少，都是一样的法律上的人格人。

我们清楚地看到，通过上述两次手术之后，法律上的人不再等同于现实世界中活生生的人，而是一个被掏空了五脏六腑、无血无肉、没有自己意志而仅有符合"被规定了的共同意志"的意志之人。就如德国学者兹特尔曼（Zitelmann）所指出的："人格是意志的法律能力，人的肉体是其人格的完全不相关的附庸。"[③] 因此，法律上的人是思辨中的人，是民法非感性的法律主体的典型。法律上的人不必通过拟制与人等同，或者根本不必通过人的生活加以填补，也不必被提炼成为一个较多的组织的生命单元，相反，经验中的人必须致力于约束、抑制其感情与情感，以成为道德与法律上的人。[④] 所以，民法典是不知晓农民、手工业者、制造业者、企业家、劳动者之间的区别的，私法中的人就是作为被抽象掉了各种能力和财力等

① 〔德〕罗尔夫·克尼佩尔：《法律与历史》，朱岩译，法律出版社，2003，第77页以下。

② 〔德〕罗尔夫·克尼佩尔：《法律与历史》，朱岩译，法律出版社，2003，第84页。

③ 转引自〔美〕约翰·齐普曼·格雷《法律主体》，龙卫球译，载《清华法学》第1卷第1期，清华大学出版社，2002，第233页。

④ 〔德〕罗尔夫·克尼佩尔：《法律与历史》，朱岩译，法律出版社，2003，第87页。

的抽象的个人而存在的。[①]

(四) 民法上的理性人的客观性及其在民法制度构建中的影响

1. 民法世界中主体的客观性

现实世界中的人是千孔百面的，而以理性为基础构建起来的法律世界的人则是无任何色彩的，这就必然导致法律主体的客观性及机械性。

德国学者齐美尔曾经描述过这种客观与机械化的场景：现象的形形色色被回归到一个此岸本质的单元，民法的交易形式褪掉了单个的偶然性，并创造了等量、客观一般性，交易使得物脱离了其融入主体性中的性质，价值变得超越主体、超越个体。货币作为替代性、无质量性、无差别的最纯的形式组织交易，并就此不仅组织交易客体的替代性，而且还组织交易主体的替代性。在满足形式的分化中，需求也在发生变化，情感在表现的客观化中淡化，人的关系在交易的抽象化与一般化中变得理性。生活自身客观化与对象化，物使得个人进入了物的文化。人被完全设定为目的的与方式的范畴。[②] 也就是说，法律的这种对人的抽象化与思辨化使得现实世界中复杂的人与人之间的关系简单化、客观化，人与人之间的关系仅仅依赖价值而联系起来，并且能够以货币衡量。在这种关系中，因所有物与劳动都可以用货币为媒介等量化，因此，没有什么是不可以替代的。更为重要的是，欲望与理性清晰地被区分为人本质中被唾弃的部分与神圣的部分，理性取代上帝意志而成为实证法的核心。非常明确，人们偏爱理性。在此岸，理性完全导向于人格人与客观世界。通过近代自然科学因果律的方法，人们研究、测量、权衡并审查该人格人和人的客观世界。中世纪的“世界本身”从学术中消失了。精确到法律，这是寻求社会关系平衡的先验标准的终点，这意味着，驱逐上帝，并以一个独立于上帝意志的人类理性取代上帝。[③] 通过在个体之上添加人格体可能导致所意识的世界破裂，这虽然是理论的构造，但是并非脱离日常生活，而是以格言形式为人熟

① 〔日〕星野英一：《私法中的人——以民法财产法为中心》，王闯译，载梁慧星主编《民商法论丛》第 8 卷，法律出版社，1997，第 168 页。

② 〔德〕罗尔夫·克尼佩尔：《法律与历史》，朱岩译，法律出版社，2003，第 88 页。

③ 〔德〕罗尔夫·克尼佩尔：《法律与历史》，朱岩译，法律出版社，2003，第 92 页。

知："心灵固然愿意，肉体却软弱了。"[①]

虽然有人批评这种做法，认为没有什么比这样一个理论更加对立于历史与事实的现实性，该理论将客观法律公然定义为一个"精神的自由"的实践，将主观权利定义为"意志的情结"。从道德上讲，在组织机体之外的人是另类。与此相适应，个人的法律遵循集体的法律，物理的人的法律遵循道德的人的法律。[②] 但确定的是，这些并没有动摇一个民法理论、一个反对人们对其加以论证的民法理论，该民法理论以其反反复复主张的观点——私人自治中人类的自由，打击那些主张结构与功能的人。[③] 民法中的人，犹如一幅理性勾画出来的人的画像，挂在民法的圣殿中，尽管其来源于人的形象，但不是真实的人。诚如学者所言：人格体是一种"当为"（即规范要求下的理性行为）的形式，即一种客观的构造。[④]

2. 理性人对民法制度构建的影响

从哲学的角度，人格人（法律主体）构造的积极意义在于，通过设立一个人格性的世界来达到控制个体的目的，并为个体提供其需要的安全。一方面，每个自然意义上的个人的行为模式与偏好不同，使得法律对人的政策制定和控制变得不可能。另一方面，每个自然意义上的个人的活动方式与特性差别太大，因而具有不可预测性，对其他人的存在构成危险。而人格人的构造，统一了人的行为模式与特性，不仅使法律政策的控制变得容易，而且使每个人的行为具有可预测性，从而为人们提供了自然世界中无法提供的安全。这也恰恰符合制度经济学关于制度功能的赞许：制度之所以重要，是因为所有人际交往都需要一定的可预见性，当人们受规则（我们将其称为制度）约束时，个人的行动就较可预见。[⑤]

人格人，即民事主体的理性创造，使得法律上的人成为思辨中的人，它不仅使非人的组织可以成为主体，而且，用一种可以量化的标准将人的行为统一到限定的有目的的秩序中去，从而使得对人与人之间关系的评价变得可能与容易。民法上的意思自治与过错归责原则都是依人格人构建出

---

① 〔德〕京特·雅科布斯：《规范·人格体·社会》，冯军译，法律出版社，2001，第38页。

② 〔德〕罗尔夫·克尼佩尔：《法律与历史》，朱岩译，法律出版社，2003，第83页。

③ 〔德〕罗尔夫·克尼佩尔：《法律与历史》，朱岩译，法律出版社，2003，第90页。

④ 〔德〕京特·雅科布斯：《规范·人格体·社会》，冯军译，法律出版社，2001，第88页。

⑤ 〔德〕柯武刚、史漫飞：《制度经济学——社会秩序与公共政策》，韩朝华译，商务印书馆，2000，第1页。

来的制度。

人既然是有理性的，他便有能力去独立地创设一种有利于自己的权利义务关系。承认意思自治，就等于承认了人的理性能力。因此，那些尚无理性的人就被排除在意思自治的大门之外，并用代理或者监护制度去弥补这种不足。

人既然是有理性的，那么他便是可以归责的，即其意志的不良状态就可以被归于责任由其承担。在这里我们不得不再一次提到康德的论述：人通过理性的内在立法约束情感并基于此种方式成为道德律令之下的一个理性的物，即作为人格人除了受制于所给出的律令外，不受制于其他任何律令。因此，其行为是可以归责的。为了形成秩序，达到可预见性、自治的无私和能力，对情感中信马由缰的意愿进行规制，主体将相互施加的强制理解为共同法则。[①] 即符合这种“共同法则”的人才是自由的，在此法则允许的范围内，即使对他人造成危害，也不能将责任归结于他，因为其行为为理性所容许。如果超出这种“共同法则”，那么其指挥行为的意志即为不良状态，就应将责任归结于他。问题是用一种什么样的具体参照去衡量是否符合“共同法则”。许多立法、判例与民法理论创造了一个“共同法则”的化身与代言人——理性第三人。如果一个人的行为符合“理性第三人”标准，则不予归责，否则便予以归责。根据通说，这种“理性第三人”是仿照罗马法上的“善良家父”的形象创造出来的。但我们必须注意的是，这样一个“理性第三人”是客观的而非主观的，他在现实世界中根本就不存在。正如学者所言：理性的自然人的典型是这样被刻画，法典将该概念非人化，并且导入了交易中必要的注意的客观一般性。现在，经过司法判例，交易中所要求的必要的注意中所剩余的主观部分被剔除出去了。[②]

经过这样的理性处理之后，现实世界中具体的人的行为就被一种规范中的“法则”所约束，并在这种理性法则中统一了人们的行为，使一种秩序成为可能并变得容易。法官在裁决案件中，当事人是否能够预见、是否应当预见以及是否具有自治的能力，不必去询问具体的行为人，只要问

---

① 〔德〕罗尔夫·克尼佩尔：《法律与历史》，朱岩译，法律出版社，2003，第 77 页。

② 〔德〕罗尔夫·克尼佩尔：《法律与历史》，朱岩译，法律出版社，2003，第 123 页。

“理性”（其代言人就是理性第三人）即可。

三 法人的理性说明

（一）法人意志的说明障碍

以理性人为标准构建的民法体系看起来是严密的：权利为意志的自由，该意志自由即为人，并且只有人是意志天赋的。单个法律关系作为人格人与人格人之间的关系，通过一个法律规则加以确定。① “为了法律权利得以实现，意志是必要的，故一如法律权利之实现所关涉的程度，主体必须具有意志。”② 法律主体与意志、理性天赋的人格人与人无条件地等同在法学理论中得以贯彻。但是，在解释下述两个问题时，这种“理性－主体－意志”的图式将变得困难：第一，如何解释在现实生活中存在的无意志而仅仅是财产集合的法人？其理性来自何方又如何决定？第二，每个自然人的权利能力因天赋而统统被称为民事主体，那么未成年人、具有精神障碍者显然是没有理性的，但他们却是民事主体，那么其“主体性”与“无理性”的矛盾如何解释？

（二）法人的各种理性说明理论

1. 拟制说明理论

拟制在说明将意志归属于一个无意志的主体方面有较强的说服力。根据德国学者耶林的阐述，存在两种拟制：一种为历史拟制，另一种为独断拟制。

所谓历史拟制，是指将新法添加到旧法中去而无须改变旧法形式的一种拟制。③ 其作用是将一项原本不属于该诉讼范围内的事件通过拟制归属于诉讼范围，从而允许原告提起诉讼。“英国的判例法与罗马的‘法律问答’都是以拟制为基础的。在这两种情况下，法律已经完全被改变了，而

① 萨维尼语，转引自〔德〕罗尔夫·克尼佩尔《法律与历史》，朱岩译，法律出版社，2003，第64页。

② 〔美〕约翰·齐普曼·格雷：《法律主体》，载《清华法学》第1卷第1期，清华大学出版社，2002，第232页。

③ 〔美〕约翰·齐普曼·格雷：《法律主体》，载《清华法学》第1卷第1期，清华大学出版社，2002，第234页。

拟制使它仍旧和改变以前一样。为什么各种不同形式的拟制特别适合于社会的新生时代，这是不难理解的。它们能够满足并不十分缺乏的改进的愿望，而同时又可以不触犯当时始终存在的、对于变更的迷信般的嫌恶。"①这样一种拟制，在今天法律体系相对完善的情况下，已经很少适用。

所谓独断拟制，是指将所认识到的并确立起来的原则置于最便利的形式下，而不是在旧法罩子下引入新法。② 比如，在正常生物人的情形下，经社会授权唯一可以对其权利予以主张的是权利人自己，但在非正常生物人的情形下，被授权可以这样做的不是权利人自己，而是别的某个人，这样的人是谁，是由各个特殊体系的规则决定的问题。当我们说事实上属于他人基于代理所践行的意志就是权利持有人的意志时，拟制就发生了——此时我们将另一个人的意志归属于他。通过归属的方法，将正常的生物人和非正常的生物人的权利放在一起是合适的。因为权利赋予所保护的利益在两种类型里都是相同的，而且从权利行使中获致的结果在两种类型里也都相同。③

在自康德哲学以来形成的"理性-主体-意志"图式下，无意志的团体要成为主体显然存在较大的困难。蔡勒认为：理性的存在，只有在决定自己的目的，并具有自发地予以实现的能力时，才被称为人格（主体）。④受康德哲学强烈影响的萨维尼更是认为：所有的权利，皆因伦理性的内在于个人的自由而存在。因此，人格、法主体这种根源性概念必须与人的概念相契合。主体需要有意志，而法人没有意志，如何将个人的意志粘贴到法人上去而成为法人的意志，从而为法人的存在提供合理依据，就成为理论急需解决的问题。在这种情况下，人们就从古代法中召回了拟制。法律主体即法律权利或者义务主体，被相信为某些人或者某些实在物。对于法人这种抽象事物的认识能力——这种抽象事物是所有感官都不能感觉到的，但它却以人作为其可见的组织机构，而且尽管其本身没有意志与激

① 〔英〕梅因：《古代法》，沈景一译，商务印书馆，1959，第16页。

② 〔美〕约翰·齐普曼·格雷：《法律主体》，载《清华法学》第1卷第1期，清华大学出版社，2002，第237页。

③ 〔美〕约翰·齐普曼·格雷：《法律主体》，载《清华法学》第1卷第1期，清华大学出版社，2002，第238页。

④ 〔日〕星野英一：《私法中的人——以民法财产法为中心》，王闯译，载梁慧星主编《民商法论丛》第8卷，法律出版社，1997，第163页。

情，却可以将人的意志和激情归属于它——是人类天性中最奇妙的能力。对于法人而言，不存在什么特别之处，其对另一个人意志的归属与亲权人意志归属于未成年人的情形，具有相同的特征。用怎样的程序允许该归属出现于此类或者彼类的情形，是一个实在法问题。对于所有法律主体（不包括正常的自然人）都有相同的拟制，即将一个人的意志拟制给自己之外的某人或者某物。无论是他、她或者痴呆者，马、轮船还是社团，这一步跨越起来难度都是一样的。无论是痴呆者，马、轮船还是社团，都不具有真正的意志。但对于法人，有一项额外的拟制，表现在形成了自然人的意志可以归属之的实在物。[①] 因此萨维尼之“法人的法律人格并非源于法人的本质而是为法律所拟制”的论述被称为经典。

当然，在民法理论上，法人究竟是拟制实体还是实在物，存在争议，但这种争议在法律实践上没有任何意义，自然人的意志能够被归属到法人之上，都是拟制的结果。[②]

2. 秩序说明理论

这一说明理论的代表人物为汉斯·凯尔森。凯尔森认为，法人只不过是调整有些人行为的秩序的人格化而已，即是对所有那些由秩序所决定的人的行为提供归责的共同点。狭义的、技术意义的“法人”的典型就是社团，但社团并不是一种个人的有组织的团体，而是人的组织，即是调整人的行为的秩序。因此，“人们组成社团”或者“属于社团”这种陈述，不过是他们的行为是由构成社团的法律秩序所调整这一事实的一个很形象化的讲法而已。除了法律秩序之外，就没有什么共同体，没有什么社团。

社团之所以被认为是一个人，就是由于法律秩序规定了某些权利与义务，它们关系到社团成员的利益但又似乎并非成员的权利与义务，因而就被解释为社团本身的权利和义务。几个人只有当他们已经被组织起来，仿佛每个人关于别人都有特定的功能时，他们才组成一个集团、一个联合。当他们的相互行为由秩序、规范制度所调整时，他们才被组织起来。构成这一联合，使几个人组成一个联合的，就是这种秩序，或者说是这种组

① 〔美〕约翰·齐普曼·格雷：《法律主体》，载《清华法学》第 1 卷第 1 期，清华大学出版社，2002，第 245 页。

② 〔美〕约翰·齐普曼·格雷：《法律主体》，载《清华法学》第 1 卷第 1 期，清华大学出版社，2002，第 245 页。

织。这一联合具有机关的意思同组成联合的人由一个规范所组织的意思正好是一样的。构成社团秩序或者组织就是社团的法律，社团的所谓章程，即是调整社团成员行为的规范的总和。这里应注意的是，社团只有通过它的法律才算在法律上是存在的。社团及其法律、调整某些人行为的规范秩序以及由秩序所构成的联合体，并不是两个不同的本体，它们是等同的。说社团是一个联合或者一个共同体，只不过是表示秩序的统一体的另一种方式而已。人们只有在他们的行为受联合的秩序所调整时，才属于这一联合或者组成这一联合，当他们的行为不受秩序调整时，人们就不属于联合。人们只有通过秩序才被联合起来，他们共同有的就是调整其相互行为的规范秩序。[①]

凯尔森通过论证认为，所谓“自然人”的概念也不过是法学上的构造，并且其本身完全不同于 man 的概念。所以，所谓“自然人”其实就是一种“法”人。如果说“自然人”就是“法”人的话，那么在“自然人”和通常被认为的“法人”之间就不可能有什么实质性的差别。传统法学确实倾向于承认所谓自然人也就是一个法人，但在界说自然人是人（man），而法人则是非人类的人（non-man）时，却又模糊了这两者实质上的相似性，man 和自然人之间的关系并不比 man 和技术意义上的法人之间的关系来得更密切。每个法律上的人归根结底是一个法人。因此，自然人与法人人格化的基础在原则上是相同的，只是在以统一性给予人格化了的规范综合体的因素之间才有差别。

凯尔森还强烈批评了将意志拟制于法人，或者将法律主体与意志联系起来的观点。他指出：法人的真正性质之所以通常被人误解，就是由于人们对于什么是自然人有不正确的想法。人们推定，为了要成为一个人，个人一定要有意志。根据定义，个人具有义务和权利，则被错误地解释为他具有可以用以创造和追求义务与权利的一种意志。结果，人们就认为社团为了要成为法人也就一定要有意志。可是，大多数法学家认识到一个法人不可能有个人意志这种意义上的意志。所以，他们就解释说，人（即法人的机关）以“法人”的名义，代替法人表明意志，而法律秩序则赋予这些

---

① 参见〔奥〕凯尔森《法与国家的一般理论》，沈宗灵译，中国大百科全书出版社，1996，第 109 页以下。

意志宣告以创造法人义务与权利的效果。机关的意志“归诸”社团，就像监护人的意志归诸他的被监护人一样。[①]

凯尔森认为，社团是具有真正意志的真正存在，同导致原始人以“灵魂”赋予自然中的事物那种万物有灵论的信念是一样的，这种法学理论将它的对象双重化起来。一个调整人的行为的秩序先被人格化，然后这一人格化又被认为是一个新的本体，它不同于个人但仍然是由他们在某些神秘的式样下“组成”的，这一秩序所规定的人的义务与权利，因而也就被归诸超人类的存在、由人所组成的超人。这样一来，秩序就被实体化起来。这就是说，使秩序成为一个实体，而这一实体又被认为是一个分立的东西、一个与秩序以及其行为由该秩序调整的人有所不同的存在。[②]

凯尔森是纯粹法学的代表人物，其从法律秩序角度阐述的法人的本质，反映了其纯粹法学的观点。但这种解释对于我们从另外一种视角观察法人，却有启迪。

3. 人与财产的实质区分理论

德国学者认为，有限责任作为新时代最伟大的发现，甚于蒸汽机与电力，是促进资本主义的动力。但是，法学理论仍然局限于“人－意志”的图式，抱怨法人的概念，争论法人这种超越个人意志与作用的单位的自由与责任形成了两个对立的学派。一个学派认为，权利能力与“人的概念”具有因果关系，只有现实的人格人（自然人）才能为人；而法人，其仿佛是人，但其实不是道德的，更不是一个神秘的超人，而是拟制的、一个能够拥有财产的、人为设定的主体，其天生无行为能力——行为要以一个思想的、意愿的物体、一个单个的人为前提——应由公司章程所确定的代理人加以补充。[③] 这一理论学派通常被称为“法人拟制论”学派。应该说，“法人拟制论”有着深厚的哲学基础与伦理基础，其最具有说服力的恰恰是将自然人与法人分离，将自然人放在了一个比法人更高的位置上，以体现民法的人文主义精神。因此，这一学说到今天为止，仍然具有很

① 参见〔奥〕凯尔森《法与国家的一般理论》，沈宗灵译，中国大百科全书出版社，1996，第120页。

② 参见〔奥〕凯尔森《法与国家的一般理论》，沈宗灵译，中国大百科全书出版社，1996，第121页。

③ 〔德〕罗尔夫·克尼佩尔：《法律与历史》，朱岩译，法律出版社，2003，第68页。

强的影响力与学术支持。故德国学者带着批评的口吻说：直到今天，人们还没有改变这种观点，即法律上的私人自治为生活塑造了一个范围，并基于此种方式，将私人自治保留给了自然人，而对于市场中强大的资本公司的实践和平凡的事实，法学理论却熟视无睹。[①] 与此相反的一派通常被称为“法人组织体论”，认为法人并非在人之外拟制的人，社团、公司自身就是一个现实的人，组织整体上的一个独立人格，同个人一样，是一个身体精神的单元，甚至是高于个人的生命单元，即法人是一个有生命的机体，在其机体活动中法人直接看起来也如同人的嘴在说话或者手在动一样。[②] 实际上，这不过是另外一种拟人化的比喻，只不过是在现实之上安置了一幅图画。但令人惊异的是，这种显然矛盾的关于法人作为有器官的、有生命的机体的观点竟然在过去如此成功！其实，即使当代的有机体论的捍卫者已经抛弃了生物化的外衣，并且使有机体论接近一个广泛的代理权理论，它也绝不可能成功。凯尔森虽然力图通过秩序理论来替代主观法与客观法之间的二元主义，但他并没有做到，其所要求的是另外一种非物理的方法，即“思想手术”的方法。[③]

罗尔夫·克尼佩尔在批评了他人的理论之后，对法人的本质提出了自己的观点：法人的本质在过去和现在都是对财产所加的法律定义和法律调整，而不是对身体体格的定义与调整。相反，法律的本质是对财产加以组合、分割并服务于特殊目的。但经常被忽视的是一个极其重要的先于主体划分的对许多人来说意味着实质解放的原则区分：相对于人的财产的独立化，即将人的财产与人本身相分离。该原则区分在19世纪就得以实现，有限责任公司就是这种原则区分的最典型的表现形式，这是重要的一步，从而不仅使财产得以从其具体形态中解放出来并完整形成法人的抽象的特别财产，而且，这使得其本身及其物和其特殊能力，还有财产直至劳动力相对立。这种区分告别了一个整体的人的形象，也告别了资不抵债时人身奴役和奴隶制度的非法性后果。他进一步批评关于法人本质的两个学派：“法人的两个结构——拟制或者真实的社团人格——的论证都掉入了一个陷阱，即19世纪受启蒙哲学影响的法学思想所掉入的那个陷阱。此种观

① 〔德〕罗尔夫·克尼佩尔：《法律与历史》，朱岩译，法律出版社，2003，第69页。

② 〔德〕罗尔夫·克尼佩尔：《法律与历史》，朱岩译，法律出版社，2003，第69页。

③ 〔德〕罗尔夫·克尼佩尔：《法律与历史》，朱岩译，法律出版社，2003，第68、70页。

点，即所有权利根植于自由与平等的人并因为且只有人是理性的、所以所有权利以人为本……该理论与形而上学的教条没有接受在实践与学说中业已涌现的事实：不是具体的生活关系，而是抽象的财产关系，从商品生产到市场流通的抽象性和货币关系的客观化决定了市民社会及其法律的结构。”“古代罗马经济的法律将奴隶定义为活着的物，这并不是因为一个人类学上的错误判断……同样，市民的自由、平等、强制与不平等亦不是人类学上的发现。其实，这是规范的判决，该判决解决了人的所有权，确定了所有权产生抽象的价值，该价值在货币的客观标准中能够被相互比较，使得所有权必要的可交换性成为可能，并且抽象所有权的载体，在规范化过程中，所有权主体被定义为‘法律上的’人。对于（民）法而言，重要的是财产划分，而不是生物、机体或者身体。因此，对于规范的实践而言，其也容易将机体的与非机体的人都解释为法律主体而平等对待他们。”“学说汇纂学派理论及今天的法律实践都认识到：人在法律上被定义为法律主体，并且必须溶入到规范性中。此种定义仅在表面上、在一些因果关系中取决于具体的人性。当论及情感利益、非财产损害、侵犯人格时，在法律上不涉及机体内部的感觉，而是涉及以货币单位计量的客观价值，该价值使得受保护的法益成为可交易的商品，成为精神利益。在直索责任中，基于法人责任目的的独立性被打破、从而直索到法人的股东时，目标也不是股东的机体，而是替代承担责任的财产，股东仅是该财产的载体。”“作为物理的人的法律主体性与法人的法律主体性各自本身都是规范的、成文法的结构。为了此种身份，本质上不必同化、吸收该法人和自然人。”①

4. 小结

以上各种理论虽然各不相同，但都是在承认法人存在的前提下，从不同视角去为法人的存在寻找合理基础。法人拟制理论在以理性说明法人的合理存在方面，能够以“主体－意志－理性”公式一以贯之，具有逻辑的一致性，并且在价值说明方面有深厚的哲学基础。但是，法人拟制理论有一个难以解释的问题：为什么一个个人的意志能够被附着在法人身上而成为法人的意志？其根据是什么？正是在这一方面让凯尔森抓住了把柄，从而提出：这是法律秩序调整的结果。用通俗的话来说就是，法律让它是，

---

① 〔德〕罗尔夫·克尼佩尔：《法律与历史》，朱岩译，法律出版社，2003，第71—72页。

它就是，而无须玄而又玄地去“拟制”。但是，凯尔森的问题就在于用一个拟制替代了另一个拟制，就如德国学者对他的评价一样：凯尔森想扬弃主观法与客观法之间的二元主义，但他并未能做到，恰恰是在他自己的分析中，将法人之人与自然之人相区别。[①] 而与拟制理论相对立的法人实在说之所以获得成功的支持，大概在于存在于其背后的国家学说。国家在黑格尔哲学中，是绝对自在自为的理性的东西，国家是实体性意志的现实，当国家成为法人时，自然就是实在而非拟制的实体。而罗尔夫·克尼佩尔试图从另外一个角度完成凯尔森未能完成的任务，即改变二元的视角，从责任财产入手，去看待一个民事主体的存在及其合理性。无论是自然人还是法人，其财产而非其身体是对外承担责任的基础，因此，任何民事责任，无论是对于法人的还是对于自然人的，都针对其财产而不是其人身，故法人成为与自然人一样的主体，并不存在困难。特别是当货币出现以后，任何财产都可以以货币为媒介而抽象化、客观化，使这种法律结构变得更加清晰。

应该承认，康德哲学不仅在过去对于大陆法系民法典的影响甚大，时至今日这种影响仍然巨大，因此，“主体－意志－理性”公式在今天的法典及法学研究中仍有重要的地位：一个有理性的主体可以依据自己的意志构建自己的权利义务，法律不仅要保护这种可能性，而且要保护其真实性。所以，任何对理性的违反都将导致法律救济，如意思表示的瑕疵就是典型。这种公式清楚地表现在大陆法系许多国家民法典及其民法理论的“法律行为制度”中。即使在没有采纳法律行为概念的国家中，合同制度也足以体现这一理念。当社会经济生活的主体仅仅限于自然人时，这一公式所受到的挑战较少，主要体现在未成年人与精神障碍者身上，也就是说，一个具有精神障碍的人或者一个新生儿或者一个未成年人，显然不具有理性或者不具有完全理性，但他却是民事主体。于是，法律便创造出代理制度，法学需要解释的恰恰就是：代理人的行为结果是如何被归于被代理人的（精神障碍的人或者新生儿或者未成年人）？代理人的意志何以被当然地认为是被代理人的意志？因为这不符合理性原则，即一个人的行为的结果不属于自己而属于他人。对此，人们就用“拟制”的手段解释这一

① 〔德〕罗尔夫·克尼佩尔：《法律与历史》，朱岩译，法律出版社，2003，第68页。

现象。

在当时，宗教寺庙这类事物成为法律主体而拥有财产权利还在非常有限的范围内，而且其主要是消极地享有捐助财产的所有权，而不是经济活动的主体。因此，在法学研究中，对也有人提出的宗教寺庙的主体性疑问，往往是作为例外处理。但是，当法人特别是股东承担有限责任的有限责任公司出现并且日益成为经济活动的主体时，“主体-意志-理性”公式就受到了极大的挑战，康德的意志理论难以在主体的合理性说明方面一以贯之了。于是，人们长期以来就法人意志的来源及其合理性作出各种各样的解释与说明，来为这种势不可挡的存在物找出合理根据。

我认为，市民社会中的法人，首先在于经济上的合理性而非哲学上的合理性，如果想从哲学上为法人的存在寻找依据是徒劳的。例如，有限责任公司就难以从哲学上找出其存在的合理性。一个自然人，无论承担对外责任还是取得利益，都是无限的，这是符合自然理性的。而假如一个股东向公司投资 10 万元，在公司赢利并分配利润时，他可能分配得到 20 万元甚至更多而没有限制，而当公司亏损而承担对外责任时，为什么他承担的就是以 10 万元为限的有限责任？这难道符合自然理性吗？因此，有限责任公司存在的合理性不能从自然理性中寻找，仅仅能够从减少风险而吸引和鼓励投资的积极性方面去解释。今天，以有限责任公司与股份有限公司为代表的法人已经相当普遍地存在，故我们不能仅仅从康德哲学中寻找依据，就如德国学者所指出的：为了拯救自我表现决定、行为自由与意志权力的信条，诸理论试图采取一种结构，而该结构却是站不住脚的，在这里不必去拯救信条。与此相反，在真实的成文法那里，必然涉及组织财产流通和划分风险。成文法必须避开人的意志学说的陷阱。在规范上这是毫无困难并可以达到的。①

凯尔森与罗尔夫·克尼佩尔仅仅从法规范的角度来说明法人存在的合理性，极易被指责为法律实证主义。但对法人来说，法律承认之并对之规范，也许是法人存在的一种合理基础。法人存在的合理性不能从自然理论中为其寻找依据，只能从经济合理性上去寻求答案。所以，任何企图从意志——理性的方向为法人寻找根据的努力，都会予人以批评的口实。

---

① 〔德〕罗尔夫·克尼佩尔：《法律与历史》，朱岩译，法律出版社，2003，第 74 页。

四 对以理性为基础的民事主体平等制度的人文主义反思

如果一般地说，民法本身就是人文主义的，这大概不会错。的确，民法的权利本位、契约自由、过错责任等基本原则处处闪耀着人文主义的光芒。但是，当人们被抽空了所有的东西而仅仅剩下“意识”（不是具体的个别的意识而是以理性为基础的抽象的一般的意识）时，民法上的人就从千面百孔变为千篇一律的单元，在民法以“权利能力”将他们等质化、用“行为能力”将其再分类的过程中，人们所有的差别被忽略了。特别是人们通过拟制或者其他法技术创造出一个法人，在“民事主体一律平等”的旗帜下与自然人的同台演出，则更像在上演一出与狼共舞的人兽大战。在此，人们不禁生疑：将不同的人整齐划一是否真的是人文主义的体现？法人这种团体的出现是否会与民法的人文主义价值观背道而驰？

对于第一个问题，有人通过反思认为：在主张国家要积极地关心物质生产和职业活动的今天，在民事法律上是不能允许将一切权利主体一视同仁地对待的。我们必须给法律上的抽象人以及为进行论证而架空了的人穿上西服与工作服。① 我个人认为，这一主张的出发点是非常有说服力的，不同的人应当区别对待，这是理想的人文主义模式和法律政策模式，这恰恰与我国传统很是契合：我们的传统中医、私塾都是因人而异、因材施教的。但是，这种理想在法典化中却难以实现。法典是一个标准化的东西，它要求相同的事件要有相同的结果，从而使人们对自己的行为产生合理的预期，因此，给法律上的抽象人穿上西服的理想与法典化难以合流。这种观点也恰恰是看到了作为民事主体的自然人与现实生活中的活生生的人的严重脱节，看到了一般正义与个别正义的冲突，但这一理想如何在法典化国家中实现，诚有疑问。而所谓民法中的人文主义也恰恰是通过对这种抽象人的关怀而非具体个人的关怀体现出来，对不同的人进行同样的关怀，也许会让许多人感觉不到人文主义的温暖。

至于法人，是人们为了财产性目的或者其他非伦理性目的而创造的团

---

① 〔日〕星野英一：《私法中的人——以民法财产法为中心》，王闯译，载梁慧星主编《民商法论丛》第8卷，法律出版社，1997，第187页。

体，它确实体现了人们宪法上的结社自由的权利。但是，如果对自然人与法人的关系处理不当，则会损害自然人，从而损害民法的人文主义价值。我个人向来认为，人文主义中所谓“以人为中心”，不仅在强调人与神的关系中应当以人为中心，而且应当包括在个人与团体的关系中，也强调以人为中心，从而把个人从团体中解放出来。西方中世纪，宗教与世俗是两个不同的中心，宗教强调以神为中心而忽视人，而封建社会强调以团体为中心而将个人淹没在团体人格之中，人文主义恰恰在于在两极世界中都强调人的中心位置。法国民法典没有规定任何团体的法律地位，除了拿破仑害怕封建势力会借助于团体名义卷土重来以外，还体现了对人性的彻底解放，是真正将个人作为中心的法典。当后世的民法典创造了法人，而用“权利能力”的概念使自然人与法人作为平等主体而共居一室时，就使得实质的不公平与表面的公平距离被拉大。而法人这种团体借助于自身的强大势力，将自然人置于自己的统治之下。因此，1931 年英国学者垦卜·亚伦（Karleton Kemp Allen）为梅因的《古代法》作序时说：在今天，个人在社会中的地位越来越多地受到职业团体的支配，梅因“从身份到契约”的著名论断，将会有一天被简单地认为是社会史中的一个插曲。如果竟然是这样发生了，这究竟标志着社会的进步还是退化，是一个非常值得有思想的人研究的问题。[①] 垦卜·亚伦的担忧并非没有来由，现代民法已经充分注意到了自然人与法人的这种差异，而且在民法一般法或者特别法上予以矫正，如合同法对格式合同、格式条款的强制性规定，有关消费者保护方面的法律对法人科以更重的注意义务等，都是对自然人与法人不平等的关注以体现实质公平。如果说，在民法典上对于自然人难以做到“不同主体不同对待”的话，那么，在法人与自然人之间“不同主体不同对待”，在很大程度上是可以做到而且能够被人理解并接受的。

我想特别强调的是：如果将法人这种主体与自然人并列，就会破坏民法的人文主义精神，容易忽略个人的存在和价值。即使在规范角度上，自然人与法人仍然有着本质上的不同：自然人具有伦理性而法人全无伦理性，自然人除了追求物质以外，还有艺术、哲学、宗教等精神活动，自然人因其伦理性而永远是主体而不能成为买卖标的物。而法人这种东西虽然

---

① 〔英〕梅因：《古代法》，沈景一译，商务印书馆，1959，第 18 页。

是主体，但也可以被当作客体来买卖。我们不能不注意这种具有人文复兴色彩的提醒：由于对所有的人的法律人格即权利能力的承认成为民法典的规定从而成为实定法上的原理，得到从法律实证主义立场的承认，故而其自然法的基础却逐渐被忘却了。[①] 因而，在今天，有必要对人与人之外的存在加以区别而给予符合人的处理，对于自然人与法人应区别对待处理。[②]

① 〔日〕星野英一：《私法中的人——以民法财产法为中心》，王闯译，载梁慧星主编《民商法论丛》第 8 卷，法律出版社，1997，第 164 页。

② 〔日〕星野英一：《私法中的人——以民法财产法为中心》，王闯译，载梁慧星主编《民商法论丛》第 8 卷，法律出版社，1997，第 190 页。

第三编　法人的意思与机关

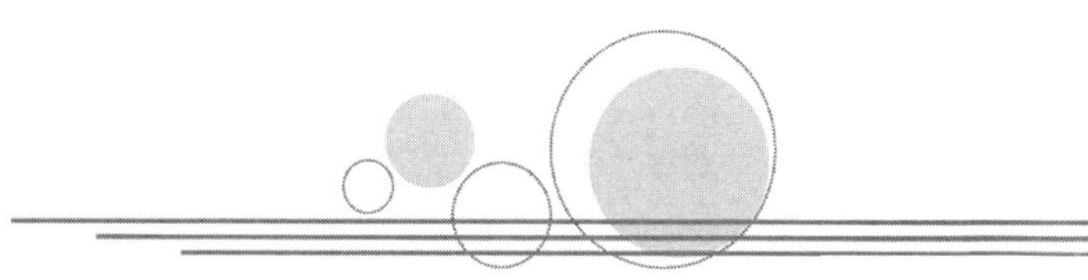

试论法人的机关、意思和过错*

马俊驹**

摘　要： 法人机关是指能够代表法人行使权利的机关，由集体的或单一的自然人组成。法人机关所为的行为即是法人行为。法人的意思是由法人创立人的意志决定的，严格限制在其章程和条例所规定的范围以内。企业中党委的指示和决议，不能成为法人意思本身，只有法人机关才能表现法人意思。法人机关如果违背法人意思，所为行为的法律后果应由他们自己承担。为便于民事流转的顺利进行，法人机关成员在执行法人职务时所表示的意思，应视为法人意思。法人机关成员和其他法人工作人员，在执行法人职务时所发生的过错，法人代理人在法人授权范围内的过错，即是法人过错。认定法人责任，必须贯彻过错责任原则。

关键词： 法人　法人机关　法人意思　法人过错

当我们和从事司法实践的同志一起讨论有关法人责任问题时，他们往往会提出：什么是法人机关，什么人是法人的代表人，他们在什么情况下才能代表法人；什么是法人意思，什么是法人机关的意思，什么是法人代理人的意思；什么是法人过错，什么人的过错可能成为法人的过错。这些问题是彼此密切联系的，它们不仅是有关法人责任的理论问题，也是司法实践中时常遇到的实际问题。本文试图对以上几个概念和问题，谈谈看法。

---

* 本文原载于《法学研究》1984 年第 4 期。

** 马俊驹，原文发表时为武汉大学法学院副教授，现已从清华大学法学院退休。

一　法人的机关

法人与自然人不同，它是一种抽象的生命，不可能自己进行活动。法人要行使权利，就必须设立由自然人组成的一定机关来行使。这种能够代表法人行使权利的机关，如管理委员会、董事会、厂长、经理、校长等，民法上一般称为法人机关；而组成法人机关的自然人，一般称为法人机关成员，他们是直接执行法人领导职务的工作人员。在外国，社团法人的机关通常又分为意思机关和执行机关，有的国家还另分有监察机关。其中，执行机关负责对内管理企业，对外代表法人意思和行使法人权利，是法人的全权代表。我们一般讲法人机关，就是指它的执行机关。

在以往民法学界，关于法人机关的学说有两种。

（1）代理说。认为法人没有行为能力，凡是代法人活动的自然人所为的行为，乃是自然人自身的行为，只是其法律后果直接及于法人。所以，他们把法人机关看作法人的代理机关，把法人代表人看作法人的代理人。

（2）代表说。认为法人不仅有权利能力，而且还有行为能力，凡法人机关在法人权利能力范围内所为的行为，就是法人本身的行为，自然其法律后果要由法人承担。所以，他们把法人机关和法人视为一体，两者只有一层人格。

以上两种学说，分别溯源于法人的拟制说和实在说。

我国民法学界一般认为：在理论上，法人不是主观虚构的拟制物，而是客观存在的经济实体。法人作为权利主体，也有自己的独立意志，这种意志又是由法人机关加以表现的。法人机关不是独立的权利主体，而是法人的有机组成部分。在实践上，如果运用代理说，把法人机关置于代理的概念以内，便取消了法人机关和法人代理人的区别，增加了法律关系的复杂性，不利于民事流转。而运用代表说，则不仅进行民事活动简便，而且便于发挥法人整体的主动性，利于企业的经营管理。现在，世界上一些国家，如德国、瑞士、日本、苏联等国民法，均采用代表说。在我国，关于法人机关代表说的理论，早已成为实践中和民法上的传统思想。

在我国，法人机关有时又叫法人的组织机构。它根据国家法律、法人章程或条例而设立，负责对内执行法人事务，对外代表法人意思。法人机关的组成，因法人的种类不同又有明显的区别。我们要划分法人与法人机关成员之间的责任，就须弄清什么是法人机关，什么人是法人的代表人，以及他们在什么情况下才能代表法人。

关于国家企业法人。多年来，我国国营企业实行党委领导下的厂长（经理）负责制。这种制度要求：企业的一切组织，必须置于该企业的党委统一领导之下；企业的一切重大问题必须交党委讨论、决定，由厂长（经理）按个人负责的原则组织执行。党委书记和厂长（经理），对企业的生产经营活动负有共同的责任。但在实际上，企业往往是由党委行使最高决策权和指挥权，厂长（经理）只是行使部分指挥权。从行使职权上看，党委成了事实上的法人机关。现在，在广泛的经济活动和司法实践中，许多人正是把企业党委看作法人机关，把党委书记看作法人代表人的。可见，现行的国营企业领导体制与运用民法调整企业经济活动之间，是不协调的，是有矛盾的。可以认为，国营企业是个既广泛又复杂的社会关系的综合，它的许多重要活动并不能包括在法人概念以内。企业党委是一个政治组织，它的任务应该是加强和改善党对企业的思想政治和方针政策的领导，保证和监督企业的各项工作不偏离党的方针和政策。从民法上讲，企业党委所进行的这些工作，并不属于法人机关的职权范围，也完全不必受民法的调整。所以，企业党委不应该是企业法人的组织机构，党委书记也不应该是法人的代表人。从实践上看，企业党委对外并不是以法人机关出面的，它不可能承担任何经济责任和法律责任；而厂长（经理）名义上是企业最高的行政领导，却又不具备全权指挥和代表者的权力，实际上又不能作为法人的代表人。因此必然造成权力与责任的分离，有权力的人没有责任，有责任的人没有权力，到头来还是没有人承担责任。所以，目前这种企业领导体制的状况，的确是需要认真探讨，尽快加以改进的。

1981 年 6 月，由中共中央、国务院转发的《国营工业企业职工代表大会暂行条例》规定，所有企业还要逐步建立和健全党委领导下的职工代表大会制。这种制度要求：职工代表大会在企业党委的统一领导之下，对企业行使一定的决策、管理和监督权。但是，就目前情况看，职工代表大会还不能对企业的生产经营活动行使决策权，对外也不能代表企业法人的意思，所以它不是法人机关。当然，今后随着国民经济的调整和经济制度的改革，职工代表大会的职权还可能逐步扩大，到那时，它有可能成为企业法人的意思机关，即法人机关的重要组成部分。不过，这毕竟是以后的事。

在我国法学界，许多同志认为，国营企业的厂长（经理）应该是法人机关，同时也应该是法人的代表人。他对内应有统一的生产经营指挥权，对外应有代表法人进行业务活动和民事诉讼活动的各种权力。目前，我国实行的企业领导体制，是按民主集中制原则建立起来的，厂长和副厂长（经理和副经理）分别要对党委负责，实际上，厂长和副厂长（经理和副经理）是权力平行的领导机构，他们都是企业法人的代表人。只是在具体的民事活动中，为了处理事务集中和方便，才在厂长或副厂长（经理或副经理）中指定、推选一人为法人的代表人。有的经济学家主张，国营企业应该实行一长制的领导体制，认为这样才能符合社会化大生产的客观要求，更能有利于生产的统一指挥，有利于各种责任制的加强。[①] 如果实行这种领导体制，副厂长（副经理）就要直接向厂长（经理）负责，当然厂长（经理）就是企业法人的唯一代表了。

关于集体企业法人和社会团体。这些法人原则上应设有社员大会或社员代表大会，这是法人的最高权力机关。在农村人民公社，社员代表大会或社员大会是法人的意思机关；人民公社各级管理委员会是法人的执行机关，或叫法人的代表人。在手工业合作社，社员大会或社员代表大会是法人的意思机关，理事会或管理委员会是法人的执行机关，即法人代表人。意思机关，行使审核生产和财政计划、支出预算和基本建设计划等重大问题的权力；执行机关，代表法人意思，实施各种民事法律行为。城镇大、中型集体企业，由于多年来形成的历史事实，它们组织机构的形式基本与国营企业相同，法人机关一般是指企业的管理委员会，法人代表一般是指厂长（经理）。今后，随着经济制度改革的不断深入，这些集体的企业也要建立职工大会或职工代表大会，并使之逐步作为法人的意思机关，而管理委员会应是法人意思的执行机关，即法人的代表人。这样使它们真正成为名副其实的集体法人组织。在这里，意思机关和执行机关都是集体组织的法人机关。另外，社会团体通常是在政治、道德、文化和教育方面进行

① 马洪：《关于改革工业企业领导制度的探讨》，《人民日报》1980 年 11 月 20 日，第 5 版。

活动的社会组织。它们为了完成自己的任务，还必须参加一定的民事活动。所以，社会团体必须要有自己的法人机关，负责对外代表法人意思，实施有关民事法律行为。它们的法人机关可以通过两种形式确定，一是在章程中直接加以规定，二是由它的领导机构加以授权。

在法人组织的许多活动中，如企业开展劳动竞赛、试行浮动工资制，事业单位进行科研和教学工作，社会团体开展学术活动，等等，并不是由法律调整的。在法律调整的范围内，有许多方面也不是由民法调整的，而是由其他法律部门，如行政法、劳动法调整的。实际上，享有法人资格的社会组织，只有参加一定的、被严格规定的活动，才受民法的调整。就是说，只有这些社会组织作为民事流转的参加人、作为财产权利和义务的体现者时，才以法人的身份出现在民事法律关系之中。同样道理，在这些社会组织领导人所进行的活动中，有许多方面并不是由民法调整的，如制订生产计划、组织生产和科研、组织文体活动、检查劳动纪律等。只有当他们在民法的调整范围内，代表法人参加民事流转和民事诉讼时，才是法人机关，才是法人的代表人。

法人作为民事权利的主体，在参加民事活动时，必须表示出自己的意思。而法人的意思又只能通过法人机关或法人代表人表示出来。法人代表人所表示的意思并不是个人的意思，而是法人的意思。正因为如此，法人代表人所为的法律行为，就是法人所为的行为，由此产生的法律后果应由法人承担。

二　法人的意思

严格说来，法人只有意思能力，而没有自己的意思，这就像法人有行为能力而不能自己实施行为一样。那么，我们通常说的法人意思是指什么呢？我认为，它应该是指以下两个方面的含义。

从实质上讲，所谓法人的意思，就是指在国家和法律的限制内，法人创立人的意思；或者说，法人的意思是由法人创立人的意志决定的。法人创立人可能是自然人或法人，也可能是国家。这里说法人创立人的意思或意志，并不是指参加民事活动的具体意思表示，而是指创立人创立法人时所确定的活动宗旨和方法。它们的这种意思，经国家批准承认之后，又以法人章程和条例的形式体现出来。所以，法人与自然人不同，它的意思是严格地限制在自己章程和条例所规定的范围以内的。在我国，国家法人的创立人是国家，自然体现的就是国家意志，集体法人的创立人是劳动者集体，自然体现的就是劳动者集体的意志。不难看出，法人创立人的意思，不仅是本身的意志，也是国家意志的表现。所以，如果法人机关违背了法人创立人的意志，也就违背了法人的意思，从而成为自己的意思。这时，法人机关成员所为的行为，已经不能代表法人，而只能代表他们自己；由此产生的法律后果，也应由他们自己承担责任。但是，这仅仅是问题的一个方面。

从形式上讲，法人创立人的意志，只能原则上为法人意思限定一定的范围或指明一定的方向，而法人每一个具体的意思表示，又要通过法人机关的意志加以实现。就是说，法人的意思还必须以法人机关的意思形式表现出来。非常明显，如果没有法人创立人的意志，法人意思就无所遵循；如果没有法人机关的意志，法人意思就无法实现，二者是相互联系的，是统一体。结合我国实际，这一认识符合社会主义计划经济的客观要求，符合对国营企业实行统一领导、分级管理的经济管理原则和思想。它既能体现国家的统一领导，保证国家计划的严肃性和统一性，又能体现企业的分级管理，调动各企业组织的积极性和主动性。由此可见，法人机关只要在法人创立人所希望达到的目的之内，即有全权代表法人表示意思、行使法人各项权利的能力。正是从这个意义上讲，法人机关的意思就是法人的意思。那么，法人机关的意思是指什么呢?

我们知道，法人机关是指法人的管理和代表机关，它是由集体的或单一的自然人组成。这些组成法人机关的自然人，一旦脱离自己个人的身份而以法人机关的面貌出现，便成为法人的代表。这时，他们的意思就被看作法人的意思。在由集体成员组成的法人机关中，各个成员固然在内部应有明确的分工，但是在对外的民事活动中，他们仍然是一个整体，每一个法人机关成员都能单独代表法人。法人也应对他们所表示的意思和实施的行为负责。只有在民事诉讼中，为了进行诉讼活动的方便，才必须由集体指定或推选一个成员作为法人代表人。现在，一些法人机关，借口没有经过集体研究，是个别成员的意思和行为，或借口是前任法人机关某些成员的意思和行为，而推卸法人责任的现象常有发生。在民事活动中，当事人双方都应该了解对方权利能力的范围，否则发生了财产损害，自己也是有责任的。但是，我们不可能要求任何一方，在参加每项民事活动时，还要查明对方法人机关成员的意思是否为法人真实的意思，以及预见该成员是否今后还继续是成员。同时，除了重大事务外，也不可能要求法人机关事事经集体讨论，否则就将影响工作效率。所以，为了加强法人机关成员之间的共同责任感，有利于民事流转的顺利进行，应将法人机关成员在执行法人职务时所表示的意思，视为法人的意思。

在国家企业法人中，只有它的法人机关，才能表现法人的意思，才能体现国家的意志。作为法人机关的成员，在表现法人意思时，还要发挥自己的智慧和才干，以实现法人创立人的意思和目标。同时，法人机关在表现法人意思时，还应倾听职工群众的意见，这对于法人意思的形成，不能不给以积极的影响。但是，这种影响毕竟是间接的，不能认为就是法人的意思。企业党委的思想政治领导，对于保证法人意思正确体现国家意志，起着决定性的重要作用。但是，党委的任何指示和决议，只能成为法人意思的成立依据或原则，而不能成为法人意思本身。

在集体企业法人中，因为它们一般是社员共同创立的社会组织，所以法人的意思主要体现在社员代表大会或社员大会所确定的宗旨和活动方式上，并具体以法人章程表现出来。又因为它们是自己财产所有权的主体，所以它们的法人机关在法律规定和自己权限的范围内，就能够直接地代表法人行使所有人的一切权能，以及实施各种民事法律行为。在这里，国家的意志则是通过国家有关主管部门指导性的计划，以及通过有关法律、法规和对法人成立、变更、消灭的审查和登记表现出来。集体企业法人在参加民事活动时，是由法人的执行机关，即法人代表人代表社员意思进行的。法人代表人的权限由全国规范性的有关条例以及法人章程加以规定。

按照传统的民法理论，代理人在代理活动中，是表现他自己的意思的。这对于没有行为能力的被代理人，如幼童、精神病患者来说，自然需要代理人为他们全权表示意思，否则就可能有损于他们的切身利益。所以，这种监护性质的代理，是完全符合以往民法理论的。但是，对于有行为能力而且是有特别行为能力的法人来说，它的代理人在代理活动中，是否都能认为是表现自己的意思呢？这个问题需要加以探讨。

我的看法是，在法人通过代理人所为的法律行为中，首先表现的是法人的意思。这种意思决定了代理人的选任、代理人权限的范围、代理人所为法律行为的基本条件，以至决定这种法律行为的一切细节。毫无疑问，代理人在代理活动中，作为独立的民事权利主体，必然要以某种形式表示自己的意思，否则就不能产生任何民事法律关系。但是，代理人表示的意思内容，取决于法人授予的代理权。代理人只有在代理权限内，用法人名义所为的法律行为，才能对法人有约束力，并对法人直接产生权利和义务。法人授予的代理权限，才是代理人表示意思的基础和界限，才是法人产生权利和义务的根据。对于代理人超出代理权限所为的法律行为，法人对其法律后果不承担任何责任。因此，在法人代理人所为的法律行为中，实质上是表现着法人的意思。这种意思既可以表现得比较详细而具体，由法人直接规定代理人实施法律行为的各种条件；也可以表现得比较简略而概括，由法人委托代理人自己决定实施某种法律行为的条件和对象。但不管在怎样的情况下，代理人都不能超出法人基本意思的授权，即代理权限的范围。当然，代理人在代理活动中，为了适应民事流转中千变万化的情势需要，灵活地完成法人交给的任务，就必须发挥自己的才干和主动精神，直接地表现出自己的意思。

三　法人的过错

在我国，法人虽然要接受国家的监督和领导，但是它们在法律和自己章程规定的范围内，仍享有一定的、相对的意志自由，这种意志自由是法人能够参加民事活动的必要条件，是法人能够享有权利、承担义务和担负责任的重要前提。由此，我们可以得出这样的结论：法人对于自己的行为结果承担责任，不仅要有客观上的根据，而且也要有主观上的根据。这就是说，当法人的行为给他人造成了损害事实时，这种行为不仅具有违法性，而且还具有过错性。过错是一种主观的因素，它是人们实施违法行为时的一种心理状态。过错分为两种形式，即故意和过失。故意，是行为人明知其行为将给对方造成损害而有意使损害发生。过失，是行为人应该预见自己的行为会给对方造成损害，或已经预见而又过于自信其损害不会发生，因此未能采取积极有效措施，致使违法行为发生。在民法上，无论是故意，还是过失，只要给对方造成损害事实，行为人都要承担相应的民事责任。这对于自然人来说，当然是比较容易理解的。但是，法人作为一种社会组织，不可能有自己的主观心理。那么，它的过错又是指什么呢？这个问题应该说明如下两点。

第一，法人具有意思能力，是法人可能发生过错的前提。

如前所述，我们既然承认法人有行为能力，能够以自己的意思取得民事权利和承担民事义务，也就应该承认法人有意思能力。所谓意思能力，也称心理能力，它是指具有判断自己行为是否合法的心理上的能力，即包括预期能力和认识能力。意思能力是法人正常表现意思的资格，也是法人可能发生过错的前提。有意思能力的人，在实施法律行为时，是足以认识和判断自己行为所能产生的法律后果的。但是，他如果因为故意和过失而实施了自己本来不应实施的行为，并给对方造成了损害，就应承担相应的民事责任。对于自然人来说，行为人的行为能否发生法律上的效力，应以该行为人的意思能力是否健全为判断标准。意思能力不健全的自然人，如儿童和精神病患者，他们的行为则不发生法律效力，或不完全发生法律效力。对于法人来说，它的意思能力从法人设立时产生，并于法人消灭时消灭。这是因为，法人作为民事权利主体，要独立进行民事活动，就必须具有判断和认识事物的能力，才能实施一定的法律行为，以取得权利和承担义务。同时，法人有意思能力，才有可能发生过错，并承担相应的民事责任。反之，如果法人没有意思能力，即没有正确判断和认识事物的能力，也就谈不上法人会有过错，当然，也就不会承担任何责任。所以，法人具有意思能力，是它有可能发生过错的前提。

第二，法人机关成员和其他法人工作人员在执行法人职务时所发生的过错，才是法人的过错。

不言而喻，意思能力是人类大脑活动的自然功能。从实质上讲，意思能力只能为自然人所具有。所以，所谓法人的意思能力，实际上是指法人内部某些自然人的意思能力；所谓法人的过错，实质上是指法人内部某些自然人的过错。就最一般的形式而言，法人的过错是由它的机关成员和其他工作人员的过错造成的。但是，这种过错并不是这些人员过错的简单总和，也不是这些人员过错的机械堆积，它是一种特殊的、集体的过错。从形式上看，这种过错表现在具体实施行为的自然人身上；从实质上看，这种过错并非完全归咎于行为人个人，它首先体现的是法人集体的不良意志，而这种不良意志又总是和法人职务联系在一起的。

据上所述，要说明什么是法人的过错，就必须阐明哪些人的过错才可能成为法人的过错，这些人又在什么情况下发生的过错才能够算是法人的过错。一般来说，有三种人可能成为法人过错的直接行为人，这就是：(1) 法人机关成员；(2) 其他法人工作人员；(3) 法人代理人。我们知道，在法人进行民事活动中，法人机关执行着法人的意志。它在自己职权范围内，以法人的名义和财产并且为了法人的利益而实施一定的行为，就应视为法人的行为，这时，法人机关成员的过错，就是法人的过错。但是，如果法人机关在实施行为时超越或违反了它的职权，这时，法人机关成员的过错，就不再是法人的过错，而是这些成员个人的过错。法人的其他工作人员（既包括法人的正式职工，也包括法人临时雇用的人员）在执行法人职务中，如果有了过错，就应视为法人的过错，这里，不因其工作人员与法人之间的劳动关系有所不同而不同。法人的代理人与法人的机关（或代表人）的不同在于：法人机关进行活动是根据法人的章程或条例，即在法人权利能力范围内进行活动；法人代理人所根据的却是委托书，即在法人授予的代理权范围内进行活动。代理人虽然以法人的名义和财产为了法人的利益而参加民事活动，但是，就他和法人的关系而言，他自己却仍是独立的权利主体。如前所述，法人代理人在法人授权的范围内所实施的行为，实质上是表现了法人的意志（或意思）。这时，法人代理人的行为所关联到的权利和义务与他自己并无关系，而与整个法人却有直接的关系。因此，比较切合实际的看法应该是：在法人授予的代理权范围内，法人代理人的行为应该看作法人的行为，法人代理人的过错应该看作法人的过错，如果因为代理人的过错给第三人造成损害，应由法人直接承担民事责任。

在社会主义国家，一般来说，法人是社会主义公有化的社会组织。在它们之间，无论给哪一方造成损害，都将损害整个社会主义公有制经济的利益。特别是国家企业法人，它们的财产都是国家所有的财产。在它们之间，无论对任何一方的财产的损害，从本质上讲，都是对国家财产的损害。因此，我们分清法人责任的目的，主要不在于从经济上制裁法人，而在于通过经济制裁加强法人的责任心，使它们从主观上吸取教训，减少过错。出于这种目的，我们在查清损害事实以及损害事实与法人行为之间的因果关系之后，认真分辨法人是否有过错，就成为认定法人责任的关键。所以，在法人与他人之间，认定民事责任必须贯彻过错责任原则，这样对于促使法人组织遵守国家法律、自觉履行债务、避免和减少各种过错发生是有重要意义的。

法人目的事业范围限制与“表见代表”规则*

温世扬　何　平**

摘　要：代表权限制说认为，法人的目的事业范围既不限制法人的权利能力，也不限制法人的行为能力，法人目的只是划定法人代表机关对外代表法人的代表权限，不应对第三人发生拘束力。应依该说指导我国新合同法第50条的适用。新合同法第50条应明确相对人“知道或者应该知道”代表人超越权利的标准，赋予法人或法人成员对越权代表行为的追认权和撤销权。

关键词：法人目的事业范围　经营范围　代表权限制说　表见代表

一　概说

法人目的事业范围，指设立法人所欲从事的经营项目的基本范围。在英美公司法上，称为“公司目的”，而在我国立法上则称“经营范围”。①所以传统民法上的法人目的事业范围之限制，在我国指的就是法人经营范围的限制。

关于法人目的事业范围限制的性质问题，在理论上历来有种种不同学

---

* 本文原载于《法学研究》1999年第5期。

** 温世扬，原文发表时为武汉大学法学院副教授，现为中南财经政法大学教授；何平（已故），原文发表时为武汉大学法学院硕士研究生。

① 参见企业法人登记管理条例第9条、民法通则第42条、公司法第22条。

说，在立法上亦有各种不同主张。然而，必须认识到，对法人目的事业范围限制的性质认识不同，将对法人目的外行为的性质、效力、有无补正可能及其法律后果承担等诸多方面产生后果迥异乃至相互矛盾之结论，从而在社会经济生活的法律调整实践中，不论是在法人的内部关系的处理，还是在交易相对人利益的保护抑或是在社会交易秩序目标的实现等诸方面直接影响法律的绩效实现和价值评价。因此，从法理上探求对法人目的事业范围限制的科学解释，以谋求对法人目的事业范围外行为问题的妥善解决，显得极为必要。

理论界关于法人目的事业范围限制的认识，流传甚广者有权利能力限制说、行为能力限制说、代表权限制说和内部责任说等，① 为我国少数学者所倡者亦有具体权利限制说和经营行为限制说等。有必要对诸种不同主张作一简介，作为探讨该问题的基础。

1. 权利能力限制说

该说认为法人目的事业范围限制，是对法人权利能力（英美法称“公司权力”）的限制。基于对法人本质认识的差异，该说又分两派。持法人实在说者认为，法人为兼具权利能力与行为能力的社会实在，法人目的在限制法人权利能力的同时，又限制法人的行为能力；持法人拟制说者则认为法人不具有行为能力，因而法人目的事业范围仅限制法人的权利能力。不论如何，持权利能力限制说者均认为法人作为民事主体在能力上有异于自然人，其权利能力是特殊的，仅在其设立人意志范围内存在，② 其外在表现就是法人的权利能力受其性质、国家法令及其目的事业范围的限制，不得有所僭越。另外，我国少数学者也认为，法人的经营范围或职能的限制，实际上是对法人权利义务的具体规定，也是对其权利的限制，并非是对其能力的限制，法人的民事能力与自然人是一致的、平等的。③

2. 行为能力限制说

行为能力限制说认为，法人的权利能力仅受其性质及国家法令的限制。法人的目的事业范围，限制的是法人的行为能力。显然，该说认为法人的权利能力与行为能力并不一致，主张法人的权利能力是一般的，而行

---

① 参见梁慧星《民法总论》，法律出版社，1996，第 127 页。

② 参见江平《法人制度论》，中国政法大学出版社，1994，第 24 页。

③ 参见吴西峰《法人人格及其能力问题思考》，《山东法学》1992 年第 3 期。

为能力是特殊的。我国有学者撰文指出，法人目的事业范围规制的是企业以营利为直接目的的行为，而不是企业的全部民事法律行为，企业法人的范围特定，并不说明其在范围外不能拥有权利，只不过不能通过经营行为取得权利、获得利益。①

3. 代表权限制说

该说认为，法人的目的事业范围，既不限制法人的权利能力，也不限制法人的行为能力。法人目的，只不过是划定法人的代表机关对外代表法人的代表权限而已。

4. 内部责任说

内部责任说又称内部关系说，是日本法学界在批判立法上坚持权利能力限制说的过程中所形成的主流学说。该说认为，法人的目的事业范围限制，不过是划定法人、机关在法人内部的责任而已，对外并无效力，因而法人目的外行为的法律后果，宜在法人内部加以处置。

二 权利能力限制说

权利能力限制说，为法人制度肇始之时，各国民法所倡。若依该说，则法人于目的事业范围之外，并无权利能力之存在，即在法律上不具有人格，不成其为民事主体。所以，法人的目的外行为，从本质上来说缺乏人格基础，不构成法人行为，因而属无效行为，也毫无补正之可能。

权利能力限制说，于理论和实践当中流弊甚广。其一是限制法人事业的发展空间，有损法人制度的功能发挥，从而妨害社会经济之发展。依权利能力限制说，法人的经营活动被严格局限于其目的事业范围之内，难越雷池一步，因而严重窒息了法人谋求自身发展的生机与活力。尤其是现代，市场灵活多变，机会稍纵即逝，法人活动空间的限制将令其一次又一次错失对其发展也许是至关重要的交易机会，对社会经济的发展构成障碍。其二是交易安全无保障。依该说，当事人付出巨大成本的或已履行完毕的交易，动辄无效，由此而给交易相对方造成的巨大损害，法人并不负责，而是由财产能力与法人有天壤之别的法人业务执行人负责，这不仅使

① 参见蔡立东《论企业法人经营范围与民事能力》，《法律科学》1993 年第 5 期。

社会经济关系常处于不稳定状态，亦使交易当事人时有血本无归之虞。这对交易安全的妨害是显而易见的。其三，导致法律规避行为层出不穷，交易成本大为增加。由于法人的目的外行为无效，而修改法人章程在程序上十分麻烦，因而法人为求其发展，必想方设法扩大其目的事业范围，以求更为广阔的发展空间。因而在实践中，法人常采用多种方式规避法律，在章程中或采用多目的性条款，或采用概括性条款，或采用混同性条款，扩大法人的经营范围，因此造成法人目的条款的繁杂冗长及界限模糊，又导致交易相对人在交易前不得不花大量成本予以调查，了解该法人的真正目的，徒增成本。

权利能力限制说虽然长期在各国民商法和理论中占据统治地位，但自始就受到了来自理论与实践的挑战。最为明显的就是，各国法律莫不承认法人有捐赠及接受捐赠的权利，但以接受捐赠为其目的事业的法人又有多少呢？此一矛盾自法人产生起就存在，这是权利能力限制说所不能解释的。另外，从理论上来说，法人与自然人同为民事主体，而法人之存在对社会经济的作用显然是自然人难以望其项背的，为什么对法人的权利能力反有比之自然人更为苛严的限制？在这里，主体平等亦失去了最现实的意义。所以早在1945年，英国的科恩委员会就指出，公司权利能力因目的而受限制，对股东来说是虚幻的保护，对不注意的第三人是一个陷阱，公司应当有自然人一样的所有权力。[①] 由于权利能力限制说的种种不足，其被摒弃之势在现今不可遏止。英美各国对权利能力限制说的支持，集中体现在所谓“越权原则”之上，即公司超越目的范围的行为无效的原则。但及至现代，“越权原则”业已在英美法系呈全面衰落之势。凡公司之目的外行为，再不像以往那样一律无效，而是获得了对公司的广泛约束力。美国示范商事公司法甚至规定：在公司章程中，公司目的不再是必须开列的项目。[②] 该法还规定：“除非公司章程另有规定……公司有权力像个人那样去做一切对经营公司业务和处理公司事务有必要或有利的事情……”（第3.02条），而且“公司活动的合法性不得以公司缺乏权力为由予以反对”（第3.04条）。可见美国公司立法是将法人目的与法人权利能力严格区分开

① 转引自张开平《英美公司董事法律制度研究》，法律出版社，1998，第30页。

② 美国示范商事公司法第二章第二节（b）。

来的。该法更在第3.02条列举了公司的不受限制的一般权力，其范围之广，涵盖整个商务领域。据美国示范商事公司法报告人汉密尔顿（R. W. Hamilton）的解释，该法这一规定就是为了消除越权规则的任何历史遗迹。公司权力不同于公司目的，即使该公司的目的条款较窄，为促进达致公司目的，它仍然可以具有第3.02条所列举的各种权力。[①] 可见美国对法人目的限制法人权利能力之陈见的废除十分彻底。英国是公司越权原则的发源地，但在1968年《欧共体公司法第一指令》的压力下，[②] 英国在1989年公司法修正案中将第108条第35节改作“公司的能力不受公司章程的限制”，[③] 正式从制定法上废除了公司目的限制公司权利能力的做法。

在大陆法系，瑞士民法、土耳其民法以及泰国民法均认为除专属于自然人的权利法人不得享有外，法人的权利能力与自然人完全相同，法人目的事业范围根本不构成对法人权利能力的限制。[④] 而在法国，除法律所定之特定目的限制外，均采用法人能力无限制说。法国在其1969年12月20日第69—1176号法令中规定，“在与第三者的关系中，公司甚至对董事长的不属于公司宗旨范围内的行为负责”（法国商事公司法第113条）。[⑤] 我国台湾地区“民法”对法人目的事业范围限制的性质并无规定。[⑥] 在德国商法尤其是股份公司法，据称直至晚近仍固守权利能力限制说，[⑦] 但自1993年修订后，这类规定已了无痕迹，而且德国有限责任公司法第37条规定：对业务执行人公司代表权的限制，对第三人不具有法律效力。这表明德国亦有放弃权利能力限制说的动向。至于日本，本为权利能力限制说之坚定坚持者，其民法典第43条明文规定：“法人依法令之规定于章程或捐助行为所定目的之范围内，享有权利负担义务。”然而在学术界的猛烈抨击下，日本判例法修正了这一原则。日本大正元年十二月二十五日判决

① 张开平：《英美公司董事法律制度研究》，法律出版社，1998，第29页。

② 该指令规定：“凡经公司董事会所决定的交易，对于与公司交易的第三人来说，均应视为在该公司的能力范围内的交易。”参见江海波《论公司越权原则的衰落》，《法学杂志》1998年第1期。

③ 参见卞耀武主编《当代外国公司法》，法律出版社，1995，第834页。

④ 参见瑞士民法典第53条、土耳其民法典第46条、泰国民法典第79条。

⑤ 参见卞耀武主编《当代外国公司法》，法律出版社，1995，第410页。

⑥ 史尚宽：《民法总论》，正大印书馆，1980，第135页。

⑦ 史尚宽：《民法总论》，正大印书馆，1980，第135页。

认定，法人“为遂行其目的事业所必要之事项，亦有权利能力”。[①] 及至现代，日本立法可以说已完全放弃了该说。平成二年（1990 年），日本商法第二编追加了第 72 条之二，认为公司业务代行人进行不属于公司日常业务活动，公司也承担对善意第三人的责任。[②] 再看意大利的立法，该国民法典第 2384 条附加条规定：“对董事以公司名义完成的行为，不得以与公司设立目的无关为由对抗第三人。”[③] 可见其对权利能力限制说亦持否定之态度。

在世界各国从理论上逐步认识到了权利能力限制说的非科学性，而在实践中纷纷全面加以否定的时候，我国对法人目的事业范围限制性质的认识却裹足不前。在理论界，通说是：法人的权利能力受其性质、国家法令和经营范围之三重限制，法人超越经营范围的行为无效。而在立法上，民法通则第 42 条规定，“企业法人应当在核准登记的经营范围内从事经营”。该法第 49 条第 1 款更明确指出，法人超出经营范围从事经营活动为非法经营。与此相适应，其后颁行的公司法第 11 条亦强调公司应当在经营范围内从事经营活动。也许是出于意识到了权利能力限制说在实践中实在是对交易安全造成了巨大威胁的缘故，民法通则第 49 条又规定企业法人的目的外行为应由企业法人承担责任。显然，我国立法早有克服权利能力限制说之弊病的意图，然而又无法实现对该学说的真正突破，结果不仅仍因袭陈腐的“越权原则”，更在法理上形成悖论：法人须对不成其为法人行为的目的外行为承担责任。

根据我国法律的上述规定，在审判实践中，法人的目的外行为一般应认定为无效，由此而生之种种弊害，至为明显。因而早有人对此类问题倾向于从宽对待，认为除非违反国家专营专卖规定，一般不认定为无效行为。[④] 值得注意的是，1993 年 5 月最高人民法院在《全国经济审判工作座谈会纪要》中，要求不应把法人超越经营范围签订的合同一律认定为无效，而应区别对待。[⑤] 虽然这并不是法律，但说明权利能力限制说的弊端，已在我国实践中日益凸显出来，并为人们所认识。问题的关键在于怎样在理

---

① 史尚宽：《民法总论》，正大印书馆，1980，第 135 页。

② 卞耀武主编《当代外国公司法》，法律出版社，1995，第 586 页。

③ 《意大利民法典》，费安玲、丁玫译，中国政法大学出版社，1997，第 598 页。

④ 参见叶林《中国公司法》，中国审计出版社，1997，第 113 页。

⑤ 参见《全国经济审判工作座谈会纪要》（法发〔1993〕8 号）。

论上谋求对法人目的外行为的合理解释，并在实践中寻求妥当的解决之道。

三 行为能力限制说

在检讨权利能力限制说的过程中，有些学者提出了行为能力限制说，在指出权利能力限制说的种种不足的同时，提出应采取行为能力限制说为妥，在法人目的外行为的效力上，相应地赋予其效力未定的地位，而适用追认及准用表见代理等法理予以处置。[①] 另有学者又认为“法人超越其核准登记的经营范围从事经营曰法人行为能力肿胀，反之减少甚至放弃其法定范围的业务曰法人行为能力萎缩”，[②] 亦可推知是持行为能力限制说的主张的。

然而，行为能力限制说果真能从法理上谋求妥当解决之道，在实践中克服权利能力限制说的弊端吗？其实不然。行为能力限制说虽然认识到了权利能力限制说的种种弊端，但无法从法理上获得圆满的解释。从根本上讲，行为能力限制说本身也存在难以克服的实践弊病和不可逾越的理论障碍。

行为能力限制说以法人的行为能力为特殊行为能力为其理论前提，而根据行为能力的一般理论，主体行为能力之状况取决于主体的意思能力之状态。毫无疑问，法人的意思能力是完全的、无缺陷的。由此推知，法人的行为能力必然是完全的、无缺陷的。至于性质与法令上的限制，试问，自然人所受二者的限制，难道不比之法人更为严苛吗？自然人行为能力受年龄、精神状态的限制，本质上就是一种性质上的限制，除此之外，自然人的行为能力应是完全的。法人的行为能力亦同此理。况且，若对法人的行为能力加以过多限制，则同权利能力的限制一样，也是对法人手脚的严重束缚，致使法人的发展空间狭窄，严重窒息法人谋求发展的生机与活力，于社会经济发展殊为不利。因此，法人制度的社会价值不免大打折扣。所以，除性质和法令限制外，对所有民事主体的民事能力予以平等的、一体化的规范，才是合乎平等法理的。

尤其重要的是，如果对法人目的外行为加以具体分析，我们将会发

① 参见梁慧星《民法总论》，法律出版社，1996，第 128 页以下。

② 刘庆国、欧世龙：《法人行为能力的肿胀与萎缩评析》，《政治与法律》1994 年第 6 期。

现，行为能力限制说所遇到的理论障碍是根本无法克服的。众所周知，法人行为的实践，不外两种方式：一曰代表，一曰代理。所谓法人责任，就是代理责任与代表责任的结合。若对法人目的外行为的代理与代表两种实施方式分别加以深入分析，则行为能力限制说的困难将显露无遗。如果法人的目的外行为是由法人的代理人加以实施的，若依行为能力限制说，则相当于代理人为无行为能力人从事代理。可是，我们知道，凡属法人之被代理都是委托代理。问题在于，在这一代理关系中，被代理人是无行为能力的法人。试问，他怎么能够向代理人进行委托授权？因而，从理论上来说，该代理根本无从谈起，此为矛盾之一。再者，根据行为能力限制说，表面上似乎利用代理制度之法律行为与法律效果相分离的功能，能够实现无行为能力的法人从事其目的事业外行为的目的，扩展了法人的活动空间。然若如此，法律关于法人目的事业范围限制的立法目的又难免落空。因为法人只要绕个弯子，采用代理的方式就可以冲破目的限制而为所欲为。由此观之，目的事业范围限制在实践中只起到了画蛇添足的作用而已，此为矛盾之二。另外，依行为能力限制说，对法人代理人的目的外行为，法人可以采用追认的方式令其有效。但是，千万不要忘记，此时的被代理法人于该行为范围内是无行为能力的，他根本不能为法律上的意思表示，由无行为能力人充任追认主体，岂不可笑！此为矛盾之三。另外，追认也将使法人获得一种事实上的选择权，它大可以对有利行为加以追认，而对不利的则加以拒绝，这样既可获得利益，又可逃避风险。这对交易相对人而言是何其不公。此种种矛盾与弊端，都是行为能力限制说所不能解决的。

如果法人的目的外行为是以代表的方式加以实施的，则根据行为能力限制说，法人代表人或其业务执行人的行为就是法人的欠缺行为能力而实施的行为。按行为能力一般理论，主张行为能力限制说的学者认为，对法人代表人的目的外行为可以类推适用表见代理和追认加以处置。[①] 但这在理论上是根本无法自圆其说的。首先，代表和代理毕竟只徒具形式上的相似而实质迥异。代表当中，代表人的个人人格隐藏起来了，在代表活动中只依被代表人的人格行事。代表行为的实施与行为后果的承担都是以被代表人的人格为基础，实行的是法律行为与法律效果的合一；而代理当中，

① 参见梁慧星《民法总论》，法律出版社，1996，第128页。

则有代理人人格和被代理人人格两个人格出现，代理人代理行为的实施是以代理人的人格为基础，而代理行为法律后果的承担则以被代理人的人格为基础，实行的是法律行为与法律后果的分离。[①] 所以即使持行为能力限制说的学者也同意：代表与代理在本质上不同，有必要在代理制度和代理法理之外，承认区别于代理制度和代理法理的代表制度和代表法理。[②] 因此，在代表当中类推适用代理规则，在理论上是缺乏前提的。

如果适用追认规则，则因为法人代表人的行为就是法人自身的行为，那么，追认的主体是谁？前已述及，不能由法人自身进行，因为此时的法人是无行为能力主体。持行为能力限制说者认为可以通过主管机关对法人章程变更的许可，股东大会及理事会变更章程的决议等进行。[③] 这种说法的缺陷也是十分明显的。变更章程是没有溯及力的，它只能规范变更后的法人行为，而不能规范变更前的法人行为。试想，如果照此推理，岂不是在自然人年幼时或其精神存在残障时所实施的行为，都可以待其成年或精神障碍消除后发生效力，这显然是与民事行为能力制度的根本立法目的相悖的。所以这种观点颠倒了行为能力与行为效力之间的因果关系，是难以服人的。

通过上述分析，不难发现行为能力限制说所遇到的困难绝不比权利能力限制说少，其合理性值得怀疑，所以遍览当今世界各国立法，均不见有采纳行为能力限制说而赋予法人目的外行为以效力未定选择权的。反之，立法都是直接规定法人的目的外行为有效，法人一般都应对其目的外行为承担法律后果。我国合同法起草过程中，合同法立法方案曾明示，关于法定代表人越权行为，准用表见代理规则。据此可以推知，合同法建议草案起草人关于法人目的的限制，系采行为能力限制说。[④]

四 内部责任说

内部责任说为日本法学界之主导学说。依该说，则法人的目的事业范

---

① 参见王利明《民法新论》，中国政法大学出版社，1988，第 419 页。

② 参见梁慧星《民法总论》，法律出版社，1996，第 131 页。

③ 参见梁慧星《民法总论》，法律出版社，1996，第 128 页。

④ 参见梁慧星《民法总论》，法律出版社，1996，第 129 页。

围限制，在性质上仅属法人内部关系，法人的目的外行为绝对有效。[①] 若如此，则不仅法人能获得极为广阔的发展空间，而且对第三人利益的保护也极为有力。然而，不幸的是，该说对法人和法人成员的利益却存在重大忽视，难免有矫枉过正之嫌。

以公司为例，例如公司董事长超越公司目的进行某项交易，而该交易为公司及公司股东所不愿为之，公司股东或公司董事会对该项交易依法明确表示反对，而且有证据表明该反对意见是为交易相对方所明知或所应知的，若依内部责任说，则该公司仍不得不对该项违背自己真实意愿的目的外交易承担不利后果，显然，这对保护股东和公司的利益是十分不利的。从法人内部的权力制衡结构来考虑，在这种法律机制下，法律对股东的保护也极其孱弱。事实上，如果业务执行人的一切以法人名义作出的行为对法人均具有约束力的话，则业务执行人的权限之大毫无节制。这时法人不再是法人成员的投资工具，而是法人业务执行人手中的工具。甚至法人的发展方向，也从根本上脱离了法人成员的控制，而是操之于业务执行人手中。这样一来，法人成员几乎完全丧失了对法人的控制权，这对保护投资者的投资安全是十分不利的。再者，若依内部责任说，则法人业务执行人纵使不顾法人意愿，恶意从事目的外行为，法人亦不得不吞下这枚苦果。显然，这是有悖公平法理的。

基于上述种种原因，世界各国立法鲜有采纳内部责任说的。各国都是通过赋予法人及其成员以法人业务执行人行为停止请求权，以此限制法人目的外行为的当然效力。即令是日本也不例外。日本商法第 72 条规定：“章程的变更，进行其他不在公司业务目的范围内的行为时，须得到全体股东的同意。”该法第 272 条规定：“因董事进行不在公司目的范围内的行为和其他违反法令或章程的行为，对公司有产生不可恢复的损害之虞时，六个月前起连续持有股份的股东，可为公司请求停止董事的行为。”日本有限公司法第 31 条亦有完全相同之规定。[②] 美国示范商事公司法第 3.04 条（b）小节也规定股东可以要求禁止公司的某项活动。[③] 德、法、意、英

---

① 〔日〕北川善太郎：《民法总则》，有斐阁，1993，第 71 页。

② 卞耀武主编《当代外国公司法》，法律出版社，1995，第 557、646 页。

③ 卞耀武主编《当代外国公司法》，法律出版社，1995，第 15 页。

诸国立法莫不如此，[①] 在此不再赘述。

一旦法人或其成员依法行使了停止请求权，则只要该情况为交易相对方所明知或应知，法人代表人的超越目的行为就不成其为法人行为，对法人即没有约束力。可见法人的目的事业范围限制绝不仅仅是划定法人的内部责任。

五　代表权限制说

代表权限制说认为，法人的目的事业范围，只不过是对法人机关的对外代表权的限制，不应对第三人发生拘束力，不过董事或业务执行股东应受其拘束，[②] 所以法人的目的外行为并非无效，而是一般应作有效之解释。各国晚近民法莫不以代表权限制说作为法人目的事业范围限制的方法指导，并有一整套法律机制加以调整。在实践中，代表权限制说已获各国首肯。

首先，从法律规范的语义分析来看，各国立法多有明示法人目的事业范围限制法人机关代表权之规定。德国有限责任公司法第 37 条规定："业务执行人对公司承担如下义务：遵守公司合同，[③] 或者——若公司合同没有其他规定——由股东决议所确定的，对其所具有的公司代表权的限制。"[④] 按该法对公司合同必要记载事项的规定，经营对象是唯一限制业务代表人代表权的事项。可见，德国法将经营对象即法人目的事业范围视为对业务代表人代表权的限制。当然，代表权也还可以受其他限制，如股东决议等，自不待言。无独有偶，法国也在其商事公司法第 113 条中规定，"公司甚至对董事长的不属于公司宗旨范围内的行为负责……限制这些权力的章程的规定或董事会的决定不得对抗第三者"，亦明确表明公司目的事业范围限制的是业务执行人的代表权限。日本商法第 70 条关于业务代行人的权限规定："业务代行人……不得进行不属于公司的日常业务的活动"，也显然系采代表权限制说。意大利民法典第 2298 条规定，"代表公

① 德国有限责任公司法（1993 年）第 75 条、第 76 条；法国商事公司法第 124 条（1969 年 12 月 20 日第 69—1176 号法令）；英国 1989 年公司法第 35A 节。

② 史尚宽：《民法总论》，正大印书馆，1980，第 136 页。

③ 德国法中，将有限责任公司的公司章程称为"公司合同"。

④ 卞耀武主编《当代外国公司法》，法律出版社，1995，第 304 页。

司的董事可以完成所有符合公司设立目的的行为，设立文件或者委托书有限制性规定的不在此限。在未进行登记或者不能证明第三人知晓对代表权的限制性规定的情况下，不得以对代表权的限制对抗第三人”，则更明确地表明了代表权限制说的观点。即令是长期坚持越权原则的英国，也在其1989年公司法中规定：“公司目的能力不受公司章程的限制”，但“董事会仍有义务遵守公司章程的约定对其权力的任何限制”。这也表明公司目的不限制公司能力，但限制公司代表机关的代表权。

目的事业范围限制法人机关的代表权，从本质上来讲仅为一种内部关系，所以各国规定除非法人或法人成员行使停止请求权并为第三人所应知或明和，对法人代表人代表权的限制不得对抗第三人，仅仅公布法人章程不构成此种证据，从而说明交易相对人对法人业务执行人的代表权限并无义务加以调查询问。所以采法人目的事业范围限制的代表权限制说，说明法人的目的外行为并不是无效，也不是绝对有效，而是在通常情况下有效。

从法律的实践绩效和社会价值实现来分析，代表权限制说较之其他各种学说最为优越。首先，依该说，法人的目的外行为原则上应作有效处置，这对保护交易相对人的利益和维护交易秩序显得比权利能力限制说和行为能力限制说更为优越。而且按该说，法人的交易相对人并无调查法人章程内容和法人代表人代表权的义务，则交易成本大为减少，有利于社会经济发展。其次，从法人及法人成员的利益出发，代表权限制说更显得优越。一方面，目的事业范围外领域，不再是法人活动的禁地，只要出于生产发展之需要，法人可尽情发展，法人因此获得最广阔的发展空间，因而拥有了自身发展机遇，而无越权之虞；另一方面，法人或者法人成员，可以通过目的事业范围限制业务执行人的权限，保证法人代表在法人意志范围内开展活动，从而实现对法人的控制，避免业务执行人的权限过大，将法人成员的投资投入风险过大或其他不愿从事的营业中去。一旦业务执行人越权并为法人或法人成员所不愿，他们就可以通过行使停止请求权甚至发动对业务执行人的诉讼来加以制止。所以代表权限制说既能保证法人业务执行人的积极性和自由度，又能保证法人和法人成员的利益不受损害，可谓两全其美。

再从理论上分析，代表权限制说也可以获得圆满的解释，而不会陷入矛盾之中。首先，从逻辑上来讲，法人目的事业范围限制，作为法人自身意志的一种外在表现，这绝不应当构成对法人本身的一种自我束缚、自我限制。

这种限制应当是外向的。无论权利能力限制还是行为能力限制都是一种自我束缚，实为不智之举，难以讲得通；而从外向角度来讲，法人能限制的，唯有自己的代表人，所以将目的事业范围限制看作是法人对其代表人的一种控制手段，是保证其代表人在自己意志范围内行事的一种方式，则显得顺理成章了。其次，若依代表权限制说，法人的目的外行为，除非有证据表明第三人明知或应知为法人或其成员依法反对，否则应视为法人行为，一律对其有约束力，所以并无追认制度适用之必要，这在理论上是很自然的。最后，在法人代表人越权的情况下，只要第三人不知或不应知，则视其为有效，法人应对其行为负责。对此，代表权限制说能避免生硬地类推适用表见代理的尴尬而于理论上予以完满解决。上述情况在外观上与表见代理极为相似，实质上应是一种表见代表，日本法称之为“表面代表”。日本商法第262条规定，“总经理、副总经理、专务董事、常务董事和其他董事，使用被认为有代表公司权限的名称所做的行为，公司在该董事虽无代表权的场合，仍对善意第三者承担责任”，就是一种代表的立法例。各国立法所规定的法人对法人代表人无代表权而实施的行为，只要为第三人所不知或不应知，则应负责，从本质上说，实行的正是代表人的代表行为与行为的法律后果相合一的制度，与表见代理有根本不同。若采用法人目的事业范围限制的代表权限制说，在这种情况下用“表见代表”来加以解释，则完全可以避免准用表见代理的矛盾，实不失为法理上的一种妥善解决方案。

对于代表权限制说，我国民法理论界的研究与倡导尚十分少见，但在立法上却已得到支持。新近颁布的合同法第50条规定，“法人或者其他组织的法定代表人、负责人超越权限订立的合同，除相对人知道或者应当知道其超越权限的以外，该代表行为有效”。本条规定与日本商法第262条之规定内容相同，实际上已经从立法上承认了“表见代表”制度的独立存在，已为代表权限制说的适用加上了一个极好的注脚。选择何种学说对本条规定适用进行指导，将会直接决定本条的命运。

对于本条规定的适用，如果我们仍囿于民法通则第42条、公司法第11条所确立的“越权原则”，则得出的结论将是：本条所指“超越权限”仅指超越法令、章程对法人代表人或其他组织负责人代表权的限制，而法人或其他组织的代表人或负责人在经营范围以外的行为，对法人而言是缺乏人格基础的，没有成为法人行为的可能，于本条规定不得有所适用。这种理解或许保持了现行法律之间所谓连贯与衔接，但不免有抱残守缺之嫌，必使新合同法又陷入往昔立法的窠臼，实为不智。而如果按合同法立法方案所明示的那样，依行为能力限制说来指导本条之适用，则不仅仍将本条的适用范围局限于法人或其他组织的代表人、负责人超越法令或章程所定之代表权的情形，而且不免陷入前述代理与代表混淆不清的理论尴尬。但是如果依代表权限制说来指导本条之适用，则对于我国立法将有十分积极的意义。依该说，本条“超越权限”不仅指法人代表人或其他组织负责人超越法令、章程对其代表权的限制，也包括他们超越目的事业范围限制的行为，依本条之规定，应适用表见代表规则解决之。这种理解有助于正确划分法人行为与法人工作人员的个人行为，对于厘清法人的责任范围有十分重大的意义，不失为我国立法上的一个重大突破。

新合同法第50条的正确适用，不论是从其本身还是从相应配套制度的建设而言，都存在有待完善之处。首先，依该条规定，如果相对人不知或不应知法人相关工作人员越权的，该代表行为有效，这显然忽视了表见代表行为本身的有效要件问题。实际上，如果表见代表行为本身欠缺法律行为的有效要件，它仍是无效的或可撤销的民事行为，只不过其行为后果是归法人承担而已。所以本条规定“该代表行为有效”改为“该代表行为的法律后果由该法人或其他组织承担”似更为妥当。其次，关于对本条所指“知道或者应当知道”的界定问题，是判断表见代表成立与否的一个实质性标准，需在立法中予以明确。实际上，由于章程仅有对内的约束力，所以各国立法多规定仅章程的公布不构成推定相对人知道或者应当知道法人工作人员越权的证据，我国立法对于这点亦应予特别指出为妥。此外，限制代表权的各类决议的明确告知应当认为构成此种证据。最后，对于本条规定的“表见代表”以外的越权代表行为的效力问题，不论是新合同法还是公司法或民法通则均缺乏规定，对此，我国立法应予完善。应当从立法上赋予法人或法人成员以越权代表行为的追认权和撤销权。前述世界各国公司法所规定的公司及其股东对董事行为的停止请求权，从本质上来说，就是一种撤销权，在我国公司法未对这种权利加以规定的情况下，新合同法对此加以一般性规定甚为必要。这样，我国立法就可建立起完全独立于代理制度的代表制度，而对法人目的事业范围限制这一问题的解决则可堪称完满。

决议行为效力规则之构造*

徐银波**

摘　要：社团决议行为并非法律行为，无法直接适用法律行为规则。物权法、公司法虽设有特别规则，但二者关于决议行为效力类型及瑕疵事由的规定均不周延且相互冲突，无法满足司法需求。非公司法人等的决议行为更面临法律规制漏洞。未来民法典总则亟须增设决议行为规则。规制决议行为的伦理基础并非程序正义，而系社团自治，应围绕社团自治建构规则。应区分决议成立认定与效力判断，经有召集权者召集会议作出多数决，方形成决议。已成立的决议需满足有决议权限、真实性、合法性、合理性要件，方具有法律效力。与之对应，无决议权限、程序瑕疵、表决瑕疵、内容违法、违反规约及侵害成员合法权益将导致决议效力待定、可撤销或无效。

关键词：决议　社团自治　效力规则

“我们生于组织之中，通常也死于组织之内。而介于生死之间的生活空间，也由组织填满。”① 伴随社会变迁，诸多民事行为以组织决议方式作出。对于一般民众而言，不动产系安身立命之本。在农村，土地之不动产

---

* 本文原载于《法学研究》2015 年第 4 期。

** 徐银波，西南政法大学副教授。

① 〔美〕理查德·H. 霍尔：《组织：结构、过程及结果》，张友星等译，上海财经大学出版社，2003，第 4 页。

权利由集体决议行使；在城市，建筑物区分所有权由业主大会决议管理。对于商人而言，公司系谋利之媒介，而公司更依赖于决议维持其运营。决议已与民事主体形影不离，但理论尚未认真对待决议。[①]

一　社会变迁与决议行为理论、立法应对的缺失

决议行为采多数决，对未表示同意者亦有拘束力，无法直接适用以个人意思自治为核心的既有法律行为规则。虽然物权法、公司法设置了特别规则，但存在如下问题。

第一，单行法规则设计不周延。以物权法第 78 条、《最高人民法院关于审理建筑物区分所有权纠纷案件具体应用法律若干问题的解释》（下称“法释〔2009〕7 号”）第 12 条关于业主大会、业主委员会决议效力的规定为例：一方面，仅规定了可撤销之效力瑕疵，对决议效力类型的规定不周延。例如，在〔2014〕渝一中法民终字第 05075 号“俞某诉重庆市沙坪坝区港城花园业主委员会确认业主大会决议无效案”中，业主委员会通过伪造业主签名作出业主大会决议，被伪造签名的业主未在除斥期间内行使撤销权，后诉请法院确认决议无效，法院可否认定决议因违反物权法第 76 条关于表决比例的强制性规定而无效？[②] 另一方面，仅规定了“侵害业主合法权益”、“违反法定程序”两类瑕疵事由，但如〔2010〕东一法民一初字第 2308 号“万某诉广东省东莞市新天地华庭业主委员会等业主撤销权案”[③]、〔2014〕渝五中法民终字第 01072 号“黄某诉重庆市南岸区万寿花园业主委员会等业主撤销权案”等所示，业主委员会未经业主大会表决而超越权限作出选聘物业服务企业、确认物业用房归开发商所有的决议，当决议内容逾越权限、违反规约时，其效力又当如何？

第二，单行法规则设计的逻辑不统一。仅就物权法而言，其第 63 条第

---

① 学者大多局限于研究业主大会决议、公司决议等具体类型决议的法律规制问题，仅有韩长印、许中缘、陈醇、戴建庭、王雷等少数学者一般性地探讨决议问题，但多在阐述其与传统法律行为的不同，未深入探究制度建构。

② 除另有说明外，文中所引我国大陆地区案例均来自北大法宝。

③ 参见刘培英《业主撤销权的适用》，《人民司法》2011 年第 2 期，第 20 页。

2 款、第 78 条第 2 款分别规定了集体、业主大会决议的效力，法释〔2009〕7 号第 12 条对后者进行了扩张解释，增设程序违法撤销事由，那么集体决议应否类推适用这一扩张解释？另外，比较物权法第 78 条、法释〔2009〕7 号第 12 条与公司法第 22 条关于决议效力之规定，前者仅以程序违法、侵害业主合法权益为事由设立撤销规则，后者则区分违法与违反章程、内容瑕疵与程序瑕疵设置无效、可撤销规则，二者关于决议效力类型及影响决议效力因素之规定均不同。立法尚且大相径庭，司法更是同案不同判。例如，对于与伪造业主签名案相似的伪造股东签名案，存在认定决议无效、可撤销、不成立之不同裁判。①

第三，一般规则的缺失导致法律漏洞。物权法、公司法仅调整业主大会、集体、公司的决议行为，而公司之外的公益法人、其他组织、公司内部破产债权人会议等的决议行为，则无法可依。

如梅因所述，“在法典时代开始后，静止法律与进步社会之间的区别已开始显露出来”。② 前述问题源自理论研究、立法的滞后。我国的法律行为理论与规则继受于德国，而在德国民法典立法之时，社团尚不发达，无广泛规制决议行为的需求，③ 且立法者将团体视为国家权力的潜在威胁，④ 故其法律行为理论与规则实以交易行为为模型而建构，并未涵盖决议行为。此后，受民商分立观念影响，商法学者孤立研究公司决议，民法学者更仅在教科书对法律行为的分类中以寥寥数言提及决议，均未深入研究决议行为。当前，面对实践需求，须建构决议行为的一般理论与规则，既指导单行法的完善，化解立法冲突，又填补对非公司法人等的决议行为的法律规制漏洞。欲制定一部彰显现代性的中国范式民法典，更需回应社会发展提出的这一新问题，设立决议行为一般规则。对决议行为的规制系复杂工程，本文仅探寻效力规则的构造。而欲建构效力规则，务必先行认知决议行为的性质，下文先就此展开讨论。

---

① 参见袁辉根《伪造公司决议的效力认定》，《人民司法》2010 年第 6 期，第 92 页以下。

② 〔英〕梅因：《古代法》，高敏、瞿慧虹译，九州出版社，2007，第 31 页。

③ 德国直至 1951 年方为满足日益增加的居住需求而制定住宅所有权法。

④ 参见〔德〕托马斯·莱赛尔《德国民法中的法人制度》，张双根译，《中外法学》2001 年第 1 期，第 27 页。

二　决议行为之性质及私法规制之伦理基础

（一）关于决议行为性质之争议

学者多在法律行为分类中论及决议行为的性质，形成如下三种观点。

1. 共同行为说

该说以意思表示的数量与方向为标准，将法律行为分为单方行为、合同行为和共同行为。决议由多方主体基于平行意思表示一致而作出，属共同行为。日本学者多持该观点，如我妻荣、山本敬三、近江幸治等，均认为决议是方向相同的两个以上意思表示合致成立的共同行为。[①] 我国台湾学者王泽鉴、林诚二、刘得宽等亦认为，决议是社员平行意思表示趋于一致而成立的共同行为。[②] 我国王利明、韩长印、许中缘等学者亦认为，决议是基于两个以上共同的意思表示一致而成立的共同法律行为，意思表示的同向性特征使决议行为应被归入共同行为。[③] 就决议行为无需意思表示一致、仅需多数人合意的特殊性，学者认为其仅系决议行为对意思表示一致程度要求的差异，在意思表示同向性之本质方面与共同行为无区别。[④] 共同行为包括所有意思表示一致的共同行为和多数意思表示相同的决议行为。[⑤]

2. 特殊多方法律行为说

该说认为决议行为系区别于共同行为的特殊多方法律行为，我国大陆

---

① 参见〔日〕我妻荣《新订民法总则》，于敏译，中国法制出版社，2008，第229页；〔日〕山本敬三《民法讲义Ⅰ·总则》，解亘译，北京大学出版社，2012，第71页；〔日〕近江幸治《民法讲义Ⅰ·民法总则》，渠涛等译，北京大学出版社，2015，第151页。

② 参见王泽鉴《民法总则》，北京大学出版社，2009，第209页；林诚二《民法总则》上册，法律出版社，2008，第218页；刘得宽《民法总则》，中国政法大学出版社，2006，第166页。

③ 参见王利明《民法总则研究》，中国人民大学出版社，2012，第530页；韩长印《共同法律行为理论的初步构建——以公司设立为分析对象》，《中国法学》2009年第3期，第75页；许中缘《论意思表示瑕疵的共同法律行为——以社团决议撤销为研究视角》，《中国法学》2013年第6期，第57页。

④ 许中缘：《论意思表示瑕疵的共同法律行为——以社团决议撤销为研究视角》，《中国法学》2013年第6期，第57页。

⑤ 参见谢怀栻《民法总则讲要》，北京大学出版社，2007，第131页。

学者多持该观点。[①] 主要理由如下。第一，共同行为的特征在于行为人意思表示的同向性，而决议行为存在赞成与反对之对立意见。[②] 第二，共同行为遵循意思自治原则，经行为人同意，方对其有约束力，而决议采多数决，对未表示同意者亦有约束力。[③] 第三，就共同行为，法律仅关注行为人是否达成合意及合意内容，并不规制达成合意的程序；而就决议行为，法律关注程序正义，决议是否有效不取决于行为人的意思表示是否真实，取决于决议程序是否合法。[④]

3. 意思形成说

该说认为决议行为是社团意思形成行为，具体又有两种不同观点。弗卢梅、拉伦茨、梅迪库斯等德国学者虽未明确界定决议行为的性质，但将其定性为区别于单方、双方、多方法律行为之独立类型的法律行为。弗卢梅认为，法律行为包括单方法律行为、合同、共同行为和决议。[⑤] 从“决议并不调整参与制定决议的人们个人之间的关系，而旨在构筑他们共同的权利领域或者他们所代表的法人的权利领域”，[⑥]“在重大问题上，在对外从事行为之前，还必须先在内部形成社团的意思”等具体表述可见，[⑦] 他们认为决议行为系社团意思形成行为。我国亦有学者认为决议行为是社团意思形成行为，但认为其并非法律行为。因为法律行为规则是意思自治规则，作出法律行为的过程系达成合意的过程，而决议规则是意思冲突规则，并不要求行为人达成合意，是在行为人意思冲突时确定何者优先，不适用以意思自治为核心的法律行为规则，而是遵循民主和正当程序原则。[⑧]

---

① 参见龙卫球《民法总论》，中国法制出版社，2001，第436页；朱庆育《民法总论》，北京大学出版社，2013，第133页；李永军《民法总论》，法律出版社，2009，第108页。

② 参见石纪虎《关于股东大会决议效力的探讨》，《政治与法律》2009年第5期，第111页。

③ 参见龙卫球《民法总论》，中国法制出版社，2001，第436页。

④ 参见戴建庭、白明刚《单方法律行为、合同、决议的瑕疵分析和责任比较》，《东方法学》2012年第4期，第57页。

⑤ 〔德〕维尔纳·弗卢梅：《法律行为论》，迟颖译，法律出版社，2013，第160页。

⑥ 〔德〕卡尔·拉伦茨：《德国民法通论》下册，王晓晔等译，法律出版社，2003，第433页。

⑦ 〔德〕迪特尔·梅迪库斯：《德国民法总论》，邵建东译，法律出版社，2000，第841页。

⑧ 参见陈醇《意思形成与意思表示的区别：决议的独立性初探》，《比较法研究》2008年第6期，第53页以下。

（二）决议行为系社团意思形成行为

前述观点从不同视角解读决议行为，各有道理，但仍如盲人摸象。

第一，共同行为说、特殊多方法律行为说虽有差异，但均认为决议系多方法律行为。笔者以为，决议并非多方法律行为，而系单方行为，理由如下。

认为决议行为系多方法律行为者，混淆了作出决议的主体和参与表决的主体。多方法律行为以数个行为人的名义共同作出，行为人是多人，如数人签订公司发起设立协议。而在决议行为中，虽有众多主体参与表决，但由社团一人作出决议，如集体、股东会、业主大会决议，乃以集体、公司、业主大会名义作出，村民、股东、业主仅是内部参与表决者。[①] 正如李宜琛所言，决议是多数当事人集合的意思表示而成立的集合行为，集合行为的多数意思表示融合而失其独立性，唯有结合的意思表示存在而已。[②] 亦如史尚宽所言，多方法律行为的数个当事人的意思表示不失其独立性，而决议所集合的各个意思表示失其独立性，而成为单一全体意思。[③] 决议行为并非多方法律行为，而系社团单方行为。

对决议行为性质的界定，非无谓争辩，而是旨在指导制度建构。从内部视角观察而将决议行为界定为多方法律行为，无益于制度建构，且违背逻辑。其一，因多方法律行为以数人名义作出，倘若发生纠纷，行为人应以其他行为人为被告提起必要共同诉讼，如某一公司发起人应以其他签订协议者为共同被告，诉请确认公司发起设立协议无效。而决议由社团作出，故成员应以社团为被告提起效力瑕疵诉讼，如村民、股东应以集体、公司为被告诉请撤销决议。纵然我国立法未明确业主大会的主体地位，司法实践亦将撤销业主大会决议之诉的被告界定为业主大会、业主委员会，而非全体业主。虽然德国司法仍以业主为共同被告，但学者指出其与2007年住宅所有权法授予业主大会部分权利能力之规定相矛盾，与股份公司法

---

① 虽然我国立法并未明确业主大会的主体地位，但业主大会决议客观上是以业主大会的名义作出的。

② 李宜琛：《民法总则》，中国方正出版社，2004，第153页。

③ 史尚宽：《民法总论》，中国政法大学出版社，2000，第311页。

第246条相冲突。[①] 其二，法律行为是行为人意欲创设法律关系之意思表示行为，故多方法律行为会在行为人之间产生权利义务关系，如发起人基于发起协议而负担出资义务，若不履行，相对人可诉请履行。而决议往往并不在参与表决者之间产生权利义务关系，如业主大会决议更换物业企业，某一业主并不能基于该决议诉请其他业主履行义务，其仅对成员产生拘束力，与多方法律行为的效力有显著区别。其三，纵然认为决议系特殊的多方法律行为，亦仅能证成其可约束持反对意见的成员，无法解释其何以约束未参与表决的多方“行为人”之外的第三人、权利继受人，如股东会、业主大会决议不仅可约束多方“行为人”之股东、业主，还可约束董事、经理、承租人及新股东、新业主等非行为人。决议之所以对参与表决者之外的第三人产生拘束力，源于决议行为系社团行为，决议系社团意志，所有社团成员及员工，无论是否参与表决、是否赞成，均受约束。因而，数人签订公司发起设立协议与公司成立后股东会作出决议有本质区别。前者系数个行为人的多方法律行为，后者系公司的单方行为。简单以意思表示数量为标准而认为决议属于多方法律行为，将二者等同视之，只会引导立法、司法南辕北辙。[②]

第二，决议行为不仅并非多方法律行为，而且并非法律行为。前述意思形成说虽然明晰了决议行为是社团意思形成行为，但并未进一步清晰界定该行为的性质，无法有效指导制度建构。

德国民法典虽未明确界定法律行为的概念，但《德国民法典第一草案说明书》指出，“本草案所指的法律行为，是旨在产生特定法律效果的私人意思表示，该法律效果之所以依法律秩序而产生，是因为当事人希望产生这一法律效果”。[③] 依通说，法律行为有两个显著特征：一是，按当事人意思产生权利义务关系；二是，系意思表示行为，其具体又包括效果意

① Armbrüster, Der Verwalter als Organ der Gemeischaft und Vertreter der Wohnungentümer, ZWE 2006, 470 (475f); Bergerhoff, Die wohnungseigentumsrechtliche Anfechtungsklage im ZPO-Ver-fahren, NZM, 2007, 425 (431f). 转引自藤巻梓《区分所有者とその团体の法的関係に関する一考察（二）ードイツ住居所有権法における最近の議論の展開を中心に一》,《早法》84卷2号，第202页。

② 参见韩长印《共同法律行为理论的初步构建——以公司设立为分析对象》，《中国法学》2009年第3期，第76页。

③ 〔德〕维尔纳·弗卢梅：《法律行为论》，迟颖译，法律出版社，2013，第26页。

思、表示意思与表示行为。决议行为并不能依当事人意思产生权利义务关系，与法律行为依意思表示形成法律关系之本质特征有显著差异。当集体、业主大会、股东会作出通过议事规则、公司章程、员工管理规范、经营方针等决议时，决议行为并不形成权利义务关系。当社团作出意欲对外交易、选聘机关成员等决议时，如业主大会决议选聘物业企业、选任业主委员会委员，股东会决议为他人提供担保、选任董事，社团并不能依据决议诉请参与表决者履行义务，更不能据此与相对人形成权利义务关系。对应法律行为的具体构造，当社团作出意欲对外交易、选聘机关成员等决议时，该类决议行为并非完整的法律行为，仅系法律行为之效果意思形成阶段。社团作出决议仅形成意欲与相对人缔结法律关系之效果意思，仅对成员有拘束力，尚需通过执行机关的表示行为表示于外，方构成意思表示，[①] 经与相对人达成合意，方成立双方或多方法律行为。[②] 正如黄立等学者所言，决议只在社团内部形成社团意思而已，与第三人的法律关系不因之而成立，决议只是创造了社团的代表人对外为意思表示的基础。[③] 与自然人通过内心考量形成效果意思不同，社团非实在理性存在，依赖意思机关成员协商形成效果意思，而意思机关成员常难以达成一致合意，法律相信众人智慧优于一人智慧，以多数人意志为社团效果意思。在决议过程中出现的赞成、反对意见及形成最终决议，与自然人形成效果意思时经历的内心纠结及最终作出决定，并无二致。故决议行为不仅并非多方法律行为，而且根本就不是法律行为，系法律行为之外的社团依赖意思机关形成社团意思的行为。

（三）决议行为的伦理基础及逻辑主线

既然决议行为并非法律行为，不可适用有关法律行为的一般规则，需

---

① 参见钱玉林《股东大会决议的法理分析》，《法学》2005 年第 3 期，第 97 页。

② 《最高人民法院关于审理物业服务纠纷案件具体应用法律若干问题的解释》（法释〔2009〕8 号）第 8 条规定：“业主大会按照物权法第 76 条规定的程序作出解聘物业服务企业的决定后，业主委员会请求解除物业服务合同的，人民法院应予支持。”虽然业主大会作出的解聘物业服务企业的决议仅为其单方内部效果意思，但并不能据此认为前述解释有误。因为签订、履行物业服务合同的基础在于对物业服务企业能力的信赖，如同合同法授予委托人单方解除权，亦应赋予业主大会单方解除权。故在业主大会形成效果意思、业主委员会通过表示行为表示于外后，即可单方任意解除合同。

③ 参见黄立《民法总则》，中国政法大学出版社，2002，第 198 页；柯芳枝《公司法论》上册，三民书局，2002，第 239 页。

另行为其建构规则，接下来就需要探寻规制决议行为的伦理基础及逻辑主线。探讨决议问题的学者大多认为，多数人的决定并不一定正确，如在50.1%赞成而49.9%反对时，难言孰对孰错，而决议之所以仍有拘束力，源于程序正义，[①] 源于少数人也有机会在将来用更好的论据来赢得多数，从而修改已作出的决定，[②] 因而主张以程序正义为核心构造决议行为的效力规则。[③] 但是，笔者以为，规制决议行为的伦理基础及逻辑主线并非程序正义，而系社团自治。

程序合法虽是决议的有效要件之一，但非统帅决议效力规则之核心。首先，程序正义并非决议行为的独家要求。法律行为通常不关注行为人达成合意的程序，但在以招投标方式订立合同时，尤为注重程序。若认为决议行为的核心是程序正义，无法说明其与以招投标方式订立合同之双方法律行为的差异。其次，若决议约束力的正当性基础是程序正义，那么决议程序违法即损及决议行为之根基，决议应属无效，但所有国家和地区均仅将程序违法作为可撤销事由，而非无效事由。最后，若以程序正义为核心建构决议行为的效力规则，那么除程序瑕疵之外的众多瑕疵事由，如内容违法、无决议权限等，无法被纳入规制范畴。

决议产生约束力之伦理基础及统帅决议行为制度构造之核心乃社团自治。法律行为之所以产生拘束力，源于意思自治。法律相信完全行为能力人是对自己利益的最佳判断者，故授予其自由。但其自由从事行为，亦须为自己的自由选择承担责任。法律行为制度的核心是意思自治，除要求内容合法、不侵害公共利益外，即围绕意思表示的真实性建构效力规则。决议的拘束力同样源于意思自治，只不过是社团的意思自治，而非参与表决者的意思自治，学者混淆了社团自治与参与表决者的自治而已。法律相信

① 参见〔美〕约翰·罗尔斯《正义论》，何怀宏等译，中国社会科学出版社，1988，第87页。

② 〔德〕哈贝马斯：《在事实与规范之间——关于法律和民主法治国的商谈理论》，童世骏译，三联书店，2003，第218页。

③ 参见陈醇《意思形成与意思表示的区别：决议的独立性初探》，《比较法研究》2008年第6期，第53页以下；陈醇《论单方法律行为、合同和决议之间的区别——以意思互动为视角》，《环球法律评论》2010年第1期，第49页；王雷《论民法中的决议行为——从农民集体决议、业主管理规约到公司决议》，《中外法学》2015年第1期，第97页；石纪虎《关于股东大会决议效力的探讨》，《政治与法律》2009年第5期，第112页；戴建庭、白明刚《单方法律行为、合同、决议的瑕疵分析和责任比较》，《东方法学》2012年第4期，第57页。

社团是对自己利益的最佳判断者，故不干涉其自我管理，赋予其管理自己事务之自由。但其一旦通过意思机关作出选择，无论社团抑或其成员均受该自由选择的拘束，即使真理掌握在少数手中，多数决形成的意志对社团不利，亦是如此。程序正义的价值在于证成可采多数决的正当性，但无法说明多数决在私法上产生拘束力的正当性。设想在极端案例中，村民小组搬迁仅剩一户，该农户以集体名义作出决议，无涉程序正义，但仍可拘束后加入集体的成员。程序正义更无法说明决议何以对未参与表决的第三人产生拘束力，如股东会决议对员工的约束力、业主大会决议对承租人的约束力。决议之所以对后加入的成员、第三人有拘束力，非源于程序正义，而源于其系集体意志，源于社团自治。程序正义仅系社团自治的意思形成的真实性要求之一，旨在通过程序正义确保依多数决作出的决议真实代表多数成员的意志。正因如此，程序瑕疵仅导致社团意思形成不真实，属撤销事由。

三 决议之成立要件及其认定

（一）区分决议成立认定与效力判断之必要性

既然决议行为系社团意思形成行为，需首先依多数决形成社团意思，才能进一步涉及其效力判断问题，故而应区分决议成立认定与效力判断。如后详述，决议的成立应满足确有举行会议、有法定人数出席、会议作出表决、表决达多数决比例要求之要件，若不满足前述要求，则决议不成立。例如，股东未经召开股东会议而伪造决议，虽有决议之表象，实则并未形成公司意思、无决议，既无决议，无从提及效力问题。[①] 就开篇所述的〔2014〕渝一中法民终字第 05075 号“俞某诉重庆市沙坪坝区港城花园业主委员会确认业主大会决议无效案”，因投赞成票的业主人数及其专有权合计面积未达半数，即应认定决议不成立，而非认定其违反物权法第 76 条关于表决比例之强制性规定而无效，亦非认定其因违反法定程序而可撤销。然而，因物权法、公司法均仅规定了决议效力瑕疵，而未规定决议不

① 参见张旭荣《法律行为视角下公司会议决议效力形态分析》，《比较法研究》2013 年第 6 期，第 140 页。

成立，导致法院在个案中错将决议不成立认定为无效或可撤销。不仅如此，《最高人民法院关于适用〈中华人民共和国公司法〉若干问题的规定（四）（征求意见稿）》（下称《公司法解释（四）征求意见稿》）第4条更是错将决议不成立一般性地解释为无效。认定决议是否成立系作事实判断，仅需查明社团是否曾召开会议并形成多数决，而判断决议效力状态系作价值判断，系查明多数决决议是否满足法定有效要件之后续问题，两者的区别不言自明。并且，区分决议不成立与效力瑕疵，非仅旨在满足理论区分之需求，而且系准确适用法律之必然要求。

其一，因导致决议不成立与可撤销的事由均系程序瑕疵，在实践中，法院常将决议不成立误判为可撤销。如〔2013〕二中民终字第05629号“谷某诉北京康弘娱乐有限责任公司确认公司决议效力案”判决认为，在股东未参会的情况下通过伪造签名作出股东会决议，应认定股东会召集程序违法，股东可在法定期间内行使撤销权。① 再如〔2014〕丰民初字第08253号“陈某等诉北京市丰台区南曦大厦小区业主委员会业主撤销权案”判决认为，业主委员会无法证明《投票统计表》关于业主投票记载的真实性，业主大会决议可撤销。这一错误做法将导致不当法律后果：一方面，若认定决议可撤销，则其在被撤销前是有效的，但在未曾召开会议的情形下炮制的决议或通过伪造签名使之过半数的决议，何以有效？另一方面，撤销权受除斥期间限制，若撤销权人未在法定期间内行使撤销权，决议将确定有效。如此，股东可自行伪造股东会决议，然后将其锁于抽屉中，经60日即确定有效，有悖正义。也许有学者认为这一批判理由并不成立，因为通过将除斥期间修改为采主观计算方法，自当事人知道或应当知道决议瑕疵之日起开始计算，即可解决问题。对此，不可拆东墙补西墙，不可通过修正公司法原本正确之规定而迎合实践中的错误做法，从而引发新的错误。②

---

① 参见周晓莉《瑕疵股东会决议并非当然无效——北京二中院判决谷成满诉康弘公司公司决议效力确认纠纷案》，《人民法院报》2014年8月7日，第6版。

② 当然，需要进一步探讨除斥期间应采主观抑或客观计算方法。公司法之所以采用客观计算方法，源于对效益价值的考量。日本公司法第831条亦规定，“股东等得于股东会等决议之日起三个月内，提起诉讼请求撤销决议”。我国台湾地区“民法”第56条一般性地规定，“总会之召集程序或决议方法，违反法令或章程时，社员得于决议后三个月内请求法院撤销其决议”。这两个立法例均采客观计算方法。

其二，决议不成立与决议无效，均自始无拘束力，法律后果似无差别，因此，实践中，诸多判决如同《公司法解释（四）征求意见稿》所欲作出的解释那样，将不成立的决议认定为无效，如前述“谷某诉北京康弘娱乐有限责任公司确认公司决议效力案”的一审判决〔2012〕怀民初字第00184号即认为，冒用股东名义作出的股东会决议无效。这一做法背离了法律正义。

一则，导致决议不成立的事由是程序瑕疵，而无论依法律行为规则抑或公司法第22条关于公司决议效力之规定，仅内容违法之决议无效，程序瑕疵不适用违法无效规则。

二则，决议不成立实则包括不存在决议与决议不成立两种情形。前者如在未召开会议的情形下炮制决议，后者如在表决未达多数决要求的情形下通过伪造签名作出决议。就后者，尚可能蒙混认为决议机关作出不具有法律拘束力的无效决议，但就前者，未曾召开会议，何来无效决议？

三则，若认定决议无效，则自始确定无效，不可补正。而决议不成立有补正可能，将不成立的决议认定为无效，将剥夺补正机会，且支持当事人背信弃义。如在〔2009〕淮中民一终字第15号案中，公司仅有甲、乙两名股东，甲伪造乙的签名作出增资决议，并经虚假验资办理变更登记，乙参与公司经营，明知已办理变更登记但一直未提异议。后公司债权人依增资决议诉请乙在未足额出资范围内承担清偿责任，乙主张决议无效之抗辩。就此案，乙以经营行为接受增资事实，应视为追认甲无权代理所作表决，决议成立且有效。[①] 而若认定决议无效，则支持乙背信弃义。

法治进程应是法律科学化进程。放眼比较法，均自觉扬弃因法律后果相似性而将决议不成立认定为无效之错误做法，我们没有任何理由固守已被共同抛弃之错误做法。就股东会决议，德国法系立法伊始均如同我国当前公司法，仅规定可撤销、无效之决议瑕疵，司法裁判基于法律后果相似性，将决议不成立认定为无效。但此后，日本最早展开区分决议不成立与无效的讨论，经其最高法院判决决议不成立，理论界达成了“股东大会决议因欠缺成立要件，应被评价为决议不存在”之共识。[②] 1981年日本商法

① 参见袁辉根《伪造公司决议的效力认定》，《人民司法》2010年第6期，第92页以下。

② 〔日〕大隅健一郎：《股东大会》，商事法务研究会，1971，第587页。

典第252条增设确认决议不存在之诉，日本公司法第830条第1款设相同规则。受其影响，1984年韩国商法典第280条亦增设确认决议不存在之诉。[①] 德国虽未修改成文法规则，但通说认为，“股东会决议之要件包括股东会议确有举行，该会议曾作成决议，所作成之决议（一般）经主席确认而定案，该决议始为成立”，[②] 诸如未经召开会议而书面伪造之“非决议”，应被认定为不成立。[③] 我国台湾起初认为决议无效包括“形式不成立”无效与“决议内容违法”无效，[④] 与《公司法解释（四）征求意见稿》第4条如出一辙。后其司法逐渐采用决议不成立之判决。[⑤] 其于2000年公司法修订时，曾欲增设第191条之一，规定确认决议不存在之诉。[⑥] 虽然立法最终未作修改，但2003年台上字第1174号“萧某诉万有纸厂股份有限公司确认股东会决议无效案”的判决明确指出，“须先有符合成立要件之股东会决议存在，始有探究股东会决议是否有无效或得撤销事由之必要，故股东会决议不成立应为股东决议瑕疵之独立类型”。[⑦] 学者纷纷建议将认定决议不成立之事实类型规则化。[⑧] 业主大会决议同样如此。2003年度台上字第2517号“世华期货有限公司诉敦南富邑大厦管理委员会确认决议无效案”判决认为，“区分所有权人会议如系由无召集权人召集而开……即属依法提起确认该会议决议不存在之诉以资救济之范畴”。[⑨] 我国台湾新北法院民事判决2012年度诉字第2515号“吴某诉全球台北人公寓大厦管理委员会确认决议无效案”、台中法院民事判决2013年度诉字第2298号“美顺实业股份有限公司诉扬运贸易大厦管理委员会撤销决议案”等，

---

① 参见〔韩〕李哲松《韩国公司法》，吴日焕译，中国政法大学出版社，2000，第423页以下。

② 刘渝生：《公司法制之再造——与德国公司法之比较研究》，新学林出版股份有限公司，2005，第256页。

③ 参见刘渝生《公司股东会议决议的效力》，载赖源河主编《商事法实例问题分析》，五南图书出版公司，2000，第69页。

④ 参见杨建华《浅谈公司股东会决议之无效与撤销》，《辅仁法学》第2期（1983年1月），第290页以下。

⑤ 参见王文宇《公司法论》，元照出版社，2003，第324页。

⑥ 参见刘连煜《现代公司法》，新学林出版股份有限公司，2007，第313页。

⑦ 参见中国台湾《“最高法院”民事裁判书汇编》第46期（2003年），第582页以下。

⑧ 参见曾宛如《股东与股东会——公司法未来修正方向之刍议》，《月旦法学杂志》总第95期（2003年4月），第120页。

⑨ 参见中国台湾《“司法院”公报》第46卷第9期（2004年），第107页以下。

作相同判决。

（二）决议成立要件与不成立之认定

可确定而无争议的是，决议的成立须满足以下四项要件：决议机关确有举行会议，有法定人数出席会议，会议曾作出表决，表决达多数决要求。决议不成立则是虽然形式上通过伪造签名等方式形成了决议表象，但实际上并未形成多数决之社团意思，在法律上不能认为有决议存在。与前述成立要件相对应，如下情形应认定决议不成立。其一，未经召开会议而“作出”决议。未经召开会议，自然无法形成社团意思，自无决议。其具体包括未召开会议而虚构开会、决议记录并伪造签名，以及控股股东未通知其他股东参会而独自滥用多数决作出决议等情形。其二，出席人数不足法定要求。仅当有满足法定人数要求的成员出席时，方可召开会议，出席人数不足法定要求，不可召开会议，该会议所作决议自不成立。例如，公司法（2013 年）第 111 条规定，股份有限公司的董事会会议应有过半数的董事出席方可举行。但是对于有些决议，法律对于最低出席人数未作要求。其三，决议机关虽曾召开会议，但未作表决。具体包括会议未作表决而伪造决议记录，或部分股东另行聚集作出决议，以及会议表决内容与决议记载内容不一致等情形。其四，决议机关虽曾召开会议并进行表决，但表决赞成或反对者的人数或所持表决权比例未达法定要求，通过伪造成员签名而作出决议。但在前述因伪造有表决权者签名而导致决议不成立的各类案件中，若被伪造签名的成员以其行为表明接受决议内容，视为追认表决，在实际表决者和追认者所持表决权比例合计达法定要求时，可认定决议成立。

需探讨的是，决议的成立是否还需满足召集人有召集权之要件。当无召集权人召集会议并作出满足法定比例要求的多数决决议时，应认定该决议成立但因召集程序违法而可撤销，还是认定其不成立？如前所述，认定决议可撤销与不成立的法律后果有显著差异。若认定其可撤销，需当事人积极撤销决议，否则经除斥期间届满即受其约束。相反，若认定其不成立，只要当事人不积极追认，即不受拘束。对此，应将经有召集权者召集作为决议之成立要件。召集人无召集权，形式上是会议召集程序违法问题，实质上却是主体瑕疵问题。类比法律行为规则，主体的存在系法律行为的成立要件，主体尚不存在，行为无从提起。无召集权人召集召开的会议并非合法成立的社团意思机关，主体尚欠缺成立要件，其后之决议自无所附存，[①] 自无成立余地，无所谓撤销与否问题。[②] 比较法上亦多认定决议不成立。例如，韩国大法院 1962 年 12 月 27 日判决认为，无召集权者召集会议作出的决议不成立。[③] 日本判例认为，董事未经董事会决议而召集股东会所作决议不成立。[④] 我国台湾 1993 年台再字第 3 号“方某某等诉协成汽车客运股份有限公司确认股东临时会决议不存在案”判决认为，“股东会必须由有召集权人召集，由无召集权人召集之股东会，欠缺股东会决议之成立要件，其所为之决议，自不生法律上之效力”。[⑤] 此后，前述 2003 年台上字第 2517 号“世华期货贸易公司诉敦南富邑大厦管理委员会确认决议无效案”判决更明确判示：“按公寓大厦管理委员会为人的组织体，区分所有权会议为其最高意思机关。惟区分所有权人会议如系由无召集权人所召集而召开，既非公寓大厦管理委员会合法成立之意思机关，自不能为有效之决议，且在形式上亦属不具成立要件之会议……于此情形，即属依法提起确认该会议决议不存在之诉以资救济之范畴，而非在撤销会议决议之列。”

四　决议之有效要件与瑕疵决议效力之认定

决议行为的核心是社团自治，故仅当满足下列要件，决议方可能有效。第一，决议机关有决议权限。第二，决议（社团意思）形成真实，即真实代表多数成员意志。与通过意思自由与表示真实保障个人意思表示真实不同，法律乃通过所有成员依合法程序作出意思表示真实的表决，确保决议体现社团意志，即要求程序合法与表决意思真实。第三，不违反社团

① 参见何曜琛《论股份有限公司股东会、董事会决议之瑕疵及其效力》，《东吴法律学报》第 14 卷第 2 期（2003 年 2 月），第 109 页。

② 参见洪秀芬《未经合法召集而全体出席之股东会决议效力》，《月旦法学教室》第 51 期（2007 年 1 月），第 29 页。

③ 参见〔韩〕李哲松《韩国公司法》，吴日焕译，中国政法大学出版社，2000，第 423 页以下。

④ 〔日〕江头宪治郎：《株式会社法》，有斐阁，2008，第 346 页。

⑤ 参见中国台湾《“最高法院”民事裁判书汇编》第 11 期（1993 年），第 840 页以下。

规约。但是，社团自治形成之真实意思，仅在合法、不损害公共利益时，方受法律保护。并且，多数决可能会被滥用，还需要求决议不侵害持反对意见成员的合法权益。因此，有效决议应满足有决议权限、程序合法、表决意思真实、内容合法、合乎规约、不侵害成员合法权益六项要件。与之对应，无决议权限、程序瑕疵、表决意思不真实、违反规约、内容违法、侵害成员合法权益可能导致决议效力瑕疵。其中，表决意思不真实依意思表示规则判断即可，如村干部胁迫农户投票，受胁迫者可撤销表决，但撤销的仅是个人意思表示不真实的表决，仅当撤销表决导致决议低于法定表决权比例要求时，方致决议不成立。因此，通常仅意思表示不真实的成员联合行使撤销权，方对决议产生影响。违反规约仅违反社团自主意思，而非法律的强行规定，属可撤销事由。就该两项事由，应无疑义，以下探讨其他瑕疵事由对决议效力的影响。

（一）逾权决议

公司法、物权法均未规定逾权决议的效力，但前述〔2010〕东一法民一初字第 2308 号“万某诉广东省东莞市新天地华庭业主委员会等业主撤销权纠纷案”、〔2014〕渝五中法民终字第 01072 号“黄某与重庆市南岸区万寿花园业主委员会等业主撤销权纠纷上诉案”等案件，则提出了逾权决议的效力认定问题。例如，业主委员会未经授权作出选聘物业服务企业的决议，其效力如何?[①] 因社团机关的决议权限或由法律规定或由规约授予，按既有规则，逾权决议或因内容违法而无效，或因违反规约而可撤销。但认定逾权决议无效或可撤销，均不妥当，逾权决议应属效力待定的决议。

（1）认定无效，于法无据。第一，法律之所以最为否定地将行为评价为无效而不授予治愈机会，源于其侵害公共利益，而逾权决议仅可能侵害社团及其成员利益，并不危及公共利益。并且，其是否侵害社团及其成员利益，尚不得知，如业主委员会选聘物业服务企业，可能合乎业主需求。因此，应交由真正权利人决定决议之效力，法律不可武断规定决议无效。第二，无效系当然、确定无效，纵然无人提出异议，亦无效。但如前案，若业主均接受物业服务且支付物业费，应视为追认决议有效，认定决议无

① 参见刘培英《业主撤销权的适用》，《人民司法》2011 年第 2 期，第 21 页。

效与客观事实不符。且若认定决议无效，纵然绝大多数业主默示同意更换物业企业，任一不同意更换物业企业的业主均可诉请确认决议无效，实以一人意志代替社团自治。因此，只要逾权决议内容不违法，均不应认定其无效。

（2）法释〔2009〕7号草案稿第11条第2款曾拟定："业主大会或者业主委员会作出的决定……超越其权限，业主请求撤销的，应予支持。"但认定逾权决议可撤销，无法自圆。第一，既然决议可撤销，则在被撤销前是有效的，而决议机关无决议权限，决议何以有效？第二，就逾权决议案件，需解决内部决议效力认定与外部无权处分行为效力认定两个问题。如前述案例，需认定业主委员会决议之效力与物业服务合同之效力。后者因无权代理而效力待定，若认定决议可撤销，则出现对同类瑕疵行为效力认定不一致之矛盾。第三，若认定决议可撤销，则纵然多数成员追认决议，任一不同意的成员均可撤销决议，面临与前段所述相同的无效率和违背社团自治原则的问题。

（3）逾权决议应属效力待定，其是否对社团发生效力从而对其成员有拘束力，取决于有权决议机关是否追认。第一，合乎逻辑。逾权决议行为仅影响真正权利人的利益，应交由其决定决议之效力，并可保持内、外行为效力规则的统一。但逾权决议行为与无权处分行为的当事人构造不同。如前述案件，无权处分人为业主委员会，真正权利人为业主大会，相对人为可能受决议约束的业主，应由业主催告业主大会是否追认。第二，合乎实践。如前述案件，若业主均接受物业服务而未提异议，则默示一致同意事实上形成共同决议而追认决议有效。即使单个业主有异议，亦不可独自撤销决议，而应提请业主委员会召开业主大会，作出是否追认之决议。若业主委员会拒绝召集会议，视为不追认，决议无效；若业主委员会召集业主大会，视决议结果决定是否追认。如此，既兼顾了全体业主之权益，又可防范逾权决议之风险。

（二）程序违法

1. 程序违法属可撤销事由

如前所述，之所以严格规制决议程序，乃旨在确保成员依民主程序形成真实体现多数成员意志的社团意思。程序违法形式上是违法问题，实质上是意思形成的真实性问题。而程序违法是否导致决议不能体现成员意志，仅受此困扰而无法议事表决的成员具有发言权，应交由成员决定是否撤销决议。[①] 因此，各国公司法均将程序违法规定为撤销事由。我国台湾地区“民法”第56条一般性地规定，“总会召集程序或决议方法，违反法令或章程时，社员得于决议后三个月内请求法院撤销其决议”。虽然物权法就集体决议未设程序违法撤销规则，亦可适用。

程序瑕疵可能导致决议可撤销，亦可能导致决议不成立，但泾渭分明。导致决议不成立的程序瑕疵是根本无召集、表决程序，或虽曾召开会议但由无召集权者召集、出席人数不足法定要求、表决未达法定比例要求。导致决议可撤销的程序瑕疵，系有召集权者召集召开会议并作出达法定表决比例要求的决议，但在会议召集、议事、表决过程中未严格遵守法律规定，如遗漏通知个别成员，通知、公告召开会议的期间不符合法定要求，未给予个别成员发言机会等。

2. 可例外维持程序瑕疵决议之效力

在明确程序违法决议可撤销后，进而需明确如何认定决议程序是否违法。虽然物权法未规定集体、业主大会的决议程序，但采目的解释方法即可填补法律漏洞，其仅是技术问题，无理论障碍。立足目的解释，决议程序规则应被界定为规制会议召集、议事、表决等旨在保障成员参与决策的程序性权益（如参加权、表决权、知情权、辩论权）的规则，[②] 决议程序如若违反前述要求，即使法无明文规定，亦应被认定为程序违法。反之，虽然住房和城乡建设部于2009年颁布的《业主大会和业主委员会指导规则》（建房〔2009〕274号）设置了公权力机关参与指导的程序规则，但如〔2013〕穗中法民五终字第3129号“广州新城市房地产开发有限公司等诉广州市荔湾区逢源轩业主大会业主撤销权案”等案所作判决，只要召集人依法通知成员且确保其充分议事表决，不能因“房管部门、街道办事处及居委会等单位未到场监督”、公权力机关未参与指导而认定程序违法。

问题的难点在于，当程序违法并不影响表决结果时，如仅延迟一日发

---

① 参见李建伟《公司决议效力瑕疵类型及其救济体系再构建——以股东大会决议可撤销为中心》，载王保树主编《商事法论集》第15卷，法律出版社，2009，第65页。

② 参见徐海燕《业主大会决议瑕疵的司法救济——兼析〈物权法〉第78条第2款》，《北京大学学报》（哲学社会科学版）2009年第4期，第52页。

出召开会议通知，是否亦应撤销决议。倾向实体正义者认为，应视程序瑕疵是否侵害成员表决权、社团利益，而认定其是否导致决议可撤销。[①] 秉持程序正义者认为，程序具有和平、参与、自愿、公平、及时、人道、正统等独立价值，程序瑕疵之决议当然可撤销。[②] 笔者以为，对此可例外维持程序瑕疵决议之效力。

从目的解释角度而言，程序瑕疵决议可撤销规则看似旨在维护程序正义，但实非如此。因为若其旨在维护程序正义，那么包括投赞成票在内的所有成员均应享有撤销权，均可伸张程序正义。但即使认为程序瑕疵决议绝对可撤销者，亦仅认可授予程序性权益受侵害者撤销权。故该规则实则旨在保障成员参与管理共同事务之议事表决权益，确保决议真实体现成员意志。成员管理权属于共益权，共益权的行使须合乎社团共同利益，仅以共益权受侵害为由撤销实则合乎社团共同利益之决议，违背授予成员共益权之目的。[③]

从利益衡量角度而言，司法者不可能是僵化适用法律的机器，需面对个案，平衡当事人利益而具体适用规则，实现个案正义。[④] 是否撤销决议，涉及赞成者、反对者、社团、相对人四方主体利益。若程序瑕疵轻微且不影响表决结果，撤销而重作相同决议对所有主体均无实益。相反，浪费人力物力，并可能导致社团付出高昂机会成本，且变动与相对人的现有法律关系，危害交易安全。因此，需比较撤销决议与维持决议效力所生利益，具体作出裁判。[⑤]

从实证分析角度而言，法院亦并不认为程序瑕疵决议绝对可撤销。如就股东会决议，〔2012〕威商终字第 19 号“丛某等诉威海人生药业集团股

---

① 参见丁绍宽《股东会瑕疵决议的效力研究》，《法学》2009 年第 6 期，第 136 页；黄学武、葛文《股东会召集程序瑕疵与撤销——一则申请撤销股东会决议纠纷案评析》，《法学》2007 年第 9 期，第 133 页；金文芳《股东会召集程序瑕疵并不必然导致决议被撤销》，《人民司法》2008 年第 12 期，第 98 页；蔡立东、田尧、严佳维《论业主撤销权的行使——以上海法院的司法实践为参照》，《山东社会科学》2012 年第 5 期，第 15 页。

② 参见陈醇《意思形成与意思表示的区别：决议的独立性初探》，《比较法研究》2008 年第 6 期，第 53 页以下。

③ 参见林国全《诉请撤销程序瑕疵之股东会决议》，《月旦法学杂志》第 79 期（2001 年 12 月），第 21 页。

④ 参见梁上上《利益衡量论》，法律出版社，2013，第 102 页。

⑤ 参见〔日〕岸田雅雄《ゼミナール会社法入門》，日本经济新闻社，2006，第 181 页。

份有限公司撤销股东大会、董事会决议案”判决认为，“在认定应否撤销股东大会决议时，首先应该考虑程序性瑕疵是否有可能对决议的形成产生实质性影响”，“虽然临时股东大会存在程序瑕疵，但并不必然改变实体性结果，且撤销临时股东大会决议反而增加公司运营成本，不利于矛盾的最终解决，在权衡程序瑕疵与决议所产生利益正当性之利弊的情况下，不支持原告撤销决议的请求”。① 再如被学界热议的王某诉某公司撤销公司决议案的判决认为，即使原告到会，亦不影响决议结果，决议形成后，公司已与他人履行相关合同，为维护交易安全，不可撤销决议。② 就业主大会决议，〔2013〕闸民三（民）初字第1612号“宋某等诉上海市闸北区某大厦业主委员会业主撤销权案”判决认为，虽然被告在形成决议时未能妥善保管业主的表决票备查，存在程序疏漏，但并未侵害业主合法权益，故驳回业主撤销决议之请求。比较法上亦已达成例外维持程序瑕疵决议效力之共识。日本立法变迁尤能说明设立例外规则之必要性。其1938年商法修订，为避免股东以轻微程序瑕疵为由提起撤销决议诉讼，干扰公司运作，新设第251条授权法院斟酌决议内容、公司现状及其他一切情事，基于衡平目的，例外驳回股东撤销程序瑕疵决议之诉请。③ 后为强化股东地位，1950年商法修订删除了该规则，④ 但并不适应实践需求，司法依旧适用，⑤ 1981年商法修订不得不恢复该制度，公司法第831条第2款设相同规则。我国台湾地区“公司法”本亦仅设程序瑕疵决议可撤销规则，但在实务中出现了仅持2股的股东诉请撤销决议的案例，为兼顾多数股东权益及交易安全，2001年“公司法”修订新增第189条之一，引入裁量驳回制度。韩国商法典第379条同样授予法官驳回撤销决议诉请之裁量权。德国司法实践亦例外维持程序瑕疵决议效力。⑥ 就业主大会决议，各国尚未设定类似规则，

---

① 参见中国裁判文书网，http://www.court.gov.cn/zgcpwsw/sd/sdswhszjrmfy/ms/201412/t20141218_5178050.htm，2015年2月15日访问。

② 参见丁绍宽《股东会瑕疵决议的效力研究》，《法学》2009年第6期，第136页；黄学武、葛文《股东会召集程序瑕疵与撤销——一则申请撤销股东会决议纠纷案评析》，《法学》2007年第9期，第133页。

③ 〔日〕田中耕太郎：《改正会社法概论》，岩波书店，1939，第556页。

④ 〔日〕大隅健一郎、大森忠夫：《逐条改正会社法解说》，有斐阁，1951，第39页。

⑤ 〔日〕竹内昭夫：《判例商法Ⅰ》，弘文堂，1976，第205页。

⑥ 王彦明：《股东大会决议的无效与撤销——基于德国股份法的研究》，《当代法学》2005年第4期，第125页。

但诸如日本东京地方裁判所1988年11月28日业主诉业主大会确认限制经营行业决议无效及损害赔偿案等判决认为，业主大会召集程序虽有瑕疵，但非属重大，且不影响决议结果，故驳回原告撤销决议之请求。[①]

前述论证从个案公正的视角论证例外维持程序瑕疵决议效力的正当性，但法律不仅旨在实现个案公正，而且具有指引、预防功能，允许程序违法决议有效，可能面临鼓励程序违法之风险。但欲预防违法行为，需令违法者承担责任，导致决议程序瑕疵者系召集者，而撤销决议对社团、成员不利，错误打击无辜成员。且因社团成员众多、情势紧迫等客观原因，召集人偶有轻微过失，实则难免，挑剔程序瑕疵系轻而易举之事。[②] 允许故意违法行为有效会鼓励违法，但原谅偶发轻微过失行为，乃人之常情，正如日本立法之反复说明僵化撤销程序瑕疵决议与实践不符。应对风险的路径不是因噎废食，而是合理限定例外规则之适用要件以控制风险。比较各国立法，需同时要求程序瑕疵不影响表决结果且瑕疵程度轻微。若程序瑕疵影响表决结果，则导致社团意思不真实，当然应撤销决议。但不可将程序瑕疵不影响决议结果作为唯一适用标准，否则，控股股东、多数联合者即无须通知少数成员参会，不仅剥夺成员管理权，而且使得为确保社团意思机关正常运作而设立的程序规则“形骸化”。[③] 就程序违法的严重性，应依法规目的，即观察程序违法是否出于故意，是否侵害其所违反的程序规则所欲保护的利益，而作实质判断。[④] 例如，同样系遗漏通知成员，若社团无法证明非出于故意，应撤销决议，若社团证明因股权变动未予公示等原因而无过错或因轻微过失遗漏通知，或虽遗漏通知，但成员出席会议，则可维持决议效力。[⑤] 再如，同样为逾期发出召开会议通知，因提前通知旨在使成员有充分时间做准备，若仅迟延一日，并不影响会议准备，

① 《集会招集手続の瑕疵が決議の無効原因となるような重大な瑕疵とはいないとれた事例》，《判例タイムブ》702号，1989，第255页以下。

② 参见曾宛如《公司管理与资本市场法制专论》，元照出版社，2007，第211页。

③ 林国全：《法院驳回撤销瑕疵股东会决议请求之裁量权》，《台湾法学杂志》第153期（2010年），第196页。

④ 参见〔日〕上柳克郎《いわゆる裁量棄却（商法251条）について》，《大阪学院大学法学研究》21卷，1995，第17页以下。

⑤ 参见陈道兵、苏国华《欠缺部分股东签名的股东会决议应否撤销》，《人民法院报》2011年6月16日，第7版。

可维持决议效力。[①] 相反，如我国台湾台中法院2004年上字第215号“谢某某诉兴业股份有限公司撤销股东会决议案”，董事会迟延五日寄发召开股东会改选董事的通知，导致迟延受领通知的股东无充分时间运作董事选举事宜，则应认定瑕疵严重，撤销决议。

（三）内容违法

成员依法定程序作出意思真实的表决并形成多数决，即形成社团真实意思，但其须满足合法性要件，方受法律保护。

（1）违反法律强制性规定、损害社会公共利益的决议无效。内容合法系决议受法律保护之前提，违反法律强制性规定的决议自当无效。故而，各国公司法均规定内容违法之决议无效。德国住宅所有权法2007年修订新增第23条第4款，规定违反强行规定的决议无效，我国台湾地区2012年“公寓大厦及物业管理条例”修订草案亦曾欲增设内容违法决议无效之规则。法律之所以最为否定地认定行为无效，源于其损害公共利益，故不仅内容违法之决议无效，侵害公共利益、违背公序良俗的决议亦无效。如美国加利福尼亚州法院认定，禁止小孩、有色人种居住等违反公序良俗之规约无效。[②] 但仅内容违法之决议无效，不可错误认定程序违法之决议无效。如〔2013〕浙民再字第18号“浙江省嘉兴市聚力源典当有限责任公司与何某股东会决议效力纠纷再审案”判决认为，公司遗漏通知原告召开股东会，并不单纯属于股东会召集程序违法，而系违反公司法第4条关于“公司股东依法享有资产收益、参与重大决策和选择管理者等权利”之规定，错误地认定决议无效。

（2）就内容违法之认定而言，第一，若决议违反的是旨在维护公共秩序的公法强行规范，或违法侵害第三人利益，应属无效。前者如业主大会决议改变小区规划、集体决议将耕地用于非农建设，后者如业主大会作出拆毁邻近其他小区围墙之决议。第二，复杂的问题是，如何认定违反公司法、物权法等私法规范的决议效力。就此，需借鉴违法行为效力认定的研究成果，识别规范性质，作出具体判断。诸如公司法关于董事消极任职条件

① 参见金文芳《股东会召集程序瑕疵并不必然导致决议被撤销》，《人民司法》2008年第12期，第99页。

② Nahrstedt v. Lakeside Village Condominium Association Inc., 8 Cal. 4th 361 (1994).

等规定，应属效力强制性规定，若股东会选任有消极要件者担任董事，决议无效。但诸如业主大会表决比例之规定，我国台湾地区“公寓大厦及物业管理条例”授权业主规约另行约定表决规则，学者亦持赞成态度。[①] 限于篇幅，就内容违法决议效力认定这一复杂问题，留待将来展开深入研究。

（四）侵害成员合法权益

1. 设立侵害成员合法权益撤销规则之必要性

与公司法不同的是，物权法规定了侵害成员合法权益之撤销事由。对此，有学者认为公司法的规定更为合理，因为虽然多数决可能会被滥用，但只要决议内容不违法，少数派必须忍受，适用物权法第78条的前提是决议内容违法，[②] 而决议内容违法，适用违法无效规则即可，无须另设撤销规则。[③] 笔者以为，有设立侵害成员合法权益撤销规则之必要。

第一，其与内容违法无效规则解决不同的问题，后者审查决议之合法性，而前者考量决议之合理性。私法秉持法无禁止即自由理念，成文法限于列举少量最不可容忍的违法行为，如此，社团即可能作出合法但不合理的决议，如集体作出外嫁女不参与分配征地补偿款之决议，控股股东借由多数决通过与公司规模严重不成比例的董事报酬决议。为避免多数派成员不公平地损害少数派成员权益，应当允许少数派成员启动司法审查程序。[④] 我国台湾地区“民法”第799条之一规定，“规约之内容依区分所有建筑物之专有部分、共有部分及其基地之位置、面积、使用目的、利用状况、区分所有人已否支付对价及其他情事，按其情形显失公平者，不同意之区分所有人得于规约成立后三个月内，请求法院撤销之”。日本建筑物区分所有权相关法律第31条第1项规定：“规约之设定、变更或废止对专有部分所有权人之权利产生特别影响时，须征得其同意。”德国民法典第35条规定，“非经社员同意，不得以社员大会决议侵害其特别权利”。自20世

① 参见曾明逊、彭建文、林欣柔《公寓大厦决议规则之法律经济分析》，《中研院法学期刊》2007年第1期，第248页。

② 陈华彬：《业主大会法律制度探微》，《法学》2011年第3期，第74页。

③ 参见许中缘《论意思表示瑕疵的共同法律行为——以社团决议撤销为研究视角》，《中国法学》2013年第6期，第64页。

④ 参见叶林《私法权利的转型——一个团体法视角的观察》，《法学家》2010年第4期，第149页。

纪 80 年代以来，德国出现了加强对社团成员保护之趋势。[①] 前述日本、德国的同意规则虽并未授予成员撤销权，实则与我国物权法的规定异曲同工。赋予成员撤销权，即赋予其一票否决权，亦即要求需经其同意。反之，即使社团作出多数决，只要未经权益受侵害者同意，亦不生效力。

第二，公司法虽未设置侵害成员合法权益之一般撤销规则，但亦为防范股东滥用多数决而设置了相关规则：第 16 条规定在公司决议是否为股东提供担保时，关联股东不得参与表决；第 20 条规定股东不得滥用股权损害公司或其他股东利益。前述规则均存局限：一方面，立法者不可能武断地在所有情形均排除有利害关系之股东的表决权，故第 16 条仅适用于股东会作出决议为股东提供担保之情形。担任董事的控股股东仍可滥用多数决，作出诸如与公司业绩、规模显著不成比例的高额董事报酬之决议。另一方面，第 20 条虽禁止滥用股权，但未规定滥用股权行为之效力。对此，可将第 20 条视为禁止性规定，从而认定滥用多数决作出的决议无效。但若决议仅关涉股东利益，不侵害公共利益，则认定其无效于法无据，应属可撤销。[②]

撤销侵害成员合法权益的决议，非撤销不真实的社团意思，系司法为避免多数决被滥用而干预社团自治。因民商事社团价值取向的不同，司法对其干预的程度亦不同。以股东会与业主大会决议为例。第一，虽然股东与业主均有自益权，但股权自益权无使用权能，故除分红决议外，公司决议一般不会直接侵害股东自益权，只会通过侵害公司利益而间接侵害股东权益。而公司机关更熟悉经营管理，法官非专业经营者，不得干预公司机关的商业判断，唯在公司治理结构严重扭曲时，方可例外干预公司自治。[③] 而业主专有权具有使用权能，业主大会决议不仅可能通过侵害共有权而侵害业主权益，而且会因限制专有权的使用而直接侵害业主权益。因侵害少数业主权益而发生的决议效力纠纷，类似于相邻关系纠纷，系投赞成票的多数人为提高自己不动产的利用效益而对投反对票的少数人的不动产加以利用或限制。但与法律将相邻权限于最低限度合法侵害他人不动产权利不同，物权法第 76 条仅抽象规定业主大会有权决定“有关共有和共同管理

① 参见〔德〕迪特尔·施瓦布《民法导论》，郑冲译，法律出版社，2006，第 114 页以下。

② 参见邓江源《股东压制视野中的股东会决议效力》，《人民司法》2014 年第 15 期，第 61 页。

③ 参见姜山《公司机关决议瑕疵诉讼若干法律问题探析》，《法律适用》2011 年第 8 期，第 28 页。

权利的其他重大事项”，授予业主大会以多数决“合法”侵害少数业主权益之广泛自由而未定边界，需司法者探寻边界所在。如就业主大会作出的禁止饲养宠物、强制统一出租商铺等决议，需法官认定可否为多数人的安宁、效益而限制少数人的权利。第二，不动产利用与权利人的生活起居息息相关，且退出成本较高，故如同相邻关系秉持“有利生产、方便生活、团结互助、公平合理”原则，需法官介入业主自治，促进不动产的协调利用。而公司追求效益，资本可自由流动，立法尚且尊重公司自治，司法更应较少干预。①

另外，不可僵化适用物权法第 78 条，认定侵害业主合法权益的决议均系可撤销。因为侵害成员合法权益之撤销规则系以结果为标准设立的效力规则，会与以行为为标准设立的其他效力规则相竞合，如业主大会约定某一业主专有部分归全体业主共有，既无决议权限，又侵害业主合法权益。在规则竞合时，应优先适用其他效力规则，将侵害成员合法权益之结果规则作为兜底规则，否则会导致个案显失公正。就前述决议，若认定其因侵害业主专有权而可撤销，则决议在被撤销前是有效的，且若业主未在除斥期间内行使撤销权，决议确定有效。法律何以认为剥夺他人所有权的决议有效，何以强迫所有权人必须回应他人违法行为，否则违法行为合法有效？对此，应认定决议超越权限而效力待定，由专有权人决定其效力。正因如此，德国民法典、日本建筑物区分所有权法采同意规则，规定未经利害关系成员同意，社团作出的侵害其特别权利的决议，不生效力。我国台湾地区“公寓大厦与物业管理条例”第 33 条更是明确规定，未经专有权人同意，区分所有权人会议约定专有部分归共有者，不生效力。

2. *侵害成员合法权益之认定*

关于如何认定决议是否侵害成员合法权益、如何界定司法干预社团自治边界之难题，因商法学者对小股东利益保护有较多阐述，本文仅以业主大会决议为例，分析民事社团自治与司法干预之关系。学者多主张采利益衡量方法，在个案中考量集体利益与个人利益的平衡，② 若决议给小区带

---

① 参见张开平《英美公司董事法律制度研究》，法律出版社，1998，第 25 页。

② 参见尤佳《业主自治协议中专有权限制条款效力探析》，《法律科学》2012 年第 5 期，第 137 页。

来的利益与给业主课加的负担明显不均衡，即可撤销决议。[①] 这一观点固然正确，但过于抽象，无法为司法实践提供参考，尚需总结案例并予以类型化。在展开类型化分析之前，首先可明确的是，若分割行使权利可化解冲突，分割即可，无须在多数人自治与少数人权益保护之间作艰难抉择。例如，针对某小区住宅区业主与营业区业主就空地利用产生的纠纷，按比例分割面积利用即可。另外，业主享有专有权、共有权、社员权，就决议侵害业主社员权的情形，或源于非法剥夺业主社员权，或源于程序违法，应分别适用内容违法无效规则和程序违法撤销规则。因此，该撤销事由仅可能适用于侵害业主专有权、共有权之情形。

（1）若决议限于管理共同事务、处分共有物，并不限制专有权的使用与处分，须尊重社团自治，一般不可认定其侵害业主权益，典型如业主大会作出更换物业企业的决议。当然，决议虽不侵害业主专有权，但可能侵害业主共有权或为业主设定义务，如因更换物业企业而增加物业费负担。就此而言，一方面，管理共同事务的决议，对每一成员权利义务有同等影响，应交由众人决定。若允许以一人意志撤销多数决，实则实施一人之治，较之“多数人暴政”更不合理。另一方面，因管理共同事务的决议对每一成员有同等影响，若法官认定其侵害个别业主合法权益，亦即认定其侵害所有业主合法权益，而大多数业主并不认为决议侵害他们权益，法官何以强制认为大多数业主侵害自己权益？因此，法院不可越俎代庖，决定物业企业的选聘、解聘。[②] 但两种情形例外：第一，决议不以增加共同福祉为目的而侵害业主共有权，如约定物业用房归物业公司所有；第二，违反平等原则作出对少数业主显失公平的决议，如决议对少数业主按不同标准收取物业费。

（2）决议为管理共同事务而平等限制所有业主专有权，在未形成一致决的情形下，此类决议不仅依意思自治原则限制了持赞成意见业主的专有权，而且“侵害”了持反对意见业主的专有权，需认定可否为提高多数人

---

① 参见廖焕国《论少数业主权益的保护——兼论我国业主撤销权制度的完善》，《政治与法律》2009 年第 8 期，第 29 页；张朝阳《业主撤销权纠纷审理中的若干法律问题》，《人民司法》2011 年第 1 期，第 33 页。

② 参见徐海燕《业主大会决议瑕疵的司法救济——兼析〈物权法〉第 78 条第 2 款》，《北京大学学报》（哲学社会科学版）2009 年第 4 期，第 53 页。

的不动产利用效益而对少数人的不动产加以合理限制。本文以三个典型案件为例试加分析。

我国统一出租案（案例1）。某商厦共有1200个商铺，经1100名业主同意，业主大会决议将商厦整体出租。有学者认为鉴于整体关联性，可为提高商铺利用效益而对少数人权利作必要限制，决议有效。① 相反，有学者认为不允许业主自主经营，侵害了少数业主的所有权，②“鉴于整体关联性，从大多数人利益出发，要对少数人权利作必要限制”，当属“多数人暴政”，③ 决议可撤销。

美国的禁止饲养宠物案（案例2）。业主规约规定禁止饲养猫狗等宠物，业主诉请确认该条款无效。④

我国台湾地区的禁止艾滋病患居住案（案例3）。某收容艾滋病患的公益组织隐瞒事实而入住某小区，后业主大会决议禁止艾滋病患居住，并依此诉请该组织搬离小区。⑤

此类案件的核心是如何平衡多数成员的行为自由与少数成员的权益保护，且若认定决议侵害少数成员的合法权益，亦即认定其构成侵权，故可借鉴斯塔克和我妻荣等学者就如何平衡行为自由与权利保护而认定侵权行为所形成的相关研究成果。⑥ 第一，考量对所有权的限制程度。如同为平衡行为自由与权利保护，各国侵权责任法对法定权利与权利之外的法益给予不同程度保护，为协调不动产的利用，基于社团自治的团体本位、合作

① 参见姚辉《〈物权法〉上的业主撤销权及其适用》，《法学论坛》2009年第6期，第15页。

② 参见王利明《论商铺业主的专有权及其行使》，《法学论坛》2009年第6期，第8页。

③ 参见高圣平《论业主自治的边界》，《法学论坛》2009年第6期，第19页。

④ Nahrstedt v. Lakeside Village Condominium Association Inc. , 8 Cal. 4th 361 (1994).

⑤ 参见李福隆《艾滋病患的居住自由权与公寓大厦社区规约内容自由的限制——台北地方法院九十五年度重诉字第五四二号判决、高等法院九十五字上易字第一〇一二号判决评释》，《月旦民商法杂志》第20期（2008年），第50页以下。

⑥ 斯塔克提出的保证理论与我妻荣提出的相关关系理论，均主张区分受害人权益受保护程度与行为人行为形态，综合判断行为是否违法侵害受害人权益。参见 Starck, Essaod' une théone fénérale de la responsabilité Civil considérée en sa double fonction de garantie et de peine privée thèee, Paris, 1947，转引自淡路剛久《スタルク教授の民事責任論——保障理論を中心にして》，《日仏法学》1979年第10期，第1页以下；于敏《日本侵权行为法》，法律出版社，1998，第141页以下；徐银波《侵权损害赔偿论》，中国法制出版社，2014，第54页以下，第76页以下。

主义,[①] 可对所有权给予“绝对”和“衡量”的区分保护。[②] 一方面，财产权是实现人自由与发展之基础，保障所有权旨在促进人自由全面地发展，而所有权的各项权能是实现所有权的具体方式，故所有权的权能不可剥夺。案例 1 剥夺专有权的处分权能，“绝对”构成侵害业主合法权益。[③] 另一方面，在不得剥夺所有权权能的“红线”之外，为协调所有权的利用，可对所有权进行“衡量”的限制，如案例 2。认定决议对所有权的限制是否适当，不取决于个体法官的主观评判，而取决于善良家父的客观认知，即一般民众的认知，故一般应交由全体业主自主决定。换而言之，在不剥夺所有权权能的前提下，除非决议内容违反法律明文规定或有违公序良俗，否则应为有效。因此，大多数国家和地区认定业主大会作出的禁止饲养宠物决议有效,[④] 如我国台湾地区“公寓大厦及物业管理条例”第 16 条即规定，“规约另有禁止饲养之规定时，从其规定”。第二，比例原则的考量，即要求对少数人权利的限制，系为保护大多数人权益所必须采用的最小侵害，如案例 3。一方面，决议违反宪法平等原则，另一方面，艾滋病并不直接传染，禁止艾滋病患居住并非必要，决议可撤销。

（3）决议为管理共同事务而限制少数业主专有权。其有两种常见情形。第一，为方便多数业主对不动产的利用而对少数业主专有权加以利用或限制。如在日本札幌高裁 2009 年 2 月 27 日电信公司诉业主大会继续履行合同案中，业主大会决议在公寓楼顶设置手机信号接收基地，其方便了全体业主，但给顶楼业主带来辐射。[⑤] 第二，为多数业主的生活安宁而限制少数业主经营权。一是禁止营业。在〔2012〕宁民终字第 150 号“南京秦淮晨光幼儿园诉南京赛世香樟园业主大会和委员会业主撤销权案”中，

---

① 参见叶林《私法权利的转型——一个团体法视角的观察》,《法学家》2010 年第 4 期，第 149 页；熊丙万《私法的基础：从个人主义走向合作主义》,《中国法学》2014 年第 3 期，第 138 页以下。

② 参见〔日〕泽井裕《テキストブツク事務管理・不当利得・不法行為（第 3 版)》，有斐閣，2001，第 136 页以下。

③ 参见〔日〕原岛重义《わが国における権利論の推移》,《法の科学》1976 年第 4 号，第 94 页。

④ 参见陈华彬《建筑物区分所有权研究》，法律出版社，2007，第 325 页以下。

⑤ 《区分所有関係が成立している建物の共用部分の賃貸借については，民法 602 条の適用が排除され管理規約に基づく決議を必要とした事例》,《判例タイムズ》2009 年 1304 号，第 201 页以下。

原告在小区内拥有规划用途为幼儿园的自有房产，业主大会决议禁止原告在规划地点开办幼儿园。[①] 二是限制营业时间。在日本东京地判 2007 年 10 月 11 日业主诉业主大会确认限制深夜经营决议无效案中，某店铺营业至凌晨 4 点，业主大会决议限制其仅可在上午 10 点至晚上 10 点间营业。[②] 三是限制营业种类。在前述日本东京地判 1988 年 11 月 28 日业主诉业主大会确认限制经营行业决议无效及损害赔偿案中，业主大会决议禁止商铺用于经营诸如成人娱乐行业等有伤风化的行业，以及烧烤店等排放臭气、浓烟的营业。多数人不可将自己的幸福建立在少数人的痛苦之上，法律应兼顾权利冲突双方的利益而协调所有权的利用，决议对少数业主专有权的限制，应以相邻关系为限，若超越相邻关系的必要限度，需经权利人同意，以如同设定地役权的方式协商设定。就前述案件，手机信号基地并非必须置于楼顶，故决议可撤销。对此，我国台湾地区“公寓大厦与物业管理条例”第 33 条第 2 款明确规定，区分所有权人会议决议在公寓大厦楼顶平台或其他楼层设置无线电台基地台等类似强波发射设备，应经顶层、该楼层区分所有权人同意。经营幼儿园虽带来交通拥堵、噪声污染问题，但经规划审批，决议无权剥夺业主经营权，决议可撤销。只要商铺排放的不可量物在相邻关系许可接受范围内，业主大会均无权超越相邻权对其营业时间、营业种类加以限制。只要商铺经营时间符合环保规范的要求，业主大会决议无权限制，除非其造成的噪声超过不可量物接受范围。限制商铺用于从事成人娱乐行业、用于经营排放臭气、浓烟的项目，合乎相邻关系规则，决议有效。

① 参见刘凡《业主撤销权之诉中合法权益的界定》，《人民司法》2013 年第 23 期，第 71 页。

② 参见《深夜営業を制限する総会決議が無効とされ、共同利益相反行為にもあたらないとされた事例》，http://www.retio.or.jp/info/retio_70.html。类似案件参见〔日〕尾崎一郎《判例評論：複合型マンションにおける店舗部分の営業時間の制限は、集会の決議によつて定めることができるとされた事例（東高判平 15・12・4）》，《判例時報》2005 年 1885 号，第 185 页以下。

单位（法人）犯罪的概念及其理论根据*

——兼评刑事连带责任论

何秉松**

摘　要： 所谓单位（法人）犯罪是指公司、企业、事业单位、机关、团体的主管人员、直接责任人员和其他单位成员在单位的意志支配下，以单位的名义和为了单位的利益，故意或过失实施的危害社会的、依法应受惩罚的行为。法人人格化社会系统责任论应当作为法人承担刑事责任的根据。只有承认两个犯罪主体，才能保证犯罪主体与刑罚主体的统一，真正做到罪责自负，而不是代人受罚，或嫁祸于人。因此，将民法上的连带责任作为法人犯罪的理论根据是不正确的，所谓"刑事连带责任论"是不能成立的。

关键词： 单位（法人）犯罪　社会系统责任论　"刑事连带责任论"

一　单位（法人）犯罪的概念

由于刑法在立法上实现了自然人刑事责任（个人刑事责任）和单位刑事责任（法人刑事责任）一体化，因此，刑法的大多数条文的适用对象，

* 本文原载于《法学研究》1998 年第 2 期。

** 何秉松，中国政法大学教授（已故）。

原则上都应当包括自然人和单位在内，即既可适用于自然人，也可以适用于单位。刑法第 13 条关于犯罪概念的规定也不例外。也就是说，这是一个既包括自然人犯罪也包括单位犯罪在内的统一的犯罪概念。它既可适用于单位，也可适用于自然人。

从理论上说，单位犯罪与自然人犯罪的区别，仅仅是实施犯罪的主体不同。如果是单位实施的犯罪行为，就是单位犯罪；如果是自然人实施的犯罪行为，就是自然人犯罪。至于犯罪概念的其他特征，都是完全一样的。因此，刑法并没有专门给单位犯罪下定义，而只是在第 30 条规定："公司、企业、事业单位、机关、团体实施的危害社会的行为，法律规定为单位犯罪的，应当负刑事责任。"

根据刑法第 13 条和第 30 条的规定，我们可以给单位犯罪的定义界定如下：所谓单位犯罪，是指公司、企业、事业单位、机关、团体实施的危害社会的、依照法律规定应受刑罚处罚的行为。这个概念表明，单位犯罪具有以下三个特征。第一，它必须是危害社会的行为，即具有社会危害性。这是单位犯罪的社会属性。第二，它必须是法律规定应受刑罚处罚的行为，即具有依法应受惩罚性。这是单位犯罪的法律属性。在这一点上，它与自然人犯罪略有不同。因为刑法分则规定的所有犯罪，包括单罚制的单位犯罪在内，自然人都可以成为犯罪主体。但是，单位则不同，只有其中一部分犯罪，单位可以成为犯罪主体。正因为如此，刑法第 30 条才规定"法律规定为单位犯罪的，应当负刑事责任"。因此，所谓依法应受惩罚性，对单位犯罪来说，必须是刑法上明确规定为单位犯罪的行为。这也是罪刑法定原则在单位犯罪上的表现。第三，犯罪的主体必须是单位。它包括公司、企业、事业单位、机关、团体。这是单位犯罪的主体属性，也是单位犯罪与自然人犯罪的区别所在。

以上三个属性是相互联系的，都是决定犯罪的本质属性。

关于单位犯罪的概念与特征，还有两个密切相关的问题必须研究解决：其一是单位犯罪的名称问题；其二是单位犯罪与自然人犯罪的区别。

第一，关于单位（法人）犯罪的名称问题。

在国外，一般都把公司、企业、事业、机关、团体等合法的社会组织的犯罪称为法人犯罪。这是有其深刻的历史原因的。法人犯罪是商品经济发展到一定阶段的产物，是随着法人制度的确立和法人作为商品经济的最重要的主体介入社会经济生活之后逐步发展起来的。法人犯罪的最早形式是公司犯罪。公司制度的建立和发展在商品经济发展中起着非常重要的决定性作用。美国的特勒曾经说过："有限责任公司是近代最伟大的一个发现，甚至连蒸汽机和电力的发现都不如有限公司来得重要。"[①] 公司制度的日臻成熟以及公司的大量发展，为整个法人制度的建立和发展奠定了基础。各种法人大量出现，除了各种各样的社团法人等私法人外，还有某些国家机关和公法上的社团等公法人。它们都以独立自主的身份成为政治、经济、文化领域以及整个社会生活的主体。正是法人作为一种真实存在的特殊类型的人在社会上的大量出现，并且以法人的身份进行犯罪活动，才使刑法惩罚法人犯罪成为历史的必然。

在我国，情况也是一样，如果没有商品经济的发展，没有法人制度的确立和大量法人作为社会的经济政治发展的主体登上历史舞台，并进行各种犯罪活动，惩罚法人犯罪的法律就不可能在我国刑法上出现并如此迅速发展。随着市场经济的建立和发展，法人制度和法人的地位将日益重要。当前，在我国深入进行国有企业的改革中，必须按照建立现代企业制度的要求，把企业真正建成自主经营、自负盈亏、自我发展、自我约束的法人实体和市场经济竞争主体，才能提高企业的经济效益和市场竞争能力。我们在刑法上惩罚法人犯罪，主要的目的也是通过对法人犯罪的惩罚，规制法人在市场经济和社会、政治生活中的行为，维护市场经济秩序和社会生活秩序，保护市场经济的巩固与发展。1993 年中共中央在《关于建立社会主义市场经济体制若干问题的决定》中指出："要依法严肃查处包括法人违法犯罪在内的大案要案。"强调的也是惩治法人犯罪。

但是，我国的刑事立法，从 1982 年全国人民代表大会常务委员会《关于惩治贪污、受贿罪的补充规定（草案）》和《关于惩治走私罪的补充规定（草案）》开始，[②] 使用的名称就是企业、事业单位、机关、团体、集体经济组织等犯罪，以后一直沿用下来，从未使用过法人犯罪的名称。在刑法修订和讨论过程中，人们提了很多意见，要求把名称改为法人犯罪。因为使用法人犯罪的概念，既有利于国际上的交流与合作，也有利于

① L. S. Sealy, *Company Law and Commercial Reality*, Sweet & Maxwell, 1984, p. 1.

② 1988 年公布施行的《关于惩治贪污罪、贿赂罪的补充规定》和《关于惩治走私罪的补充规定》，就是以这两个草案为基础修订的。

与民法、经济法等其他法律部门经常使用的“法人”这一用语协调一致，突出法人是市场经济和当今社会政治生活的最重要的主体这一时代特征。更为重要的是，法人是一个法律概念，使用法人犯罪这一名称更有利于科学地界定法人犯罪的概念。而这些优点，恰恰是单位犯罪所没有的，或者更确切地说，正是它的缺点。遗憾的是，这些意见未能为立法者所采纳。新修订的刑法关于法人犯罪的规定，仍然使用单位犯罪的名称。据说主要原因是，法人犯罪的名称过于狭窄，不能把不具有法人资格的合法的企业事业单位和机关团体包括在内。其实，在国外，刑法上所讲的法人犯罪，并非专指严格意义上的法人，而是包括非法人的合法团体在内的。这一点，有的国家在法律上有明文规定，没有明文规定的国家，也已成为约定俗成的说法，是不会发生误解的。

但是，既然我国法律已明文规定单位犯罪，因此，我们在正式解释法律和适用法律时都必须严格使用这一名称。这是法制统一的要求。同时，我们在理论上必须指出它的缺点。边沁在论述公民对法律制度的态度时说：“在一个法治的政府之下，善良公民的座右铭是什么呢？那就是‘严格地服从，自由地批判’。”“一种制度如果不受到批判，就无法得到改进。”①

在本文中，我们把法人犯罪与单位犯罪在理论上作为同等意义的概念加以使用，为的是便于理论上分析研究和学术上的交流。因为无论在国内还是国外，法人犯罪都是最通行的概念。

第二，关于单位（法人）犯罪与自然人犯罪的区别。

在前文中已经指出，单位犯罪与自然人犯罪的主要区别在于犯罪的主体不同：凡是由自然人实施的犯罪都是自然人犯罪，凡是由单位实施的就是单位犯罪。但是，如何确定犯罪行为是由自然人实施还是由单位实施，这是一个复杂的问题，需要进行深入研究。

单位犯罪是法人这个有机整体实施并完成的。单位是由众多的自然人组成的有机整体，它的整体意思或意志，是通过作为其构成要素的自然人以一定的结合方式形成的，它的整体行为也是通过作为其构成要素的自然人以一定的结合方式实施的。但是，作为单位成员的自然人，却具有双重身份。一方面，他作为单位整体的构成要素，他的思想和行为都是单位这

① 〔英〕边沁：《政府片论》，沈叔平等译，商务印书馆，1995，第99页。

个有机整体的组成部分，从属于并服从于单位整体的思想和行为；另一方面，他又是具有自己独立思想和行为的个人，他完全可以以区别于单位并独立于单位的社会关系主体的身份出现，独立处理自己的事务。作为单位成员的自然人的这种双重身份，无论在单位的正常活动中，或者在单位犯罪活动中，都是存在的。单位成员的这种两重身份决定了在法人犯罪活动中，他的思想和行为既可能是单位的犯罪思想和犯罪行为的组成部分，也可能是他个人独立的犯罪思想和犯罪行为。因此，研究单位犯罪的犯罪构成，首先要研究这两者的区别，以便划出一条界线，来确定何种情况下单位成员所实施的犯罪是单位犯罪，或只是自然人（个人）的犯罪。

对于这样一个非常复杂的问题，国外的刑事立法、司法实践和刑法理论提出了各种各样的解决办法和标准。概括起来基本上是两种做法：凡是承认法人犯罪是法人自身的犯罪的，一般都要求法人成员所实施的行为，必须是在有权代表法人意志行使法人权力的董事、经理等高级职员实施的或在他们的授权、要求、命令或默许下由法人成员实施的犯罪行为，才认为是法人的犯罪行为。凡是认为法人犯罪不是法人自身的犯罪，而只不过是替代责任的，一般都认为，只要是法人代表人、代理人、雇员或其他从业人员在法人的业务上或在法人成员的职务或业务范围内实施的违法犯罪行为，都要追究法人的刑事责任。前者的典型例子是英国 1968 年颁布的贸易说明法第 20 条的规定："由法人团体实施的本法规定的犯罪，如果证明是在该法人的董事、经理、部长或其他相类似的法人高级职员以及任何声称行使此权力的人的同意或默许下实施的，或者可以归因于上述人员的过失，则此人及法人团体均犯此等罪。"后者的典型例子是日本 1970 年颁布的公害侵害人身健康犯罪法第 4 条的规定："法人的代表人或者法人的或个人的代理人、雇员及其他从业人员，在该法人或该人的业务上犯有前两条之罪时，除惩罚行为人外，应同时向该法人或个人科处各该条规定的罚金。"

我国刑法是把法人（单位）作为犯罪行为的实施者即犯罪主体直接在刑法上明确规定的，因此，这就要求单位成员实施的犯罪行为必须是单位意志或意识的反映或者是在单位意志支配下实施的，才能认为是单位犯罪而不是单位成员的个人犯罪。但是我国刑法对此没有作出具体规定，因此，必须从理论上对这个问题进行深入的探索和研究。

1986 年，我曾撰文提出一个区分法人与自然人犯罪的界限，认为“所谓法人犯罪，是指法人代表、主管人员或直接责任人员在其职务范围内以法人名义和为了法人利益而实施的犯罪行为”。[①] 这个界限，虽有其一定合理之处，但是总的来说是不够科学的。首先，它没有涉及法人犯罪的主观心理状态；其次，根据我国刑法的规定，法人的犯罪行为，并非总与法人或法人成员的业务或职务活动有联系，因此，把法人成员的犯罪行为局限于“在其职务范围内”实施的，是不切合实际的；再次，法人犯罪是法人的意志活动，法人成员的行为必须是在法人意志支配下实施的，这才是法人的犯罪行为，而它并没有明确指出这一点；最后，法人犯罪，是由法人整体行为构成的，在法人整体行为中，虽然法人代表人、主管人员或直接责任人员的行为占有重要的地位和起着重要的作用，但是不能把法人犯罪仅仅归结为这三种人实施的犯罪行为。基于上述考虑，1991 年，我对这个界限作了较大的修正，我认为，必须具备以下几个特征，才是法人实施的犯罪。

第一，法人犯罪是法人有意识、有目的的活动。不仅法人的故意犯罪是直接受法人意志支配的，就是过失犯罪也是在法人的意志支配下实施的。在过失犯罪的场合，法人作为一个有机整体，它的意志表现为有意地违反法律的规定或不履行其应当履行的义务。一切法人的过失犯罪都是以这一点为其必要前提的。法人整体意志的形成，其方式是各种各样的，既可以是法人决策机关的决定，也可以是法人最高领导者或少数领导成员的决定，还可以是全体法人成员的共同决定。这要根据具体情况加以确定。但是，无论如何，法人犯罪必须是在法人意志直接支配下实施的。如果不具备这个特征，就不是法人犯罪而只能是个人犯罪。

第二，法人犯罪必须是以法人名义实施的。法人是人格化的社会组织，它具有独立的人格，并以独立的社会关系主体的资格对外交往和进行活动。具有双重身份的法人成员只有以法人名义进行犯罪活动时，他的犯罪行为才是法人犯罪的组成部分。如果法人成员，即使法人的法定代表人，以个人身份进行犯罪活动，例如签订假合同进行诈骗，也只能是个人犯罪而不是法人犯罪。

---

① 参见何秉松《关于法人犯罪的初步研究》，《中国法制报》1986 年 3 月 3 日。

第三，法人犯罪必须是为法人利益实施的。如果法人成员假借法人名义实施犯罪以牟取私利，也不是法人犯罪而只能是法人成员的个人犯罪。

第四，法人犯罪的实施者是作为法人整体构成要素的法人代表人、主管人员、直接责任人员和其他法人成员。法人犯罪是法人整体犯罪，参加犯罪活动的人可能是全部法人成员（如工厂制造、销售假药），也可能只是其中一部分成员（如法人行贿、受贿），但是，他们都是作为法人的有机体的组成部分进行犯罪活动的。在这里把法人代表人、主管人员和直接责任人员突出加以强调，是因为他们在法人犯罪中往往起重要的作用，因而一般都要追究他们的刑事责任。至于其他法人成员，他们虽然作为法人这个有机整体的组成部分参加了犯罪活动，但绝不意味着所有参与法人犯罪活动的法人成员都要负刑事责任。[①]

以上四个特征是密切联系的，只要具备这四个特征，就是单位（法人）实施的犯罪而不是自然人（个人）实施的犯罪。

根据以上分析，我们可以给单位（法人）犯罪下一个更为具体的定义：所谓单位（法人）犯罪，是指公司、企业、事业单位、机关、团体的主管人员、直接责任人员和其他单位成员在单位（犯罪）的意志支配下，以单位的名义和为了单位的利益，故意或过失实施的危害社会的、依法应受惩罚的行为。

二　确定单位（法人）犯罪的理论根据

早期的资产阶级国家刑法和刑法理论都是以个人责任为基础，只承认个人犯罪，不承认法人犯罪，最主要的理由是法人既没有思想也没有躯体，不可能实施犯罪。英国著名法学家布莱克斯通说："法人是一个社会实体，它不可能打人也不可能被打，也不可能以自己的行为犯叛国罪、死罪或其他罪行。"他说："爱德华·科克先生有句警世名言：'天崩地裂，法人也不会被传到宗教法庭。'"[②] 但是当法人大量出现，并肆无忌惮地触犯刑律时，资产阶级国家不得不在刑法上规定法人犯罪并追究其刑事责任。

---

① 参见何秉松主编《法人犯罪与刑事责任》，中国法制出版社，1991，第 534 页以下。

② 转引自何秉松主编《法人犯罪与刑事责任》，中国法制出版社，1991，第 111 页。

在我国，情况也相类似。1979 年刑法只规定自然人犯罪，没有规定法人（单位）犯罪。一些学者也坚决否认法人的犯罪。他们最主要的理由也是认为“法人不是有生命的实体，谈不上主观恶性”。[①]“法人没有刑事责任能力赖以生存的生理基础，不会具备意志和意志能力从而首先不会具备犯罪主体所不可能少的刑事责任能力要件。”[②] 但是，在实践中法人犯罪却不顾他们的反对而日益严重，终于迫使我国刑事立法规定法人犯罪。

刑事立法对法人犯罪的规定并没有解决法人既无头脑又无躯体如何能实施犯罪，为何要负刑事责任的疑问。为了对这个问题作出科学的解释，人们提出了各种各样的理论。其中最有影响的是“替代责任论”、“法人代表的另一个我论”、“企业组织体责任论”。此外还有“法人客观责任论”、“法人有机体说”、“过失责任说”或“危惧感说”等。[③]

替代责任论来源于古老的“仆人过错主人负责”的民事侵权原则。它认为法人之所以负刑事责任，并不是因为它实施了犯罪，而是它的仆人（法人代理人、雇员等）实施了犯罪，法人只不过是为其仆人的犯罪负担刑事责任。

“法人代表的另一个我论”认为，虽然法人没有肉体，它的一切行为包括犯罪行为都只能通过活生生的个人（自然人）去实施，但是有些自然人的思想和行为可以视为法人自身的思想和行为。这些人就是“董事和经理，他们代表公司的指导思想和意志并且控制它的行动。这些经理们的心理状态和意志就是公司的心理状态和意志”。这些控制或主管公司事务的人就是公司的化身，是公司的“另一个我”，因为他们与公司是同一的。当他们以公司执政者的资格在自己职权范围内行动时，他们的行为和心理状态就是公司的行为和心理状态。如果这是一种犯罪的行为和犯罪的心理状态，那么，这种犯罪就是公司自身的犯罪，公司当然要对此负刑事责任。

企业组织体责任论认为，法人是超越于各个法人成员而实际存在于社会的企业组织体，而且组织体的任何成员的行为，只要是作为组织体活动

---

① 高铭暄：《刑法总则要义》，天津人民出版社，1986，第 114 页。

② 赵秉志：《关于法人不应成为犯罪主体的思考》，《法学研究》1989 年第 5 期。

③ 何秉松主编《法人犯罪与刑事责任》，中国法制出版社，1991，第 90 页以下、第 486 页以下。

的一环进行的，都应当是企业组织体的行为，即法人的行为。犯罪也是如此，在上述情况下组织体的犯罪行为，即法人的犯罪行为。

上述这些理论各有其优缺点，虽然都能在一定程度上合理地解释法人犯罪及其刑事责任问题，但是还不能全面系统地阐明法人犯罪的问题。

为了对法人犯罪及其刑事责任提供科学理论根据，1991 年我提出了“法人人格化社会系统责任论”。它的基本点如下。

第一，法人是人格化的社会系统，法人的刑事责任就是人格化社会系统的刑事责任。

第二，法人刑事责任的本质是整体责任，即法人系统整体的刑事责任。这是因为法人是作为一个系统整体实施犯罪的，因此也应当作为一个整体承担刑事责任。

第三，法人是一个人格化的社会系统整体，它具有自己的整体意志和行为，从而也具有自己的犯罪能力和刑事责任能力。不能把法人整体的意志和行为归结为任何个人的意志和行为，也不能把法人犯罪归结为个人犯罪。

第四，法人是一个由自然人组成的有机整体，法人的活动是通过自然人的自觉活动实现的，为了有效地遏制法人犯罪，除了必须追究法人整体的刑事责任外，在法人系统内部，对那些在法人犯罪中起重要作用和负有重大责任的法人成员，也要追究其刑事责任。他们负刑事责任的根据，是他们作为法人和法人犯罪的构成要素在法人整体犯罪中的主观罪过（故意和过失）和客观行为（作为和不作为）以及由此决定的他们在法人犯罪中所起的作用和应负的责任。

第五，在法人犯罪中，实际上是一个犯罪（法人整体犯罪）、两个犯罪主体（法人和作为法人构成要素的自然人）和两个刑罚主体（两罚制）或者一个刑罚主体（单罚制）。这是由法人系统整体结构的特殊性和复杂性所决定的，是深入分析法人犯罪内部结构的结果。

第六，在法人整体犯罪中，法人成员是否负刑事责任，并不是追究法人刑事责任的必要条件，恰恰相反，法人构成犯罪，才是追究法人内部成员（自然人）刑事责任的依据和必要前提。

第七，法人是一个多层次的社会系统，在法人犯罪中，必须根据法人犯罪活动所涉及的时空范围来确定由哪一个层次的法人系统作为犯罪主体承担刑事责任。[①]

这个理论的提出，正如一切新创立的理论一样，必然要经受来自理论和实践的严峻的考验。现在，虽然关于法人是有机整体犯罪而不是自然人（法人成员）共同犯罪的这个基本点在刑法学界已基本上达成共识，但是，上述第五个观点却受到了质疑和反对。有人认为“法人犯罪是‘一个犯罪，两个犯罪主体’是不正确的”。[②]“对两个犯罪主体是什么关系难以自圆其说。”“既然一个犯罪，出现了两个犯罪主体，这两个犯罪主体又都受刑罚，在非共犯的情况下，最终又陷入了一事再罚的泥潭难以自拔。”[③]对于这些质疑，有必要加以简要的解释。

第一，关于一个犯罪、两个犯罪主体。

法人是由处在一定社会关系中的自然人以一定条件组成的具有独立人格的社会系统，即一个具有独立人格的社会有机整体。这是法人的根本性质。正是法人的这种根本性质决定了法人与作为其组成要素的自然人（法人成员）之间的复杂关系。

按照系统论的观点，法人作为一个社会系统，它具有系统的整体性。系统的整体性意味着，所有的法人成员（系统要素）都从属于法人，都作为法人的有机组成部分分担法人整体的各种活动。在对外作出反应或发生作用时，又都是以法人整体的面貌出现，而不是以独立的个人身份出现。在法人进行犯罪活动时，也是如此。这就决定了任何法人犯罪，都只能是法人这个有机整体的犯罪，而不是作为独立的个人的法人成员自身的犯罪。也就是说，法人犯罪，无论法人成员有多少人参与这种犯罪活动，都只能是法人整体实施的犯罪。因此，我们说法人犯罪是“一个犯罪”。

为什么“一个犯罪”会分化为两个犯罪主体，这是因为法人是一个社会系统，它与自然系统的重大区别之一，就是社会系统的主体是社会的人。社会系统的运动是通过人的有意识、有目的的自觉活动实现的，离开了人和人的自觉活动，就没有社会系统及其运动。因此，在犯罪活动中，虽然从整体上看，从外部看法人起着主导作用，是法人整体犯罪，犯罪的

① 具体内容参见何秉松主编《法人犯罪与刑事责任》，中国法制出版社，1991，第472页以下。另可参见何秉松《人格化社会系统责任论》，《中国法学》1991年第6期。

② 张文等：《法人犯罪若干问题再研究》，《中国法学》1994年第1期。

③ 陈兴良主编《刑法全书》，中国人民公安大学出版社，1997，第180页。

主体是法人自身，而法人成员，只不过是法人的组成要素，是从属于法人的。但是，如果深入分析法人内部结构，则作为法人这个社会系统的主体的自然人，又起着主要的决定性的作用，没有他们的自觉的犯罪活动，就不可能有任何法人犯罪。从这个意义上来说，法人犯罪又是从属于其主管人员和其他直接责任人员的。因此，在法人整体犯罪中，它们是相互联系的犯罪主体。在这里，法人成员实施的犯罪行为具有两重性，既是法人整体犯罪行为的组成部分，又是他个人实施的犯罪行为；法人成员的主观上的罪过（故意或过失）也具有两重性，既是法人整体罪过的组成部分，又是他个人主观上的罪过。因此，不仅法人自身是法人犯罪的主体，而且法人成员也是法人犯罪的实施者，即犯罪主体。在法人整体犯罪中，这两个犯罪主体——法人与组成法人的自然人的关系就是系统整体与系统的构成要素的关系。法人犯罪之所以分化为两个犯罪主体，就是因为法人是一个由自然人组成的复杂的社会系统，两个主体只不过是这个社会系统的内部结构与其整体性能的关系在法人犯罪中的正确反映。有人说，“不是共同犯罪关系就不可能有两个犯罪主体”。这是用传统的共犯理论来解释法人犯罪，因而是不正确的。一切法人犯罪的理论，都必须从法人是一个由自然人组成的具有独立人格的社会系统这个最基本的客观事实出发，而不能从某些传统的观念或原则出发。否则，就不可能作出合理的解释。

第二，承认两个犯罪主体是否陷入一事再罚的泥潭而不能自拔？

各国刑法对法人犯罪的惩罚，有两种基本的模式，即两罚制和单罚制。

所谓两罚制，是指对法人犯罪，既惩罚法人自身，又惩罚作为法人成员的自然人，即同时处罚两个犯罪主体。所谓单罚制，是指只惩罚法人自身，或者只惩罚作为法人成员的自然人，即只处罚其中一个犯罪主体。在传统刑法理论中，单罚制一般称为“代罚制”或“转嫁罚”。所谓代罚，是指代他人受罚。所谓转嫁罚，则是把刑罚转嫁到他人身上。代罚是从刑罚承担者方面说的，说明他是代替他人受罚，因此从被替代者来说，它又是转嫁罚。而转嫁罚，是从刑罚转嫁者方面说的，说明他把刑罚转嫁于他人。因此，从被转嫁者方面来说，它又是代罚。由此可见，所谓代罚制或转嫁罚，其含义都是一样的，其实质都是替代责任。其必然结果是犯罪主体与刑罚主体不统一，即犯罪的实施者不是刑罚的承担者，或者说刑罚的承担者不是犯罪的实施者。“代罚制”或“转嫁罚”之所以被广泛使用，是因为传统的刑罚理论往往用替代责任来解释法人刑事责任。而这种解释是不科学的，是违背罪责自负的原则的。“无犯罪则无刑罚”，刑法只能惩罚故意或者过失实施了犯罪行为的人。这是刑法的一个根本性的原则。如果容许把刑罚转嫁于他人或者代替他人受罚，这就是容许刑罚权的滥用，人权就没有保障。因此，我们反对“代罚制”或“转嫁罚”，而采取“单罚制”的名称，而且认为在法人犯罪中，无论采取单罚制或双罚制，犯罪主体与刑罚主体必须是统一的，即只有实施了犯罪行为的人才应受刑罚处罚。

在明确了这个基本观点之后，我们再来考察在法人犯罪中承认两个犯罪主体，是否会陷入一事再罚的泥潭而不能自拔。

所谓一事不再罚，是指不得对同一犯罪行为两度惩罚同一犯法的主体。在英美法系中，有所谓“同一罪行”(autrefois convict)，即被告以所犯同一罪行前经法院审结并已定罪为理由的特殊抗辩。根据这一理由，法院不得对此罪行再次对被告定罪。1988 年光明日报出版社出版的《牛津法律大辞典》把它译为“一罪不二罚”，其含义与一事不再罚相类似。在英美法系，有一个普通法原则和宪法原则，即“一罪不受两次审理原则”(double jeopardy)，禁止法院对同一罪行重复起诉。以同一罪行前经定罪为理由的特殊抗辩，就是从这一宪法原则引申出来的。这一原则的基本精神是保障人权。

在西方学者关于是否承认法人犯罪的大论战中，法人犯罪的否定论者就曾经以所谓“对法人实行两罚制是同一行为受双重处罚，违反一事不再理原则”为理由，反对在刑法上规定法人犯罪及其刑事责任。但是这个论据，受到了肯定论者的有力反驳。他们指出：“所谓同时处罚法人与其机关的自然人或行为人是两重处罚，这是不对的。所谓两重处罚，是指就同一行为两度处罚同一法的主体。在法人犯罪中，作为法人机关的自然人实施的犯罪行为，并不因为它是法人机关的行为而失去其个人本身行为的性质。这种法人机关的行为，具有两方面的关系，即一方面构成法人行为，另一方面也是其自身的行为。在前一种关系上发生法人责任，在后一种关系上发生个人本身的责任。因此，同时处罚法人与实施犯罪行为的自然人，并非两重处罚。而且，法人机关的自然人和法人两者作为法的主体是不同的，即他们并非同一的法的主体，因此应当说，即使是同一行为也不存在两重处罚的问题。至于所谓两罚制违反一事不再理的原则，这就更不能成立了。所谓一事不再理原则，是指对同一犯罪或同一犯罪行为已依法起诉或判决时，不得再行起诉或审理。对法人和法人机关的自然人的处理，都是作为同一案件一次起诉和审理的，不存在违反一事不再理原则的问题。”①

从上述引文不难看出，肯定论者之所以能够有力地反驳否定论者关于所谓两罚制是“双重处罚”的指责，正是以承认法人犯罪是两个犯罪主体（法人和作为法人机关的自然人）为根据的。正因为他们是两个不同的犯罪主体，对他们的惩罚才不是对同一法的主体的惩罚；正因为他们是两个不同的犯罪主体，作为法人机关的自然人实施的犯罪行为才具有两重性，即一方面构成法人的行为，另一方面也是他们自身的行为，因而对他们的惩罚，并不是对同一行为的两重惩罚。由此可见，在法人犯罪中承认两个犯罪主体，正是避免陷入一事不再罚的泥潭的决定性条件。

事实上，在法人犯罪中承认两个犯罪主体，不仅是科学地解释两罚制的决定性条件，而且也是科学地解释任何一种单罚制（只惩罚法人或者只惩罚作为法人成员的自然人）的决定条件。因为无论在何种情况下，只有承认两个犯罪主体，才能保证犯罪主体与刑罚主体的统一，真正做到罪责自负，而不是代人受罚，或者嫁祸于他人。

三　评刑事连带责任论

在批判“一个犯罪、两个犯罪主体”的同时，他们提出了一种新的理论观点，即所谓“连带刑事责任论”。

他们认为，对法人犯罪实行两罚制的合理根据，是法人犯罪的连带刑事责任原则。按照他们的说法，“连带刑事责任，指法人与法人成员的犯罪行为相互关联，应同时追究二者的刑事责任。这一原则源于法人的民事连带赔偿责任”。“在法人犯罪时，之所以同时惩罚法人代表及其他责任人员，是因为他们对法人犯罪负有重大责任。他们是法人犯罪意志的肇始者，法人犯罪行为的实施者。离开了他们的罪过和行为，就不会发生法人

① 何秉松主编《法人犯罪与刑事责任》，中国法制出版社，1991，第85页。

犯罪。但是，他们既不是与法人并列的一个犯罪、两个犯罪主体，也不是与法人共同犯罪，而是法人犯罪的责任承担者，即因法人犯罪而引起的连带刑事责任。”①

上述这些基本观点，得到一些学者的赞同和支持。他们认为：“用‘刑事连带责任说’则较圆满地解释了双罚的根据，不违背‘一事不再罚’原则。对单位犯罪实行双罚制，既惩罚犯罪的单位，又惩罚犯罪单位中的直接责任人员，并非双重处罚，即不违背一事不再罚的原则。这是因为，单位犯罪是一个犯罪，一个犯罪主体，一个刑事（罚）主体。这一犯罪主体即是单位，而其中的责任人员，并非是一个独立的犯罪主体，而是单位这一独立犯罪主体的一个有机组成部分，单位就是由一定数量的自然人有机结合的社会组织体；这一个刑罚主体即是单位，单位是唯一的受刑主体，犯罪主体与受刑主体是统一的，单位中的自然人负担刑事责任，受刑罚惩罚并不是作为一个独立的受刑主体而是作为单位受刑主体的一个部分去分担单位犯罪应受刑事责任的一个部分而受刑罚的。之所以称双罚，是因为对单位犯罪来说，单位组织承担全部刑事责任的一部分，而其中作为刑罚载体的那部分自然人作为单位的组成部分而分担单位应承担的全部刑事责任的剩余部分，但这些自然人并不因此取得独立于单位成为一个刑罚主体的资格和地位。”②

现在，让我们考察一下这种理论的正确性。首先从“民事连带赔偿责任”开始，因为这是它的根源。

所谓“民事连带赔偿责任”，是指债务人就同一内容的给付，每人都负有全部赔偿的义务，而如其中一人全部赔偿，则其他人的债务也消失的债务关系。根据《牛津法律大辞典》的解释，连带责任（joint and several liability）是指负有连带责任的几位当事人中任何一人均应承担的责任。债权人既可以向所有债务人提起诉讼，也可以只向其中一位债务人提起诉讼。被起诉的单个债务人可以再从其他债务人那里索取补偿。根据我国民法通则第 87 条的规定，债务人一方人数为二人以上的，依照法律的规定或者当事人的约定，负有连带义务的每个债务人都负有清偿全部债务的义

① 张文等：《法人犯罪若干问题再研究》，《中国法学》1994 年第 1 期。

② 陈兴良主编《刑法全书》，中国人民公安大学出版社，1997，第 180 页。

务，履行了义务的人有权要求其他负有连带义务的人偿还他应当偿还的份额。

连带债务（连带责任）包含两个方面的内容，一方面，在对债权人的关系上，债务人均负有履行全部债务的义务。债权人有权向连带债务人中之一人、数人或者全体请求给付，也有权向连带债务人中之一人或数人请求部分或全部给付。连带债务因债务人中之一人、数人或全体的全部给付而消失。这是连带之债的外部效力。另一方面，在连带债务人的相互关系上，当连带债务人中的一人或数人清偿了全部债务时，该债务人可就超过自己应承担部分的给付，向其他债务人请求偿还。这种在连带债务中各债务人之间的求偿权，是连带之债的内部效力。

连带债务的产生，可以是依照法律的规定，也可以是当事人的约定。前者如共同侵权行为，我国民法通则第 130 条规定，“二人以上共同侵权造成他人损害的，应当承担连带责任”。后者如双方订立的各种合同的约定。连带债务的目的在于对债权的确保和满足。

现在我们再来看法人犯罪的刑事责任是不是连带责任，对法人实行两罚制，是不是以连带责任为根据。

首先应当指出，连带责任，无论是侵权责任或者是债务不履行责任，都是以两个以上的责任（债务）主体为前提的。因为对单一的责任（债务）主体，不产生连带责任问题。从民法的角度看，法人犯罪的责任属于侵权责任。根据民法通则第 130 条的规定，二人以上共同侵权造成他人损害的，才产生连带责任。也就是说，在侵权行为中主体的复数性（二人或二人以上）是产生连带责任的必要前提。但是，他们提出“刑事连带责任”的目的，恰恰是反对单位犯罪是“一个犯罪，两个主体”，即反对主体的复数性，是要用连带责任来论证“单位犯罪是一个犯罪，一个犯罪主体，一个刑事（罚）主体”。这就必然要陷入自我矛盾的境地。如果说法人犯罪是连带责任，就必须承认，法人与法人成员是两个主体，反之，如果否认他们是两个主体，就必须否认他们是连带责任。用连带责任来论证单位犯罪是一个犯罪主体，是绝对不能成立的。而且，众所周知，“所谓犯罪主体，是指实行犯罪行为，依法对自己罪行负刑事责任的人”。既然认为法人代表及其他责任人员是“法人犯罪行为的实施者”，又是“法人犯罪的责任承担者”，为何又说他们不是犯罪主体？

其次，根据民法上连带之债的成立要件的理论，连带责任（连带债务）的成立，要求各债务人之间必须具有连带关系。所谓连带关系，“是指对数个债权人之一或数个债务人之一发生的非个人利益的事项，对于其他债权人或债务人也产生同样的效力”。[①] 这种连带关系的具体内容，就是上述民法通则第 87 条关于数个债务人负有连带义务的规定。它包括连带债务的外部效力和内部效力两个方面的内容。显而易见，法人与应负刑事责任的法人成员之间以及这些法人成员之间并不存在连带关系，因此，法人和应负刑事责任的法人成员之间，不存在所谓连带刑事责任。国家在法律上对法人和应负刑事责任的法人成员所规定的刑罚，都是他们各自应分别承担的刑罚，而不是他们作为一个整体共同承担的刑罚。在单位犯罪中，每个应负刑事责任的单位或自然人并不负有承担法律规定的单位犯罪的全部刑罚的义务（连带责任要求每个债务人都负有对债权人清偿全部债务的义务），法院也不可能在所有这些应负刑事责任的法人或自然人之间任意选择其中一人或数人承担法律规定的全部刑罚。当然也就不可能发生由他们中间的一人或数人承担全部刑罚的情况，更不会发生他们之间的求偿权问题。举个简单的例子，根据刑法第 208 条规定，单位非法购买增值税专用发票，对单位（法人）判处罚金并对其直接负责的主管人员和其他责任人员，处 5 年以下有期徒刑或拘役，并处或单处 2 万元以上 20 万元以下罚金。假如 A 单位犯了此罪，其主管人员和其他责任人员为甲、乙、丙。法院对 A 和甲、乙、丙分别判处 20 万元、10 万元、5 万元、2 万元的罚金。法院不能把此罚金的总和 37 万元视为他们作为一个整体共同承担的刑罚，也不能任意选择其中一人（如 A）或数人（如 A 和甲、乙）来承担这 37 万元的罚金，更不可能发生由于某人（如 A）承担了全部 37 万元罚金后，向甲、乙、丙请求偿还他多付出 17 万元罚金的情况。这一切之所以不可能发生，是因为刑法规定的法人犯罪的刑事责任并非连带刑事责任。

还应当指出，连带责任既然以二人或二人以上的复数责任主体为前提，他们当然不是作为统一的主体的组成部分承担责任，而是作为独立的责任主体承担自己应承担的责任。在连带责任（连带债务）中，连带债务人虽负有履行全部债务的义务，但从内部关系看，每一债务人仅应承担属

---

① 王家福主编《中国民法学·民法债权》，法律出版社，1991，第 47 页。

于自己部分的债务。对超过其份额的部分，实际上是为他人履行债务。正因为如此，他才具有求偿权。连带之债是数个债的结合，而不是统一的债务的分担。明确了这一点，就可以知道，在连带责任（连带债务）中，每一个责任人（债务人）都是独立的，虽然他们之间有连带关系。这种连带关系的确立是为了确保债权人的利益，使其能先向最具偿付能力的债务人请求给付。因此，那种认为在单位犯罪中，单位是唯一受刑主体，“单位组织承担全部刑事责任的一部分，而其中作为刑罚载体的那部分自然人作为单位的组成部分而分担单位应承担的全部刑事责任的剩余部分，但这些自然人并不因此取得独立于单位成为一个刑罚主体的资格和地位”的观点，即使从连带责任来看，也是错误的，何况法人犯罪的刑事责任并非连带刑事责任。

最后，以所谓连带责任为根据的“单位（法人）犯罪是一个犯罪，一个犯罪主体，一个刑罚主体”的结论是不符合实际的。这样的结论，既不能科学地说明法人犯罪的两罚制，也不能科学地说明对法人犯罪的单罚制。

从双罚制来说，（1）所谓双罚制，只能是对两个不同主体的处罚，而不是对同一主体的处罚。对某甲判处打屁股 100 大板，掌嘴 50 板，这不是双罚。因为屁股和嘴巴都是某甲身体的组成部分，不能说它们是某甲的两个不同刑罚载体而称之为双罚制。如果说法人犯罪只是一个刑罚主体，那么，同时惩罚法人和它的直接责任人员也不是双罚制。正如判处某甲打屁股和掌嘴不是双罚制，道理是一样的。（2）如果对法人的直接责任人员的惩罚只是对法人这个犯罪主体的刑罚总和的一种分担，那么，当两个法人所犯的罪行的性质情节完全相同时，对它所判处的刑罚总和就应当是相同的。例如，法人 A 与法人 B 都是走私伪造货币 9 亿元，情节特别严重，完全符合 1997 年刑法第 151 条第 4 款的规定，对 A 法人和 B 法人都应判处 100 万元罚金，对其直接负责的主管人员判处死刑。也就是说，对 A 法人和 B 法人所判处的刑罚总和是 100 万元和一个死刑。但是，如果 A 法人的直接负责的主管人员不是一人而是二人，而且二人都应当判处死刑，那么对 A 法人的刑罚总和就变成 100 万元和两个死刑了。这不是有失公平吗？而且，负刑事责任的法人成员越多，法人所受的刑罚就越重，这怎能说是对法人总体刑罚的分担呢？再说，对同一犯罪主体怎能判处两个死刑呢？可见，所谓两罚制是对一个犯罪主体的刑罚由其不同刑罚载体分担的说法，是不正确的。

再从单罚制来说，我国刑法规定的单罚制是只惩罚法人的责任人员。如果法人犯罪的主体只是法人，为何不惩罚法人而惩罚它的组成部分？如果受惩罚的是法人的责任人员而不是法人，又怎能说法人是唯一的受刑主体？如果法人是唯一的受刑主体，那么判处其责任人员的罚金是否可以由法人缴纳？这些问题都是刑事连带责任论所难以作出合理解释的。

综上所述，我们认为，把民法上的连带责任作为法人犯罪的理论根据是不正确的，所谓“刑事连带责任论”是不能成立的。

第四编　民事主体制度的发展

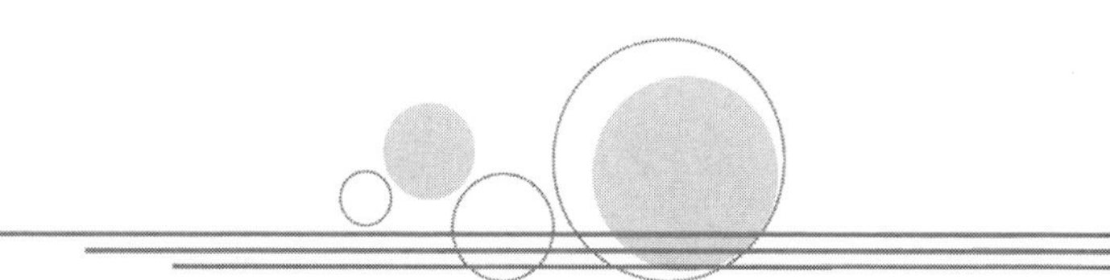

关于合伙理论与实践的几个问题*

魏振瀛**

摘　要： 合伙要成为民事主体，除具备合伙的一般条件外，还需要具备另外三个条件。民法通则对合伙财产的归属留下灵活处理的余地，合伙人可以约定投入的财产归合伙人共有，也可约定由合伙人统一经营管理，所有权仍归出资人所有。针对新出现的合伙形式，应坚持共享收益、共担风险的原则认定合伙关系。合伙人承担连带责任与以合伙财产清偿债务之间的关系，宜采取补充主义的处理方法。在家庭成员参加合伙经营中，要把个人财产与责任和家庭共有财产与责任相区别，不能让未参与合伙盈余分配的家庭成员对合伙债务承担责任。

关键词： 合伙　民事主体　合伙财产　合伙关系　合伙债务

随着经济体制改革的发展，合伙经营方式被广泛采用。民法通则对合伙的基本问题作了规定，最高人民法院《关于贯彻执行〈中华人民共和国民法通则〉若干问题的意见（试行）》（以下简称《意见》）作了司法解释，为处理合伙关系提供了法律依据。合伙的立法和实践，为合伙法律理论研究开辟了广阔的天地，同时也为法学界提出了新的研究课题。

一　关于合伙的法律地位问题

民法通则对个人之间的合伙在公民一章中作了规定，对法人之间的合

---

* 本文原载于《法学研究》1989 年第 6 期。

** 魏振瀛，北京大学教授（已故）。

伙以联营的称谓在法人一章作了规定（第52条），在立法体系上具有新颖性、先进性。但是，由于规定比较原则，特别是将个人合伙和法人合伙分别规定在公民和法人两章中，法学界对合伙的法律地位，即是否为独立的民事主体，有不同的观点。

笔者认为，从民法通则的条文看，可以作两种不同的理解。即可以理解为合伙是民事主体，因为民法通则将合伙规定在民事主体（公民、法人）部分。也可以理解为合伙不是民事主体，而是公民或法人参加民事活动的特殊形式，因为将个人合伙与法人合伙分别规定在公民和法人两章中。这是理论性和实践性很强的法律问题，不仅需要从理论上作进一步的论证，更需要在实践中总结经验。笔者的基本观点是：合伙可以成为民事主体，但必须是有条件的，不是一切合伙都可以成为民事主体。一个社会组织要像自然人那样成为独立的民事主体，需要有独立的财产，能以自己的名义进行民事活动，享有民事权利，承担民事义务和民事责任，这种社会组织就是法人。合伙是介于自然人和法人之间的一种社会组织，合伙有相对独立于合伙人的合伙财产，合伙可以起字号，以自己的名义进行民事活动，享有民事权利，承担民事义务，在通常情况下是以合伙财产承担民事责任，只有在合伙组织资不抵债的情况下，才由合伙人承担连带责任。因此，合伙组织可以成为民事主体。合伙要成为民事主体，除具备合伙的一般条件外，还应具备下述三个条件。

（一）需要有合伙字号，对外以合伙的名义进行民事活动

作为民事主体的合伙必须有代表其组织的字号（名称），否则仅是各个合伙人的集合，只能以合伙人为主体。民法通则第33条规定："个人合伙可以起字号"，但并未规定合伙必须起字号。实践中有些合伙并未起字号或合伙企业名称。例如合伙人数少、资金少、规模小的加工承揽、饮食服务、农副产品运输等合伙，往往不起字号，对外进行民事活动以全体合伙人或合伙人代理人的名义进行。对这类合伙不应赋予民事主体资格。《意见》第45条第2款规定："未起字号的个人合伙，合伙人在民事诉讼中为共同诉讼人。合伙人人数众多的，可以推举诉讼代表人参加诉讼，诉讼代表人的行为，对全体合伙人发生法律效力。推举诉讼代表人，应当办理书面委托手续。"这一规定既简化了诉讼手续，又对全体合伙人发生法律效

力，无疑是科学的方法。根据这一规定可以推断，既然这类合伙不能成为诉讼主体，那么未起字号的合伙，合伙人在民事活动中为共同的当事人，合伙不能成为民事主体。在民事活动中，未起字号的合伙的合伙人也“可以推举负责人。合伙负责人和其他人员的经营活动，由全体合伙人承担民事责任”。[①] 按照传统民法的规定，合伙不是民事主体，合伙人的民事活动和民事诉讼都以全体合伙人为当事人参加，颇为不便。民法通则和《意见》的规定符合我国实际，也符合世界各国合伙立法的趋势。

（二）需有必要的登记制度

从我国的实践看，企业登记制度还不够严格，缺乏必要的监督制度，是经济秩序不稳定的原因之一。早在1962年12月30日国务院发布的《工商企业登记管理试行办法》规定，应依本法的规定办理登记的，包括国营、地方国营、公私合营的工商业企业，也包括个体工商业者。将具有法人资格的企业和个体工商业者的登记同等要求、同等对待，从民事主体制度角度看，不够妥当。1986年3月31日国家工商行政管理局发布的《经济联合组织登记管理暂行办法》规定：承担连带责任的半紧密型的经济联合组织其注册资金不再规定最低限额，也可免于申报。上述规定体现了对法人与非法人登记的要求区别对待，是正确的。1986年11月27日《国家工商行政管理局关于执行〈民法通则〉对个人合伙登记管理的通知》规定：“对新申请的个人合伙，经审核符合条件的，发给个体工商户营业执照，按个体工商户管理。”至今还没有关于合伙登记的详细规定，实践中掌握不严，漏洞较多。如果缺乏必要的登记制度，一个合伙组织的合伙人的情况不明，资信情况不清，却赋予它民事主体资格，一旦资不抵债，很容易发生隐瞒合伙人数，故意逃避债务的情况，债权人的利益难以保障，这种情况在实践中时有发生。笔者认为对于不同类型的合伙，不必要也不应当实行统一的登记制度，也没有必要都赋予其民事主体资格。有些小规模的合伙应给予灵活方便的登记管理办法，有的甚至不必登记（事实上一些临时性的合伙并没有强求登记）。

对于要求起字号成为民事主体的合伙（主要是指规模较大的合伙或法

---

① 民法通则第34条第2款。

人之间的合伙）则应有较为严格的登记制度，以便于监督。对作为民事主体的合伙的登记要求应当严于非民事主体的合伙，而宽于法人，这样才能适应不同的经营方式的需要，有利于经济的发展和社会经济秩序的稳定。

（三）需要有限制性规定

具有民事主体资格的合伙是否能以合伙的名义参加其他合伙组织，成为其他合伙组织的成员，或者与其他合伙组织共同建立新的合伙组织？这是值得研究的问题。根据合伙的基本特征，通常合伙人（包括公民和法人）对合伙的债务承担连带责任。如果上述两种情况发生，将会使合伙人承担双重或多重的连带责任，会带来较多的问题：（1）多重的合伙登记，手续烦琐，难以监督；（2）合伙组织的相对人难以了解和掌握合伙组织的资信情况，容易产生疑虑，对合伙经济的发展不利；（3）合伙组织的财产分散，降低合伙组织的相对独立性。在这种情况下，给合伙组织以民事主体资格，难以保护交易安全。要赋予合伙组织以民事主体资格，就应当限制其参加另外的合伙组织，在我国商品经济不够发达、法制不够健全的情况下，尤其应当强调这一点。

综上所述，只有具备了上述三个条件，合伙组织才能以自己的名义进行民事活动，享有民事权利，承担民事义务和责任（在资不抵债时由合伙人承担连带责任），成为民事主体。

二　关于合伙财产的性质问题

民法通则第32条规定：“合伙人投入的财产，由合伙人统一管理和使用。合伙经营积累的财产，归合伙人共有。”本条对合伙人投入的财产的所有权归属，未作明文规定，因而有不同的理解。第一种观点认为合伙人投入的财产仍归合伙人所有，只是由合伙统一管理和使用。第二种观点认为合伙人投入的财产归合伙人共有。第三种观点认为民法通则未明确合伙人投入的财产所有权的归属，是一种灵活的规定，合伙人可以商定归合伙人所有，也可以商定归合伙人共有。从条文本身来看，第三种意见较为符合立法精神，但这仅是对条文的文字解释。从立法史料看，还可以作实质性解释。1983年4月13日发布的《国务院关于城镇劳动者合作经营的若干规定》（以下简称《规定》）指出："合作经营组织成员入股的资金或其他财物仍属个人所有，归合作经营组织统一使用和管理。"《规定》发布时还处于改革初期，对合伙经营与合伙的界限没有严格区别，这个《规定》实质是关于合伙的规定。当时政策上鼓励公民联合经营，考虑到公民可能担心参加合作经营出资的财产会变为公有，因此作了上述规定。民法通则与《规定》相衔接，但对《规定》作了较好的修改，是上述政策的延续和发展。民法通则对合伙人投入的财产的归属，为合伙人留下灵活处理的余地，合伙人可以约定投入的财产归合伙人共有，也可以约定由合伙人统一管理和使用，所有权仍归出资人自己所有。

如果合伙人约定投入的财产归个人所有，由合伙人统一管理和使用，合伙人的内部财产关系会发生以下几种情况。

第一，根据民法通则第 72 条规定的精神和所有权原理，标的物的意外毁损灭失的风险由所有人承担，其他合伙人不承担责任。例如，甲、乙二人合资开磨坊，承揽加工面粉。甲以房屋两间 10 年的使用权作为出资，乙以电磨一台 10 年的使用权作为出资。假若在合伙经营过程中，因雷击电磨被烧毁，其损失由所有人乙承担，甲不承担责任。这样看起来似乎不公平，但是假若甲、乙坚持这样约定，法律上无须干预。事实上这种约定不会太多。

甲、乙二人经营的盈利如何分配？仅从出资角度看，需要将房屋和电磨的 10 年的使用权折价，按比例分配，实质是类似按在共有财产中所占的比例分配。因此，上述"使用"权，属于物权性质。合伙人约定对投入的财产由合伙人统一管理和使用的，可以适用关于共有的法律规定，其性质属于"准共有"关系。

第二，如果上述合伙人甲、乙约定，投入的财产发生意外毁损灭失，双方按投资比例承担，则电磨遭受意外毁损灭失时，由甲、乙按出资比例承担。具体承担方式可分两种：一是按标的物的价值比例承担，如果电磨折价为 1000 元，则甲、乙各承担 1/2 为 500 元。也可以约定按电磨的 10 年的使用权折价分担。若折价为 600 元，则各承担 1/2 为 300 元。这种承担方式实质上就是合伙人对共有财产损失的承担方式。其性质也属于"准共有"关系。

第三，如果甲、乙、丙三人合伙开磨坊，甲、乙出资的形式和折价同上例，丙出小麦若干，折价1000元或600元。小麦是可消费物，不能以使用权出资，投入后其所有权只能归合伙人共有。在这种情况下，小麦若发生意外毁损灭失，则应由甲、乙、丙三人各承担小麦价1000元或600元的1/3，在这种出资形式下，甲、乙、丙按出资财产的价值和使用价值的折价比例分享盈利，承担亏损，其财产关系也属于“准共有”关系。

三　关于合伙关系的认定问题

合伙的基本特征是合伙人共同出资、共同经营、共享收益、共担风险，这是各国法律规定所体现的一般特征，但各国法律规定又有不同。民法通则第30条规定：“个人合伙是指两个以上公民按照协议各自提供资金、实物、技术等，合伙经营、共同劳动。”这条规定中把技术也作为出资的一种形式，具有时代特点。把共同劳动规定为个人合伙的一项条件，反映了我国合伙的社会主义特点。这一规定主要是与当时已经出现的名为合伙实为雇工较多的私有独资企业相区别。由于经济体制改革的发展，合伙关系又出现了一些新形式。为适应新的情况，《意见》第46条对民法通则第30条的规定作了新的解释，指出：“公民按照协议提供资金或者实物，并约定参与合伙盈余分配，但不参与合伙经营、劳动的，或者提供技术性劳务而不提供资金、实物，但约定参与盈余分配的，视为合伙人。”实践中对该条规定有不同的理解。一种观点认为这里说的参与盈余分配包含着对合伙债务承担连带责任的意思。主要理由是根据权利与义务相一致原理，参与盈余分配就应承担风险。这种观点对于约定参与盈余分配，未明确约定一方承担亏损责任，是合适的。问题在于对于约定参与盈余分配，并约定不参与经营管理，也不承担亏损责任的，是否认定为合伙。例如，甲、乙双方约定，甲出资若干元，不参与经营管理，不承担亏损责任。乙方按期付给定额利润和超额利润分成。后来乙方经营不善，造成亏损欠债。对此有一种观点认为这是甲出钱，乙管理，是分工合作，应属合伙关系。根据权利义务相一致原则，应当让甲承担亏损责任并承担连带责任。笔者认为这不是合伙，实际上是借贷关系。这里所谓利润实质上是利息。如果利息太高，应按高利贷处理。如果当事人超越经营范围非法借贷，按无效合同处理。同样的道理，以联营为名，实质上是高价出租房屋的，应按租赁关系处理，违法收取高额租金的，应依法处理。

值得研究的是一方出房屋、土地，参与经营管理活动，收取定额利润和超额利润分成，不承担亏损的，是否应认定为合伙？这是改革中出现的新情况，对此，可考虑以下三种处理方案：（1）根据关于合伙的法律规定，不是合伙合同（或联营协议），认定合同无效；（2）认定为显失公平的民事行为，根据民法通则的规定，按可变更或可撤销的民事行为处理；（3）若无违法内容，可认定为无名合同，按照当事人签订的合同或民事法律行为的一般规定处理。第三种方案可能较为合适。

四　关于合伙债务承担问题

民法通则规定，个人合伙的合伙人对合伙的债务承担连带责任，法律另有规定的除外。合伙人承担连带责任与以合伙财产清偿债务之间的关系如何，民法通则未明确规定。对此各国立法例上有两种处理方法：一种是债权人可以就合伙财产或合伙人个人单独所有的财产，选择请求偿还，两者没有先后次序之分，学者称之为并存主义；另一种是合伙的财产不足清偿债务时，合伙人对于不足部分负连带责任，学者称之为补充主义。前者对债权人最为有利，但对债务人失之过严。从我国的习惯看，采取并存主义并不易执行，采取补充主义为好。

民法通则第 35 条第 1 款规定：“合伙的债务，由合伙人按照出资比例或者协议的约定，以各自的财产承担清偿责任。”《意见》第 57 条对“以各自的财产承担清偿责任”作了解释，指出“合伙人以个人财产出资的，以合伙人的个人财产承担；合伙人以其家庭共有财产出资的，以家庭共有财产承担；合伙人以个人财产出资，合伙的盈余分配所得用于其家庭成员生活的，应先以合伙人的个人财产承担，不足部分以合伙人的家庭共有财产承担”。这与民法通则第 29 条的规定相适应。该条规定：“个体工商户、农村承包经营户的债务，个人经营的，以个人财产承担；家庭经营的，以家庭财产承担。”上述规定，分清了个人的财产责任与家庭的财产责任，可以避免责任不清，相互“连坐”。

家庭成员中的一人以个人的财产出资参加合伙，收益归个人所有，合伙的亏损当然应由个人承担，而家庭的其他成员不承担责任，因为家庭其他成员与合伙没有财产关系。

合伙人以其家庭共有财产出资的，是合伙人为了家庭财产共有人共同的利益而参与合伙的经营活动，分得的盈余归家庭共有，合伙的亏损自应由家庭共有财产承担，而不应由合伙人个人承担。如果以家庭共有财产承担仍不足弥补合伙亏损的如何处理？《意见》未作规定，对此有不同的理解。一种观点认为“合伙人以其家庭共有财产出资的，以家庭共有财产承担”，指仅仅是以家庭共有财产承担，不足部分家庭财产共有人不再承担责任。笔者认为这种观点值得商榷。仅仅以家庭共有财产承担责任，就是让家庭财产的共有人对其向合伙的出资承担有限责任，这与民法通则第35条规定的“合伙人对合伙的债务承担连带责任”的精神相违背。合伙人以其家庭共有财产出资，实际上是家庭共有人共同出资，合伙人实质是家庭财产共有人的代表而已。家庭财产共有人因出资而分得盈利是无限的，而承担的责任却是有限的，实际上把出资的“家庭共有财产”以具有独立民事主体资格的法人的财产对待，是不妥当的。

从实践看，以家庭共有财产出资而得的盈利，可能转化为家庭共有财产，也可能转化为家庭成员个人的财产。当事人可能用扩大个人财产的方式逃避债务，则法律上难以监督，不利于保护债权人的利益。

笔者认为《意见》第57条的基本精神是在家庭成员参加合伙经营中，要把个人财产与责任和家庭共有财产与责任区别开来；不应当让不参加合伙盈余分配的家庭成员对合伙的债务承担责任。为避免误解，建议《意见》第57条规定的“合伙人以其家庭共有财产出资的，以家庭财产承担”之后增加：“不足部分由参与合伙盈余分配的家庭财产共有人承担连带责任。”还应当指出，这里说的“家庭财产共有人”不包括无劳动能力不能独立生活而靠其他家庭成员抚养的人。

论国家作为民事主体*

王利明**

摘　要：国有财产权与国家主权分离，使国有财产可以转让，是国家作为民事主体的前提；此外国家必须直接参与各种民事活动，并服从民法规则的支配，才能成为真正意义上的民事主体。但是国家主权决定了国家只是特殊的民事主体，而不是法人。作为民事主体的国家的意志执行机构应该是能够充分代表国家行使所有权的机构，因此需要建立专门管理国有资产的机构，代表国家广泛从事民事活动。

关键词：国家　国家所有权　民事主体　法人

一　国家作为民事主体与国家所有权

自国家产生以来，国家作为政权的主体和作为财产权的主体的身份是可以分开的，国家可以以国有财产为基础，以民事主体的身份从事某些交易活动。恩格斯曾经指出，国家产生以后，只是一个与社会相脱离并凌驾于社会之上的政治力量。但是，“随着文明时代的向前进展，甚至捐税也不够了。国家就发行期票，借债，即发行公债”。① 国家为筹资而向私人举

---

* 本文原载于《法学研究》1991 年第 1 期。

** 王利明，中国人民大学教授。

① 《马克思恩格斯全集》第 21 卷，人民出版社，1965，第 195 页。

债，是国家作为民事主体的最初表现。随着商品交换的内容和形式的发展、国家职能的扩大，国家作为民事主体的范围也逐渐扩展。

当代资本主义国家作为民事主体的活动，主要体现在政府成了交换商品和劳务的合同当事人。至于国家作为民事侵权损害赔偿之债的债务人，并不是国家主体的主要标志。在各种交换商品和劳务的合同中，虽然政府机构仍然是代表着国家执行公务，但它们主要是基于国有财产权而不是基于主权和由主权所产生的行政权在活动。其原因在于：第一，合同的缔结是按照竞争原则、依循私法的规则签订的，政府机关不能依单方意志指定另一方合同当事人，也不能依单方意志决定另一方当事人的法律地位。第二，对政府机构而言，订立合同仍然是执行公务的行为，[①] 但在合同订立过程中，必须充分尊重另一方当事人的意志，合同必须依双方的合意而形成。第三，政府机关不履行合同，另一方当事人有权请求赔偿损失和解除合同。[②] 在这里，政府机构并不具有基于行政权所产生的优越地位，对另一方当事人来说，政府只是以一个财产所有者和交换者的姿态出现的。尽管在某些政府参与的合同中，规定了政府机关享有某些特权，可以依职权解除和变更合同，并可以对合同的履行具有指挥和监督权力，但这些规定的效力，是以另一方当事人的接受和同意为前提的。这些条款并不意味着主权仍然在发生作用，而只是表明双方当事人有意使合同不受私法规则支配，[③] 或经双方的合意改变了私法的任意性规定。

由此可以看出，国家作为民事主体，主要是指国家在以国有财产为基础从事各种交易活动而形成的民事关系中的法律地位。显然，国家享有所有权或作为财产权主体，是国家作为民事主体的前提。按照马克思的观点，商品交换是指“一切商品对它们的所有者是非使用价值，对它们的非所有者是使用价值。因此，商品必须全面转手。这种转手就形成商品交换”。[④] 可见，商品交换的本意，是指商品所有者之间让渡和转移商品所有权的过程，交换发生的前提是交易双方互为所有者。但是国家享有所有权，并不等于国家必然会成为民事主体从事商品交换。我们知道，在古代

① 王名扬：《法国行政法》，中国政法大学出版社，1989，第 180—190 页。

② 王名扬：《法国行政法》，中国政法大学出版社，1989，第 180—190 页。

③ 王名扬：《法国行政法》，中国政法大学出版社，1989，第 180—190 页。

④ 《马克思恩格斯全集》第 23 卷，人民出版社，1972，第 103 页。

和中世纪，对土地的主权性质、土地的多重的等级占有结构、国家对土地之上的臣民的人身支配，都使国有的土地难以作为商品所有权进入流通。古印度摩奴法典提到土地国有，却宣称国王为“大地的主人”，土地是“国王领土”。[①] 在古代巴比伦的乌尔纳姆法典（公元前2095年至公元前2048年）中，曾提及“田地由尼斯库官吏管辖”，却没有提到土地由国家出租甚至转让的情况。土地不能作为商品交换，国家自然不能以国有土地为基础，作为民事主体从事商品交换。所以，国家作为民事主体从事活动的前提是国有财产与主权分离，而作为可转让的商品进入交换领域。如果国家不能对财产作出任何法律上的处分，国家就不能成为国有财产的交换者，必然大大限制了国家作为民事主体的能力。

国有财产权与国家主权的分离，使国有财产可以转让，由此也决定了国家可以作为民事主体活动。在罗马法中，按照盖尤斯的分类，公有或国有财产分为“神法物”和“人法物”，“神法物”是不可转让的。而列入“人法物”中的财产，如意大利的土地等大都是可以转让的。在查士丁尼法典中，“公有物”（publicae）和“市有物”（unlversitatis）是可以由国家或公共团体处分的。在法国，1566年曾颁布过一个法令规定国王的财产不能转让，目的在于防止国王的浪费行为，当时在法律上没有公产和私产的区分。在法国大革命时期，国王的一切财产都转化为法兰西民族的财产，而这些归于民族的财产均可以转让。但是至19世纪初，法学家根据法国民法典第537条的规定，[②] 提出了国家公产和国家私产的分类、公产不得转让的原则，从而限制了某些财产的转让。不过，对公产不得转让的原则一直存在争论。[③] 在日本国有财产管理法中，也有关于可转让的和不可转让的国有财产的划分。[④] 在英美法系中，自19世纪以来，就有关于两类公共财产的划分，即由“政府控制”（government-controlled）的公共财产和由社会控制的“固有的公共财产”（inherently public property）。第一类财产由政府直接控制，并可由政府转让。而后一类财产由“无组织的”公众所有，根据信托理论由公众移给政府管理，但

① 摩奴法典第134条。

② 该条规定：“不属于私人所有的财产依关于该财产的特别规定和方式处分并管理。”

③ 王名扬：《法国行政法》，中国政法大学出版社，1989，第322—323页。

④ 日本国有财产管理法第3、13、14条。

不得转让。[①] 所以，法律允许对某些国有财产进行转让，这就意味着国家可以以国有的财产为基础进入交换领域，只有在这个领域而不是在隶属的、依附的行政关系领域，国家作为平等的民事主体的地位才得以表现。

但是，财产的可转让性，只是使国家可以参加各种民事关系，国家要作为民事主体，还必须直接参加各种民事活动。这就是说，只有在国有资产实际进入流通以后，国家作为主体的表现才明确化。国家所移转并通过移转所取得的财产规模越大，意味着国家作为主体的活动越频繁、越活跃。同时对国有资产的利用日益广泛和复杂，必将拓展国家作为主体活动的范围。在现代社会，国家不仅可以通过国有资产的买卖、租赁等活动来实现国家的收益权，而且通过发行公债、国债等方式取得财产，或通过购买债券和股票获取红利和股息，或通过存款和贷款取得利息。特别是国家广泛参与各种投资活动，从而能够实现国家的所有权和国家的经济政策。

狄骥认为，他“在财产上看到一种主观的法律地位，这就是看到由意志表示人的理智行为决定范围的一种个人的地位和一种特殊、具体和暂时的地位”。[②] 在他看来，按照自己的意志对财物进行利用、享受和支配，这不是一个单纯行使权利的问题，而是一种地位问题。这种看法尽管因否定了主体的人格由法律创制的一般原理，因而并不确切，但是，强调财产对人格的客观决定作用，是不无道理的。事实上，国家作为民事主体的存在，以国有财产权与主权的分离为先决条件，这种权利和主权的分离决定了国家进入民事领域的时候，其双重身份可以发生分解。财产权利的单一性决定了国家可以以单一的财产权主体的身份进行民事活动。然而，要使国家从事民事活动所形成的民事关系稳定化，国家必须服从交换的基本规则，这是由交换的必然性决定的。马克思和恩格斯曾以普鲁士国王弗里德里希·威廉四世为例子，指出“他不妨颁布一条关于 2500 万贷款（即英国公债的 1/110）的命令，那时他就会知道他的统治者的意志究竟是谁的意志了”。[③] 交换的平等性必然排斥国家的特权进入交换，否则，交换将会变为政治权力对经济的掠夺、凭行政强制对财产无偿占有。所以，当国家进入

① Carol Rose, “The Comedy of the Commons: Commerce, Custom and Inherently Public Property”, *University of Chicago Law Review* 53 (1986): 711.

② 〔法〕狄骥：《宪法论》，钱克新译，商务印书馆，1959，第 319 页。

③ 《马克思恩格斯全集》第 3 卷，人民出版社，1960，第 379 页。

市场领域以后，国家能否保持民事主体的身份，就取决于国家是否服从于交易的规则，国家是否作为商品的“监护人”，服从于等价交换的法则，而不是凭借其优越的行政权力占有财产。所以，国家真正以平等的所有人身份从事民事活动，就必须受制于民法规则的支配。

在公有制国家，国家是以双重身份从事经济行政管理和经济活动的。在分配领域中，国家既可以作为所有人获取收益，也可以作为政权的承担者取得税收，但是这并不排斥国家可以作为民事主体以国家所有的财产为基础从事民事活动。事实上，社会主义公有制和国家所有权制度的建立，不仅使国家获得广泛干预和管理经济的职能，而且也为国家广泛参与交换过程、与各类民事主体发生各种民事关系提供了坚实的基础。国家从事的各种民事活动，实质上不过是国家行使其所有权的一种方式而已。这种方式不同于集中型体制下国家行使所有权的方式，在于国家单纯是以财产所有人的身份，而不是以主权者和管理者的身份与其他主体发生联系的。在这里，国家只是一个交换关系中的独立的主体，它所从事的活动必须受制于民法规则的支配。

所以，对于公有制国家来说，其作为民事主体活动的物质基础是雄厚的。但国家能否作为民事主体活动，还要取决于公有制国家是否应该服从于民法规则支配。按照苏联学者的看法，由于国家可以凭借主权而规定国家作为所有人所享有的权能，从而使国家所有权的内容具有“无限的”、“无所不包的”、“国家认为必须怎样对待财产就怎样对待财产”的特点。① 这种看法实际上是混淆了国家主权者和国家作为财产所有人两者的不同，也否定了国家的民事活动要受制于民法的规定。如果国家所有权权利的创设可以由国家的任意行为来决定，则不仅集体的、个人的所有权将因此受损害，而且商品交换所要求的平等规则也必然受到破坏，从而国家自身也不可能真正作为民事主体而存在。当国家作为一个与公民和法人相对的民事主体时，它的意志与体现在法律中的国家的意志是相对独立的。国家的利益在所有制和政治关系中，与公民和法人的利益是一致的，但是在交换关系中，作为民事主体的国家利益，又具有相对独立性。当国家单纯以所

① 〔苏联〕格里巴诺夫、科尔涅耶夫主编《苏联民法》上册，中国社会科学院法学研究所民法经济法研究室译，法律出版社，1984，第307、327页。

有人的身份从事交换活动，以民事主体的资格出现在民事关系之中时，意味着国家所有权本身必须而且已经与主权和行政权发生分离。

我们说国家所有权本身要与主权分离，这并不是说，国家作为民事主体从事民事活动以后，国家就要放弃对某些国有财产的主权。在任何一个国家，国家对土地及其自然资源都享有主权，依据主权，国家可以将这些资源国有化。在我国，所谓国有土地和自然资源的国家专有性，也就是意味着这种财产权利同时是基于主权产生的。国家绝不允许任何人对国有土地和自然资源享有排他的所有权，否则，不仅仅是对所有权的侵犯，而且涉及对主权的损害。就国有财产和资源的归属来说，主权与财产权是不能分离的。但是，为了更好地利用和保护有限的自然资源，国家必须将国有自然资源的所有权权能（如使用权）移转给公民和法人有偿使用，由于这种移转并不是所有权的移转，因而丝毫不影响所有权归属和主权的完整性。在这种权能移转过程中，国家也可以作为一个商品交换者即民事主体而存在。至于除国家专有财产以外的大量的国有财产，只涉及一个国家所有权与行政权的分离问题，而不涉及主权问题。在这些财产的实际运行中，国家所有权和行政权发生分离，只不过意味着国家所有权的行使方式发生了变化而已。

二　国家作为特殊的民事主体

国家作为民事主体的物质基础是国有财产，国有财产的范围在一定程度上决定着国家从事民事活动的范围。当国家出现在民事领域，并使自己服从于交易的一般规则，实际上意味着国家已确认自身作为民事主体的存在。所以，在我们看来，国家是否作为民事主体，并不一定要通过成文法形式予以肯定。问题的关键在于，国家在民事领域中活动时，是否服从于交易的一般规则，换言之，是否服从于作为调整商品交换活动的基本法律的民法规则。遵从民法规则本身，意味着国家已经不是以宪法和行政法主体身份，而是以民法主体的身份出现在民事领域中。

但是，应该指出，国家作为何种类型的民事主体出现在民事领域，即作为法人还是不同于法人的特殊的民事主体，应该由民法加以确认。因为这个问题直接关系到国家的能力问题、国家的财产责任等问题。

国家在民法上是作为法人还是作为特殊的主体存在，各国民法对此存在不同的观点。“国家法人说”在西方一直是一种流行的观点，这一学说曾经由政治学家和公法学者所提出，目的在于借用民法的法人理论，解释国家在公法上的地位。在资本主义初期，这一理论曾经是削弱教会权力、强化王权的重要依据。霍布斯曾认为君王是国家法人的代表，享有最高的主权。梅特兰认为，主权就是以国王为首的集体法人。[①] 在近代，许多公法学者主张“国家法人说”，旨在于为资产阶级民主宪政服务。这一理论强调了国家人格的永恒性和国家元首、政府的暂时性，主权不是元首和政府的固有化，而是国家作为独立人格的必然产物。正如拉邦德（Laband）指出：“从根据公法观点把国家作为一个法人的概念看来，国家权力的所有者是国家本身。倘若这些最高权（国家的权力）不属于国家（有机的社会），而是属于国王，或国会，或二者，或国家本身以外的任何可以料想得到的有形物，那么被看作政府最高权的所有者的国家的人格就消失了。”[②]

在民法上，“国家法人说”实际上起源于罗马法。按照罗马法学家的观点，国家在公法上的人格为最高的人格，地方团体不过是受国家的授权和委托而存在的，它们并不具有独立人格。然而在私法中，各种政治团体包括国家本身可以作为法人而存在。由于私法关系不过是个人之间的关系，因而团体人格是法律所拟制的个人。这种“国家法人拟制说”，对现代民法也产生了重要影响，不少民法学者认为，国家作为法人乃是法律拟制的结果。萨拜因（G. H. Sabine）指出：“一个社团是一个法人，意思就是它的人格——权利和义务的主体是经法律承认的。在这方面，国家也和其他团体一样，它也是一个法人，因为它被法律所承认。”[③] 这一理论虽然区别了国家作为法人的意志与国家作为主权者的意志，但是却无法解释，既然国家具有主权，为什么作为法人要由法律拟制，特别是难以解释国家作为“拟制”的法人，是否会限制国家的能力。

继“国家法人拟制说”之后，德国法学家布林兹（Brinz）等人提出了“法人目的财产说”，这一理论认为，任何财产有的属于特定的个人，有的

---

① 龚祥瑞：《比较宪法与行政法》，法律出版社，1985，第192页。

② Laband, Das Staatsrecht des deutschen Reichs, 3. Aufl., I. Band, Freiburg I. B. und Leipzig, 1895, S. 85-86.

③ 〔荷〕克拉勃：《近代国家观念》，王检译，商务印书馆，1936，“英译者序”，第33页。

属于特定的目的，前者是有主体的，后者是无主体的。为达到特定的目的而由多数人的财产集合而成的财产，已经不属于单个的个人，而成为一个由法律拟制的人格。法人不过是为了一定的目的而存在的财产，即“目的财产”（Zweck Vermögen）。按照这一理论，国家分裂为双重人格，即公共权力的人格和国库的人格。国库本身就是法人。[①] 这一理论区别了公共权力与国有财产权利，但是将国有财产等同于国家的人格，将客体主体化，显然是不正确的。

19 世纪末期，以个人本位为基础的“拟制说”受到种种非难，而以基尔克（Gierke）为代表的“法人有机体说”应运而生。基尔克认为，人类社会中既有个人意思，又存在共同意思（Gemeinwille），共同意思的结合便成为团体的意思。团体的独立意思是其成为法人的原因。按照基尔克的看法，国家也是具有独立意志的团体，“它们意志和行动的能力从法律获得一种法律行为能力的性质，但决不是由法律创造出来的。法律所发现的这种能力是在事先就存在的，它不过是承认这种能力并限定这种能力的作用罢了”。[②] 国家作为法人，是由国家所具有的自身的独立意志和能力决定的。基尔克的理论把国家的意思能力与主体资格联系在一起，说明了国家作为主体的存在是一种客观的现象，但这一理论并没有解释国家作为民事人格的意志与国家作为主权者的意志的相互关系。

尽管某些西方国家的民法采纳了“国家法人说”，但这一理论在提出以后，就遭到一些学者的反对。他们认为，国家的一切行为都是一个统一人格的行为，国家作为民法的法人则限制了国家的主权。如米旭认为，“国家公共权力和私法上的法人共同组成为单一的法律主体”，如果认为国家的人格是二元的，那么，“我们必定要说，国家按公共权力来说，对于国家按私人所作的行为是不能负责的，反过来说也是一样”。[③] 这种看法虽然偏颇，但也有一定的道理。在我们看来，国家主权与国家财产权是可以分离的，因而，国家作为主权者与作为财产所有者和交换者的身份，在具体的法律关系中又可以是二元的。这种“分离”在国内民事关系中，有利于当事人在

---

① 〔法〕狄骥：《宪法论》，钱克新译，商务印书馆，1959，第 369 页。

② 〔德〕基尔克：《社团的理论》，转引自〔法〕狄骥《宪法论》，钱克新译，商务印书馆，1959，第 348 页。

③ 转引自〔法〕狄骥《宪法论》，钱克新译，商务印书馆，1959，第 445 页。

国家参与的民事关系中的交易平等和在诉讼中的地位平等，有利于财产交换秩序的稳定和国家职能的充分实现。而在国际经济贸易关系中，这种“分离”是不完全的，国家主权与国家财产权密切地联系在一起，由此产生了在国际经济关系中的国家财产豁免问题。事实上，“国家法人说”与对国家财产的豁免是相互矛盾的。因为在国际经济贸易关系中，国家的财产才是主权的象征，从而根据许多国家的观点，可以享受豁免的特权，[①]而法人的财产与主权并没有直接联系，往往不能享受到豁免的待遇。

在公有制国家，从国家享有的特殊的能力出发，大都认为国家在民法上只是特殊的主体，而不是一个法人。我们认为，在我国民法中，把国家作为特殊主体对待是正确的，由于国家主权与国家财产权的分离只是相对的，二者之间是相互影响的，由此也决定了国家享有的能力是特殊的，与法人的能力是完全不同的。国家的特殊能力体现在以下几点。

第一，国家享有从事某些民事活动的能力，往往是由国家所专有的，不能由任何公民和法人享有。例如，只有国家才具有发行国家公债的能力。国家的民事权利能力和民事行为能力在很大程度上是由国家作为政权的承担者和主权者所决定的。

第二，国家所享有的民事权利能力和民事行为能力的范围，是由国家通过立法程序所决定的。国家可以为自己设定能力，这是由国家主权决定的。但是，这并不意味着国家可以无视客观经济生活的要求，为自己任意设定民事权利能力和民事行为能力。国家作为民事主体的能力要受到客观经济关系的制约。同时，国家的能力在由法律规定以后，国家必须在法律所规定的能力范围内活动，必须遵守民法通则关于民事主体地位平等的规定和民事活动应当遵循的规则。国家在不履行债务时，也要承担清偿债务和损害赔偿的责任。但是，无论如何，国家的能力的取得和国家参与民事法律关系的方式具有自身的一些特点，例如，国库券的偿还办法，即国库券所产生的债务的履行程序，是由国家以法律形式规定的。

第三，国家享有的能力是广泛的，国家虽不能享有专属于公民和法人的能力，例如，公民的人格权、法人的名称权等，但法律对公民和法人的民事权利能力和民事行为能力的限制，一般也不适用于国家。国家享有广

① 黄进：《国家及其财产豁免问题研究》，中国政法大学出版社，1987，第86—89页。

泛的民事能力，并不意味着国家要以自己的名义去从事各类民事活动，而只是根据需要和可能从事某些民事活动。

第四，在涉外民事关系中，国家作为民事主体是以国库的财产为基础，以国家的名义从事民事活动的。因此公有制国家大都区别了在涉外关系中的国家财产和法人财产。在苏联，对国有财产坚持豁免原则，但对某些负有独立经济责任的法人组织，苏联国家对其债务不负责任，即使能够对苏联的作为法人的公司提起诉讼，也不得对苏联国有船舶实施扣押或强制执行。[①] 同样，我国也一贯坚持国家财产豁免这一公认的国际法原则，任何国家的法院对中华人民共和国国家财产进行扣押和强制执行，都视为对我国国家主权的不尊重和侵害。但是对于自负盈亏的国营企业来说，根据我国的一般理论，由于其财产已与国库相区别，因此国家对其债务不负无限责任。[②] 所以，全民所有制企业法人不能享受豁免的待遇。

总之，国家主权和国有财产权的相对分离，使国家能够作为民事主体广泛参与民事法律关系。但是，国家的主权仍然决定了国家只是一个特殊的民事主体而不是一个法人。

三　国家主体的意志执行机构

国家不过是团体人格在民法上的确认，所以，国家作为民事主体，必须要有自己的意志形成和执行机关。国家作为民事主体的意志，与国家作为公法主体的意志应该是不同的。但是，在公有制条件下，国家财产是全体人民的共同财产，而不是用于满足任何个人和狭隘的小集团利益的财产，国家只是代表社会全体成员支配这些财产，这样当国家以全民的财产为基础从事民事活动时，其意志应该完全体现为全体人民的共同意志。由此决定了国有财产权的行使和国家作为民事主体的活动，必须由国家最高权力机关及其常设机关、中央人民政府通过其颁布的法律、法规等决定。这些机构也就是作为民事主体的意志形成机关。

---

① 黄进：《国家及其财产豁免问题研究》，中国政法大学出版社，1987，第 208、204、294—295 页。

② 黄进：《国家及其财产豁免问题研究》，中国政法大学出版社，1987，第 208、204、294—295 页。

国家主体意志的产生，必须通过一定机关的活动来实现。从法律上说，国家主体的意志执行机关只是那些能够以国库的财产为基础、代表国家从事民事活动的国家机构。然而，在我国原有的体制下，国家兼有政治权力主体和国有财产所有者的双重身份，并行使着政权与所有权的双重权利（力），这样，国家管理经济的行政职能与其作为所有人所行使的所有权职能，国家作为政权机关的行政意志与其作为所有者的利益要求相互重叠，密切地结合在一起，以至于任何机关都可以代表国家行使所有权，从而造成管理多头、职责不清甚至无人负责，国有财产不能得到有效地使用和保护。这种状况也是国有资产的流动、国家作为民事主体活动的最大障碍。一方面，在国有财产权主体与行政权主体重合的情况下，国有财产难以突破行政权的束缚进入流通领域，而国家也就难以以民事主体的身份进行活动。另一方面，如果任何国家机关都可以代表国家行使财产权，财产权权能在各个国家机关之间发生复杂的“分裂”和分配，以至于每一个机关享有的权利都不可能是完整的、能够足以代表国家从事活动的权利，谁也难以作为所有者的代表从事民事活动。在改革中，联营企业和股份企业产生和发展以后，一度形成谁也想管、谁也管不了的“飞地”，莫不证明了这一点。而只要支配国有财产的主体是多元的、庞杂的，没有一个专门代表国家行使所有权的机构，就很难确定出国家作为民事主体的意志执行机构。

在我们看来，国家主体的意志执行机构应该是能够充分代表国家行使所有权的机构。它们代表国家依法从事的民事活动，就是国家的活动，由此产生的一切民事法律后果均由国家承担。既然这个机关的行为不是自己的行为而是国家的行为，因此，它们在从事民事活动中所取得的利益都应该归于国家。由此可见，国家主体的意志执行机构，不应该是在民法上独立自主、自负盈亏的法人。法学界曾经有一种流行的观点认为，代表国家行使所有者职能的任务，只能由法人而不能由国家机构承担。否则，不利于政企分开和国有资产的有效经营。有人建议“在全国人民代表大会之下，设立一个民事性的经营管理全民财产的全国性经济组织……它没有任何行政权力的性质，是一个纯民事主体——法人”。[①] 这种看法虽不无道

① 寇志新：《从民法理论谈国家所有权和企业经营权的关系及其模式设想》，《西北政法学院学报》1987 年第 3 期。

理，但在理论上却很值得商榷。

从国外的国有资产管理经验来看，无论是国家公产还是国家私产，不管是以信托、委托的方式还是由国家法律直接确定政府为所有权的主体，在法律上政府机构是国有财产的管理者，甚至是所有者。[①] 就国家和国有企业的关系来看，虽然某些国家的议会可通过法律直接创设国有企业（这种企业在英国称为法定公司），但国有企业的创设、投资、监督和控制，以及股票的买卖、对控股公司的控制等，主要是政府机构的职责。尤其应该看到，尽管西方国家的法律大都承认国家、省、市政府为公法人，但在它们从事商业活动时，并不承认其为私法的法人，其原因在于，它们不可能独立承担风险和责任，亦不可能破产。

在我们看来，任何企业法人都不能承担代表国家统一行使国有资产所有权的职责。法人作为“依法独立享有民事权利和承担民事义务的组织”（民法通则第 36 条），总是与特定的意志、利益和责任联系在一起的。法人以独立财产和独立的财产责任为其存在的条件和特点，而这些特点必然决定了法人可能是有效经营国有资产的组织，但不能成为国有财产所有者在法律上的代表。因为一方面，法人的独立财产制决定了它不能代表国家行使所有权，也不能支配整个国有财产。否则，不仅国家财产与法人财产之间难以界定，而且极有可能导致国有财产转化为法人财产。另一方面，法人的独立财产制决定了它占有的国有财产只能是有限的，财产占有的有限性以及由此决定的有限责任，将有可能导致它的破产。但是，如果法人能够代表国家行使所有权，在民法上就会弄不清它是否独立承担财产责任并适用破产程序，如果不是这样，它作为法人的存在究竟有什么意义呢？

国家所有权所具有的全民意志，应该是通过我国全国人民代表大会的活动产生以及由其通过的法律形式体现的。但是，这种意志的执行，只能由能够代表国家的政府机构来完成，政府作为国家所有权主体的代表，是由政府本身的性质决定的。但是，政府代表国家作为所有者，并不是说各个政府机关都有权代表国家行使所有权，也不是说这种行使方式只能采取行政方式。所以，在我们看来，促使国家所有权和行政权分离，并不是彻底否定政府作为所有者的代表身份，而另外寻找出一个法人来代表，而只

① 王名扬：《法国行政法》，中国政法大学出版社，1989，第 307 页。

是意味着应该建立一个专门管理国有资产的机构，作为民事主体的国家的意志执行机构，代表国家广泛从事民事活动。

在我们看来，为保障国家主体的意志执行机构有效地、高度负责地管理好国有资产，应主要借助于民主和法制的方式，而不宜通过在这个机构内实行有限责任制和独立财产制的方式来实现。因为后一种办法不仅不符合国家所有本身的性质，而且在目前的条件下也不现实。通过民主和法制保障国家主体的意志执行机关行使好国有财产权，就是说，一方面，国有资产管理部门的主要领导人应由全国人民代表大会及其常委会任命，它在管理国有资产的过程中，必须充分地体现民意。例如，定期向人民报告国有资产的负债、损益分配等资产保值和增值情况，经常接受人大代表的质询，沟通与人民群众接触的各种渠道。另一方面，全国人民通过全国人民代表大会通过的法律将全民财产委托给国有资产管理部门，并明确其职责和权限，受托人要直接向委托人负责，如未尽职责，将依法追究有关当事人的法律责任，从而努力解决在国有资产管理上谁都有权而谁也不负实质性责任、权责脱节、管理混乱的现象。

当前，为了有效地管理好国有财产，国家设立了国有资产管理局，其主要职责就是代表国家行使国有财产的所有权，推动国有资产的有效使用和优化配置，组织对国有资产价值的正确评估，促进实现国有资产的保值、增值，在各级国有资产管理机构设立以后，它们就是国家主体的主要的意志执行机关。当然，应该看到，由于国有资产管理局仍然是政府机构，这个机构设置以后，如何处理好它与实际经营国有财产的企业的关系、促使政企职责分开、促进国有资产的合理流动和有效使用，尚需作进一步的探讨。

结束语

国家作为民事主体广泛从事民事活动，其意义是极为深远的。国家只有作为民事主体活动，才能实际参与市场，培育和完善市场，并使国家对市场的调控职能得以充分发挥。国家作为民事主体活动，极有利于促进政企职责分开、正确处理国家与企业之间的财产关系和利益关系，促进我国有计划的商品经济的发展。国家广泛作为民事主体活动，也能使国有资产冲破“条块”的分割状态而合理流动，从而促进资源得以优化配置和高效益的使用，国家也将获得巨大的动态财产收益。所以，在当前治理整顿和深化改革的过程中，需要结合我国的实际情况，对国家作为民事主体问题进行深入研究和探讨，从而为改革开放和社会主义现代化建设服务。

部分权利能力制度的构建[*]

刘召成[**]

摘　要：局限于19世纪的哲学认识，权利能力仅被赋予自然人和法人，其他人和组织形态的权利能力被忽略。因而，当迫切需要法律对这些人和组织予以调整时，传统权利能力的规定成为不可逾越的体系障碍，必须通过法律续造的方法构建部分权利能力制度。事实上，民法关于权利能力制度的构造以及立法上的一些规定已经为部分权利能力的构建提供了坚实的理论基础和立法例支撑。部分权利能力是在部分而非全部的民事法律关系中作为民事权利享有者和义务承担者的能力，它通过考察自然人和法人以外的人和组织的人格状态和特定法律关系的价值和目的来认定。部分权利能力是一个开放的概念，它不但包括胎儿、死者与合伙的部分权利能力，还包括其他一些人和组织的部分权利能力。

关键词：部分权利能力　一般权利能力　胎儿　死者　合伙

权利能力制度是19世纪康德哲学和法学技术完美结合的产物，以判定享有民事权利和承担民事义务的能力作为其唯一核心内涵，避免了人格概念的含糊不清，体现了德国汇编法学派高超的立法技术。受当时的哲学和社会认识所限，立法者仅将权利能力赋予出生到死亡阶段的人（自然人）和符合法定条件的组织（法人）。然而，随着社会的发展和人格尊严观念的提升，未被赋予权利能力的胎儿和死者迫切需要得到法律的保护，法人

---

* 本文原载于《法学研究》2012年第5期。

** 刘召成，原文发表时为首都师范大学政法学院副教授，现为天津大学法学院教授。

之外的某些组织也因广泛参与社会交往的需要，提出了作为主体参与法律关系的诉求，例如个人合伙等。在应对上述诉求构建其教义学基础的过程中，虽然司法机关和法学理论界提出了多种解决方法，但都因无法逾越过于僵硬的传统权利能力制度而存在体系上的障碍。为了使民法能够承载上述新的社会价值和需要，必须对传统的权利能力制度进行法律续造，构建仅在部分法律关系中具有的权利能力——部分权利能力制度。部分权利能力制度作为传统权利能力制度的补充，能够增加权利能力制度的弹性，为各种新出现的人和组织形态的法律调整提供教义学基础。加之我国目前正处于“民法总则”和“人格权法”立法的关键时期，部分权利能力制度的研究对于这两部法律的制定也具有重要意义。

一 构建部分权利能力制度的必要性

（一）传统权利能力制度的缺陷

1. 胎儿人格保护的体系障碍

虽然我国司法实践已对胎儿人格所受侵害予以广泛救济，而且在比较法上，德国的司法实践也同样如此，[①] 但限于传统权利能力制度，我国和德国司法实践所采用的解决方法其实都存在民法体系与教义学上的障碍。

在我国，胎儿并未被赋予权利能力，因而，除非法律有特殊规定，其不能作为权利和义务的归属体，也不能拥有任何权利。为了论证司法实践对于胎儿人格保护的正当性，学者认为，胎儿虽然不具有权利能力，不能拥有人格权利，但是可以拥有人格法益，[②] 因而其生命、健康可以获得法律保护。但是，既然胎儿的普遍权利能力并未得到法律的承认，除了法律的特殊规定外，胎儿不能作为任何法律上利益和负担的承担者，那么逻辑一贯的推论应当是，胎儿不但不能拥有人格权利，也不能拥有人格法益。

① BGH，JZ 1953，308；BGHZ，58，48.

② 关于胎儿的人格法益，学者在具体表述上有所差异。有学者称为人格利益，包括生命利益和健康利益（参见王利明《人格权法研究》，中国人民大学出版社，2005，第339页）；有学者称为先期人格法益，包括先期生命法益、先期身体法益和先期健康法益（参见杨立新、王海英、孙博《人身权的延伸法律保护》，《法学研究》1995年第2期）；有学者称为预期利益（参见吕芳《胎儿人格权保护的法律解析》，《山东社会科学》2004年第10期）。

胎儿不具有权利能力的含义是其不能作为法律关系的载体，不管其依据这种法律关系获得的是权利还是法益，都并无不同。由此，我国司法实践对于胎儿人格所受侵害的侵权法救济存在严重障碍，因为侵权法救济以权利或法益被侵害为前提。[①] 胎儿并不能享有任何法律上的权利和利益，也就不存在人格权益被侵害的可能，对其予以侵权法救济也就无从谈起。

德国法的做法同样存在障碍。德国联邦法院认为，在此类案件中侵权法救济的对象其实是出生后的孩子，孩子出生后具有权利能力，作为法律保护的对象并不存在障碍。[②] 虽然这种有意回避胎儿权利能力而仅从出生后孩子角度提出的侵权救济方案避免了类似我国的障碍，但仍然存在侵权法体系上的矛盾。按照侵权法一般原理，对于侵害行为所造成的损害的救济以存在侵害为前提，而侵害的概念内在地要求侵害前和侵害后两种状态，侵害是使法律所保护的状态变坏。正是侵害将侵害前的状态转化为侵害后的状态。而德国联邦法院的上述方案欠缺侵权法所要求的侵害前状态，因为出生后的孩子从其出生并具备权利能力时起就是一种被侵害了（侵害后）的状态。这种障碍已为很多德国学者所认识。[③]

因此，胎儿在人格权领域不具有权利能力成为德国法和我国法对于胎儿人格所受侵害提供侵权法救济的共同障碍。权利能力的欠缺使得胎儿的人格状态只能作为自然法意义上的人格价值，而非一种受到法律承认的人格权利或法益。在现代实证主义的法律现实下，一种并未得到实证法承认的自然法上的价值是很难获得法律保护的。如果承认胎儿在人格权方面的权利能力，胎儿就能拥有人格权，对于胎儿的侵害就是对于法益的侵害，满足了我国侵权法的要求；同时，胎儿的人格状态作为一种法律意义上的状态，相对于出生后孩子的状态，成为一种侵害前状态，满足了德国侵权法的要求。

此外，局限于传统权利能力，胎儿在排除妨害和防止妨害请求权方面也存在障碍。由于胎儿并不具有权利能力，不能作为人格权的主体，因而胎儿处于发育中的人格状态不能获得排除妨害和防止妨害这两种人格权请

---

① 我国侵权责任法第 2 条规定：“侵害民事权益，应当依照本法承担侵权责任。”

② BGH, JZ 1953, 308.

③ Vgl. Rudolf Schmidt, Der Schutz der Leibesfrucht gegen unerlaubte Handlung, JZ, 1952, 167; Fritz Fabricius, Relativität der Rechtsfähigkeit, C. H. Beck Verlag, 1963, S. 8.

求权的直接保护。这种结果在侵害行为导致胎儿死亡的情况下尤其令人无法忍受。由于胎儿的侵权请求权在我国和比较法上一般以活着出生为前提，[①] 因而对导致胎儿死亡的严重侵权行为并不能主张侵权损害赔偿。如果胎儿也不能通过排除妨害和防止妨害这类人格权请求权得到保护，那么胎儿的人格状态将完全暴露于侵害行为之下，得不到任何保护。为了克服这种障碍，胎儿在人格权法律关系中的权利能力应当得到承认。

2. 死者人格保护的体系障碍

传统民法并未将死者作为人的存在类型，其不具有权利能力，因而不能成为法律关系的主体。但是，人格是一种社会性概念，其中的某些部分依赖于人的生命，某些部分不依赖于人的生命。死者生前的某些社会性人格存在能够在其死后继续存在，这些人格存在包括肖像、姓名、名誉等。由于传统观念将人格权客体局限于生者的各种人格构成要素，因而在早期，对于死后仍然继续存在的上述人格存在能否受到保护存在疑问。但是随着社会的发展，死后人格的继续存在逐渐获得认可，并得到保护。德国联邦法院认为，死者的人格超越死亡继续作用。[②] 美国法上也通过公开权对于死者的财产性人格要素予以保护。我国司法实践中也通过“荷花女”案[③]和“海灯法师”案[④]以及司法解释[⑤]确认了对于死者延续的人格存在予

---

① 一般认为，损害赔偿是一种财产赔偿，这种赔偿只对于活着的人有意义。如果胎儿没有活着出生，损害赔偿请求权对其并不具有价值。因而比较法上均要求胎儿的损害赔偿请求权以其活着出生为前提。

② BGHZ 15, 249, 259.

③ 最高人民法院《关于死亡人的名誉权应受法律保护的函》（〔1988〕民他字第52号）认为：“吉文贞（艺名荷花女）死亡后，其名誉权应依法保护，其母陈秀琴亦有权向人民法院提起诉讼。”

④ 最高人民法院《关于范应莲诉敬永祥等侵害海灯法师名誉权一案有关诉讼程序问题的复函》（〔90〕民他字第30号）称：“海灯死亡后，其名誉权应依法保护，作为海灯的养子，范应莲有权向人民法院提起诉讼。”

⑤ 最高人民法院《关于审理名誉权案件若干问题的解答》（法发〔1993〕15号）第5条规定：“死者名誉受到损害的，其近亲属有权向人民法院起诉。近亲属包括：配偶、父母、子女、兄弟姐妹、祖父母、外祖父母、孙子女、外孙子女。”最高人民法院《关于确定民事侵权精神损害赔偿责任若干问题的解释》法释〔2001〕7号第3条规定：“自然人死亡后，其近亲属因下列侵权行为遭受精神痛苦，向人民法院起诉请求赔偿精神损害的，人民法院应当依法予以受理：（一）以侮辱、诽谤、贬损、丑化或者违反社会公共利益、社会公德的其他方式，侵害死者姓名、肖像、名誉、荣誉；（二）非法披露、利用死者隐私，或者以违反社会公共利益、社会公德的其他方式侵害死者隐私；（三）非法利用、损害遗体、遗骨，或者以违反社会公共利益、社会公德的其他方式侵害遗体、遗骨。”

以保护的做法。

但是，由于死者并不具有权利能力，司法实践中对于这些人格存在的保护存在较大的体系和制度障碍。为了克服这一障碍，传统学说在关于死者人格保护的理论构建上，否认死者人格权保护，而坚持“近亲属利益保护说”或者“死者人格利益保护说”的观点。[①] 但是这两种学说都存在难以克服的缺陷。

“近亲属利益保护说”认为，法律对于死者人格的保护只是一种反射作用，其实质是对于死者近亲属因为死者人格被侵害所产生的人格权损害的救济。侵害死者的人格实际上侵害的是其近亲属的人格。[②] 德国法上也存在类似学说，认为对于死者的侵害实质上是对其近亲属追思情感的侵害。[③]

该学说具有合理的成分，看到了死者人格受侵害往往会导致其近亲属人格利益受侵害的结果。但必须注意的是，虽然具有引起与被引起的关系，但是死者人格价值的贬损和死者近亲属人格价值的贬损是两种可以区分的损害，死者的人格利益与死者近亲属的人格利益之间存在明确的区别。正如学者所言，死者继续存在的利益并不等同于那些与其有血缘关系并与其价值紧密结合的人的人格利益。[④] 死者的人格利益和其家属的人格利益并非完全一致，还有可能背向而驰。例如，关于死者的报道可能给死者带来名誉，但是却可能使他的亲属因为特殊的人格感情而感觉丢脸；某一行为有可能使死者名誉扫地，而其亲属对此却无动于衷。此外，这种学说在赔偿请求权人的范围以及是否可以重复赔偿等问题上存在重大难题。由于该说认为对死者人格的侵害事实上是对于死者近亲属的追思情感的侵害，那么在存在数个近亲属时，何者的追思情感值得优先保护就难以判断。如果认为都应保护，那么针对一个侵害会产生数份赔偿，其正当性也值得研究。[⑤] 而且，该学说的致命缺陷在于，将死者的人格保护依附于其近亲属，当死者并不存在近亲属时就丧失了保护的必要。这样会产生不合理的结果：同样是侵害死者的人格，却依据其是否存有近亲属而决定是否

① 这两种学说是大部分学者所持的观点。

② 参见魏振瀛《侵害名誉权的认定》，《中外法学》1990 年第 1 期。

③ Westermann, Das allgemeine Persönlichkeitsrecht nach dem Tode seines Trägers, FamRZ, 1969, 561, 565.

④ Heinrich Hubmann, Das Persönlichkeitsrecht, 2. Auflage, Böhlau Verlag, 1967, S. 342.

⑤ 王泽鉴：《人格权法》，2012 年我国台湾地区自版，第 64 页。

予以保护。这是无法让人接受的。

正是看到了“近亲属利益保护说”的不足，学者提出了“死者人格利益保护说”。这种学说认为，人死之后不再享有权利，却可以拥有利益，法律出于维护社会道德等需要，对死者的人格利益予以保护。[①] 这种学说认识到死者人格存在的独立性，具有重要意义。但是该学说在体系上仍然存在类似胎儿人格保护理论的障碍：既然不承认死者的权利能力，那么死者根本不能作为任何人格权法律关系的主体，不管依据这种关系所获得的是权利还是法益，即法益的享有也需要以权利能力作为前提。

上述两种观点产生的根源在于，社会观念与民法价值都已经发生了变化，死者的人格价值应当获得保护成为一种正当的要求与人们的内心确信，但是局限于作为民法外在体系的权利能力制度的限制，不得已而寻求一种曲径。

可见，虽然我国和比较法上普遍存在对于死者人格予以保护的司法实践，但是对于这种实践的教义学解释存在严重不足，不能揭示死者人格保护的本质。死者死后继续存在的人格形态，是死者人格尊严的体现，这些人格存在具有为死者自身的存在目的，并不能成为他人获取利益的工具。按照这种价值判断，死者继续存在的人格只能是死者自身的人格权的客体，而不能成为他人权利的客体。只有承认死者仍然具有部分权利能力，其人格权继续存在，才能完满地解决这一难题。诚如学者所言，虽然死者参与一般法律关系的能力随着死亡而丧失，但是死者的价值仍然继续存在，对于他自己的权利——他的人格权，也仍然继续作用。[②]

此外，与胎儿的人格权保护相似，死者由于不具备权利能力，也不能拥有排除妨害和防止妨害请求权。不承认死者在人格权领域权利能力的学说，都试图以对其他主体的利益的侵权法救济来间接实现对于死者人格的保护效果。这些都是在侵权行为已经发生并造成损害的情况下提供的救济，是一种事后弥补。当事人无法行使最直接有效的排除妨害和防止妨害请求权的武器，使得死者人格的保护处于一种不利的地位。只有承认死者在人格权方面的权利能力，才能够获得排除妨害和防止妨害请求权的保

---

① 参见王利明《人格权法研究》，中国人民大学出版社，2005，第196页。

② Heinrich Hubmann, Das Persönlichkeitsrecht, 2. Auflage, Böhlau Verlag, 1967, S. 341.

护。当然，死者无法亲自行使这些请求权，但是这并不妨碍其拥有这些请求权，可以为其设定保护人，由保护人代为行使。[①]

3. 民事合伙地位的困境

传统学说将合伙视为一种财产的共同体，以服务于特别财产的共同结合为目的，并未将成员之间的结合视作超越于合伙成员的一种组织，因而合伙被传统的民事权利能力制度所排斥。但是，随着社会的发展，这种传统理论已经不能满足社会现实的需要。近年来，我国学界逐渐突破了这种认识，承认合伙的主体地位。有学者认为，合伙已具备民事主体的基本条件，属于一种独立的民事主体。[②] 有学者认为，合伙具有独立的名称，独立的意志，独立的财产和独立的责任，因而可以成为独立的民事主体。[③] 还有学者认为，合伙与合伙人是两个不同的法律实体，合伙具有独立于合伙人的独立法律人格。[④] 合伙是第三类民事主体的认识被逐渐接受。[⑤] 但是，学界对于合伙民事主体地位的理论研究仍相当薄弱，合伙的第三类主体地位的教义学基础是什么，合伙权利能力的内容和范围如何，合伙是否获得了与法人相同的权利能力，这些仍然是尚未厘清的问题。其实，合伙与法人不同，其成员与组织并未完全分离，因而其法律地位不可能等同于法人，也不能像法人那样获得相对全面的权利能力，只能在某些法律关系中具有权利能力。但是传统的权利能力是一种一般性地作为法律秩序主体的能力，这种权利能力是一种非有即无的状态，只能整体地被承认或者完全被排除，不存在于某些法律关系中部分地拥有权利能力的可能。这成为承认合伙主体地位和权利能力并对其权利能力进行具体制度构建的障碍。

（二）以理性人为模型是传统权利能力制度缺陷的根源

汇编法学派和集其大成的德国民法典始终以康德为精神导师，其哲学

---

① 德国法上已有先例，死者人格利益可以由他人代为行使。代为行使之人由死者生前指定，没有指定的，由近亲属担当。参见王泽鉴《人格权法》，2012 年我国台湾地区自版，第 337 页。

② 马俊驹、余延满：《民法原论》，法律出版社，2005，第 147 页。

③ 陈华、刘勇：《合伙可以成为独立的民事主体和民事诉讼主体》，《法商研究》1999 年第 5 期。

④ 宋永新：《关于我国合伙法律制度的若干问题》，《中国法学》2001 年第 4 期。

⑤ 王利明：《民法总则研究》，中国人民大学出版社，2003，第 448 页。

框架和理论基础建立在康德的理性哲学和法权理论之上。[①] 康德哲学中人的本质在于其按照普遍规则行为并对行为后果负责的能力以及基于此而产生的人格尊严的观点，成为德国法系民法的根基。

权利能力制度直接受到这一理念的影响。关于权利能力，萨维尼指出，所有的法律都是为道德的、内在于每个人的自由意志而存在的。因此，人格人或者法律主体的原初概念必须与人的概念相一致，并且这两个概念的原初同一性表现在，每个人，并且只有单个的人才具有权利能力。[②] 科殷也认为，因为人有能力成为伦理人格人，因此他必须是法律上的人格人并拥有权利，以此来实现他在自由行为中的伦理自由。[③] 可见，传统理论将自我负责的理性作为权利能力的正当基础：理性使得人能够合理行为并相互尊重，因此具有了人格尊严，基于此应当被赋予法律主体地位。

这种以理性人为模型的权利能力制度将以理性为基础获得的人格尊严作为其确立的依据。因此，立法者只关注或多或少具有一定理性的人的存在阶段，也就是从出生到死亡的阶段，并通过监护人对于这一阶段中那些理性不完满者（未成年人和精神病人等）的理性予以补全，以此为基础赋予其平等的权利能力。这种做法忽略了现实中存在的各种实质人的差异性，排除了完全不具有理性的胎儿和死者的权利能力。同样，作为法律构造物的组织要具备权利能力，理性也是不可或缺的。法人通过法人章程和法人机关的共同协力能够形成独立于其成员的理性和意志，就像一个理性的自然人那样能够独立行为，并对自己的行为承担责任，满足了理性要求，能够被赋予权利能力。其他组织则不满足该要求，未被赋予权利能力。

（三）构建部分权利能力制度的必要性

民法的各项制度作为民法外在体系，以承载和实现民法内在价值为目的，民法的内在价值体系和外在制度体系具有相互对应的关系。然而，

---

① 详见〔德〕卡尔·拉伦茨《德国民法通论》上册，王晓晔等译，法律出版社，2003，第46页。

② Savigny, System des heutigen Römischen Rechts, Zweiter Band, Berlin, 1840, S. 2.

③ Coing, Der Rechtsbegriff der menschlichen Person und die Theorie der Menschenrechte, Tübingen, 1950, S. 201.

随着社会的发展，一些新的社会价值由于其突出的地位逐渐被民法的内在价值所接受，但由于缺乏作为承载工具的民法具体制度，使民法的外在体系逐渐成为民法内在价值实现的障碍。现代社会的人格尊严观念和社会实践已经向法律提出了调整非典型的人和组织的要求，司法机关和学界已经敏锐地感觉到了这种诉求，并通过各种尝试对其予以回应。但是由于传统权利能力制度的局限，这些尝试面临严重的体系障碍。只有在传统权利能力制度的基础上构建部分权利能力制度，将这些非典型的人和组织在必要范围内纳入法律的调整范畴，才能比较完满地解决这一问题。与传统权利能力在整个法律秩序的层面考察作为全部法律关系承担者的能力不同，部分权利能力是从相对具体的局部考察作为部分法律关系承担者的能力。

构建部分权利能力制度能够为非典型人和组织的法律调整提供教义学基础。法律关系是民法的基本结构和思维方法，要获得法律的调整必须以纳入法律关系为前提，某种人和组织形态如果不能被纳入法律关系，那么对其的任何调整都会存在严重的法律障碍。而权利能力是进入法律关系的必要通道，只有获得权利能力才能够作为法律主体，得到法律的调整和保护。因此，权利能力成为对于自然人和法人以外的其他人和组织形态予以调整不可回避的问题。至少在某些法律关系中承认他们的部分权利能力，才能为其在该法律关系中得到保护提供正当的教义学基础。

构建部分权利能力制度也是维护民法体系的需要。大陆法系国家的制定法传统注重法律的体系。体系是保障法律内在无矛盾，保障其科学性乃至其尊严的重要条件，对于新出现的社会现象的调整需要建立与民法既有制度的关联，而不宜采用一些欠缺教义学基础的权宜方法去打破民法的体系。为传统权利能力制度所限，我国法院对于自然人和法人以外的其他人和组织的调整和保护方法打破了民法的体系，制造了与这一体系无法兼容的矛盾。只有通过发展权利能力制度，构建部分权利能力制度，才能够寻求体系内的解决方法，维护民法的体系完整。

此外，我国立法对于权利能力制度的规定较为简单，仅规定了其开始和终止的时间。德国立法亦是如此。这样抽象的权利能力制度只告诉我们自然人和法人具有作为权利享有者和义务承担者的能力，至于其背后的价值基础则并未涉及。有学者批评道，使用一个简化成这样的、纯粹法律技术上的人的概念是解决不了什么问题的，[①] 因为无法从这一规定中看出自然人和法人所能享有的权利能力的内容和范围。事实上，对于自然人来说，其权利能力的内容表现出不同类型的层次化。自然人有能力参与的具体法律关系的范围要结合自然人本身的尊严、理性、年龄等属性与特定法律关系的基本原则和价值进行判断。例如，虽然任何自然人都有能力参与财产性法律关系，但婚姻法律关系却是达到一定年龄的自然人才能参与的，因而未达法定婚龄的自然人和达到法定婚龄的自然人的权利能力的内容是不同的。从人或组织的具体属性与某种法律关系的原则和价值相结合的角度去构建权利能力制度，能够使权利能力制度更加具体和完整。

二 构建部分权利能力制度的理论基础和立法例支撑

权利能力并非一种非有即无的二选一状态，在具有全面的权利能力和不具有权利能力之间，存在部分法律关系中具有权利能力的可能性，这就为部分权利能力的构建提供了理论基础。而且我国和比较法上的有关规定也为部分权利能力的构建提供了立法例支撑。

（一）具体权利能力的思路对于部分权利能力构建的启示

传统民法所规定的权利能力是一种形式上的概念，它不考虑人的年龄和能力而适用于每一个人，由此产生了人的形式上的平等。[②] 这种权利能力是对于作为整个法律秩序主体的一般法律地位的抽象概括，是一般权利能力。这种权利能力是对于从具体社会关系中形成的主体能力的一般化和抽象化，是一种一般的形式化的作为法律关系归属终点的能力。[③]

经过这样处理的一般权利能力概念仅剩下一个空洞的地位，它意味着有能力作为法律关系的主体，而不涉及其有能力参与的法律关系的内容和范围。它不再与现实相关，也与特定主体的个别化的权利能力无关，而仅

---

① 参见〔德〕里特纳《法律上的人和法人》，载《法律中的自由与责任：迈耶尔－哈约兹诞辰庆贺文集》，1982，第335页。转引自〔德〕卡尔·拉伦茨《德国民法通论》上册，王晓晔等译，法律出版社，2003，第57页注13。

② Larenz/Wolf, Allgemeiner Teil des bürgerlichen Rechts, C. H. Beck, München, 2004, S. 101.

③ Habermann/Weick, Staudingers Kommentar BGB, Vor § 1, RdNr. 1.

作为理念层面的秩序概念，满足了人人平等的形式要求。

抽象的一般权利能力是传统形式民法的典型体现。但是随着现代社会从形式民法到实质民法的转变，民法更加关怀具体的人。[①] 因而，比较法上出现了在抽象的一般权利能力之外，从更加具体的视角考察人所能够享有的权利能力的具体内容的做法，出现了相对具体的权利能力的概念。一般权利能力与具体权利能力的区分已经成为德国的通说。德国法上，有学者认为，一般权利能力是指作为权利和义务承担者的能力，与此相区分的是作为特定权利和义务承担者的具体权利能力。[②] 还有学者认为，权利能力不必任何时候都以全部范围的状态存在，它可以在涉及个别权利的享有和获得方面存在欠缺，在这种意义上存在一般权利能力与具体权利能力的区分。[③] 作为德国重要民法典评注之一的《帕兰特民法典评注》认为，所有的人都具有权利能力的基本原则并不意味着每个人都有资格拥有每一种权利。有很多法律地位以特定的年龄、特定的性别或者其他特别的特性为前提。在涉及特定的个别权利方面存在一般权利能力与具体权利能力的区分。[④] 我国台湾也有学者认为，权利能力存在一般权利能力与特别权利能力的区分。[⑤] 但是，关于一般权利能力与具体权利能力，我国大陆学界并不存在明确的论述。

具体权利能力是特定主体享有的作为某种具体法律关系的参与者的能力。这种权利能力之所以存在，是因为法律秩序并非一般地与人相关，而是在某一特定法律关系或法律领域与人相关。民法区分债权、物权、家庭、人格等法律关系，每种法律关系的规则都不相同，因而这些法律关系对于主体能力的要求也有所差异。在相对具体的法律关系中考察权利能力能够得出比较明确的规则。例如，婚姻法律关系具有高度的伦理属性，要求婚姻双方当事人对于婚姻的性质以及由婚姻产生的责任和义务具有明确

---

① 参见〔日〕星野英一《私法中的人》，王闯译，中国法制出版社，2004，第 50 页。

② H. P. Westermann, Erman BGB Kommentar, 11. Auflage, Aschendorff Rechtsverlag, Köln, 2004, S. 2.

③ Von Tur, Allgemeiner Teil des Bürgerlichen Rechts, Zweiter Band, Erste Hälfte, Verlag von Duncker & Humblot, München und Leipzig, 1914, S. 378.

④ Heinrichs-Ellenberger, Palandt bürgerliches Gesetzbuch, 67. Auflage, C. H. Beck, München, 2008, S. 9.

⑤ 参见施启扬《民法总则》，中国法制出版社，2010，第 64 页。

的认识，并有能力去实现。因此各国对于婚姻法律关系的主体能力都有明确的要求，一般均要求达到一定年龄、具有相应的认识能力。同样，收养法律关系对于作为其主体的收养人的能力有比较高的要求，收养人须具有成熟的理性去照顾和培养被收养人，以实现该法律关系的宗旨和功能。

因此，具体权利能力的内容和范围必须从个别法律关系的法律规则中推导，① 而无法从一般权利能力中获得。必须结合某种法律关系的法律原理与规则，以及特定人的理性、尊严和年龄等因素的发展状况，决定该特定人能否作为该法律关系的主体。一般权利能力只是说明人或组织在法律秩序中具有主体地位，至于该地位的内容则没有予以明确。而具体权利能力则具体到某种法律关系，明确主体能够享有的法律关系的内容和范围。

需要指出的是，一般权利能力考察的是一般地作为法律秩序主体的能力。立法者舍弃了个别法律关系的特殊性，抽象出法律关系的一般特点，将其作为一般权利能力构建的基础。从整个法律秩序观察，除了个别的纯粹受益或受尊重类型的法律关系，绝大部分法律关系都属于自由（权利）并存类型的法律关系，② 是一种交互式的合理行使自己权利并尊重对方权利的关系。③ 这种具有普遍性的法律关系被作为一般法律关系，成为一般权利能力构建的基础。一般权利能力所体现的是作为占法律秩序绝大部分的一般法律关系的主体的能力，因而是一种全面的权利能力，拥有这种权利能力的人能够在绝大部分法律关系中作为主体。

但是，一般权利能力并未毫无遗漏地包容权利能力的所有类型。也就是说，传统民法的权利能力制度并不是封闭的。虽然自然人和法人之外的其他存在未被赋予一般权利能力，但这并不意味着他们享有权利能力的可能性被完全否定。按照具体权利能力的思路，着眼点从整个法律秩序转移到了个别法律关系。从更加具体的法律关系出发，某些存在（如胎儿、死

① Fritz Fabricius, Relativität der Rechtsfähigkeit, C. H. Beck Verlag, 1963, S. 51.

② 参见〔德〕萨维尼《当代罗马法体系Ⅰ》，朱虎译，中国法制出版社，2010，第257页。法律是使自由（权利）得以并存的规则，这已成为法学的一般常识，因而被作为法律关系模型的一般法律关系就是自由（权利）并存类型的法律关系。这种法律关系中的权利和义务是交互的，各方当事人都具有相互影响的权利和义务，法律关系的本质在于为其权利和义务设定合理的边界。

③ 这种法律关系的普遍的自由并存的交互式特点，要求其主体具有理性，这与前文所述传统理论从法律和人的一般认识得出的权利能力以理性人为基础的结论是吻合的。

者）虽然不能满足一般法律关系关于自由并存的要求，因而未被赋予全面的一般权利能力，但是可以满足某个或某些特殊法律关系的要求，能够在这些法律关系中具有权利能力。此外，法人之外的某些组织虽然并未被构建与其成员完全独立的组织结构，不能在绝大部分法律关系中具有权利能力，因而不能被赋予一般权利能力，但是能够在与其人格、理性和尊严独立性相适应的某些法律关系中具有权利能力。这种权利能力相对于一般权利能力的全面性来说，范围非常有限，是一种部分权利能力。

可见，权利能力发展到现代，出现了一般权利能力和具体权利能力以及全面权利能力和部分权利能力这样两对概念。这四个概念之间具有如下关系。一般权利能力着眼于整个法律秩序的一般法律关系，虽然具有普遍性，但有失精确；具体权利能力着眼于具体法律关系，更具针对性和明确性。全面权利能力是一般权利能力着眼于一般法律关系的产物。正是一般权利能力所针对的法律关系的一般性和普遍性，使其成为一种具有广泛适用性的全面权利能力，两者紧密联系，只是强调重点有所不同。部分权利能力揭示被全面权利能力（一般权利能力）所排除的自然人和法人以外的其他人和组织的特殊权利能力状态，是全面权利能力（一般权利能力）的有益补充。

（二）权利能力的构造为部分权利能力的构建提供了理论空间

正如上文所述，权利能力建立在康德伦理人格的基础之上。每个人都具有权利能力，是因为他在本质上是一个伦理意义上的人。[①] 在康德伦理哲学看来，人的本质在于其理性地行为的能力，能够对自己的行为承担责任，人的绝对价值——尊严就源于此。[②] 而这种一般的人格尊严要求人作为主体被尊重，因而必须被赋予一般的法律主体地位。在这种认识中，主体能力源于人的尊严，而人的尊严和理性是一体而不可分割的。最初的权利能力制度就是遵照上述人的尊严和理性紧密结合的认识构建起来的。该

① 参见〔德〕卡尔·拉伦茨《德国民法通论》上册，王晓晔等译，法律出版社，2003，第120页。

② 参见〔德〕卡尔·拉伦茨《德国民法通论》上册，王晓晔等译，法律出版社，2003，第46页。

制度在19世纪初由蒂堡最早提出时，意志和理性是其必须具备的条件。[①]这意味着，欠缺理性和意志能力的人不能具有权利能力。

但是随着社会的发展，权利能力的这种构造逐渐不能满足社会关于人格价值观念的需要，萨维尼对其进行了改造和发展，提出了直到今天仍然广为接受的权利能力构造。在萨维尼看来，权利的拥有与权利的获得及权利的行使应该被严格区分。[②]权利能力被构造为拥有权利的可能性，而非获得和行使权利的可能性。这样，就将理性因素从权利能力概念中分离出去，另外构建为行为能力和责任能力制度，权利的享有这种消极能力成为权利能力的唯一内涵。这就为并不具有完满理性和意志的人也拥有权利能力提供了可能。

可见，现行民法主体能力的判断建立在哲学上自我负责地理性行为并尊重他人的人格理念之上，但并非完全照搬，而是对其进行了法律技术性的处理和发展。法律关系主要区分为每个人要求他人尊重其人格和权利的关系以及相应地尊重他人的人格和权利的关系。前者是一种被动地被他人尊重的关系，后者是主动地对待和尊重他人的关系。据此，可以对法律关系按照这种区分进行技术处理，形成法律主体的三种具体制度，即权利能力制度、行为能力制度和责任能力制度。只截取人的消极承受他人尊重的能力作为权利能力制度的要素，具有人格尊严者就有权利能力，具备享有权利的可能性；将主动对待他人的能力构建为行为能力制度和责任能力制度，人通过这两种能力能够理性地处理与他人的关系，获得和行使权利。

这样，哲学和自然法上作为一个整体的主体能力被分解和区分为民法上的三种能力。正是这种分解和区分为法律突破哲学上的僵硬规定以适应现实需要提供了有力的工具，使得人格尊严和理性意志在法律关系中存在分离的可能，从而为理性能力不完满或者完全不具有理性的人拥有一定的权利能力提供了可能。

从整个法律秩序的一般法律关系角度考量，虽然理性地对待他人的能力是作为法律主体所不可缺少的，但这种理性却并非一定是其本人所具备的。虽然理性受限者本人不能理性地行为和尊重他人，但是可以通过监护

① Thibaut, System des Pandektenrechts, erster band, Jena, 1803, S. 140. 另参见沈建峰《权利能力概念的形成和变迁》，《北方法学》2011年第3期。

② Savigny, System des heutigen Römischen Rechts Ⅲ, 1840, § 106.

人的辅助而间接地予以实现，因而也能够获得一般的人格尊严，具有一般的权利能力。因此，出生后的人虽然由于年龄或疾病等原因其理性受到程度不同的限制，但是可以通过监护人的理性得到补足，从而在绝大部分法律关系中获得一般权利能力。

更进一步，在个别特殊法律关系中，人格尊严可以完全脱离理性能力而单独存在，因而在这些法律关系中无须以理性为前提就能够具有权利能力。这样就使部分权利能力获得了存在的可能，而这正是传统民法立法和理论所忽视的部分。

这些法律关系是消极受益型法律关系，主要是人格权法律关系和纯获利益的法律关系。人格权主要是基于人格尊严要求他人对于人格存在和人格要素予以尊重的权利。这种法律关系是一种单向的法律关系，只要求他人对于权利人的人格予以尊重，不得侵害，并不包含权利人对应的对待他人的某项义务。因此，只要一种人的存在被社会价值和法律承认为一种具有尊严的存在，不需要考虑理性因素，就可以要求他人对其人格存在和人格要素予以尊重，因而能够成为人格权法律关系中的主体。

纯获利益的法律关系也是一种单向的法律关系，获利一方仅获得利益，并不承受对于他人的任何负担和义务，理性的欠缺不会导致其侵害自己和他人权益的情况。因而，只要在价值判断上认为其具有人格尊严，应当受到尊重，而且也存在获得这种利益的现实必要，就可以成为纯获利益的法律关系的主体。需要注意的是，这里只涉及利益的拥有，并不包括所得利益的使用，对于利益的使用需要理性判断能力，因而需要监护人代为管理。这种纯获利益的法律关系包括受赠等。

由此，权利能力制度根据人的人格状态的不同呈现出类型化的现象：不具有理性（这里包括自身理性和监护人弥补的理性）的人，只能在人格权法律关系和纯获利益的法律关系中具有权利能力；通过监护人获得形式理性的人，除了上述法律关系外，还能在其他大部分法律关系中具有权利能力，但是依据法律规定不能代理的法律关系除外；自身具有成熟理性的人则能够在几乎所有的法律关系中具有权利能力。[1] 从前到后是一个权利

---

① 这种为学界所忽视的民事权利能力与人的人格状态尤其是理性的关联，逐渐被关注。德国学者法布里齐乌斯的重要著作《权利能力的相对性》一书对此进行了论述。Vgl. Fritz Fabricius, Relativität der Rechtsfähigkeit, C. H. Beck Verlag, 1963, S. 43 ff.

能力逐渐完满的过程，最后一类人是完整意义上的法律上的人。传统权利能力制度所规定的只是后两类人的权利能力，是相对全面的一般权利能力，是从整个法律秩序的视角构建的宏观的权利能力。而第一类人由于不符合从整个法律秩序角度的主体要求，为传统民法所忽略，但是他们可以在局部领域具有部分权利能力。

组织不同于人，组织的权利能力情况比较特殊，因而上述理论不能完全适用。但是权利能力的构造也为某些组织具有部分权利能力预留了理论空间。组织的权利能力主要依据其人格和尊严方面的独立性进行判断。传统权利能力关注的是作为一般的法律秩序主体的能力，因而只被赋予完全独立的组织。但从局部法律关系考量，这并未排除具有部分独立性的组织享有部分权利能力的可能。组织是法律构造的产物，不同的组织因为构造上的差异性而在理性、人格独立性和人格尊严方面呈现出不同的类型。某些组织（法人）被构建为在与其成员的内部关系上和与其他第三人的外部关系上具有完全独立的意志和人格：具有完备的机构以形成独立的意志，与其成员的意志和责任严格区分。以此为基础，这类组织不但在对外关系中具有独立人格和尊严，在对内关系中也具有独立人格和尊严，因而具有全面的权利能力。而某些组织（如合伙）的构造则在人格和尊严的独立性方面并不彻底：虽然在对外关系中，该组织有专门的机关形成意志并有执行机关或执行人，从而能够以组织的名义从事活动，但是在对内关系中，该组织与其成员的人格和尊严并未严格区分和独立。成员之间的结合具有人身依附性，成员的加入和退出需要所有其他成员的同意，这就使得成员与组织之间具有紧密的联系。此外，成员的财产是组织财产的补充，在组织财产不足以承担责任时，成员财产要承担连带责任，表现为责任的非严格独立性。这样的组织在对外关系中具有独立的意志，理性地从事行为并获得人格尊严，从而具有权利能力，能够参与法律活动；但是在对内关系中，则并不具有完全的人格独立和人格尊严，并不具有权利能力。这些组织具有的是一种局限于外部关系的部分权利能力。比较法上，德国联邦最高法院于 2001 年 1 月 29 日明确承认了合伙在外部关系上具有部分权利能力。①

① BGH，NJW 2001，1056.

可见，权利能力作为哲学价值法律技术处理的制度产物，并不是对于哲学原封不动的照抄。法律上权利能力内容的完满程度与人格的完满状态呈正相关性，表现为一种层次递进，而非哲学上的非有即无。正是这种相关性使得那些并未被构建为完满人格的人和组织（自然人和法人之外的其他人和组织）具有与其人格构成状态相关的部分权利能力。

（三）既有的立法规定事实上承认部分权利能力的存在

我国和比较法的立法对于部分权利能力虽然没有予以明文规定，但是关于胎儿权益保护的有关规定事实上已经承认了部分权利能力的存在。

我国对于胎儿利益保护的立法规定主要表现在继承法中。继承法第 28 条规定，遗产分割时，应当保留胎儿的继承份额，胎儿出生时是死体的，保留的份额按照法定继承办理。德国立法对于胎儿利益的保护更加广泛。德国民法典第 331 条第 2 款规定胎儿可以作为利益第三人合同的受益人，按照该款的规定胎儿具有获得权利的候补资格，在其活着出生时成为一种完整的权利；[①] 第 844 条第 2 款第 2 句规定，胎儿对于致其抚养义务人死亡的侵害人的抚养损害赔偿请求权，并不因侵害发生时其尚未出生而被排除；第 1923 条第 2 款规定，胎儿即使在继承发生时尚未出生，也能够作为继承人。我国台湾地区立法则对胎儿保护进行了更加广泛的规定，其“民法”第 7 条规定，胎儿以将来非死产者为限，关于其个人利益之保护，视为既已出生。

对于我国继承法保留胎儿继承份额的规定，学者认为，该规定既不同于总括保护主义也不同于个别保护主义，它严格贯彻以出生为权利能力始期的规定，不承认胎儿的权利能力，只是考虑到胎儿即将成为婴儿的利益，给予特殊的保护。[②] 这种认识有失片面。民法是价值和制度的融洽体系，对于每一规定都要放在该体系内予以解读。虽然立法没有明确说明胎儿是否具有权利能力，但是关于胎儿继承份额的保护其实是对于胎儿的期待权的保护，在其活着出生时该期待权转变为现实的权利。即便是期待权，其拥有也必须以具有权利能力为前提。因此继承法的上述规定实质上

① Jürgen Thomas Mahr, Der Beginn der Rechtsfähigkeit und die zivilrechtliche Stellung ungeborenen Lebens, Peter Lang Verlag, Frankfurt, 2007, S. 141.

② 马俊驹、余延满：《民法原论》，法律出版社，2005，第 78 页。

在一定程度上承认了胎儿的权利能力。

对于德国民法关于胎儿的规定，主流学说曾认为，其并未承认胎儿的权利能力，而是一种拟制，通过拟制胎儿已经出生，使胎儿获得与自然人同样的法律地位。[①] 我国台湾地区的规定也被认为是采用了拟制的方法。但事实上，拟制的本质是在掩盖一些事实，并在维护一些本已不再成立的规定。通过拟制达到的法律后果与承认胎儿具有部分权利能力的后果并无本质不同。采用拟制的原因在于学界仍然坚守权利能力与出生相联系这一根深蒂固的规则。其实，如果承认胎儿的部分权利能力对于法律来说并不是不可想象的，那么拟制就是不必要的。[②] 拟制与承认胎儿具有部分权利能力并不存在冲突。

正是由于这一原因，德国和我国台湾地区的学者也逐渐直接承认胎儿的部分权利能力。德国学者尼佩代提出“限制权利能力”说，认为尚未出生的孩子在活着出生的条件下，被视为法律主体，即被赋予限制的权利能力。[③] 德国学者施密特也认为，形成中的人从受胎之日起就具有缩小的权利能力，这种权利能力被限定于某一范围之内。[④] 德国《慕尼黑民法典评注》的作者认为，为了承担胎儿宪法上的受保护地位的任务，（私法上）必须部分地类推适用法律关于胎儿保护的规定，因而产生了胎儿的限制权利能力的结果。[⑤] 我国台湾地区的学者也承认了胎儿的权利能力，并认为这种权利能力仅限于胎儿个人利益的享有部分，而无负担义务的能力，在性质上为“部分（限制）权利能力”，而非“一般权利能力”。[⑥]

综上，立法的既有规定事实上已经承认了部分权利能力，这也为从理论上构建部分权利能力提供了正当依据。

---

① Karl Larenz, Allgemeiner Teil des BGB Rechts, 5. Auflage, C. H. Beck, München, 1980, S. 80.

② Josef Esser, Wert und Bedeutung der Rechtsfiktionen, Vittorio Klostermann, Frankfurt, 1969, S. 170.

③ Enneccrus-Nipperdey, Allgemeiner Teil des Bürgerlichen Rechts, 15. Auflage, 1959, S. 479.

④ Rudolf Schmidt, Der Schutz der Leibesfrucht gegen unerlaubte Handlung, JZ, 1952, 167.

⑤ Jochem Schmitt, Münchener Kommentar BGB, Band 1., § 1, S. 121 – 122.

⑥ 参见施启扬《民法总则》，中国法制出版社，2010，第 66 页。类似观点参见王泽鉴《民法总则》，中国政法大学出版社，2001，第 106 页；黄立《民法总则》，2005 年自版，第 76 页。

三 部分权利能力的具体构建

（一）部分权利能力的概念

本文认为，部分权利能力是作为与传统的一般权利能力相对应的概念被构建起来的。一般权利能力是一种相对全面的作为整个法律秩序参与者的能力，包含了主体参与几乎所有法律关系的能力。而部分权利能力则是作为特定的一种或多种法律关系参与者的能力。因而，部分权利能力是自然人、法人以外的某些人和组织在部分法律关系中作为权利和义务主体的能力。

构建部分权利能力制度，就是要考察各种自然人和法人之外的人和组织的人格状态，并结合特定法律关系的原则和本质，判断这种人和组织是否有能力并有必要作为该法律关系的主体。

（二）部分权利能力的特征

1. 部分权利能力与主体人格状态的关联性

部分权利能力从相对具体的个别法律关系考察特定的自然人和法人以外的人和组织能否作为该法律关系的主体。自然人以外的人的存在形态因欠缺理性而无法获得普遍的人格尊严，但是由于其作为人的种族存在而天然具有有限的人格尊严，因而能够在与该人格尊严相应的范围内（消极受益型法律关系）具有部分权利能力。而法人以外的组织作为一种法律构造物，并未被构造为在内部关系和外部关系中都完全独立的人格体，且并不属于人的种族存在，不能具有天然的有限人格尊严，因此它只能在与其人格和尊严独立性相适应的法律关系中具有部分权利能力。因此，部分权利能力与主体的人格状态紧密关联，部分权利能力的内容由其人格状态决定。

2. 部分权利能力的差异性

由于部分权利能力的内容由主体的人格状态所决定，而自然人以外的人的存在的人格状态未经规范化处理，表现出较大的差异性，法人以外的组织的人格状态也有较大的差异，因而部分权利能力的内容表现出较大的差异性。这是部分权利能力与传统一般权利能力普遍平等性的重大区别。

3. 部分权利能力的非全面性

自然人、法人以外的人和组织都因欠缺规范化的形式理性而无法获得全面的人格尊严，因而不能具备相对全面的一般权利能力，只能在某些法律关系中具有部分权利能力。这种部分权利能力仅局限于部分法律关系领域，具有非全面性。

（三）主要的非典型人和组织的部分权利能力

1. 胎儿的部分权利能力

(1) 胎儿部分权利能力的内容

胎儿作为形成中的人，已经具有了人的生命和身体，具有了人格尊严，应当在与其尊严相应的范围内具有部分权利能力。

关于胎儿权利能力的范围，比较法上有不同的规定。瑞士民法典第31条规定，胎儿在活着出生的保留条件下具有权利能力。这一规定并未对胎儿权利能力的范围予以限制。我国台湾地区“民法”第7条规定，胎儿以将来非死产者为限，关于其个人利益之保护，视为既已出生。这种立法例将胎儿的权利能力限定于保护其个人利益的范围内，具有内容的限定性。在学说上，关于胎儿权利能力的范围也存在类似的两种观点。一种观点认为胎儿具有全面的权利能力，此种观点以德国学者沃尔夫和我国学者梁慧星为代表。① 另一种观点则认为胎儿具有限制的权利能力。②

本文认为，民法规范将一般权利能力限定于自然人和法人，而且胎儿的人格和理性发展程度非常有限，这些都决定了其没有能力也没有必要参与所有的法律关系。因而胎儿并不能享有一般权利能力，其权利能力应限于一定范围内。具体来说，这种权利能力仅限于依据胎儿的人格状态能够并有必要参与的领域。首先，胎儿作为形成中的人，已经具有了伦理意义上的人的生命、身体和健康，在这些方面具有了人格尊严，需要通过法律予以承认和保护。胎儿在人格权领域享有部分权利能力，可以获得对其生命、身体和健康的法律保护。其次，胎儿已经具有了生物层面的存在，出生以后人格的发展更离不开财产的支持，财产权利的享有是人格存在和发展的物质基础。因此，胎儿在纯粹受益型的财产法律关系中能够具有权利

---

① Ernst Wolf/Hans Naujoks, Anfang und Ende der Rechtsfähigkeit des Menschen, Vittorio Klostermann, Frankfurt, 1955, S. 230；梁慧星：《民法总论》，法律出版社，2007，第89页。

② 这种观点为德国学者尼佩代所主张。Vgl. Enneccrus-Nipperdey, Allgemeiner Teil des Bürgerlichen Rechts, 15. Auflage, 1959, S. 479.

能力。

（2）胎儿部分权利能力的具体构造

关于胎儿权利能力的具体构造，大体存在两种做法，或者采附延缓条件说，或者采附解除条件说。

依瑞士民法典第31条，胎儿的权利能力是一种附条件的权利能力，至于这种条件是延缓条件还是解除条件，尚存在争议。有一种观点认为，胎儿的权利能力是附解除条件的权利能力。德国学者法布里齐乌斯认为，胎儿具有附条件的限制权利能力，以胎儿的死亡出生为解除条件，因此限制权利能力的结束不是与活着出生而是与死亡出生联系在一起的。[①] 德国学者尼佩代构建了一种附延缓条件的权利能力，在条件成就时，胎儿溯及受胎时具有权利能力，也就是说胎儿的权利能力是未定的，在胎儿活着出生时权利能力被溯及既往地确认。[②]

上述附条件的权利能力，不管是附解除条件，还是附延缓条件，都不完全合理，胎儿在受胎时起就具有了人格的特性，具有了部分的人格要素，应当受到宪法和民法的保护，因而胎儿在受胎时起就应当具有人格权方面的权利能力，受到侵害时可以主张排除妨害请求权。胎儿自受胎时起就开始的人格发展过程，不管最终是否活着出生，都是存在的，死亡出生只是使其人格终止、权利能力终止，而不能使其已经存在的人格和权利能力被消灭。因而有学者认为，这种排除妨害的人格权请求权是独立于活着出生的条件的，它的存在与孩子是否活着出生无关。[③]

本文认为，胎儿自受胎时起就具有参与人格权法律关系的权利能力，并不附有任何条件。胎儿作为人的形态而存在，这种人格状态是天赋的，如果附有条件，就是对胎儿人格状态的否定。不管胎儿最终是否活着出生，都无法改变其作为人存在的事实，也不能否定其人格的曾经存在。据此，胎儿人格权受侵害时，其保护人可以代为主张排除妨害和防止妨害请求权，而不论胎儿最终是否活着出生。但是，胎儿在财产权法律关系领域的权利能力是为了使胎儿获得财产以实现其人格的发展。对于财产的需要

① Fritz Fabricius, Relativität der Rechtsfähigkeit, C. H. Beck Verlag, 1963, S. 116.

② Vgl. Enneccrus-Nipperdey, Allgemeiner Teil des Bürgerlichen Rechts, 15. Auflage, 1959, S. 479.

③ Larenz/Wolf, Allgemeiner Teil des bürgerlichen Rechts, C. H. Beck, München, 2004, S. 104; Rudolf Schmidt, Der Schutz der Leibesfrucht gegen unerlaubte Handlung, JZ, 1952, 168.

是出生以后才开始的，如果胎儿最终没有活着出生，则没有必要赋予其财产能力。因此，胎儿在财产领域的权利能力是一种附解除条件的权利能力。由于人身受到侵害而产生的损害赔偿请求权也是一种财产性请求权，因而在这一法律关系中的权利能力也是一种附解除条件的权利能力，如果胎儿最终没有活着出生，则不能获得损害赔偿。已获得赔偿的，应当依据不当得利予以返还。[①]

虽然胎儿可以在人格权法律关系和纯粹受益型法律关系中具有部分权利能力，为其获得人格权和财产权提供了前提，但是胎儿不具有行为能力，对其享有的权利无法行使和保护，应当参照未成年人监护制度为其设定保护人，保护其权利。

2. 死者的部分权利能力

死者的部分权利能力在构造上主要包括如下几个方面。

第一，死者的部分权利能力限于人格权法律关系领域。死者随着生命的终结，摆脱了沉重的肉体，其人格存在可以不再依赖于生命和财产，因而死者不需要在财产法律关系中的主体能力，其遗产按照继承处理。死者死亡后也不需要在婚姻家庭领域享有权利。但是在人格权法律关系领域却并非如此，死者那些生前被外在化的人格形象能够不依赖其生命和行为而继续存在，人在这些方面的尊严仍然应当得到尊重。因此，死者在人格权法律关系中应当具有部分权利能力，以使死者继续存在的人格尊严得到法律的调整和保护，具体包括在姓名权、肖像权、名誉权和隐私权等法律关系中的权利能力。

第二，死者的部分权利能力只能在一定期间内存在。死者随着生命的终结，丧失了通过自己的行为展现自己人格的能力，而其生前通过行为客观化了的人格特性由于缺少行为的不断强化，会自死亡之日起逐渐消褪。因此，死者的部分权利能力只能在一定期间内存在，其人格权也只能在这一期间内获得保护。在德国法上，虽然联邦法院认为死者人格权具有一定的存续期间，但是对于该期间并没有予以确定。[②] 有学者认为，期限的确

---

① 王泽鉴：《对未出生者之保护》，载《民法学说与判例研究》第 4 册，中国政法大学出版社，1998。

② Jürgen Gleichauf, Das postmortale Persönlichkeitsrecht im internationalen Privatrecht, Peter Lang Verlag, 1999, S. 156.

定取决于人格的密度和强度，对于每种人格权并不存在统一的保护期限。[①] 在我国，并不存在关于死者人格权保护期限的具体规定，而是通过近亲属的存活时间予以间接确定,[②] 大约在 50 年左右。总体来说，我国司法实践对于死者人格权的保护期限是适当的，但是这种规定方法存在一定的问题。按照近亲属的存活时间确定保护期限，会造成对于死者人格保护时间长短不一的情况，而且难以保护没有近亲属的死者的人格。建议将死者权利能力的存续时间统一为 50 年，死者的人格权也在其死后 50 年内予以保护。

第三，死者在人格权法律关系中的部分权利能力使得死者的人格权能够得到法律保护，但是由于死者没有行为能力，必须设置保护人代为保护。保护人可以由死者生前指定，生前没有指定的，则由死者近亲属担任。

3. 合伙的部分权利能力

虽然我国学说提出了合伙的第三类主体理论，但是合伙不同于法人，只能在外部关系上具有部分权利能力。具体来说，合伙在对外关系中能够拥有财产，承担债务和责任。

第一，拥有合伙财产的权利能力。合伙的财产及其使用不能归属于个别合伙人，其支配和使用只能由全体合伙人整体性地予以决定。因此，个别的合伙人对合伙财产并不具有直接的权利，合伙的财产归属于处于结合状态的所有合伙人，而处于结合状态的所有合伙人从整体上看正是合伙本身。[③] 因而，合伙作为集合体在合伙财产的拥有方面具有权利能力。

第二，拥有承担与第三人缔结的合同债务的权利能力。合伙能够以其名义对外缔结合同，有能力对外承担债务。但需要注意的是，合伙债务具有双重作用，对于合伙与合伙人都具有约束力。也就是说，合伙债务同时

① Nikoletopoulos, Die zeitlich Begrenzung des Persönlichkeitsschutzes nach dem Tode, Peter Lang Verlag, 1984, S. 90.

② 按照最高人民法院《关于审理名誉权案件若干问题的解答》第 5 条规定，死者的名誉只能由其近亲属予以保护，近亲属全部死亡的，死者的名誉就无从获得保护。这事实上就产生了限制死者人格权保护期限的效果。也可参见杨立新、王海英、孙博《人身权的延伸法律保护》,《法学研究》1995 年第 2 期。

③ Alexander Meschkowski, Zur Rechtsfähigkeit der BGB-Gesellschaft, Peter Lang Verlag, Frankfurt, 2006, S. 111.

作为合伙整体的义务和合伙人的义务,[①] 是并列存在的两种独立义务，前者约束合伙的财产，后者约束合伙人的个人财产。合伙债务首先由合伙以其财产清偿，不足部分再由合伙人以其个人财产予以清偿。

（四）部分权利能力的开放性

部分权利能力制度是为克服传统一般权利能力过于抽象和形式的缺陷而产生的，体现了现代民法从形式向实质的变化，对于社会的现实诉求更加关注。部分权利能力对于社会中新出现的人和组织形态进行个别考察，依据其所具备的人格状态判断其有能力并有必要具备的权利能力的范围，因而，部分权利能力是一个开放的概念，能够享有部分权利能力的人和组织的类型是无法进行封闭式列举的，胎儿、死者以及合伙只是其中几种比较重要的类型。随着社会的发展，还有其他的类型出现。

开放性的概念具有一定的不确定性，立法只能对其进行概括性规定，而将一部分空间留给学界和法院，由它们共同协力对其进行发展。这种特性并非开放性概念的弊端，而恰恰是其优越性所在。现代社会的繁杂程度远非 19 世纪所可比拟，立法适当的开放性以及司法机关、学界的协力正是现代民法维持其对于社会的调整能力的关键。部分权利能力的开放性正是其生命力和优越性所在。这种特性使得民法能够具有更大的包容度和对现实的调整能力，体现了民法的人文关怀。

---

① Werner Flume, Allgemeiner Teil des Bürgerlichen Rechts, Erst Band, Erst Teil, Die Personengesellschaft, Springer Verlag, Berlin, 1977, S. 319.

主体制度民商合一的中国路径*

汪青松**

摘　要： 成文私法体系下所谓的“民商合一”与“民商分立”之区别只是表象，商事主体制度如何回归融入民事基本法主体体系始终是大陆法系国家曾经或依然面临的共性问题。我国民法通则的主体制度设计先天不足，无法充分发挥对整个私法主体的统领功能，由此导致民事主体制度与商事主体制度形合实分，私法主体制度内部难以实现逻辑自洽。民法典制定之启动为主体制度的“纳商入民”提供了契机，但既有的“自然人 + 法人”的二元构造抑或引入“第三民事主体”的三元模式都在理论或实践上面临障碍。基于对中国当代私法理论与立法积淀的充分尊重所建立的“自然人 + 组织”的主体构造，兼顾了分类体系的对称性、周延性和开放性的统一，能够为民法总则的主体制度设计提供一条有效实现“纳商入民”的中国路径，同时为未来新生商事主体的融入预留制度空间。

关键词： 民事主体　商事主体　法人　组织　民法总则

对于具有民法传统的法域而言，民法与商法的关系一直存在“民商合一”与“民商分立”两种主要立法模式。而无论采取何种模式，充分发挥和实现民事基本法统领民、商事主体的基础性功能，都是立法者致力追求

---

* 本文原载于《法学研究》2016 年第 2 期。

** 汪青松，西南政法大学民商法学院教授。

的重要目标。对中国而言，既成的私法体系基本确立了“民商合一”的立法模式，保持主体制度的统一协调自是不言而喻。但作为私法基本法的民法通则采取了“自然人 + 法人”的二元主体构造和极为严格的法人标准，形成了僵化封闭的主体体系，在由市场需求所推动的私法主体“由民渐商”的过程中，主体制度的续造在很大程度上是由各个商事单行法自行完成的。这种制度发展模式导致民事主体与商事主体形合实分，整个私法主体制度无法实现逻辑自洽。时至今日，中国民商事法律的体系化整合已成立法重心，私法主体制度的整体重构势在必行。鉴于商事基本法的立法必要性尚未获得普遍共识，重构的核心工作需要由拟议中的民法典总则部分来承担。在这项复杂艰巨的制度变革中，建立具有统领性和开放性的民事主体分类体系以包容已经存在和可能出现的商事主体类型，从而实现主体制度的“纳商入民”，无疑是最为关键的一环。为此，本文在简略考察私法主体在近代欧洲由民渐商的扩展历程以及分析评价中国现有私法主体构造缺陷和变革思路的基础上，秉持节约制度变革成本之理念，提出高度契合中国传统与现实的“自然人 + 组织”的二元主体模式，以此作为实现中国私法主体制度“纳商入民”的变革基础，进而对该模式的可行性进行论证，然后对民事基本法相关规则体系的设计提出整体构想。

一 私法主体由民渐商的历史考察

在具体探究中国当下的私法主体制度统一化问题之前，本文将首先对私法主体制度从古罗马到近代欧洲的历史演进作一简要考察，旨在为我们思考和解决中国问题提供一些启发和借鉴。众所周知，现代意义上的私法主体制度主要是在欧洲漫长的历史发展进程中逐步形成并走向世界的。理论上一般将私法主体演进的轨迹描述成自然人人格向团体人格的扩展。而如果从商事共同体由兴到盛的进程来看，则又呈现出商事共同体逐步摆脱自然人的人格束缚而实现“去人格化”，进而在商业社会自发萌生出团体人格以实现“再人格化”，并不断强化而最终融入国家创制的私法体系的另一番图景。而支持商事共同体从“去人格化”到“再人格化”的客观基础，则是社会关系从契约到组织的飞跃。

（一）私法主体从个体到契约再到组织不断扩展的基本脉络

在私法主体制度的早期阶段，关注的是自然人，同时主体资格受到身份权的严格限制。这一时期的典型是古罗马的私法主体制度。罗马法的主体制度奠基在家族层面而非个人层面，但同时，完整的私法主体资格又不是赋予家族共同体，而是赋予家族中地位最高的个人。由此可以得出的结论是：罗马私法中的主体人格仍然是一种个体人格。当欧洲社会进入封建社会早期，教会法在重新解释罗马法的过程中逐渐注入一些意志自由和个人平等的观念，但自然人并未普遍获得平等的主体地位。当时大量存在的农奴并非真正意义上的法律“人”，最多只能算作是准法律“人”或者准民事主体。[①] 另外，罗马私法中的法律主体也未真正扩展到自然人之外。尽管在当时，城市与乡村、宗教团体与商业团体等大量存在，并且能够作为一个整体保有财产和对外建立民事关系，但在“罗马法及罗马法学家看来，团体仍然是数目众多的人”，“团体的法人人格只是处于萌芽状态”。[②] 从公元前2世纪开始，罗马人在各种经济活动中大量雇佣奴隶，包括从事营业管理。这种通过雇佣不具有法律人格的奴隶来从事经营的方式，在一定程度上实现了营业体的事实上的“去人格化”，但摆脱了自然人人格的营业财产并未能进一步形成法律上的自有人格。[③] 随着罗马帝国的衰落和奴隶制度的终结，这种借助无人格的自然人来实现营业体的“去人格化”的特殊制度路径自然无法得到延续。

中世纪欧洲大量涌现的商事合伙已经形成一种超越个体的商事共同体，但其在法理上仍被视为一种个体之间的契约关系。那时的日耳曼人广泛使用一种名为“索赛特”（societas）的共同体模式，它形式上是一种以无限责任为基础的合伙。这种合伙是基于当事人之间的确定协议，因此不能被认为是一种亲密的人身关系，而只是一种契约关系。[④] 在地中海沿岸，则发展出一种被称为“康孟达”（commenda）的两合责任构造的商事共同

---

① 参见李拥军《从“人可非人”到“非人可人”：民事主体制度与理念的历史变迁——对法律“人”的一种解析》，《法制与社会发展》2005年第2期，第46页。

② 马俊驹、余延满：《民法原论》上册，法律出版社，1998，第141页。

③ Barbara Abatino, Giuseppe Dari-Mattiacci & Enrico C. Perotti, “Depersonalization of Business in Ancient Rome”, *Oxford Journal of Legal Studies* 31 (2011): 365.

④ David Daube, “Societas as Consensual Contract”, *The Cambridge Law Journal* 6 (1938): 381.

体。有学者认为，“康孟达”已经与个体商人相去甚远，而与后来的公司更为相近，或者借用当代学者的理论可以将其视为一种“契约的联结”。[①] 美国学者汉斯曼等人则指出，“康孟达”创制出了一种独立于其契约当事人的新的“资产池”，这一“资产池”承担的责任有别于其契约当事人的责任。这样一来，实际上就创造出一种所有者保护（owners shielding）和实体保护（entity shielding）。[②] 换言之，“康孟达”已经处在从关系到组织的演变进程中。

近代欧洲日渐勃兴的商事公司逐渐具备了组织化实体的基本特性。尽管有学者将“公司”的起源上溯至古罗马法，[③] 但现代意义上的“公司”概念，却是一个典型的中世纪时期的欧洲创造。13、14 世纪，在法学文献中出现了对“公司”的法学界定。到了 16 世纪，“公司”被赋予了一些新的特征，包括可以被用于商业和营利目的、可以为经营活动而融资、成员可以自愿加入和退出、有内部的层级性管理结构等。特别是 16 世纪中叶在英格兰地区出现的合股公司，增加了集中股本进而将投资人改造为享有分红和投票权利的股东的功能，正式形成了区别于股东财产的自有资本，并构建了内部有序的治理结构；合股公司以其自己的资本开展实际贸易和应对风险，其股东成为消极的投资者。[④] 自此，商事领域针对组织的团体人格构造，已经在实践层面基本完成，所需要的仅仅是通过何种路径和方式获得实在法对于其“再人格化”的认许，从而在形式上融入私法主体体系之中。

---

① R. Harris, “The Institutional Dynamics of Early Modern Eurasian Trade: The Commenda and the Corporation”, *Journal of Economic Behavior & Organization* 71 (2009): 606. “契约的联结”理论最早由美国经济学家詹森和麦克林于 1978 年提出，用来对现代企业进行解释，后由伊斯特布鲁克和费希尔等人进一步发展，成为法律经济学派关于公司本质的主流解释。参见 Michael C. Jensen & William H. Meckling, “The Theory of the Firm: Managerial Behavior, Agency Costs, and Ownership Structure”, *Journal of Financial Economics* 3 (1976): 305; Easterbrook & Fischel, “Corporate Contract”, *Columbia Law Review* 89 (1989): 1416。

② Henry Hansmann, Reinier Kraakman and Richard Squire, “Law and the Rise of the Firm”, *Harvard Law Review* 119 (2006): 1333.

③ Ulrike Malmendier, “Law and Finance ‘at the Origin’”, *Journal of Economic Literature* 47 (2009): 1076. 尽管将公元前 5 世纪出现的由政府作为承租人的“公共合伙”（Societas Publicanorum）视为现代公司的鼻祖有一定说服力，但该制度在后来的重要法律文本，如查士丁尼法典中并没有反映。因此，即使“公共合伙”中含有公司的特质，其也未能直接延续到中世纪盛期。

④ R. Harris, “The Institutional Dynamics of Early Modern Eurasian Trade: The Commenda and the Corporation”, *Journal of Economic Behavior & Organization* 71 (2009): 606.

（二）商事共同体获得私法主体资格的实在法路径

上述考察表明，中世纪以来的商事共同体的产生不是基于法律的设计，而是社会实践的自发创造。创设商事共同体的基础都是通过合意而达成的双边或多边契约。但由于具体情况的不可预见性以及结构安排的复杂性，构建共同体的契约难以做到完备无缺，同时，对于公司这种拥有众多的契约关系的复杂共同体来说，达成契约以及弥补空缺的成本无疑相当巨大。这一问题在实践中的解决主要是通过内外两条路径：一是商事共同体内在构造的变化，特别是规模较大的公司，开始形成内部治理结构；二是商业社会共同行为规范的外部制度供给。最早被纳入供给的是商事惯例，随后，商人法逐渐勃兴。早期的商人法在很大程度上是由商人自身完成的，[①] 其主要汇集了商事交易中的行为规则和纠纷解决规则，而较少关注商事共同体的主体资格问题。或者可以换一个角度理解，商事共同体的主体地位在那时已经获得了商人法的默认，因而可以在特定的商业社会中不言自明。如果是这样的话，私法主体制度至此已经开始从一元同一走向二元分立，或者说商事主体制度早在近代民法典出现之前就已经实现了自在自为。

商事共同体之私法主体资格在国家法上的真正认可是19世纪以后才逐步实现的。实现的具体方式大致可以分为三种。第一种是法国模式。1804年的法国民法典并没有明确规定“法人”概念，导致团体无法获得民法上的主体地位。直到1807年，商事组织才借助法国商法典获得了私法上的主体资格。1867年制定的法国公司法进一步明确了公司的法人地位。第二种是德国模式。1900年施行的德国民法典借助于“权利能力”和“法人”的制度设计，创制出了“团体人格”，从而将大部分商事共同体纳入民事基本法的主体体系。第三种是英美模式。由于英美法传统中没有成文的民法典，因此其商事共同体的私法主体地位主要通过具体的商事单行法确立。

（三）商事共同体实现从契约到组织飞跃的内在机理

借助本部分的历史考察能够发现，商事共同体主体资格的生成在制度

① 参见〔美〕伯尔曼《法律与革命》，贺卫方等译，中国大百科全书出版社，1993，第413页。

外观上经历了一种从“去人格化”到“再人格化”的过程；而隐含在这一外观之下的一个重要事实不能被忽略，即商事共同体主体资格的生成过程实质上是一个从契约到组织的演进过程，组织体的独立性是其主体资格产生的内生动力。经济学上一般从成本角度来解释契约与组织的区别，认为组织是对契约的替代。如威廉姆森指出，由于存在协商成本和机会主义，通过“私秩”（private ordering）的努力打造组织化的治理结构以减少契约僵局与瓦解发生的概率，就显得意义重大。[①] 于是，在促进合作和节约成本的合力推动下，一些持续性、多边性的契约关系开始发生从量到质的变化。这种质变主要体现为各个单独契约的权利义务的两种变化：同类归并和效力扩展。同类归并是指原本单独存在的、权利义务构造相同的个体短期契约开始转化为统一的、长期的共同契约（如合伙协议、公司发起设立协议等）。效力扩展是指原本受制于相对性原则而仅存于契约相对人之间的效力开始扩展到其他人身上，当然这种扩展是有一定限度的。在契约权利义务质变的基础上，一些共同体开始形成内部的层级安排与决议机制，开始以一个整体开展对外活动，获得和支配财产，于是，这些共同体就从偶然结合的普通契约（或者“契约的联结”）转变为有机结合的组织化实体。在这一变化过程中，共同体也就获得了有别于其个体成员的自在自为的独立性。

从法学视角审视，契约与组织的区别则更为显著。从本质上看，契约是基于合意的债的创设，组织则是旨在实现共同目的的实体的创设；从与参与人的关系上看，契约对于当事人具有极强的依附性，组织则具有相对独立性；从对参与人的要求来看，契约强调各自义务的分别履行，组织则强调旨在实现共同目的的协作；从社会效果上看，契约仅在当事人之间创制内部关系，组织则同时具有内部和外部两个关系层面；最后，从法益层面上看，契约主要为当事人分别创造出自益，组织则同时为当事人创造出自益和共益。简言之，组织所具有的独立性是其应当从法律关系的内容上升为主体的根本原因。

（四）契约与组织的事实判定与法律判定

契约与组织同属于社会关系范畴，同样建构在“合意”基础之上，因

---

① Oliver E. Williamson, “The Theory of the Firm as Governance Structure: From Choice to Contract”, *Journal of Economic Perspectives* 16 (2002): 171.

此对它们的区分与判定就变得尤为困难。通过前文的历史考察，我们能够初步归纳出关于组织的两种判定，即事实判定和法律判定。事实判定又可以进一步区分为实质要件和外观要件。实质要件强调的是组织的共同目的，即一个或一组契约关系中，在以当事人的义务为表征的对价之外，是否还存在共同目的，如果存在，其就从契约上升为组织。外观要件强调的是组织为实现共同目的而开展活动所必需的物质基础、名称、机构等。实际上，德国民法典对于其整个法人分类体系的展开，正是立足于“目的”这一实质要件。法律判定是指实在法对于事实上已经存在的组织的独立性的立法确认与主体资格赋予，又可以进一步分为实体法判定与程序法判定。基于社会管理的需要，现代各国实体立法一般都要求组织合法地位的获得必须符合法定条件和经过法定程序（如许可、登记、备案等）。但基于定分止争和司法效率考量，程序法往往会对未获得实体法上的主体资格的某些组织赋予诉讼主体地位，这种做法反过来又会推动实体法扩大其主体的范围。如德国原本被“法人”制度排斥在民事主体之外的“无权利能力社团”，就经历了一种从事实主体到诉讼主体再到民法主体的演进。

同时，在法律判定的语境下也存在民法主体制度与商法主体制度的关系问题。世界范围内的私法制度在近代以后的发展也表明，在大陆法系国家，所谓“民商合一”与“民商分立”的差异只是私法体系的表象，商事主体制度无论怎样枝繁叶茂，都始终面临着如何回归融入民事基本法主体体系的共性问题。即使是德国民法典借助“自然人 + 法人”的二元构造在很大程度上实现了对商事主体的统领，也依然有诸如商事合伙组织长期游离在外的问题，需要通过不断的制度续造来逐步解决。而这一问题，对于意在完善民商合一私法体制的当下中国而言，重要意义与破解难度自然都不容小觑。

二　中国私法主体制度的立法构造及其内在冲突

中国当代私法制度建构的社会背景虽然与欧洲民商法律初创之时有巨大差异，但民事主体与商事主体形合实分的格局又与彼时欧洲如此相似。长期大一统的计划经济和对商的偏见，导致民法通则在团体人格构造上缺少“私法”情怀，在社会关系调整上缺乏“商事”思维。民法通则对于自然人之外的实体采取了极为严格的法人主体标准，导致大量符合事实判定标准的组织不得不游离在民法的主体范围之外。随后的经济体制转型虽然推动了商事单行法的大量颁行，但诸多新生的商事主体却难以融入民法通则封闭的主体构造中，由此导致私法主体制度内部民、商各行其是，极大地妨碍了民事基本法统领功能的发挥。

（一）中国民商法主体制度形合实分的结构样态

其一，民法通则采取了封闭的二元主体构造，将民事主体分为公民（自然人）和法人两大类型。民法通则在其第 2 条关于调整对象的限定中，首先明确“中华人民共和国民法调整平等主体的公民之间、法人之间、公民和法人之间的财产关系和人身关系”，并在基本原则之后的主体法部分分设“公民（自然人）”和“法人”两章，由此形成了封闭的二元民事主体构造。这种构造的形成，一方面可能是受到大陆法系民法特别是德国民法典关于主体制度的历史结构的影响，另一方面则是由中国当时的政治经济制度和社会发展水平所决定的。

其二，民法通则规定了极为严格的法人资格条件，据此形成的狭义法人观将自然人之外的民事主体限定在极为狭窄的范围内。民法通则第 37 条对于法人条件的列举被理论上归纳为法人成立的“四要件说”。在这四个要件中，最受诟病的是“独立责任”要件。[①] 如有学者认为，法人独立责任并非法人独立人格的必然附随产物，法人人格不等于法人责任的必然独立，独立责任要件制约了中国法人制度的发展步伐。[②] 另有学者认为，“独立承担责任”并不是法人特有的属性，而是所有权利主体的共同属性；在团体人格法定原则下，团体人格取决于国家意志（法律），与其成员是否

---

① 实际上，如果将“能够独立承担民事责任”要件作宽泛理解，似乎也可以将普通合伙企业纳入法人范畴中。遗憾的是，学理解释和后续立法进一步将该要件和成员“有限责任”相等同，从而形成了狭义法人观。另外，也有少数对独立责任要件持肯定态度的观点。如有学者认为，团体人格（法人）是经济发展所导致的法律调控技术发展的结果，其目的不仅在于赋予需要并且适于作为交易主体的组织以交易主体（合同当事人）资格，更重要的是赋予作为社会经济生活之实体存在的团体以完全的法律人格，使其能够成为财产的所有人并独立承担财产上所生之一切义务。参见尹田《论非法人团体的法律地位》，《现代法学》2003 年第 5 期，第 12 页。

② 参见虞政平《法人独立责任质疑》，《中国法学》2001 年第 1 期，第 126 页。

承担有限责任无关。[①] 还有学者认为，中国立法设计的法人人格与有限责任相结合的法人制度方案，已经不能适应投资主体多元化、法人形态多元化和利益格局多元化的时代需要。[②]

其三，商事领域对于主体制度与日俱增的需求主要是依靠商事单行法加以供给。囿于特定历史阶段的局限，民法通则的主体制度设计在随后发生的由计划经济向市场经济的转型过程中，特别是中国社会主义市场经济体制基本确立之后，表现出很大的不适应性。这种不适应性突出表现在两个方面：一是由狭义法人概念所形成的封闭的二元主体结构制约了私法主体制度的创新发展；二是在非自然人主体制度设计上未能进行严格的公私界分导致营利性组织的制度供给严重不足。这些问题的破解主要是由后来的一系列商事单行法来完成的。如 1988 年私营企业暂行条例对“私营企业”进行了概括加列举式界定，第一次系统地在立法层面引入了独资企业、合伙企业和有限责任公司三个商事主体名称，并分别进行了定义和规定了设立条件。[③] 国家立法机关随后又分别制定了公司法、合伙企业法、个人独资企业法并不断进行修订。同时，针对银行、保险、证券等特定商事领域，又制定了组织法与行为法合一的特别商法，进一步对商事领域的私法主体进行细分。

（二）中国私法主体制度的内在冲突

首先，中国现行的民事法律对于相关概念的使用有失严谨，概念之间的逻辑关系也表现得杂乱无章。比如，在民法通则的二元主体构造中，仅有“公民（自然人）”与“法人”两个大的类概念，但在合同法中却使用了“其他组织”作为与法人并列的主体用语，由此在实际上形成了有别于民法通则的三元主体结构，但缺乏关于“其他组织”内涵与外延的进一步

---

① 参见柳经纬《民法典编纂中的法人制度重构——以法人责任为核心》，《法学》2015 年第 5 期，第 12 页。

② 参见任尔昕《我国法人制度之批判——从法人人格与有限责任制度的关系角度考察》，《法学评论》2004 年第 1 期，第 52 页。

③ 私营企业暂行条例于 1988 年由国务院发布施行。其第 2 条规定：“本条例所称私营企业是指企业资产属于私人所有、雇工八人以上的营利性的经济组织。”第 6 条规定：“私营企业分为以下三种：（一）独资企业；（二）合伙企业；（三）有限责任公司。”

界定。[①] 再如，民法通则中较多使用了“单位”概念，但所运用的语境却并不一致，不同语境中的“单位”的逻辑层次也不完全相同。其中，外延范围最大的是将“单位”作为“个人”的对应主体加以使用；[②] 外延范围稍小的是将“单位”作为自然人的工作关系归属主体加以使用；[③] 外延范围最小的是在“事业单位”这一特定概念中的使用。从上述使用中可以发现，民法通则并没有赋予“单位”以特定的法律含义和清晰的外延边界。但在后来的物权法中，“单位”又被作为和“个人”对应的类主体概念加以使用。[④]

其次，民法通则关于法人的分类标准缺乏科学性，由此导致法人类型体系极为混乱，缺乏应有的逻辑自洽性。民法通则第三章规定了企业法人、机关法人、事业单位法人和社会团体法人四种基本类型。这种分类体系的构建不是依据具有内在合理性的目的标准，而是根据法人在国家构想的社会整体结构中担当的职能，即有学者概括的“职能主义模式”，因而无法为法人制度立法提供有效架构。[⑤] 更为重要的是，这一分类体系缺乏对科学的法人类型的传承，从而大大减损了其统领私法体系、促进团体人格发展的核心功能。概要言之，民法通则的法人分类主要存在以下缺陷：一是未能清晰界定公法人与私法人的边界；二是未能严格区分营利法人与非营利法人；三是缺乏对社团法人与财团法人的划分。上述法人分类的缺陷导致了诸如事业单位法人的性质模糊、基金会等难以为法人制度所包容等许多理论和现实问题。

最后，民事基本法的主体制度缺乏统领性和包容性，既不能将已经由

---

① 应当说，合同法中引入“其他组织”这一概念，对于完善民事基本法的主体分类体系具有积极意义。遗憾的是，后来的物权法并没有对该概念加以继承。在物权法中，“组织”一词的使用语境仅限于“农村集体经济组织”这一特定术语中。另外，合同法中也有少数条文是将“单位”作为“个人”的对应概念加以使用，导致合同法自身的主体概念也缺乏统一性。如合同法第 272 条第 3 款规定：“禁止承包人将工程分包给不具备相应资质条件的单位。禁止分包单位将其承包的工程再分包。建设工程主体结构的施工必须由承包人自行完成。”

② 如民法通则第 79 条。

③ 如民法通则第 16 条第 2 款。

④ 如物权法第 4 条。物权法中也使用了“事业单位”的概念（如第 54 条、第 184 条），其他的使用还有“建设单位”（如第 81 条第 2 款）。

⑤ 参见蔡立东《法人分类模式的立法选择》，《法律科学》2012 年第 1 期，第 108 页。

商事特别法确定的主体纳入其中，更无法为整个私法主体制度的发展创新提供制度空间。民事主体制度在商事领域的统领性与包容性的缺失突出地体现在以下两个方面。

一方面，既有的由商事特别法确定的商事主体大多无法在民法通则的体系中找到对应位置。这些商事主体主要包括如下。(1) 个人独资企业。个人独资企业法将个人独资企业定义为一种“实体”,[①] 但民法通则并没有对“法人”之外的“实体”加以规定。(2) 合伙企业。合伙企业法规定了普通合伙企业和有限合伙企业两种法定形态，合伙人可以是“自然人、法人和其他组织”，合伙企业拥有相对独立的财产权。但民法通则是将合伙限定为“个人合伙”并规定在“自然人”之下，同时将合伙经营积累的财产规定为“合伙人共有”。这些规定实质上扼杀了合伙企业在现行法中上升为“第三民事主体”的可能性。[②] (3) 未取得法人资格的外资企业和中外合作经营企业。外资企业法和中外合作经营企业法允许设立不具有法人资格的企业，而民法通则仅对法人型企业进行了规定，其所规定的“联营”的主体范围也仅限于“企业之间或者企业、事业单位之间”。(4) 农民专业合作社。农民专业合作社法将农民专业合作社界定为一种“经济组织”，农民专业合作社登记管理条例进一步确认了其法人资格。但在民法通则的法人体系中，也难以为农民专业合作社找到准确定位。实际上，当前各地的实践中，除了专业合作社外，还创造出诸如土地流转合作社（或称土地股份合作社）、农机合作社、社区股份合作社、资金互助合作社等，都难以融入现有立法的主体体系中。(5) 经营者。反不正当竞争法将“经营者”界定为“从事商品经营或者营利性服务的法人、其他经济组织和个人”，而民法通则中并没有关于“经营者”和“其他经济组织”的规定。和上述主体概念相比，公司尽管在民法通则中也未被提及，但还可以被归类为“企业法人”，从而在民事基本法中找到自身定位。但基于中国计划经济时期的国有企业模式而设计的企业法人制度，显然无法为现代公司制

① 个人独资企业法第 2 条规定：“本法所称个人独资企业，是指依照本法在中国境内设立，由一个自然人投资，财产为投资人个人所有，投资人以其个人财产对企业债务承担无限责任的经营实体。”

② 参见赵群《非法人团体作为第三民事主体问题的研究》，《中国法学》1999 年第 1 期，第 92 页。

度的展开提供必要的基本法支撑。

另一方面，现有的民事主体制度无法为商事领域不断衍生的主体创新提供具有包容性的制度空间。在前文的历史考察中，我们揭示了近代以来商事共同体的发展在事实上呈现出一种从契约到组织的飞跃，而这或许只是商事主体制度演进的最初阶段。如今，以相互持股、共同投资、合并分立、交叉任职等所形成的关联企业，以及特许托管、平台网络、产销一体、消费合作等所形成的协作联合，已经成为市场新常态，法律意义上的独立商事组织和个人正在成为商业"网络"的节点。这些商业新模式表明传统的商事主体在事实层面正在经历着两类融合：一是自然人与组织体的多元融合所形成的新型商事组织，其中较有代表性的如消费合作社以及利益相关者更为多元的社会企业等；二是组织与契约的深度融合所形成的网络化组织，如由合作社之间联合而成的联合社以及不断向纵深扩展的企业集团。上述变化也必然会对法律层面的主体制度的未来发展产生重要影响。实际上，域外一些立法已经对此给予了积极回应。早在1937年，国际合作社联盟就注意到了联合社的出现，并提出以民主控制来解决其决策问题。关联关系和母子公司在公司法中也早有涉及，只不过传统公司法中的相关规定主要是为了解决特定情形下的责任承担，[①] 而当代公司法已经开始发生着从关注单个公司实体向关注整个企业集团的转向，控制权正在成为公司法律制度建构的核心。[②] 意大利民法典关于"联合体"的规定则已经将其界定为可以对外开展活动、以自身名义对第三人承担责任、拥有诉讼主体资格的"组织"。[③] 中国的公司企业同样在事实层面发生着上述变革。国务院于2015年9月24日发布的《关于国有企业发展混合所有制经济的意见》明确提出要探索在集团公司层面推进混合所有制改革，鼓励整体上市。但现行的民事主体制度显然无法对此种变化提供可以遵循的基本原则，也难以有效推动商事特别法作出积极回应。

---

① 参见 John H. Matheson, "The Modern Law of Corporate Groups: An Empirical Study of Piercing the Corporate Veil in the Parent-Subsidiary Context", *North Carolina Law Review* 87 (2009): 1091。

② 参见 Phillip I. Blumberg, "The Transformation of Modern Corporation Law: The Law of Corporate Groups", *Connecticut Law Review* 37 (2005): 605。

③ 参见意大利民法典第2602条及以下的相关规定。

三　中国民事主体制度改革的主要思路及其评价

导致中国民事基本法的主体制度丧失统领性和包容性的原因十分复杂，但总体上可以从三个层面加以把握：一是从历史条件层面，民法通则的制定受制于特定时期的社会经济发展水平，对随后的重大发展变革难以进行有效前瞻和预设；二是从立法技术层面，民法通则采用的法人条件过于严苛、分类体系不够科学、无法对实践中不断衍生的组织体形成最大限度的涵盖；三是从制度发展层面，民事基本法修订工作迟缓，程序法与特别法对基本法的反推作用未能有效体现。针对上述原因所导致的民事主体制度缺陷，既有研究所提出的变革方案可以归纳为两大类型：基于二元主体模式的变革思路和基于三元主体模式的变革思路。对这些变革思路进行系统把握和分析评价，有助于我们在既有成果基础上继续探寻中国私法主体制度变革完善的最适宜路径。

（一）基于二元主体模式的变革思路

“自然人＋法人”的二元主体模式是由德国民法典开创的。德国是典型的民商分立国家，关于商事主体的基本规则主要是由独立的商法典加以规定。不过，德国民法典发展到今天，已经在形式上坚持二元主体模式的前提下实现了对商事主体的统领。比如，德国民法典通过“营利性社团”这一概念，能够将所有具有法人资格的商事主体涵盖其中。而对于由商法典确立商事主体资格的普通商事合伙和有限商事合伙，德国民法典则通过“有权利能力的合伙”将它们纳入民法典的主体体系中。①

民法通则确立的二元主体制度在形式上也与德国民法典的主体制度相似，最显著的差别集中于法人的类型划分和对合伙的主体资格的态度上。

① 德国民法典第一章即是关于民事主体的制度规定，其所采取的概念是“人”。在这一上位概念之下，民事主体进一步二分为“自然人、消费者、经营者”和“法人”。其中的“经营者”是一个外延广泛的概念，包括自然人、法人和有权利能力的合伙。其第 14 条第 2 款规定：“有权利能力的合伙，是指具有取得权利和负担债务的能力的合伙。”参见《德国民法典》，陈卫佐译注，法律出版社，2006，第 6 页以下。严格说来，德国民事主体的二元模式已经因“经营者”、“有权利能力的合伙”等主体概念的融入而在分类逻辑和条文体例上有失严谨。

在理论界，不少学者认为应当坚持二元主体模式。相关的观点可以概分为否认论和扩展论。否认论主要是通过否认非法人团体具备民事主体资格来说明二元主体模式的合理性。如有学者认为，非法人团体仅具有团体人格之形式而无团体人格之实质；[①] 另有学者认为，从民事主体的价值基础和演变逻辑来看，民事主体只应该存在二元模式，不存在“第三民事主体”。[②] 扩展论主张通过扩张法人的内涵以实现对合伙企业的包容。如有学者认为，合伙企业本质上符合团体组织成为法人的条件，当为法人；[③] 另有学者认为，有必要重构法人制度，将合伙企业等“其他组织”统一在法人范畴内。[④]

（二）基于三元主体模式的变革思路

三元主体模式主张在现有的“自然人 + 法人”的二元主体基础上，将各种非法人团体作为“第三民事主体”规定在民法总则的主体制度中。如有学者认为，部分类型的非法人团体内部呈现共有关系形式，可以被称为民事共有体，它是独立于自然人、法人之外的第三类民事主体。[⑤] 另有学者认为，应借助制定民法典的契机，赋予非法人团体以第三民事主体地位，从而使我国的民事主体制度臻于完善。[⑥] 三元主体模式在中国现有民事立法中也有所体现。如合同法第 2 条第 1 款对于合同主体的列举，就采用了“自然人、法人、其他组织”的方式。

（三）现有变革思路的简要评价

上述各种变革思路都旨在证明或者提升民事基本法主体分类体系的统领性与包容性，积极意义无须赘言。但同时，现有变革思路在理论和实践

① 参见尹田《论非法人团体的法律地位》，《现代法学》2003 年第 5 期，第 12 页。

② 参见蒋学跃、向静《合伙作为第三种民事主体否定论大纲——以法人制度的价值与功能为考察线索》，《法学论坛》2007 年第 6 期，第 109 页。

③ 参见田保军《我国合伙企业当为“法人”之正当性理由》，《温州大学学报》（自然科学版）2012 年第 3 期，第 50 页。

④ 参见柳经纬《民法典编纂中的法人制度重构——以法人责任为核心》，《法学》2015 年第 5 期，第 12 页。

⑤ 参见范志勇《民事共有体刍议：非法人团体民事主体地位研究》，《西南交通大学学报》（社会科学版）2013 年第 1 期，第 115 页。

⑥ 参见丛淑萍、刘耀东《非法人团体民事主体地位的比较法研究》，《山东社会科学》2009 年第 7 期，第 136 页。

上也都面临着这样或那样的障碍，难以为中国民法典制定工作提供最适宜的主体制度设计方案。就否认论而言，其固守狭义法人观，无视在现有法人范畴之外由特别法确认或者事实存在的大量组织实体，放弃了民事基本法主体制度的统领性，自然无法成为一种变革思路。而扩展论虽然对于实现民法主体制度的统领性较为有效，但与法人的既有法理和法律观念存在明显抵牾，需要对现有法人制度进行重大变革，不免要遇到各种难以克服的障碍和花费高昂的变革成本。另外，从其他法域的立法选择来看，法人范畴的扩大一般是立足于对公司外延的宽泛界定的基础上。比如，韩国民法典第39条第1款规定："以营利为目的的社团，符合商事公司设立条件的，可以成为法人。"而韩国商法典规定的公司法律形态则包括无限公司、两合公司、股份公司和有限公司。但中国大陆地区业已形成的公司观念是以股东的有限责任为基础，法人理论则将成员承担无限责任的经营体排除在外，立法上也采取了公司与合伙企业分别立法的模式。因此，将合伙企业等纳入法人范畴的主张，会对已经为公众所熟知和认同的法人理论形成巨大冲击，社会接受新的理论和制度的过程将会极为漫长，制度变革的成本或许过于高昂。

三元主体构造拟引入"非法人团体"作为"第三民事主体"，已经可以在很大程度上解决对于特别法主体的统领问题。但不足之处在于：首先，三元构造会改变传统的二分法固有的对称结构，减损民事主体分类体系的美感。其次，三元构造会导致民事主体制度在第一分类层次上的分类标准变得模糊不清，产生逻辑上的混乱。比如，中国民法学研究会于2015年4月公布的《中华人民共和国民法典民法总则专家建议稿（征求意见稿）》（以下简称"征求意见稿"）在第一层次的主体分类上实际就隐含了多元标准：第一个标准是生物人或者说是生命有机体标准，这是自然属性层面的标准，可以用来区分自然人主体与非自然人主体；第二个标准是成员责任范围标准，这是社会组织内部关系层面的标准，以此区分法人与未被赋予法人资格的其他组织。独立地看任何一个标准，都具有较强的说服力和合理性。但遗憾的是，两个标准并非处于同一个逻辑层面，将它们用在同一个分类层次上，有悖于基本的类型化原则。最后，法人与其他组织并列的三元主体构造过分凸显了组织体成员责任承担范围上的差异，将成员间对于内部关系的自主选择与安排上升为对民事主体进行法定分类的第一层次的基础性标准，客观上掩盖了非自然人共同体获得主体资格的普遍共性，不利于彰显各类主体在民事基本法上的平等性。

四 “自然人+组织”的二元主体构造的可行性分析

导致现有民事主体构造无法发挥统领功能的主要原因不在于其二元性，而在于其非自然人主体制度设计所形成的封闭性和排斥性。实现“纳商入民”的最佳变革思路应当是在尽可能承继二元分类模式的基础上，实现民事主体制度的开放性与包容性。为此，本文在既有法律用语的范围内进行分类梳理，最终发现一个被中国私法沿用已久而又近乎被普遍忽略的重要概念——“组织”，并提出将“组织”作为与自然人对应的类主体概念，在继续保持二元主体模式形式美感并借鉴吸收三元主体变革思路合理性的基础上，铺设“纳商入民”的中国路径。

（一）各类组织体能够抽象出共同的法律特征

从世界范围内的民事立法与法学理论来看，关于“法人”的判断标准与外延界定并不统一，因此，关于法人与非法人的划分标准（如中国对于商事主体法人资格采取的成员责任范围标准）也就难谓反映了二者之间的实质差异。相反，如果从组织性的视角审视，我们能够发现包括公司和合伙企业在内的各类组织体的共性多于个性，实质相同大于形式差异。从这些共性中，我们也能够简略抽象出私法主体分类中的“组织”应当具有的法律特征。首先，“组织”具有团体性或集合性，即是“人”的集合或“资”的集合，这里的“人”是一种广义上的用语，与民事主体的外延相等同。其次，“组织”具有共同目的性，即将个体成员联结在一起的已经不仅仅是简单意义上的互不相同的所谓“对价”，而是一个共同追求的目标。再次，“组织”具有整体功能性，即其内部具有有序的、自我调适的结构，如层级性的治理机制等。最后，“组织”具有相对独立性，即可以在一定程度上独立于其成员而存在，有自己的名称、财产、意志，有对外构建法律关系的能力。

（二）“组织”概念确定化与民法理论发展潮流相契合

首先，抽象人格与具体人格相结合的新型人格观为各类“组织”在主体地位上的平等和法律形态上的各异提供了极富说服力的理论诠释。抽象人格论是欧洲近现代民事主体制度的重要理论基石。不过，抽象人格论尽管对于实现自然人在法律上的平等具有重要价值，但在团体主体资格的构造上却显得解释力不足。近年来逐步形成的新型人格观主张应当以抽象人格为主，兼顾具体人格。[①] 这种人格观对于“组织”的主体制度设计非常具有启发意义，即可以用抽象人格理念实现“组织”相对于其成员的独立性，用具体人格理念对“组织”的主体形态和内部结构作多元化设计。

其次，部分权利能力说为非法人组织获得民法上的主体资格提供了充分的理论依据。部分权利能力说认为，当需要对法人之外的组织予以调整时，可以通过法律续造的方法构建部分权利能力制度，它是通过考察自然人和法人以外的人和组织的人格状态和特定法律关系的价值和目的来认定的。[②] 实际上，在实现民事主体范围扩展方面，部分权利能力说与新型人格观具有异曲同工之妙。部分权利能力说在肯定主体平等的同时，又不否认不同主体之间能力的实然差异，避免了组织体的权利能力全有或全无的绝对化结果，有助于推动实现民商事主体制度的和谐统一。

最后，人格、权利能力、主体区别说有助于立法赋予“组织”以主体资格时摆脱“人格”和“权利能力”等传统观念的束缚。人格与权利能力相等同是由德国民法理论沿袭下来的传统观念。这种观念认为，民法上的权利能力和人格是名二而实一的关系，[③]“法人的人格就是法人的民事权利能力”。[④] 但这种传统观念也受到了不少学者的质疑。如有学者认为，“人格与民事权利能力是内容一致而实质不同的法律上的两个概念”；[⑤] 即使就自然

① 关于抽象人格与具体人格的论述，可参见曹新明、夏传胜《抽象人格论与我国民事主体制度》，《法商研究》2000 年第 4 期（认为改革现行民事主体制度应当借鉴西方抽象人格论，并以此为理论基础，构建以自然人、法人、其他组织等私法主体为内容的现代民事主体制度）；杨立新、刘召成《抽象人格权与人格权体系之构建》，《法学研究》2011 年第 1 期（认为由抽象人格权与具体人格权构成完整的人格权体系，对意志自由、内在人格和外在人格提供全面的保护，并且可以解决具体人格权与各种非具体人格权之间的矛盾）。

② 参见刘召成《部分权利能力制度的构建》，《法学研究》2012 年第 5 期，第 121 页。

③ 参见梅夏鹰《民事权利能力、人格与人格权》，《法律科学》1999 年第 1 期，第 54 页。

④ 参见曹新明、夏传胜《抽象人格论与我国民事主体制度》，《法商研究》2000 年第 4 期，第 63 页。

⑤ 参见周军《从人格到民事权利能力的平等性分析》，《贵州社会科学》2007 年第 6 期，第 42 页。

人而言，其法律人格也与权利主体、权利能力、人格利益等概念不同，“自然人的法律人格在形式上是法律逻辑结构的必然产物，在实质上是法律对人的基本看法的表达”;[①] 而“《德国民法典》上的‘权利能力’概念，是由实定法所界定的法律人格的适格条件”。[②] 更有学者主张，中国民法理论及立法应当放弃人格和权利能力概念，由民事主体取代。[③] 实际上，从概念的起源来看，人格是罗马法对自然人主体资格的确定依据，权利能力则是德国法对团体主体资格的确定依据，相比之下，“人格”一词显得过于抽象，与“组织”的特质差距甚远，而“权利能力”概念显然更加契合民事主体制度向自然人之外的组织体扩展的现实需求。当然，如果立法对于“权利能力”的取得要件规定得过于严苛，则会阻碍整个私法主体制度的发展。

（三）中国现行立法已经将“组织”作为类主体概念广泛使用

在民法通则中，主要是在三种语境下使用“组织”一词。一是用来对法人进行立法界定，如该法第 36 条规定，“法人是具有民事权利能力和民事行为能力，依法独立享有民事权利和承担民事义务的组织”。二是用来构成特定术语，如“农村集体经济组织”、“清算组织”。三是与“个人”或“公民”并列使用，如该法第 5 条规定，“公民、法人的合法的民事权益受法律保护，任何组织和个人不得侵犯”。其中，最后一种用法最为普遍，并且已经具有指称自然人之外的所有主体的法律内涵。之后的民事单行法中继续使用“组织”一词，不过大多是用“其他组织”的表述来和法人并列使用。比如担保法第 7 条规定，“具有代为清偿债务能力的法人、其他组织或者公民，可以作保证人”；前文提到的合同法第 2 条第 1 款，等等。

在商事立法中，“组织”一词的主体内涵也得到了广泛的认可和使用。特别是旨在创制商事主体的单行法，对于各自所调整的特定形态的商事主体的定义，从立法之初就普遍使用“组织”一词。如 1988 年私营企业暂行

① 参见尹田《论自然人的法律人格与权利能力》，《法制与社会发展》2002 年第 1 期，第 122 页。

② 参见马俊驹《人与人格分离技术的形成、发展与变迁——兼论德国民法中的权利能力》，《现代法学》2006 年第 4 期，第 44 页。

③ 参见付翠英《人格・权利能力・民事主体辨思——我国民法典的选择》，《法学》2006 年第 8 期，第 71 页。

条例第 2 条将“私营企业”定义为“营利性的经济组织”；1997 年合伙企业法第 2 条将“合伙企业”定义为“营利性组织”；2006 年农民专业合作社法第 2 条第 1 款将“农民专业合作社”定义为“互助性经济组织”。

需要指出的是，在中国现行民事立法中，和“组织”一词具有相似内涵，也在相同的条文语境中经常被使用的术语，还有“单位”和“团体”。不过，本文认为，在未来的民事主体制度中，并不适宜使用“单位”或“团体”来指称自然人之外的民事主体。“单位”是当代国人对于工作地点的习惯说法，并不必然具有独立性内涵，其尽管在法律条文中也有使用，但内涵过于宽泛和模糊，与法律主体的内在特征不相契合。“团体”一词与“组织”较为接近，但从字面上理解更易被限缩为“人的集合”，从而对以“资”为基础的财团法人等包容性不足。另外，在中国当代汉语和多数立法中，“团体”也常与“社会”一词结合成“社会团体”，具有特定的内涵。因此，比较而言，“组织”是现行立法中最适于与自然人并列使用来构建第一层次民事主体分类框架的一个类主体概念。

五 “自然人 + 组织”主体构造之具体规则构想

“自然人 + 组织”的二元主体模式并不是对现行立法的主体构造和法人制度的根本性颠覆，而是在充分尊重中国当代私法理论与立法积淀并且吸收三元主体变革思路优点的基础上选择的一种制度变革成本最小的适宜路径。通过明确“组织”的法律内涵来构建“自然人 + 组织”的二元主体构造，较好地兼顾了分类体系的对称性、周延性与开放性，不仅能够有效避免德国民法典在主体续造上的不充分性，较彻底地实现主体制度上的“纳商入民”，促进私法体系协调有序地发展，而且有助于实现法律规范语言周延性与简约化的统一。① 当然，“自然人 + 组织”只是为中国私法主体制度的体系化建构确立了基础性框架，更为重要的工作是考虑未来的民法典总则部分如何在这一框架之下展开相应的规则设计。以下对其中一些与

① 最直观的效果就是未来的民商事法律在大量的条文表述中不再需要使用“法人或其他组织”之类的用语。而在现行合同法中，同时列举“法人”和“其他组织”的地方达十处之多。

"纳商入民"主题关系密切的内容提出初步的整体构想。

（一）民法典总则中主体分类体系的展开

未来的民法典总则中可以为"民事主体"构建两个层次的分类体系：第一个层次是"自然人"和"组织"的二元分类。其中，"自然人"可以实现对商法中商个人的统领，"组织"则可以统领商合伙和商法人以及未来可能新生的商主体。第二个层次是两大类主体各自展开的分类。其中，"自然人"继续采用以行为能力为标准的类型划分；"组织"可在不改变民法通则规定的法人要件的前提下分为"法人"和"非法人组织"。需要指出的是，为了更好地发挥民法典总则统领民商的功能，有必要对自然人的商事能力加以特别宣示。宣示的可行方式，一方面是在民法典总则中关于自然人的权利部分增列有关营业权或营业自由的条款；[①] 另一方面是明确规定自然人可以依法设立营利性组织。

在"入民"分类上面临困难的是个人独资企业。个人独资企业在商法理论的分类上，一般是归为"商个人"。[②] 但是，从个人独资企业法的立法理念与立法用语来看，又明确将其定位为一种"经营实体"，由此导致对其独立性和主体地位理解上的不一致。强调其个人属性的学者认为，个人独资企业法试图用组织化的企业形态影响自然人人格，显然没有认识到独资企业的个人属性及其非正式性。[③] 也有学者强调了个人独资企业在商个人体系中的特殊性，认为个人独资企业作为企业组织，在经营管理模式等方面表现出更强的主体独立性、规范性、组织性与规模性；[④] 中国的个人

---

① 相关的论述可参见肖海军《论营业权入宪——比较宪法视野下的营业权》，《法律科学》2005 年第 2 期（认为应把"营业权"或"营业自由"视为公民的基本权利载入我国宪法）；张翔《商业登记与营业自由——商业登记的功能、技术及其价值基础分析》，《政治与法律》2008 年第 2 期（认为商业登记制度的公示意义，蕴含着营业自由的价值基础，我国商业登记制度中行政监管观念对商业公示意义的湮没，恰恰归因于营业自由观念的缺失）；朱慈蕴《营业规制在商法中的地位》，《清华法学》2008 年第 4 期（认为营业资格、营业活动、营业自由、营业变动都应该成为营业规制的主要内容）；钱宇丹、徐卫东《论我国中小企业的营业权制度》，《当代法学》2014 年第 4 期（认为我国营业权制度建立和完善的基本方向是通过法律对营业权加以确认）。

② 个体工商户和农村承包经营户在民法通则中均得以确认，尽管在性质上仍存争议，但不存在本文所关注的"入民"的难题，故不予详述。

③ 参见徐强胜《企业形态法定主义研究》，《法制与社会发展》2010 年第 1 期，第 90 页。

④ 参见李建伟《对我国商个人立法的分析与反思》，《政法论坛》2009 年第 5 期，第 66 页。

独资企业立法意在强化个人独资企业的团体性和主体性，与境外立法认同独资企业的人格和业主的人格为一体、独资企业被视为个人的延伸的理论，已有很大不同。[①] 强调其企业属性的学者认为，个人独资企业的设计是从营业主体即企业的投资形式、法律责任等方面对企业类型的一种划分；[②] 这就决定了个人独资企业更符合现代企业制度的特征。[③] 综合上述观点不难看出，学者们尽管立场不同，但都一致认同个人独资企业具有组织特性以及现行立法对其独立性的确认。此外，与个人独资企业较为类似的一人有限公司、外商独资企业都可以取得法人资格，因而将现行法所规定的个人独资企业归类为"组织"更为妥当。

（二）民事基本法应当为"组织"提供的一般规则

"组织"概念的确立，除了有助于实现"纳商入民"的基本功能之外，还可以对自然人之外的民事主体的共性特征与制度需求加以抽象提升、统一规定，以此促进整个私法体系的简约化，并且能在坚持民商合一体系的同时实现不少学者主张制定"商法通则"所欲达成的制度功能。[④] 简要言之，未来的民事基本法关于"组织"的基本规定主要应当涵盖四个方面。

---

① 参见李建伟《个人独资企业法律制度的完善与商个人体系的重构》，《政法论坛》2012 年第 5 期，第 114 页。

② 参见肖海军《企业法原论》，湖南大学出版社，2006，第 226 页。

③ 参见郑曙光《中国企业组织法：理论评析与制度构建》，中国检察出版社，2008，第 221 页。

④ 关于制定商法通则的必要性的论述，可参见王保树《商事通则：超越民商合一与民商分立》，《法学研究》2005 年第 1 期（认为仅有具有个别领域特征的单行商事法律不足以适应调整商事关系的需要，还需要具有一般性调整特征的商事法律，即商事通则，规定调整商事关系的共同性规则）；赵旭东《〈商法通则〉立法的法理基础与现实根据》，《吉林大学社会科学学报》2008 年第 2 期（认为制定商法通则不仅是健全和完善社会主义市场经济法律体系的需要，同时也是商事法律制度自身体系化、科学化的需要）；范健《论我国商事立法的体系化——制定〈商法通则〉之理论思考》，《清华法学》2008 年第 4 期（认为我国现阶段以商法的理念和价值为内容的实质商法已经形成一个具有有机体系的客观存在，但反映这一客观存在并以具体的商事法律规范为表现的形式商法却尚未实现体系化，因而有必要加强商事立法的体系化建设）。也有部分学者认为制定商法通则的现实条件并不具备，相关论述可参见赵万一《论民法的商法化与商法的民法化——兼谈我国民法典编纂的基本理念和思路》，《法学论坛》2005 年第 4 期（认为应当在对传统私法作成功的现代转化的前提下，制定一部民商混合的法典，即在正确界定和承认民法和商法差别的基础上，以商法编的方式对民商法进行统一立法）；赵磊《反思"商事通则"立法——从商法形式理性出发》，《法律科学》2013 年第 4 期（认为应该反对商法的形式主义，坚持实质主义的民商分立，冷静对待"商事通则"立法，完善商法各单行法律、法规）。

一是关于“组织”的立法界定。民事基本法对于“组织”进行界定，既要突出其合法性、独立性和实体性，又要确立法人与非法人组织、营利性组织与非营利性组织两个基本分类。具体的法律条文可以表述为：“本法所称组织，是指依法设立，能够以自己的名义开展民事行为，独立享有民事权利和履行民事义务的法律实体。”同时规定：“具备本法规定的法人成立要件的组织，自成立之时起依法享有法人资格”；“营利性组织的设立与运营，除遵守本法规定外，还要遵守相关的商事单行法”。

二是关于“组织”的基本原则。其中最为主要的两个原则如下。(1) 组织形态法定原则。即组织的外观形态与名称表述应当由法律规定，设立人不得自行创设法律规定之外的组织形态。这一规定是法人形态法定化和商事主体形态法定化等原则在民事基本法层面的体现。① (2) 组织目的与行为合法性原则。即组织成立的目的以及成立后的行为不得违反法律、公共秩序和善良风俗。同时明确，为实现非法目的而构建的组织，成立后主要从事非法行为的，该组织不具有独立的主体资格。② 以此为刑法上关于单位犯罪的认定规则提供民事基本法依据。③

三是关于“组织”的成立条件。成立条件的规定旨在揭明“人的集合”或者“资的集合”在什么情况下能够成为私法上的主体。基于前文所归纳出的“组织”所共有的法律特征，未来的民法典总则可以将“组织”的成立条件规定为：(1) 依据民法或者相关法律设立；(2) 有确定的财产或经费来源；(3) 有自己的名称、意思表示机关和住所；(4) 能够以自己的名义开展民事活动。公法上的组织的成立条件，由宪法、行政法等加以规定。

四是关于“组织”的具体规则。主要包括：(1) 组织的建构规则，即关于组织的名称、组织的要件、组织的设立、组织的登记等规定；(2) 组

---

① 我国台湾地区“民法”明确规定了“法人形态法定原则”，其第 25 条规定：“法人非依本法或其他法律之规定，不得成立。”

② 我国台湾地区“民法”明确规定了这一原则，其第 36 条规定：“法人之目的或其行为，有违反法律、公共秩序或善良风俗者，法院得因主管机关、检察官或利害关系人之请求，宣告解散。”

③ 最高人民法院《关于审理单位犯罪案件具体应用法律有关问题的解释》（法释〔1999〕14 号）第 2 条规定：“个人为进行违法犯罪活动而设立的公司、企业、事业单位实施犯罪的，或者公司、企业、事业单位设立后，以实施犯罪为主要活动的，不以单位犯罪论处。”

织的运行规则，即关于组织的机构、组织的内部关系、组织的意思表示方式、组织内部的责任承担等规定；（3）组织的变动消灭规则，即组织的合并、分立、解散、破产等规则。

（三）法人基本制度的完善

实际上，如果改采广义法人概念，则无须在“法人”概念之上再增列“组织”。但正如前文所述，在这一关键问题上并未达成广泛共识。从“征求意见稿”第63条关于“法人设立的条件”的表述来看，其没有沿用民法通则关于独立责任的规定，似乎是倾向于采纳广义法人说。如果继续这种思路，就可以进一步通过扩大法人的外延将具有独立性的非法人组织纳入法人的范畴。但是，“征求意见稿”依然将合伙组织等列为不具有法人资格的其他组织，似乎又坚持了企业法人的资格获得必须以成员有限责任为基础的狭义法人说。另外，“征求意见稿”依然沿用了机关、事业单位、社会团体等内涵较为模糊的传统法人分类。

如果在“法人”概念之上增设“组织”作为“自然人”对应的类主体概念，就可以在不颠覆既有法人理念的基础上实现主体制度的包容与开放。那么，现有法人制度完善的重点就集中在消除现有分类体系的内在冲突，彰显民法对各类主体平等保护的人文情怀，为法人制度在社会领域和商事领域的续造提供指引。变革的指导思想应当是在坚持法人私法地位平等的基础上，以科学的分类标准形成结构完整、逻辑自洽的法人类型体系。本文认为，未来的民事基本法应当采取四种法人分类标准：首先依据法人成立的法律依据和功能区分为公法人与私法人；其次依据法人成立的基础区分为社团法人与财团法人；再次依据法人的目的区分为公益法人、营利法人与中间法人；最后根据法人的国籍区分为本国法人与外国法人。在上述四种基本类型的基础上，还可以通过分类标准的交叉共用来创造出更多的细分法人类型。而这些工作，则留给学理和民商事单行法去完成。

（四）非法人组织的基本规则

“非法人组织”是在“组织”概念之下与“法人”相对应的主体范畴，在现有民事主体立法中并不存在，因而成为未来民事基本法规则设计的一个重点和难点。在中国，已经为商事特别法确认的“非法人组织”主要包括合伙企业、个人独资企业、不具有法人资格的外资企业与中外合作经营企业。与本文所立足的“纳商入民”研究视角相关的“非法人组织”制度设计需要重点解决两个问题：一是如何实现非法人企业的“入民”，二是如何为未来可能新生的商事主体预留制度空间。关于非法人企业的“入民”问题，主要从三个方面加以解决。首先是对非法人企业的民事主体资格的确认，可以在“非法人组织”之下对已经存在的各种非法人企业加以列举，并明确“具备组织成立条件的，经依法登记，享有民事主体资格”。其次是对非法人企业的共性制度进行设计，如财产关系、事务管理、加入退出、主体资格消灭等。最后是对非法人企业的规范外接，将不同类型的非法人企业的个性化制度交由单行法具体安排。关于制度空间的预留问题，在前文关于组织的基本原则和成立条件的规定中已经加以铺陈，组织形态法定化原则和“依据民法或者相关法律设立”的表述共同构筑起严谨有序并且开放包容的主体资格获得标准，未来由特别法确认的新型商事主体可以借助此条通道自动纳入民事基本法主体体系。

结 语

中国现在的商事主体相对独立于民事主体制度演进发展的格局，几乎是19世纪欧洲近代私法体系形成时之民商事格局的历史再现。而欧洲私法体系最终走向的两种不同发展路径也昭示我们，中国当代私法发展的最终选择会有两个：一是促成中国的私法体系逐渐走上实质上的民商分立，这需要通过商事基本法的制定来实现；二是反过来推动民事基本法对自身的主体制度进行重大变革，以实现对民事主体与商事主体的统领与包容。前一种选择会让未来新生的私法主体更多地“出民入商”，后一种选择则有可能在主体体系上实现“纳商入民”。客观地看，两种选择仅是立法技术层面的不同，在制度功能上并无明显的优劣之分。但从实现的过程与难度考虑，后一种选择显然更为现实和可行，毕竟民法典总则制定工作已经为“纳商入民”提供了契机。本文所致力构建的“自然人＋组织”的二元主体模式及其规则构想，或许能够为民法总则的主体制度设计提供一条有效实现“纳商入民”的中国路径。

我国民法典法人基本类型模式选择*

罗 昆**

摘 要： 法人基本类型模式迄今仍属于制定民法典的重大争议问题之一。欲解决此等争议，须先就民法典法人类型化的方法及其意义、法人基本类型模式选择的标准等基础性理论形成清晰认识。为了充分实现民法典法人制度的价值承载和制度表达功能，民法典法人制度应采“解析性类型化”方法而非“叙述性类型化”方法，并以逻辑周延性、确定性和实质性区别作为民法典法人基本类型模式选择的三项标准。营利法人与非营利法人基本类型模式因无法满足任何一项标准且已为日本民法所弃用、企业法人与非企业法人基本类型模式因无法满足确定性和实质性区别标准，均不足采用。经由重新认识的社团法人与财团法人基本类型模式可以满足全部三项类型选择标准，但此种类型模式还需以公法人制度、开放性的财团法人制度为支撑方得合理可行。我国民法典法人基本类型模式选择应舍弃“捐助法人”概念，采用社团法人与财团法人基本类型模式。

关键词： 法人 营利法人 企业法人 社团法人 财团法人

---

* 本文原载于《法学研究》2016 年第 4 期。

** 罗昆，武汉大学法学院教授。

一 问题的提出

民法典或民法总则起草工作进行到今天，法人基本类型模式选择仍然是一个存在争议且亟待解决的重大疑难立法问题。[①] 所谓“民法典中法人的基本类型模式”，是指民法典或民法总则的法人制度中对私法人所作的第一层次的分类，例如德国民法典中社团与财团的分类。[②] 此种基本类型模式不仅决定民法典法人制度的体系编排，也是民法典法人类型体系诸多层次的逻辑起点，极具讨论价值。我国民法通则的法人制度分两节分别规定了“企业法人”与“机关、事业单位和社会团体法人”，明显源自苏联的法人基本类型模式。[③] 但鉴于改革开放以来我国社会组织形态的结构已发生巨大变化，三十年前确立的此种法人基本类型模式早已不能涵盖我国现实中的所有法人类型，将来制定的民法典应对现有的法人基本分类有所调整或者变革，已成官方和学界之共识。[④] 至于到底如何调整或变革，各方观点却大相径庭。目前已有的改革思路至少有类型上的二分法、三分法、四分法、五分法、六分法等不一而足；[⑤] 最为常见的二分法又有

---

① 参见中国法学创新网《全国人大常委会法工委举行民法总则立法座谈会》，2016 年 2 月 3 日访问，网址 http://www.lawinnovation.com/html/xjdt/14729.shtml。

② 大陆法系国家基于公法与私法的二分理论，将法人也分为公法人与私法人，在私法人中再进一步进行分类。

③ 民法通则的现有法人分类究竟是企业法人与非企业法人的“二分法”，还是企业法人、机关法人、事业单位法人、社会团体法人的“四分法”，学界存在分歧，但以“四分法”较为有力。参见王利明《民法总则研究》，中国人民大学出版社，2003，第 389 页；马俊驹、余延满《民法原论》，法律出版社，2010，第 116 页。

④ 学界主要从四个方面对民法通则中的法人类型模式进行批判：未明确区分公法人和私法人、按所有制形式对企业法人进一步分类、事业单位法人包含的类型过于宽泛、没有涵盖财团法人（基金会法人）。参见马俊驹《法人制度的基本理论和立法问题之探讨（上）》，《法学评论》2004 年第 4 期，第 11 页。

⑤ 三分法例如将法人分为营利法人、公益法人和基金会，参见北航法学院课题组完成的《中华人民共和国民法典·通则编》（草案建议稿）；四分法坚持民法通则的法人分类模式，但将基金会归入“机关、事业单位、社会团体法人”中，参见王利明《中国民法典学者建议稿及立法理由·总则篇》，法律出版社，2005，第 152 页以下；五分法例如在民法通则规定的四类法人的基础上增加捐助法人，见 2002 年全国人大法工委发布的《中华人民共和国民法（草案）》第 48—51 条；六分法例如将法人分为合伙、公司、合作社、财团法人、社会团体、宗教团体，参见徐国栋主编《绿色民法典草案》，社会科学文献出版社，2004，第 119 页以下。

社团法人与财团法人、营利法人与非营利法人、企业法人与非企业法人等多种观点。[①] 整体上观察，这些改革思路基本上都是以涵盖社会生活中的现有全部法人组织为完善法人类型体系的主要目标，以逻辑周延为法人类型选择的主要标准，以现有法人类型模式的存废为争议焦点，但大多没有认识到有关类型化和体系化所应有的价值承载和制度表达功能。因此，在法人基本类型模式选择的目标、方法、标准等基础理论问题上，已有的改革思路明显整体上意识不够、准备不足，更没有形成可为学术共同体基本接受的前提性理论。有关民法典法人基本类型模式的争议时至今日仍然各执一词，原因大半在此。那么，民法典法人制度类型化应依循何种方法？此种类型化本身的正当性和意义何在？除了逻辑周延之外，类型模式选择是否还应兼顾其他标准？不同法人类型模式之间存在哪些民事基本法律制度方面的实质性差异？本文拟对这些问题进行探讨，进而探讨我国民法典所应采用的法人基本类型模式并提出相关立法建议。

二　基础理论

（一）法人类型化的方法

由于我国民法通则以及许多外国民法典中均采用了某种特定的法人类型模式，因此法人类型化常被视为民事立法的一种普遍性做法，其是否正当和必要本身甚少受到质疑，故而也鲜见相关论证。但依比较法的考察可知，法人类型模式的运用其实至少存在三种立法例。一为德国模式，其民法典明确规定采用社团法人与财团法人的基本类型模式，类似立法例为葡

① 目前已有中国法学会民法典编纂项目领导小组、中国社会科学院民法典立法研究课题组、中国人民大学民商事法律科学研究中心、北航法学院课题组、全国人大法工委等单位或课题组完成的多个民法总则草案建议稿或征求意见稿。其中，中国法学会的《中华人民共和国民法典·民法总则专家建议稿（提交稿）》（以下简称“法学会版草案”）采用了社团法人与财团法人的基本类型模式；而全国人大法工委提请全国人大常委会审议并公开征求意见的草案（以下简称“法工委版草案”）则采用了营利性法人与非营利性法人的基本类型模式。上述“建议稿”和“草案”分别公布于中国民商法律网、中国法学网、中国人大网，2016 年 7 月 7 日访问，网址依次为 http://www.civillaw.com.cn/zt/t/?id=30198；http://www.iolaw.org.cn/showNews.aspx?id=49193；http://www.npc.gov.cn/npc/flcazqyj/2016-07/05/content_1993342.htm。

萄牙民法典、巴西民法典。二为俄罗斯模式，其民法典列举了商合伙与商业公司、生产合作社、国有和自治地方所有的单一制企业、非商业组织四大类法人，类似立法例为埃及民法典。[①] 三为日本旧民法模式，2006 年改革之前的日本民法典（简称“日本旧民法”）法人制度下没有以法人基本类型划分章节，而是依次以“法人的设立、法人的管理、法人的解散、补则、罚则”划分章节，同时在某些具体制度中时而区分公益法人与营利法人，时而区分社团法人与财团法人而进行规定。[②]

表面上，德国模式和俄罗斯模式存在法人基本类型模式上所谓“结构主义法人类型模式”与“职能主义法人类型模式”的区别，但这种观点实际上只看到了问题的一部分。[③] 以上三种法人类型模式，其实质的差异不仅在于分类视角上的差别，更在于类型化方法的运用程度存在较大不同。相比之下，德国模式无疑将类型化方法运用得最为充分，而俄罗斯模式与其说是一种法人类型模式，不如说是不考虑外延周延的若干典型类型列举；日本旧民法整体上未对法人作基本分类，只是在有必要区分不同类型法人的个别具体制度上，灵活采用了不同的法人分类。

概念的类型化，存在解析性的类型化与叙述性的类型化两种方法。所谓解析性的类型化，是指在关联概念的形成过程中，由一个一般的上位概念在其可能的范围内向下枝分以获得下位概念的类型化方法。叙述性的类型化，则是指在关联概念的形成过程中，对既存之个别事物经由突出其共同特征归入集合，各集合以同样的方式利用愈来愈一般之概念，构成涵盖愈来愈广之集合的自下而上的类型化方法。[④] 具体到法人制度，解析性的

---

① 埃及民法典第 52 条规定：“法人是：1. 国家，依法律规定的条件设置的省、市、村，以及法律授予其法律人格的行政机关、服务机构和其他公共机构；2. 国家承认其法律人格的宗教团体及其派系；3. 瓦克夫；4. 商事和民事公司；5. 依本法下述规定设立的社会团体和机构；6. 任何其法律人格受法律认可的人或财产的集合。”见《埃及民法典》，黄文煌译，厦门大学出版社，2008，第 8 页。

② 日本旧民法系在“法人的设立”制度中区分营利法人与公益法人并规定不同的设立原则，又在公益法人中进一步区分社团法人与财团法人并规定不同的设立行为；在“法人的管理”、“法人的解散”制度中区分社团法人与财团法人。

③ 有学者将苏联的法人基本类型模式和受其影响的我国法人类型模式概括为“职能主义法人分类模式”，把德国法人基本类型模式界定为“结构主义法人分类模式”。现行俄罗斯民法典法人制度与苏联的法人基本类型模式类似，当属“职能主义法人分类模式”。参见蔡立东《法人分类模式的立法选择》，《法律科学》2012 年第 1 期，第 110 页。

④ 参见黄茂荣《法学方法与现代民法》，中国政法大学出版社，2001，第 434 页以下。

类型化和叙述性的类型化相比，前者属于真正的法人基本类型划分，而后者只是对现实中若干既有典型社会组织的类型列举；前者主要按照逻辑演绎进行分类，而后者更多地依赖经验进行归纳总结；前者能够实现下位概念体系的逻辑周延，而后者往往难以保证下位概念体系的逻辑周延性。前述俄罗斯模式的法人及其下位概念的形成过程，在思维方式上当属以有限的、既有的部分社会组织为观察对象，经由突出其典型特征而归纳出法人这一上位概念，因此俄罗斯模式属于叙述性的类型化模式。此种类型模式虽然在法典的表现形式上仍属于对法人这一一般概念的解析，但所呈现的法人类型之间并不具有演绎方法下的明显规律性或逻辑关系，也不可能为随着社会发展将来可能产生的法人类型预留空间，甚至就现有法人类型都可能存在遗漏。简言之，俄罗斯模式只不过是以解析的形式，将在归纳形成一般法人概念时曾作为观察对象的那些典型的组织类型列举出来了而已。与俄罗斯模式一脉相承的我国现行法人类型体系无法涵盖大量涌现的基金会法人，即为力证。相比之下，德国模式系从法人这一一般概念出发依特定标准将法人一分为二，此种经由逻辑演绎的方法所形成的下位概念通常足以涵盖现有的或将来可能出现的各种法人。[①]

因受到日本自身更早之民事立法的影响，日本旧民法在体例上“并没有采取德国民法那样把社团法人、登记社团法人、财团法人划分为节的做法”。[②] 较之于俄罗斯模式，此种缺乏法人基本分类的模式的不足之处甚至更为明显。第一，由此导致日本后来不得不在民法典之外创设大量特别法作为“中间法人”的设立依据，其整个法人制度体系十分混乱。第二，依特别法仍然不能作为法人得到承认的“中间目的”组织没有成为法人的途径，只能成为“无权利能力社团”。[③] 第三，日本旧民法在公益法人的名目下进一步区分社团法人和财团法人，在不知不觉中将财团法人限定为公益法人，后来虽经“中间法人法”的努力，但私益目的的财团法人一直缺乏

① 社团法人与财团法人的分类标准也存在一定争议。如有人认为，社团法人与财团法人的分类模式无法涵盖一人公司，也无法解释国有企业的主体地位。此种观点是否成立容后详论。

② 〔日〕星野英一：《现代民法基本问题》，段匡、杨永庄译，上海三联书店，2012，第172页。

③ 参见〔日〕我妻荣《新订民法总则》，于敏译，中国法制出版社，2008，第119页。

设立依据。长期以来日本只能通过设立私益信托来部分替代私益财团法人的功能。[①] 为了从根本上解决这些问题，2006 年改革后的现行日本民法典法人制度仅余五个条文，依次规定法人设立的法定主义、法人的能力、外国法人、登记以及外国法人的登记，相当于法人制度的“一般规定”，其余主要为新制定的一般社团·财团法人法所调整。[②] 可以说日本民法最终还是选择了德国模式和解析性类型化方法。

（二）法人解析性类型化的意义

为了充分发挥法人制度的功能，也为了维护民法典的安定性，民法典的法人体系不仅要完整，更要开放。所谓体系完整，是指能够涵盖现有的全部法人类型；所谓开放，是指能够涵盖将来可能出现的新法人类型，为将来可能新出现的法人预留足够空间。[③] 单纯从法人体系的完整和开放考虑，法人制度不设类型限制或者不予类型化或许更加合适，也更能照应“结社自由”这一民主理念和鼓励创新的时代精神。[④] 但根据前面的分析可知，以解析性类型化方法来设计民法典的法人基本类型模式，对于保持法人类型体系的完整开放恰恰是必要的。实践早已证明，未采用此种类型化方法的俄罗斯模式和日本旧民法模式在实践中均无法保持法人体系的开放甚至完整，因而都是不足取的。

笔者认为，结社自由作为宪法赋予的基本权利诚需落实；社会发展难免伴随社会组织形态的创新，法人法定主义也确需缓和，[⑤] 但以结社自由和鼓励创新的名义去排除法人类型化和法人法定主义，只能是一种过于理想化的愿景。现代民主社会，无论是非经济性的结社还是经济性的结社，

---

① 〔日〕四宫和夫：《日本民法总则》，唐晖、钱孟珊译，五南图书出版公司，1995，第 87 页。

② 〔日〕鎌田薫等编修《デイリ一六法 2015》，三省堂，平成 27 年（2015 年），第 377 页。

③ 已有相关讨论主要是关于企业法定主义的，其实这对于企业法人之外的其他法人同样重要。参见徐强胜《企业形态法定主义研究》，《法制与社会发展》2010 年第 1 期，第 94 页。

④ 结社自由的含义存在一定争议。有人认为，宪法中结社自由的概念与结社自由的民法概念并不完全相同，有关结社自由的讨论并非仅仅涉及社团法人。参见〔荷〕埃弗尔特·阿尔科马《结社自由与市民社会》，毕小青译，《环球法律评论》2002 年夏季号，第 135 页。

⑤ 参见张世明《企业法律形态理论研究管见》，《法治研究》2015 年第 3 期，第 80 页。

均非绝对不受限制。[①] 就非经济性结社而言，结社自由与民主社会所必需的国家安全或公共安全、防止骚乱或预防犯罪、保护公众的健康和社会道德以及保护他人的权利与自由不受侵害等事项必须兼顾。[②] 就经济性结社而言，结社自由、鼓励创新、鼓励投资与投资安全、交易安全之间必须作出平衡。[③] 除了特别法的规定之外，民法典的法人制度必须就法人的设立原则、设立条件和程序、组织结构等作出基础性的规定，而这些规定不可能都是针对任何法人的、大一统的普适性规则，只能是针对不同类型法人的"个性化"规定。因此出于（各种）安全的考虑，法人法定主义包括民法典法人制度类型化势所难免。为了让既有的和随着社会发展将来可能新出现的法人类型在民法典主体制度中都能找到对应的存在空间，为了兼顾平衡结社自由、鼓励创新与各种安全价值，为了充分实现民法典法人类型化所应有的价值承载功能，完全符合逻辑周延性的解析性类型化方法和法人类型法定原则就会成为必然选择。至于前面提及的法人三分法、四分法、五分法、六分法等诸多观点，包括有学者主张的序列化的法人体系，[④] 因在类型化方法上明显不属于解析性的，也无法充分实现法人体系的逻辑周延，因此均不足采，在此不复讨论。

（三）民法典法人基本类型模式选择的标准

现有的法人类型模式一般都自称以逻辑周延性为类型选择标准。如果妥为运用解析性类型化方法，逻辑周延性自可满足。反之，是否满足逻辑周延性，也是检验法人类型方法是否真正符合解析性类型化的手段。目前看来，在采用解析性类型化方法的前提下，民法典的可能选择除了

---

① 托克维尔认为："不能否认，政治方面结社的无限自由，是一切自由当中最后获得人民支持的自由。即使说这种自由没有使人民陷入无政府状态，也可以说它每时每刻都在使人民接近这种状态。因此，我认为一个国家永远不会让公民享有政治结社方面的无限权利；我甚至怀疑，在任何国家，在任何时代，不对结社自由加以限制是明智之举。"见〔法〕托克维尔《论美国的民主》下册，董国良译，商务印书馆，2009，第 650 页。

② 参见陈欣新《结社自由的司法保障》，《环球法律评论》2004 年秋季号，第 273 页。

③ 参见邓辉《结社自由与公司的设立》，《江西财经大学学报》2014 年第 6 期，第 122 页。

④ 参见张力《私法中的"人"——法人体系的序列化思考》，《法律科学》2008 年第 3 期，第 102 页。

学者所谓“结构主义”和“职能主义”模式外，[①] 还有“目的主义”模式等。[②] 因此，仅凭解析性类型化方法和逻辑周延性标准并不足以完全化解民法典法人基本类型模式选择的争议。

法人基本类型模式选择绝不仅仅意味着民法典是否应该采用某类法人的概念体系，更为重要的是其所采的法人类型体系能否担当其应有的价值承载和制度表达功能。民法典法人基本类型模式的选定，也就意味着民法典中法人制度编排形式的确定。根据内容与形式之间内容决定形式、形式可以反作用于内容表达的辩证关系，民法典法人基本类型模式应由法人制度的内容所决定，以更好地表达法人制度为目标和选择标准。采用解析性类型化方法和逻辑周延性标准只能解决价值承载和体系的完整开放问题，而体系完整开放显然并非形式合理的全部内容。有鉴于此，除了逻辑周延性标准之外，法人基本类型模式选择至少还应该遵循以下两项标准。[③]

其一，确定性标准。确定性标准是指特定类型模式下的类型区分标准本身必须明确和稳定。民法典必须保持安定性，不能朝令夕改，即便施行后必要的修改不可避免，但毕竟限于具体制度、具体内容，通常不涉及法典的编排形式。因此，作为决定民法典法人制度编排形式的基本类型模式，其类型标准本身必须明确和稳定。所谓明确，是指依据选定的类型标准，在观念上和实践中、从内涵到外延均能明确区分相关法人类型；所谓稳定，并非仅指同一类型模式下类型标准不得变换，而是指选定的类型标准的固有含义不能轻易随社会发展而变化，其典型反例如因附带了价值判断或者政策考量而导致类型标准在不同时空条件下的含义不同。[④] 否则，在理论上可以明确区分法人类型的模式，在实践中可能难

---

① 此处所称“职能主义”模式并非前述俄罗斯的法人类型模式，而是指从职能视角分类并采用解析性类型化方法的法人类型模式，例如企业法人与非企业法人的类型模式。

② 还有人主张从财产性质与对外责任角度将法人分为责任独立型、责任半独立型和责任非独立型三种类型，其本质在于突破现行法人制度的“独立责任”要件，因超出本文讨论范围故不予深究。参见李静传、张云《法人类型的立法模式研究与借鉴——以“财产性质”和“对外责任”为基础》，《学术探索》2002 年第 6 期，第 54 页以下。

③ 本文所设定的类型标准无法被证明为充分条件，但作为必要条件则可确定无疑。因此，通过以三项标准一一检视各种可能的类型模式，只能排除不合标准的选项。符合三项标准的可能选项仍需进一步讨论并回应有关争议。

④ 民法规范附带价值判断和利益衡量实属常见，但此处所讨论的并非一般的民法规范，而是决定民法局部章节体系的关键概念分类标准。

以清晰适用；在今天看来是适于表达法人制度的类型模式，在将来或许难以满足形式上的要求。

其二，实质性区别标准。实质性区别标准是指，法人基本类型模式的选择应该观照不同法人类型的实质区别，即在民事主体制度上有意义的区别。例如营利法人与非营利法人之间、企业法人与非企业法人之间、社团法人与财团法人之间，除了结构、职能、目的的不同外，各该类型究竟有没有、有哪些基本民事主体制度上的差异？哪一种类型模式的此种差异更为基础、重要？这应成为民法典法人基本类型模式选择的第三项标准。如果某种类型模式下的不同法人类型之间虽然存在制度差异，但不属于民事主体制度上的区别，那么也不符合实质性区别标准。

三　模式选择

营利法人与非营利法人、企业法人与非企业法人、社团法人与财团法人是三种典型的法人类型模式，我国将来制定民法典或民法总则时最可能选择其中之一。按照前述标准，究竟哪一种模式更应成为我国民法典的选择呢？

（一）营利法人与非营利法人基本类型模式

公开征求意见的“法工委版草案”采用了基于目的视角的此种基本类型模式，因而此种模式目前影响最大。但是否符合相关标准还需深入讨论。

1. 营利法人与非营利法人类型模式的确定性问题

学界在论及企业法人的属性时通常都会用到“营利”一词，然而真正意义上的概念界定和理论探讨，却是关于“非营利”概念的。我国社会团体登记管理条例、基金会管理条例、民办非企业单位登记管理暂行条例中均使用“非营利性社会组织”或“非营利性法人”作为社会团体、基金会、民办非企业单位的上位概念。由于相关法律文本中并未明确界定“非营利”的含义，理论上的讨论便比较热烈。但到目前为止，“非营利”的概念仍然很不确定，主要表现在以下三个方面。

首先，概念界定方式不成熟。目前关于“非营利组织”的有代表性的

“定义”主要有三种。第一，美国管理学界的组织性、私立性、非利润分配性、自治性、志愿性五大要素学说。[①] 此种观点被部分国内学者不加说明地“拿来”且俨然已成为“非营利法人”的一个经典描述。[②] 第二，美国国内税收法典第501条（C）款关于“免税组织”的“定义”。该条款实际上以“免税组织目录”为标题，属于纯粹列举式的规定。第三，日本特定非营利活动促进法第2条关于“非营利”的规定。该条采用了描述和列举相结合的方式。综观上述所谓“定义”，要么属于相关概念之间的张冠李戴，要么采用的是一种类型列举或者列举和描述相结合的方式，均非真正的概念界定，由此折射的便是非营利法人概念界定方式之不成熟。[③] 日本2006年改革法人制度时专门制定公益法人认定法，创建了“由内阁总理大臣或都道府县知事，根据民间有识之士组成的委员会的意见，认定一般社团法人或一般财团法人的公益性”的制度。[④] 此种改革，实际上也是希望借由程序的公正性和权威性来弥补概念界定的不足，解决原来法人设立阶段“公益性判断不明确”的问题。[⑤] 这一方面彰显了非营利概念界定方式之进步，但另一方面也说明法人公益性或非营利性界定之艰难。

其次，在非营利法人的主要业务是否不得主要通过经济活动赚取利润、非营利法人终止时剩余财产是否可以归于特定利害关系主体、政治和宗教目的是否属于非营利目的、非营利是否排除政府或国家出资或捐资设立等问题上，目前理论认识上还存在较大分歧。[⑥]

最后，即便是在意见相对较为一致的“禁止分配”原则上，其实也存在很多争议。第一，在禁止分配主体上，有的认为所有非营利组织均不得

---

① 参见〔美〕莱斯特·M. 萨拉蒙等《全球公民社会：非营利部门视界》，贾西津等译，社会科学文献出版社，2007，第3页。

② 参见税兵《非营利法人概念疏议》，《安徽大学学报》（哲学社会科学版）2010年第2期，第110页；金锦萍《非营利法人治理结构研究》，北京大学出版社，2005，第6页。

③ 美国国内税收法典的列举式规定对严格认定社会组织的免税地位或属正当，但可能把一些本来属于非营利组织的团体不当排除在外。

④ 周江洪：《日本非营利法人制度改革及其对我国的启示》，《浙江学刊》2008年第6期，第145页。

⑤ 〔日〕伊藤塾：《民法Ⅰ总则·物权》，伊藤真监修，弘文堂，2007，第438页。

⑥ 参见金锦萍、葛云松主编《外国非营利组织法译汇》，北京大学出版社，2006，第231页；金锦萍等译《外国非营利组织法译汇（二）》，社会科学文献出版社，2010，第76页。

分配利润，有的认为互益性法人在满足特定条件时可以向会员分配利润。[①]第二，在禁止分配对象上，有的认为仅禁止向法人的设立人分配利润，有的认为向法人的董事和其他管理人员支付薪酬也违反禁止分配原则。[②] 第三，在禁止分配的尺度上，有绝对禁止与允许合理回报两种不同的做法。[③]鉴于实践中许多非营利组织缺乏运营经费，目前一般允许非营利组织适当开展经济活动，但是严格坚持“禁止分配”原则却可能导致某些特殊的社会组织被排除在非营利组织之外，[④] 例如在拉丁美洲及其他发展中国家存在的“一批重要的实际从事反贫困事业的社区合作社”。[⑤] 综上可知，非营利法人与营利法人的区分标准至今依然极具争议，缺乏确定性。

由于非营利的“身份”判断往往伴随国家或政府对特定类型社会组织的税收减免优待或其他政策性评价，因而在不同历史时期、不同社会背景下非营利的判断标准都会有所不同。或许是为了回应有关“非营利”概念的争议，2008 年“美国统一州法委员会”再次修改统一非营利法人示范法时，直接将原第 13 章关于“禁止分配”的规定全部删除，同时还删除了原第 1 章第 1.40（6）条关于非营利法人的列举式界定。[⑥] 21 世纪初期，为了鼓励发展民办教育，我国制定民办教育促进法，明确允许民办高校依法将部分办学收入分配给办学投资人。[⑦] 这是通过从宽解释禁止分配原则，将“合理回报”解释为“扶持与奖励”而非“利润”，从而将获取法定较

---

① Revised Model Nonprofit Corporation Act Sec. 13. 01，13. 02（1987）.

② 2 Tex. Prac. Guide Bus. & Com. Litig. § 8：1.

③ 参见金锦萍《论非营利法人从事商事活动的现实及其特殊规则》，《法律科学》2007 年第 5 期，第 131 页。

④ 参见 Vladislav Valentinov，“Toward an Economic Interpretation of the Nondistribution Constraint”，*Int'l J. Not-for-Profit L.* 9（2006）：65。

⑤〔美〕莱斯特 · M. 萨拉蒙等：《全球公民社会：非营利部门国际指数》，陈一梅等译，北京大学出版社，2007，第 13 页。

⑥ 参见 Revised Model Nonprofit Corporation Act Sec. 1. 40（6），Sec. 13. 01，Sec. 13. 02（1987）；Revised Model Nonprofit Corporation Act（2008）。

⑦ 民办教育促进法第 51 条规定：“民办学校在扣除办学成本，预留发展基金以及按照国家有关规定提取其他的必需的费用后，出资人可以从办学结余中取得合理回报。取得合理回报的具体办法由国务院规定。”目前民办学校一般都是在民政部门登记而非作为企业在工商部门登记，出资人要求取得合理回报的民办学校可以依民办教育促进法实施条例第 38 条的规定获得税收优惠，出资人取得“合理回报”需受民办教育促进法实施条例第 44—47 条的限制，故与纯以营利为目的的企业性培训学校如“新东方”等完全不同。

低“合理回报”的民办学校勉强解释为非营利组织。[①] 但是，2015 年底教育法和高等教育法修订并同时删除了“不得以营利为目的”的规定，仅限定“以财政性经费、捐赠资产举办或者参与举办的学校及其他教育机构不得设立为营利性组织”，并拟相应修改民办教育促进法的相关规定。这说明通过从宽解释禁止分配原则而一度被认定为非营利法人的社会组织，随着社会的发展变化将来可能被认定为营利法人。因此，营利与非营利作为法人类型模式的区分标准，缺乏稳定性。

顺便提及，“公益法人”中的“公益”概念面临同样的问题——在利益内容和受益对象两个方面都具有不确定性，其含义亦随时空不同而变化。[②] 例如在很多国家作为典型公益事业的医疗事业，在日本却存在巨大争议，甚至存在中间法人[③]、特殊公益法人[④]、准公益法人[⑤]三种不同的观点。《中共中央、国务院关于深化国有企业改革的指导意见》（中发〔2015〕22 号）要求“分类推进国有企业改革”，明确提出国有企业应该划分为“商业性”和“公益性”两大类别，此种提法既打破了以往关于企业都属于营利组织的惯常印象，也是对“公益”概念的更新。因此，不只是营利法人与非营利法人的基本类型模式，可能整个“目的”视角下的法人基本类型模式，均难以符合基本类型模式选择的确定性包括稳定性标准。[⑥]

2. 营利法人与非营利法人的实质性区别

虽然法律上区分法人目的最典型的意义应该在于公法上如税费以及外部监管等方面的制度差异，但目的视角的法人类型模式在私法上或许仍然不无意义。从比较法来看，不少立法例明确规定法人因目的不同而适用不同的设立程序。例如，德国民法典第 21 条和第 22 条、瑞士民法典第 52 条、日本旧民法第 34 条和第 35 条以及我国台湾地区“民法”第 45 条和

---

① 参见税兵《民办学校“合理回报”之争的私法破解》，《法律科学》2008 年第 5 期，第 154 页。

② 参见陈新民《德国公法学基础理论》上册，山东人民出版社，2001，第 206 页。

③ 参见〔日〕さくら综合事务所《社团法人财团法人实务》，中央经济社，2000，第 6 页。

④ 参见〔日〕近江幸治《民法讲义Ⅰ·民法总则》，成文堂，2005，第 90 页。

⑤ 参见〔日〕林良平、前田达明《新版注释民法（法人·物）》第 2 卷，有斐阁，1991，第 500 页。

⑥ 虽然“非营利”和“公益”的概念不确定，但是行政、司法部门还是必须贯彻依法行政、依法司法的原则，必须就“非营利”和“公益”的含义在个案中作出解释和适用，二者并不矛盾。

第 46 条，均依法人目的不同规定了不同的设立程序。

不同的设立程序实质上反映了国家对不同团体组织的态度。许可主义代表了不信任和管制，而准则主义、自由设立主义代表了信任甚至鼓励。单就民法典的规定而言，整体上德国民法典、瑞士民法典对设立非经济社团管制较少，对设立经济社团管制较多；[①] 而日本旧民法、我国台湾地区“民法”则持相反的立场。导致这种态度差异的影响因素很多，经济偏好或对经济组织的过分重视可能是其中最重要的。自 1804 年拿破仑法典以来，许多受其启发于 19 世纪通过的法典的商业精神都很明显，那些不以营利为目的的组织被认为不在“生产动力学”范围之内，因而不受重视甚至被怀疑和严格限制。[②] 最为明显的例子便是 1804 年拿破仑法典中没有规定法人制度，但法国商法典中却规定了公司制度。此种对经济组织的偏好很可能在形式和内容两个层面影响民法典的法人制度：一是在体例上采用目的视角或职能视角的法人基本类型模式；二是在具体制度例如设立原则、设立条件上对营利法人或企业法人设置更加宽松的标准，例如前述日本旧民法和我国台湾地区的立法例。我国改革开放以来一直秉持“以经济建设为中心”的国策，国家对经济组织的偏好极为明显。这种理念反映在我国民商事法律制度上，也就有了民法通则的职能主义法人基本类型模式以及特别法上营利法人相对于非营利法人更为宽松的设立原则。[③]

当然，比较法考察所能提供的更为重要的借鉴意义是，一个国家对某类团体组织或鼓励或限制的态度并非一成不变。德国 2002 年制定财团法现代化法修改民法典时，将财团法人的设立原则由许可主义改为所谓“认可主义”。[④] 日本 2006 年修订法人制度时，将法人地位取得与公益性身份认

---

① 德国法上之所以对经济性社团采用更为严格的设立原则，主要是“为了防止设立人通过选择有权利能力社团的形式规避适用为营利联合体的债权人或股东的利益而制定的规定”，更好地维护交易安全。〔德〕卡尔·拉伦茨：《德国民法通论》上册，王晓晔等译，法律出版社，2003，第 204 页。

② 参见 Alceste Santuari，“The Italian Legal System Relating to Not-for-Profit Organizations：A Historical and Evolutionary Overview”，*Int'l J. Not-for-Profit L.* 3（2001）：3。

③ 目前，我国公司法第 6 条规定，除法律、行政法规规定需依法经批准的之外，原则上公司办理工商登记而设立。但是，社会团体登记管理条例、基金会管理条例、民办非企业单位登记管理暂行条例均规定，除法定的极少数组织外，相关非营利组织均需经由业务主管机关的许可和民政部门办理登记后始得设立，此即所谓“双重管理体制”。

④ 参见《德国民法典》，陈卫佐译注，法律出版社，2010，第 26 页。

定分开，原来公益法人的许可主义设立原则被改为了准则主义。[①] 在意大利，1942 年意大利民法典第 12 条规定的特许主义设立原则被 2000 年通过的社会关爱改革法（SCR Act）废除后，设立非营利法人，不仅不再需要总统或省长的特许，连一般的行政许可都不需要。[②] 我国也基于“鼓励投资”的理念在 2005 年修改了公司法，将股份有限公司的设立原则从许可主义改为准则主义，并且允许依准则主义设立一人有限责任公司，有了现在较普遍适用于整个营利法人的准则主义设立原则。实践表明，一国的法人设立原则受历史传统、政治理念和经济状况等多方面因素影响，容易发生变化，且整体上趋于宽松。[③] 这一点对于非营利法人尤为明显，其原因或背景在于世界范围内国家对非营利部门整体上的态度改良。[④]

即便是基于加强管制的立法动机，也不意味着法人设立原则只能采许可主义一种思路。“在结社自由的国家，是没有秘密结社的。”[⑤] 反过来，一国的法人设立原则过于严苛，可能导致许多社团和财团放弃法人形式而改采无权利能力社团或无权利能力财团的形式。因这些组织始终都无法在法定登记机关办理登记手续，政府对这些组织反而更加难以管控。我国现行非营利法人的许可主义设立原则可能确实过于严格。虽然我国 2000 年颁布了关于取缔非法民间组织的暂行办法，将未经批准就擅自开展筹备活动或未进行登记就擅自以社会团体、民办非企业单位等名义进行活动的组织，一概定性为非法组织予以取缔，但其后几年仍有“占总数 80% 以上”的民间组织未经登记以“非法状态”存在。[⑥] 所幸我国当前用来规定非营利法人设立原则和条件、组织管理等事项的特别法多为“条例”、“暂行条例”或“暂行规定”，此等法律位阶本身就表明相关法律只是一种阶段性或临时性的规定。

经过改革开放数十年的市场经济建设，我国政府和市场两个部类均已

---

① 参见周江洪《日本非营利法人制度改革及其对我国的启示》，《浙江学刊》2008 年第 6 期，第 144 页以下。

② 参见 Alceste Santuari，“The Italian Legal System Relating to Not-for-Profit Organizations：A Historical and Evolutionary Overview”，*Int'l J. Not-for-Profit L.* 3（2001）：3。

③ 参见罗昆《财团法人制度研究》，武汉大学出版社，2009，第 53 页以下。

④ 参见田凯《西方非营利组织理论述评》，《中国行政管理》2003 年第 6 期，第 59 页以下。

⑤ 〔法〕托克维克：《论美国的民主》上册，董国良译，商务印书馆，2009，第 217 页。

⑥ 谢海定：《中国民间组织的合法性困境》，《法学研究》2004 年第 2 期，第 17 页。

得到相当的发展，但在公共服务供给方面的不足也渐有显现。[①] 民间蕴含的丰富志愿公益慈善力量正可以在一定程度上弥补政府人力、财力之不足。党的十八大报告也已提出要“强化企事业单位、人民团体在社会管理和服务中的职责，引导社会组织健康有序发展，充分发挥群众参与社会管理的基础作用”。可见，“以经济建设为中心”和经济偏好并不排斥非营利组织的发展。我们完全可以期待，作为第三部门的非营利组织在我国将不断发展壮大，在提供公共服务方面将扮演越来越重要的角色。尤其随着慈善法的出台，非营利组织特别是慈善组织的发展或将井喷，长期来看，营利组织与非营利组织发展不均衡的局面将在整体上得到改观。民法典法人制度不仅应该正视和因应这种正在发生的变化，还应积极主动地为非营利组织提供更加有利于其生成发展的制度环境。针对国内非营利部门普遍实行的“双重管理体制”，目前学界、业界主张应有所变革与放开的呼声不绝于耳。[②] 我国政府对非营利组织的管制也确有逐步放松的迹象。[③] 特别法上的松绑或许无法一步到位，但至少民法典或民法总则中应该正确对待经济偏好，并为将来能够与特别法的改变保持一致预先做好准备。

考虑到结社自由和交易安全的保护，也考虑到近年来国际上法人设立原则的整体变化趋势和我国将来的可能性，民法典应该在严格法人设立条件和治理结构的同时，在法人设立原则上整体性地适度松绑为以准则主义为原则。但考虑到目前我国实践中非营利法人实行的许可主义设立原则与此种构想尚存在较大的距离，考虑到法人设立原则易受政策性因素影响而缺乏稳定性，还考虑到特定时期不同法人的设立原则难以统一，因此民法典对法人设立原则只宜进行原则性和授权性相结合的规定，即以准则主义为原则，以许可主义或其他为例外，除非有其他特别法规

---

① “政府失灵”理论是以西方代议制政治制度为前提的，因而这一理论中的论证思路能否移植到我国不无疑问。不过即使这一论证逻辑不成立，也不意味着政府失灵的情形不存在。除了代议制的弊端可以导致政府失灵之外，其他的客观制约例如经费、人才缺乏等，也可能导致政府提供的公共服务无法满足需求。

② 参见陈金罗等《中国非营利组织法的基本问题》，中国方正出版社，2006，序言部分。

③ 2013 年发布的《国务院关于取消和下放一批行政审批项自的决定》取消了民政部对全国性社会团体分支机构、代表机构设立登记、变更登记和注销登记的行政审批项目；2016 年《国务院关于修改部分行政法规的决定》（国务院令第 666 号）进一步取消了社会团体设立阶段向登记管理机关申请开展筹备工作的环节，在备案事项中取消了提交主管机关批准证书等要求。

定某类法人采许可主义或其他设立程序，否则法人均依准则主义设立。[①]至于特别法就某特定类型的法人规定或严格或宽松的特别设立程序，与法人的目的或者结构都没有必然联系，而是取决于特定时期国家对某类法人的态度。因此，这一规则不仅对营利法人与非营利法人基本类型模式适用，对其他类型模式同样适用，应该成为私法人制度的一般规定。兼顾立法的现实性和适当超前性，营利法人与非营利法人的类型模式难以真正满足实质性区别标准。

3. 营利法人与非营利法人类型模式的逻辑周延性

相较于日本旧民法的营利法人与公益法人类型模式，营利法人与非营利法人类型模式在满足逻辑周延性标准上具有明显进步。而且从类型概念所使用的术语来看，该类型模式应该也是可以满足逻辑周延性的。但如果对我国现有的非营利组织理论、学说和制度有完整的、长期的观察了解，就会发现目前部分民法学者所理解的“非营利法人”概念有望文生义之嫌。如前文在介绍非营利法人的含义时所述，我国管理学界和社会学界关于非营利概念的使用、研究比法学界尤其民法学界要早而且多。事实上，“非营利组织”与非政府组织、第三部门组织、民间组织、免税组织等概念常常被不加区分地使用。[②] 例如，民政部设“民间组织管理局”负责主管全国的社会团体、基金会和民办非企业单位。这些组织在法律上又全部被定性为“非营利性社会组织”或“非营利性法人”。虽然“非营利”概念存在各种不确定，但根据既有的语义习惯，其“志愿性”却是大致确定的。这一语义习惯性要素导致非营利组织在外延上主要涵盖民间性的公益性和互益性社会组织，而不能涵盖非营利的官方机构（包括国家机关和国家设立的事业单位），也不能涵盖私益性社会组织。营利组织的利润分配

---

① 现代法人治理的复杂性导致相关法律规则越来越繁复，难以为民法典所容纳，或者需因应实践中的新情况新问题时时修订，不合民法典的安定性。自此我国将来的法人制度必然采民法典的一般规定与相关特别法相结合的体例。现有相关特别法除了公司法，还有基金会管理条例、社会团体登记管理条例、民办非企业单位登记管理暂行条例等行政法规及其实施细则，甚至还涉及民办教育促进法、公益事业捐赠法、慈善法等法律，如此庞大的制度体系不可能都容纳在民法典之中。

② 在日本，非营利组织和非政府组织是严格区分的。所谓非营利组织（NPO）是指致力于日本国内以社区为基础的各类公益活动的社会组织，所谓非政府组织（NGO）是指致力于日本国外以开发援助、国际协力、灾害救助、扶贫环保等公益活动为主的社会组织。具体一点，业务超出本国范围的称“NGO”，在本国范围内活动的称“NPO”。

属性需要满足追求利润（营利事业）和将利润分配给投资人两个要素，因此那些没有营利事业但纯粹为特定第三人利益而存在的社会组织（典型者如主体性的私益信托和家庭财团）无法纳入营利法人与非营利法人类型模式中。之所以会出现这样的问题，主要是因为营利与非营利这两个概念虽然都不完全清晰确定，但是都早已被广泛使用，固定了某些习惯性含义。“非营利法人”并非以营利法人为参照对象、运用解析性类型化方法而专门生造出来的概念，更非专用来实现类型体系的逻辑周延性的。

此外，目前有关营利法人和非营利法人的区分，实际上只考虑到了社会组织在利润分配上全部分配或者全部不分配两种极端情形，忽视甚至排除了社会组织制度化地将部分利润用于分配、部分用于从事公益事业的可能性。法律包括税法应该对于此种跨越营利和非营利两个部类的社会组织给予回应和承认。[①] 就此而言，营利法人与非营利法人的基本类型模式不仅存在逻辑不周延的问题，其本身是否正当都是值得探讨的。

综上，营利法人与非营利法人基本类型模式难以满足确定性、实质性区别和逻辑周延性，因而是不可取的。

（二）企业法人与非企业法人基本类型模式

企业法人与非企业法人基本类型模式属于民法通则现行模式的改良版本。与前述营利法人与非营利法人类型模式不同，此类型模式中的“非企业法人”并非固有概念，其创设纯为以企业法人为参照，以解决法人类型模式的逻辑周延性，当然可以满足逻辑周延性标准，但其能否满足确定性标准和实质性区别标准则仍需探讨。

1. 企业法人与非企业法人类型模式的确定性问题

虽然“企业”是一个非常重要的法律概念，但我国现行法律、行政法规均未对此有法律上的定义。[②] 依《现代汉语词典》的解释，企业是指“从事生产、运输、贸易等经济活动的部门，如工厂、矿山、铁路、公司等”。[③]

---

① 参见 Susannah C. Tahk，“Crossing the Tax Code's For-profit/Nonprofit Border”，*Penn St. L. Rev* 118（2014）：489。

② 全民所有制工业企业法第 2 条对全民所有制工业企业进行了简单界定。

③ 中国社会科学院语言研究所词典编辑室编《现代汉语词典》，商务印书馆，1996，第 998 页。

这种列举性的描述显然并不符合概念定义的要求，公司与工厂、矿山、铁路等也并非同一层次和视角的社会组织。在美国，有关“企业”含义的争议典型地呈现在全国性妇女组织诉沙伊德勒（National Org. for Women v. Scheidler）一案中。当事人双方围绕一个反堕胎的组织（Pro-Life Action Network）是否属于美国诈骗和腐败组织法（The Racketeer Influenced and Corrupt Organization Act，RICO 法案）上界定的“企业”展开多轮激烈交锋，法院也发表了“理解式”或“解读式”的意见。① 而我国学界其实也早已意识到“企业”一词表面上耳熟能详，真正的含义却并不清晰明确。因此理论上关于企业概念内涵外延的探讨很多，但至今仍然莫衷一是。② 即便按照最一般的理解，如企业总是与营利或者说经济活动联系在一起，其争议仍然存在。例如，在德国的住宅建设领域曾经存在所谓公益性企业，指在财产所有、利润分配及分红、租金标准、资金调剂等方面受到严格限制，并能享受税收和财政方面的优惠的企业。③《中共中央、国务院关于深化国有企业改革的指导意见》也明确将国有企业分为商业性和公益性两大类，二者在目标、监管、考核等方面存在明显不同，“公益类国有企业以保障民生、服务社会、提供公共产品和服务为主要目标”。这使得从功能角度来区分企业与其他社会组织变得更加困难。或许正如某些学者所说，企业“从来就不是一个准确的法律用语”。④ 与内涵上的不确定不同，目前我国在实践中对企业与其他社会组织的识别倒不成问题。企业在外延上特指在行政管理部门登记并领取营业执照开业经营的社会组织，且因企业类型法定，此种识别并不复杂。只是这种识别已经偏离以功能为标准来区分企业法人与其他社会组织的视角。

2. 企业法人与非企业法人的实质性区别

截至 2015 年底，在北大法宝“法律法规”数据库中以“企业”为关

---

① 参见 Clark D. Cunningham *et al.*，“Plain Meaning and Hard Cases”，*Yale L. J.* 103（1994）：1561。

② 参见董开军《论我国的企业概念及其法律定义问题》，《江苏社会科学》1991 年第 4 期，第 33 页以下；董学立《企业与企业法的概念分析》，《山东大学学报》（哲学社会科学版）2001 年第 6 期，第 76 页以下。

③ 参见王名、李勇、黄浩明《德国非营利组织》，清华大学出版社，2006，第 41 页。

④ 〔法〕雅克·盖斯旦、吉勒·古博：《法国民法总论》，陈鹏等译，法律出版社，2004，第 156 页。

键词作标题检索，能够找到17736项以企业为题名的“中央法律法规司法解释”。[①] 由此折射出的是企业与其他社会组织在现实法律制度上的巨大差异。这是社团法人与财团法人、营利法人与公益法人等法人类型完全无法比拟的。但具体观察这些专属于“企业”的法律制度，我们会发现以下几个特点。第一，大多数企业法，特别是最为重要的、由全国人民代表大会及其常务委员会制定的法律，都是专属于特定类型企业的，例如公司、合伙企业、个人独资企业、全民所有制工业企业、乡镇企业、中外合资经营企业、中外合作经营企业、外资企业、中小企业均已制定相应专门性的法律。[②] 不同类型的企业之间存在巨大差异，但并不都跟企业组织形式有关，有的跟所有制形式、资本来源、企业规模有关。第二，大量以“企业”为名独立存在、能够普遍适用（包括企业法人与非法人企业）的企业法律制度主要是行政管理层面的行政法规和部门规章，例如企业信息公示暂行条例、企业名称登记管理规定等。这说明企业与其他社会组织的典型区别并不在主体制度上。[③] 第三，具体到企业法人以及与民事主体制度有关的部分，企业法人与非法人企业、非企业法人之间的差异性则高低互见。在组织结构上，作为企业法人的公司与非法人的合伙企业、个人独资企业、采联合管理制的中外合资经营企业等存在巨大差异，与财团法人更是存在重大差异，但与同为社团法人的社会团体法人之间却基本相同。在设立程序上，我国为了鼓励投资，规定公司、合伙企业、个人独资企业均以准则主义为设立原则、许可主义为例外。[④] 是否须经行政许可始得设立，主要取决于企业的经营范围和资本来源而非组织形式和主体性质。这与当前社会团体法人、基金会法人的许可主义设立原则明显不同。但前已述及，将来制定民法典时，部分非企业法人是否仍然需要坚持现行许可主义，也不无

① 其中法律33项，行政法规430项，司法解释169项，部门规章15878项，团体规定195项，行业规定1020项，军事法规规章11项。

② 即便是名义上可以适用于“企业”的法律制度，往往也并不能真的普适于所有企业类型，例如企业破产法事实上主要适用于企业法人，企业所得税法只适用于企业法人。

③ 正因为如此，采用职能主义模式的我国民法通则法人制度才缺乏实质性规定。参见蔡立东、王宇飞《职能主义法人分类模式批判——兼论我国民法典法人制度设计的支架》，《社会科学战线》2011年第9期，第183页。

④ 也有人认为，现行公司法所采公司设立原则为严格准则主义。参见范健、王建文《公司法》，法律出版社，2015，第102页。

疑问。[①]

反过来，可能纳入非企业法人的各类法人之间本身更是存在巨大差异，机关法人、事业单位法人、基金会法人、社会团体法人等在组织结构、设立依据、设立原则等方面都无法统一，难以形成统一适用于各类非企业法人的一般规则。因此，企业法人与非企业法人基本类型模式并不符合主体制度视野下的实质性区别标准。

（三）社团法人与财团法人基本类型模式

1. 社团法人与财团法人的实质性区别及其确定性问题

我国学界特别是大陆民法学界一般认为，社团法人与财团法人在成立基础、设立人的地位、设立行为、有无意思机关、目的、法律对其设立的要求、解散的原因及解散的后果、稳定性等方面存在区别。[②] 其中尤以"成立基础"上的区别最为基础重要：社团法人是以社员或者社员权为基础的人的集合体，而财团法人是以财产为基础的集合体。[③] 然而细究之余，此种学说仍不免令人心生疑虑。"基础"一词并非法律概念，其在民法规范上根本无从体现，即便是民法理论上的意义也难以把握。若以前述确定性标准和实质性区别标准衡之，社团法人与财团法人之类型化模式明显应为民法典所摒弃。然而，这又与大陆法系如德国、瑞士民法以及我国台湾地区、澳门地区民法均以社团法人和财团法人为民法典法人基本类型的现实选择明显不符。因此，真正的问题只可能在于，或许我们应该重新认识社团法人与财团法人的实质性区别。

论及社团法人与财团法人的区别，最为著名的莫过于"财团法人只能

---

① 参见陈金罗等《中国非营利组织法的基本问题》，中国方正出版社，2006，序言部分。

② 这些区别系我国民法学者在介绍外国民法的法人分类时逐渐总结而成，外国相关立法例中一般并无如此系统性的、对比性的规定。参见刘心稳主编《中国民法学研究述评》，中国政法大学出版社，1999，第148页；李永军《民法总论》，法律出版社，2006，第308页以下。

③ 有学者进一步阐述为，社团法人是先有人（社员），然后由人出资构成法人的财产；而财团法人是先有财产，然后由专门委任的人去经营管理。社团法人的"人"（社员）不是由社团聘用的，而财团法人的"人"（经营管理人员）是由财团聘用的。参见马俊驹《法人制度通论》，武汉大学出版社，1988，第58页；李双元、温世扬《比较民法学》，武汉大学出版社，1998，第120页。

是公益法人，社团法人既可以是公益法人又可以是营利法人”的观点。[①] 此种观点与逻辑、事实与法律均不尽相符。首先，就逻辑层面而言，一种颇具代表性的观点认为，营利性必须满足“利润分配”的要求，而财团法人没有社员，即使赚取利润也无法分配，故财团法人只能限于公益法人，不可能成为营利法人。此种观点的逻辑错误有二：第一，营利法人与公益法人不是非此即彼的关系，即便财团法人不可能成为营利法人，也不能因此得出财团法人限于公益法人的结论；第二，财团法人没有社员，只决定形式上无法向社员分配利润，不代表不能通过间接的利润转移实现实质上的利润分配。其次，就法律层面而言，世界上明确将财团法人限于公益法人的立法例较少，我国澳门地区民法属于其中之一。[②] 而德国、瑞士及我国台湾地区“民法”均未将财团法人的目的限于公益。[③] 日本旧民法虽然仅仅规定了公益财团法人的设立依据，但是依据日本旧民法第 33 条，民法之外的特别法可以成为“中间法人”的设立依据，因此就连日本旧民法其实也并未将财团法人限于公益目的。[④] 最后，就事实层面而言，在德国、瑞士及我国台湾地区，长期客观存在以赡养特定家庭成员为目的或者为特定多数人利益服务的家庭财团、宗族财团等。[⑤] 在日本也长期存在劳动组合、协同组合，[⑥] 这些财团法人既不属于营利法人又不属于公益法人，而是属于非营利的私益法人或中间法人。可见，财团法人是否限于公益法人主要取决于一国法律的选择，目的上的区别不能成为社团法人与财团法人

---

① 参见魏振瀛主编《民法》，北京大学出版社、高等教育出版社，2013，第 81 页。

② 我国澳门地区民法典第 173 条明确规定：“财团系指以财产为基础且以社会利益为宗旨之法人。”

③ 我国台湾地区“民法”之立法理由书对此有明确说明：“谨按财团者，因为特定与继续之目的，所使用财产之集合而成之法人是也。其目的有公益目的（如学校病院等）、私益目的（如亲属救助等）之二种。”参见杨建华、郑玉波、蔡墩铭《六法判解精编》，五南图书出版公司，1996，第 73 页。

④ 因我国台湾地区曾长期被日本占据并施行日本旧民法，“财团法人限于公益法人、社团法人既可以是公益法人也可以是营利法人”这样一种认知，仍应始自日本旧民法以及深受日本旧民法学说影响的我国台湾地区部分民法学说。参见〔日〕加藤雅信《民法总则》，有斐阁，2002，第 119 页；林诚二《民法总则》上册，法律出版社，2008，第 184 页。

⑤ 参见〔葡〕Carlos Alberto da Mota Pinto《民法总则》，澳门大学法学院法律翻译办公室，1999，第 154 页；史尚宽《民法总论》，中国政法大学出版社，2000，第 144 页以下。

⑥ 劳动组合、协同组合既可以采用社团法人形式，又可以采用财团法人形式。参见〔日〕さくら综合事务所《社团法人财团法人实务》，中央经济社，2000，第 6 页。

的实质区别。

依结构功能主义，社团法人与财团法人的诸多区别特别是功能上的区别均应以结构上的区别为基础，结构上的区别设计又是以实现不同功能为目的。因此，就目前学界有关社团法人与财团法人的众多区别而言，民法典最应关注者当属二者在组织结构上的区别，且应以之作为学者所称“成立基础”上的区别的具体解读。在组织结构上，社团法人设社员（会员）大会作为权力机关，权力机关作出的决议由执行机关负责执行；财团法人则不设权力机关，执行机关根据既定的财团章程执行财团事务。此种结构上的差异决定了如下几点。第一，社团法人需要社员（会员）组成社员大会作为权力机关；财团法人因不设权力机关也就无需社员（会员）。第二，社团法人可能经由权力机关的决议而修改章程、决定社团法人的关停并转；财团法人仅在法律或章程有明确规定的情况下并经由特定严格程序才能修改章程，原则上其关停并转和章程修改都不能由作为执行机构的财团理事会决定，或至少不能仅仅由理事会决定。第三，社团法人适宜运营需时时因应社会之发展变化而调整自身的章程、业务范围、资金规模等的事业（典型者如营利事业）；财团法人因其固定僵化之制度构造一方面足以维持捐助人意志不被后人变更，另一方面适宜运营长期稳定特别是与市场波动无关之事业。① 至于学者总结的社团法人与财团法人的其余区别，如设立行为、设立要求、解散的原因及后果等，均为由此衍生的制度。

然而遗憾的是，对社团法人与财团法人的上述实质区别，我国民法既有主流理论并没有充分认识。我国现行基金会管理条例第 21 条规定，“理事会是基金会的决策机构，依法行使章程规定的职权”，并明确规定经 2/3 以上多数同意的特别决议，理事会即有权修改基金会的章程，决定基金会合并分立。此种规定彻底背离财团法人的基本原理，足以使潜在的捐助人对财团法人或基金会制度丧失信心，实在值得检讨。但就是这样的错误规定，实践中却能长期大行其道而不受质疑，这在很大程度上说明有关财团法人的基本理论有待深入和普及，关于财团法人与社团法人的实质性区别

① “财团法人限于公益法人而社团法人既可以是营利法人又可以是公益法人”的学说虽不准确，但在一定程度上也反映了这一特征。

需要重新认识，同时也说明各类法人的基本组织结构和基本管理制度应在民法典中予以固定以防特别法突破一般性规则。

此种经由重新认识的社团法人与财团法人基本类型模式，以组织结构上是否设置权力机关来修改章程或决定组织体的关停并转等根本事项作为区分标准。[①] 作为权力机关的会员大会含义明确、稳定，符合确定性标准。同时组织结构上的此种显著区别正是民法典法人制度需要予以规定的，因而符合实质性区别标准。

2. 社团法人与财团法人类型模式的逻辑周延性

以是否设置会员大会或权力机关将法人分为社团法人和财团法人，在类型方法上属于解析性的类型化方法，自然也应符合逻辑周延性。但是，无论是国有独资公司还是一人公司，其因单一股东的特点以致是否属于社团法人备受质疑，对此须予以适当回应。[②] 按照本文的解释，社团法人与财团法人应以组织结构上的区别来区分，社团法人的本质特征在于是否设置权力机关对社团保持控制包括修改社团的章程等，而不在于社团法人必须要有两个以上的社员。社团法人和财团法人作为法人的团体性，均不在于社员或成员的复数，否则财团法人不设社员，如何也能成为法人团体？我国公司法第 61 条规定，一人有限责任公司不设股东会，由单一股东行使一般有限责任公司股东会的职权；同法第 66 条规定，国有独资公司不设股东会，出资人的职权仍由国有资产监督管理机构作为国家股东的代表来行使，只是可以授权董事会行使部分职权，但涉及合并分立解散、增减资本、发行债券的事项仍需由股东代表行使股东会职权以资决定。可见，一人公司和国有独资公司完全符合社团法人的组织结构和管理模式，应可纳入社团法人范畴。

综上，以逻辑周延性、确定性和实质性区别三项标准衡之，目的视角的营利法人与非营利法人基本类型模式无法满足任何一项标准，职能视角的企业法人与非企业法人基本类型模式难以满足确定性和实质性区别标

---

① 明确这一点，也就不会得出所谓“我国台湾地区现在允许有成员的财团法人/宗教法人”这样的结论。参见崔拴林《论我国私法人分类理念的缺陷与修正——以公法人理论为主要视角》，《法律科学》2011 年第 4 期，第 92 页。

② 参见梁慧星《民法总则立法的若干理论问题》，《暨南学报》（哲学社会科学版）2016 年第 1 期，第 24 页。

准。唯结构视角的社团法人与财团法人基本类型模式可以满足全部三项标准，可以为民法典采用。

四 制度支撑

某种法人基本类型模式“是否可能和必要”，最终还取决于“如何构建”。任何制度或者体系都不是孤立的，都是在一定范围内的制度或体系。欲使社团法人与财团法人基本类型模式现实可行，至少还需要以下两项制度作为支撑或配套。

（一）构建与私法人相对的一般公法人制度

公法人在设立的依据和原则、组织结构、解散清算等问题上与私法人均存在重大差异。[①] 虽然有关公法人的具体主体性法律规则往往存在于相关特别法或行政命令中，但是就整个法人制度的体系完备和制度科学考虑，无论采用何种法人基本类型模式，民法典法人制度都须构建起公法人和私法人的二元法人体系。[②] 此种类型化和体系化处理主要具有两层意义。第一，社团法人与财团法人的基本类型模式限于私法人范围内，超出该范围便难谓逻辑周延。将部分无法归入社团法人和财团法人的法人组织纳入公法人中，可以使私法人范围内的社团法人与财团法人基本类型模式满足逻辑周延性。因此，依据公法设立的国家机关、事业单位、人民团体，依据特别命令设立的某些国有企业例如“中国铁路总公司”甚至国家，均可归入公法人范畴。[③] 第二，突出公法人相对于私法人的地位，明确公法人主要应依据民法典之外的特别法设立、管理、解散，也就是不必然适用民法典关于私法人的相关规定。例如，在组织结构方面，私法人基于安全性考虑必须满足法定的社团法人或者财团法人的组织结构来设立和管理，但

① 参见〔德〕迪特尔·梅迪库斯《德国民法总论》，邵建东译，法律出版社，2000，第 816 页以下。

② 一般认为公法人包括公法社团、公法财团和公营造物。参见周友军《德国民法上的公法人制度研究》，《法学家》2007 年第 4 期，第 140 页。

③ 也有学者认为，国家机关不是公法人，国家才是公法人。参见葛云松《法人与行政主体理论的再探讨——以公法人概念为重点》，《中国法学》2007 年第 3 期，第 95 页以下。

基于特别考虑、依据特定的法律或命令，特定类型公法人可以突破社团法人或财团法人的完整组织架构。

构建与私法人相对的一般公法人制度，并不是要在民法典法人制度中连篇累牍地规定大量关于公法人的制度规则，相反，仅需少数几个条文明确公法人主要依特别法设立、运作、管理、解散以及在特别法未作规定的情况下对民法典私法人制度的准用规则即可。

（二）构建类型开放的财团法人制度

已有法人制度改革方案都认为将来的法人类型体系应吸纳财团法人（基金会）制度，但具体如何吸纳则意见不一。在所使用的名称上，21世纪初期的几个民法典草案建议稿和官方草案即有“捐助法人”、“基金会法人”、“财团法人”等不同意见。[①] 十几年过去，此种争议仍在继续。[②] 上述不同意见的实质分歧并不完全在于财团法人采用何种名称，更为重要的是对民法典中应予规定的财团法人具体类型有不同意见，即财团法人是否限于基金会，是否限于捐助型，是否可以包括临时性的捐赠基金等。

民法典法人制度体系包括财团法人必须保持完整开放，故民法典不宜对财团法人的类型进行限制或者筛选，具体而言包括以下三个方面：第一，就财团法人的目的而言，因国内民法学界长期秉持的财团法人“公益法人说”实属误解，民法典应该为中间目的或者互益目的的财团法人以及为特定第三人利益的或私益性非营利财团法人例如家族赡养财团留下可能性。特定时期国家和政府对不同目的的财团法人的态度，应该通过民法典之外的特别法包括各种财团法人法、税法等来体现。第二，就基础性财产的形态而言，传统上的财团法人主要是货币型的基金会和各种以不动产为依托的组织如大学、博物馆等。由于财富形式在现代社会的巨变，股权型

---

① 由梁慧星负责的草案建议稿称之为“捐助法人”，由王利明负责的草案建议稿称之为“基金会法人”，徐国栋负责的草案建议稿则称之为“财团法人”，具体分为捐赠基金和临时的慈善活动委员会，但不包括宗教法人。参见梁慧星《中国民法典建议稿附理由》，法律出版社，2004，第103页以下；王利明《中国民法典学者建议稿及立法理由·总则篇》，法律出版社，2005，第190页；徐国栋主编《绿色民法典草案》，社会科学文献出版社，2004，第177页以下。

② “法学会版草案”采用了“财团法人”的概念；“法工委版草案”采用了“捐助法人”的概念；龙卫球负责的草案建议稿则采用了“基金会”的概念。

财团法人现正成为世界上规模最大、最为重要的财团法人。故财团法人应包括货币型财团、不动产财团和股权型财团，或者是包含多种基础财产形式的、混合型的财团法人。股权型财团法人或许仍然可以称为基金会，但以不动产为基础的财团法人，如私立大学、私人捐助设立的博物馆等并非基金会的固有语义所能涵盖，因此财团法人应不限于基金会，也不应采用“基金会”的概念来指代财团法人。[①] 第三，纯就财团的功能视角而言，临时性的慈善活动委员会显然与以捐助人意志永续为目的的财团法人制度不合，应该从财团法人类型中排除。[②]

就财团法人的名称而言，早有学者主张采用“捐助法人”概念取代公益性财团法人概念，其理由在于“我国立法从未采用‘社团’及‘财团’的概念，而已经被广泛使用的‘社会团体’之概念与‘社团’之概念极易混淆，至于‘财团’，则难以为一般人所理解。因此，社团法人与财团法人的概念和分类可为民法理论所运用，但立法上不宜采用。不过，我国民法应当对财团性质的法人作出明确规定”。[③] 如果仅限于以上理由，那么生造出“捐助法人”概念来替代“财团法人”这一大陆法系通用的概念，就既不必要也不合理。第一，社团法人与财团法人的基本类型模式下，“社会团体法人”与“社团法人”作为种属概念，构词上存在相近甚至局部重复完全是正常现象。字面容易混淆的法律概念比比皆是，例如法制与法治、抢劫与抢夺、合资与合作等，因此以字面意思相近容易为大众误解为理由来排斥某法律概念，理由并不充分。第二，“捐助法人”也不是一定不会产生疑义，目前公益基金会以是否直接运作公益项目为标准就可以分为资助型与运作型两类，“捐助法人”难免被误认为专以捐助或捐赠他人

---

① 我国现行基金会管理条例明确规定，基金会的原始基金必须是到账货币基金，明确排除股权型原始基础财产的基金会类型，但我国已有股权型基金会的成功尝试。福建福耀玻璃股份有限公司的创始股东曹德旺家族已经捐出其持有的大部分“福耀玻璃”股份成立“河仁慈善基金”，该基金会的基础财产是当时市值超过35亿元人民币的股份。为避免与现行基金会管理条例冲突，曹德旺先捐出人民币2000万元设立河仁慈善基金会，再向基金会完成股份捐赠。

② 参见郑玉波《民法总则》，中国政法大学出版社，2003，第174页以下；葛云松《中国财团法人制度的展望》，载《北大法律评论》2002年第5卷第1辑，法律出版社，2003，第178页。

③ 尹田：《民法典总则之理论与立法研究》，法律出版社，2010，第373页；梁慧星：《民法总则立法的若干理论问题》，《暨南学报》（哲学社会科学版）2016年第1期，第24页。

包括资助其他公益项目为目的的基金会法人，非专业人士又有几人能够说清楚“捐助”、“捐赠”与“资助”的区别呢？国家机关法人、事业单位法人和社会团体法人均系职能视角的法人类型，而“捐助法人”本系从设立行为的视角来描述或定义，若与前述职能视角的法人相并列，则更容易被误认为资助型财团法人。第三，也是最为重要的，既然目的主义的法人基本类型模式不可行，既然我们只能选择结构主义的法人基本类型模式，那么作为与“社团法人”概念相对称的、能够符合法人基本类型模式选择标准的概念，自然非“财团法人”莫属。相应的，在法人基本类型模式上，我国民法典也就应该采用社团法人与财团法人基本类型模式，而非社团法人与捐助法人基本类型模式。

综上，不管是依循立法技术层面来进行论证，还是基于宏观价值层面和配套制度层面的因素来分析，民法典法人基本类型模式选择的答案都是相同的。我国民法典或民法总则的法人制度应由一般规定（包含公法人制度）、社团法人、财团法人三部分构成，采用社团法人与财团法人基本类型模式。

图书在版编目（CIP）数据

法人与团体人格的发展 / 冯珏主编. -- 北京：社会科学文献出版社，2020.5
（《法学研究》专题选辑）
ISBN 978-7-5201-6809-0

Ⅰ. ①法… Ⅱ. ①冯… Ⅲ. ①民法-中国-文集
Ⅳ. ①D923.04-53

中国版本图书馆 CIP 数据核字（2020）第 106458 号

《法学研究》专题选辑
法人与团体人格的发展

主　　编 / 冯　珏

出 版 人 / 谢寿光
组稿编辑 / 芮素平
责任编辑 / 单远举
文稿编辑 / 高欢欢

出　　版 / 社会科学文献出版社·联合出版中心（010）59367281
地址：北京市北三环中路甲 29 号院华龙大厦　邮编：100029
网址：www.ssap.com.cn
发　　行 / 市场营销中心（010）59367081　59367083
印　　装 / 三河市龙林印务有限公司

规　　格 / 开 本：787mm×1092mm　1/16
印 张：21.5　字 数：347 千字
版　　次 / 2020 年 5 月第 1 版　2020 年 5 月第 1 次印刷
书　　号 / ISBN 978-7-5201-6809-0
定　　价 / 128.00 元